D1750656

Gesellschaftsrecht

Intensivkurs

Von
Senatsrat
Michael Daumke
und
Professor
Dr. Jürgen Keßler

3., völlig neubearbeitete und erweiterte Auflage

R. Oldenbourg Verlag München Wien

Die Deutsche Bibliothek – CIP-Einheitsaufnahme

Daumke, Michael:
Gesellschaftsrecht: Intensivkurs / von Michael Daumke und
Jürgen Keßler. – 3., völlig neubearb. und erw. Aufl. – München;
Wien: Oldenbourg, 2000
ISBN 3-486-25365-4

© 2000 Oldenbourg Wissenschaftsverlag GmbH
Rosenheimer Straße 145, D-81671 München
Telefon: (089) 45051-0, Internet: http://www.oldenbourg.de

Das Werk einschließlich aller Abbildungen ist urheberrechtlich geschützt. Jede Verwertung außerhalb der Grenzen des Urheberrechtsgesetzes ist ohne Zustimmung des Verlages unzulässig und strafbar. Das gilt insbesondere für Vervielfältigungen, Übersetzungen, Mikroverfilmungen und die Einspeicherung und Bearbeitung in elektronischen Systemen.

Gedruckt auf säure- und chlorfreiem Papier
Druck: R. Oldenbourg Graphische Betriebe Druckerei GmbH

ISBN 3-486-25365-4

Inhaltsverzeichnis

Vorwort zur dritten Auflage 4
Abkürzungsverzeichnis 5

Teil I: Allgemeine Grundlagen 7

1. Kapitel: Funktion und Grundfragen des Gesellschaftsrechts 7
2. Kapitel: Abgrenzung gesellschaftsrechtlicher Verbandsformen 9
2.1   Zum Begriff der Gesellschaft 9
2.2   Der Gesellschaftsvertrag 10
2.3   Innen- und Außengesellschaften 12
2.4   Rechtsfähigkeit und Haftungsbeschränkung 13

Teil II: Personengesellschaften 14

1. Kapitel: Die Gesellschaft bürgerlichen Rechts 14
1.1   Begriff und Bedeutung 14
1.2   Gesellschaftsvertrag und Gesellschaftszweck 18
1.3   Rechte und Pflichten der Gesellschafter 22
1.4   Geschäftsführung und Vertretung 28
1.5   Gesellschaftsschulden und Gesellschafterhaftung 34
1.6   Erwerb und Verlust der Mitgliedschaft 39
1.7   Auflösung, Liquidation (Auseinandersetzung) 43
1.8   GbR im Prozeß und in der Zwangsvollstreckung 44
1.9   Steuerrechtliche Behandlung der GbR 48

2. Kapitel: Die offene Handelsgesellschaft 48
2.1   Begriff, Rechtsnatur und Bedeutung 48
2.2   Entstehung der oHG 50
2.3   Verhältnis der Gesellschafter untereinander (Innenverhältnis) 52
2.4   Rechtsbeziehungen der Gesellschaft und Gesellschafter
           zu Dritten (Außenverhäftnis) 61
2.4.1   Vertretung der Gesellschaft 62
2.4.2   Haftung der Gesellschaft und Gesellschafter 63
2.5   Auflösung, Liquidation (Auseinandersetzung)
           und Ausschließungsklage 68
2.5.1   Auflösung und Liquidation 68
2.5.2   Ausschließungsklage 70
2.6   Zur Rechtslage beim Tode eines Gesellschafters 73
2.6.1   Vererbung der Gesellschafterherstellung bei Personengesellschaften 73
2.6.2   Steuerliche Behandlung der einzelnen Vertragsklauseln 75
2.7   Die oHG im Prozeß und in der Zwangsvollstreckung 77
2.8   Fehlerhafte Gesellschaft und Scheingesellschaft 79
2.9   Steuerrechtliche Behandlung der oHG 84

3. Kapitel: Die Kommanditgesellschaft 84
3.1   Begriff und Bedeutung 84
3.2   Entstehung der KG 85

3.3	Rechtsverhältnisse der Gesellschafter untereinander (Innenverhältnis)	85
3.4	Auftreten der KG nach außen (Außenverhältnis)	88
3.5	Die Haftung des Kommanditisten	89
3.6	Beendigung der KG	93
3.7	Steuerrechtliche Behandlung der KG	94
3.8	Publikums-KG	94

4. Kapitel: Die Partnerschaftsgesellschaft ... 97

5. Kapitel: Die Europäische Wirtschaftliche Interessenvereinigung (EWIV) 101

6. Kapitel: Die stille Gesellschaft ... 105

Exkurs: Die Unterbeteiligungsgesellschaft ... 112

Teil III: Die Kapitalgesellschaften ... 115

Vorbemerkungen (Grundlagen) ... 115
Bedeutung der Kapitalgesellschaften ... 115

1. Kapitel: Die Aktiengesellschaft ... 119

1.1	Wirtschaftliche Bedeutung und Funktion der Aktiengesellschaft	119
1.2	Verfassung und Grundstruktur der Aktiengesellschaft	121
1.3	Die Organe der Aktiengesellschaft	124
1.3.1	Der Vorstand	124
1.3.1.1	Die Geschäftsführungsautonomie	124
1.3.1.2	Die Binnenstruktur des Vorstandes	129
1.3.1.3	Bestellung und Anstellung von Vorstandsmitgliedern	130
1.3.2	Der Aufsichtsrat	134
1.3.2.1	Funktion und Wirkungsmechanismen	134
1.3.2.2	Die Binnenstruktur des Aufsichtsrates	136
1.3.3	Der Aufsichtsrat als Organ der Unternehmensmitbestimmung	138
1.3.3.1	Die Mitbestimmungsmodelle	138
1.3.3.1.1	Das Betriebsverfassungsgesetz von 1952	139
1.3.3.1.2	Die Montanmitbestimmung	140
1.3.3.1.3	Das Mitbestimmungsergänzungsgesetz	140
1.3.3.1.4	Das Mitbestimmungsgesetz von 1976	141
1.3.3.2	Die Umgehungsproblematik	143
1.3.4	Die Hauptversammlung	146
1.3.4.1	Funktion und Wirkungsmechanismen	146
1.3.4.2	Die Durchführung der Hauptversammlung	149
1.3.4.3	Das Auskunftsrecht des Aktionärs	151
1.3.4.4	Das Depotstimmrecht	152
1.3.4.5	Der Hauptversammlungsbeschluß	154
1.4	Der Aktionär im System der Aktiengesellschaft	160
1.4.1	Die Rechtsstellung	160
1.4.2	Der Minderheitenschutz	161
1.4.3	Die Aktionärsklage	165
1.5	Die Finanzverfassung der Aktiengesellschaft	166
1.5.1	Gründung und Kapitalaufbringung	166
1.5.2	Die Sicherung des Haftungsfonds	170
1.5.3	Die Kapitalbeschaffung und -herabsetzung der werbenden Gesellschaft	172
1.5.3.1	Die Finanzierungsinstrumentarien	172
1.5.3.2	Die Kapitalerhöhung	175
1.5.3.3	Die Kapitalherabsetzung	178

1.6	Die Aktiengesellschaft im Unternehmensverbund	178
1.6.1	Funktion und Wirkungsmechanismen des Konzernrechts	178
1.6.2	Grundprinzipien des formellen Konzernrechts	180
1.6.3	Grundprinzipien des materiellen Konzernrechts	187
1.6.3.1	Der Vertragskonzern	187
1.6.3.2	Der „faktische" Konzern	191
1.6.3.3	Organisationsformunabhängige Probleme des Konzernrechts	194
1.7	Die Beendigung der Aktiengesellschaft	197
2. Kapitel:	**Die Kommanditgesellschaft auf Aktien**	**197**
3. Kapitel:	**Die Gesellschaft mit beschränkter Haftung**	**198**
3.1	Funktion und Grundstruktur der GmbH	198
3.2	Die Organe der GmbH	202
3.2.1	Die Geschäftsführer	202
3.2.2	Der Aufsichtsrat	211
3.2.3	Die Gesellschafterversammlung	212
3.3	Die Rechtsstellung des GmbH-Gesellschafters	216
3.4	Gründung und Kapitalaufbringung	222
3.4.1	Grundlagen	222
3.4.2	Die Vorgesellschaft	228
3.5	Die Finanzstruktur der werbenden GmbH	234
3.5.1	Die Sicherung des Haftungsfonds	234
3.5.2	Eigenkapitalersetzende Gesellschafterdarlehen	239
3.5.3	Kapitalerhöhung und Kapitalherabsetzung	243
3.6	Durchgriffshaftung	245
3.7	Die GmbH im Unternehmensverbund	248
3.8	Die Beendigung der GmbH	253

Teil IV: Die Genossenschaft 254

1. Kapitel: Bedeutung und Funktion der Genossenschaft 254

2. Kapitel: Die Rechtsnatur der e.G. 255

3. Kapitel: Die Organe der eG 256

4. Kapitel: Die Mitgliedschaft 258

Teil V: Besondere Gesellschaftsformen 260

1. Kapitel: Die Kapitalgesellschaft & CO KG 260

2. Kapitel: GmbH und Still 264

3. Kapitel: Die Betriebsaufspaltung 265

3.1	Allgemeines	265
3.2	Begriff und Folgen der Betriebsaufspaltung	266
3.3	Arten der Betriebsaufspaltung	267
3.4	Eigenkapitalersetzende Nutzungsüberlassung	268
3.5	Ausblick	268

Teil VI: Besteuerung der Gesellschaften 269

1. Exkurs:	Bilanzrichtlinien-Gesetz (BiRiLiG)/Kapitalgesellschaften und Co-Richtlinien-Gesetz (KapCoRiLiG)	273
2. Exkurs:	Reformvorhaben bei der Unternehmensbesteuerung	276

Vorwort zur dritten Auflage

Die nunmehr vorliegende dritte Auflage bringt das Werk auf den Stand von Dezember 1999. Die zum Ende der vergangenen Legislaturperiode ergangenen umfangreichen Änderungen sind durchgehend eingearbeitet und ausführlich dargestellt. Dies betrifft insbesondere das Handelsrechtsreformgesetz mit der längst überfälligen Erneuerung des Kaufmannsbegriffs und der hieraus folgenden „Neubestimmung" des Verhältnisses von oHG und GbR, das KonTraG, welches dem Konzept des „shareholder value" erstmals eine ausdrückliche Berücksichtigung im deutschen Aktienrecht zuteil werden ließ, das Kapitalaufnahmeerleichterungsgesetz, sowie das Euro-Einführungsgesetz und das Gesetz über die Zulassung von Stückaktien. Durchgängig berücksichtigt wurden selbstverständlich die Regelungen der seit dem 1.1.1999 in Kraft befindlichen Insolvenzordnung. Zudem galt es, in erheblichem Umfange die seit der zweiten Auflage ergangene Rechtsprechung nachzutragen. Dies betrifft insbesondere die mit der TBB Entscheidung zu einem vorläufigen Abschluß gebrachte Entwicklung zum „qualifizierten faktischen GmbH-Konzern", die Neukonzeption des Haftungsmodells der Vor-GmbH sowie die Einstandspflicht der Organwalter bei Verletzung der Insolvenzantragspflicht. All dies hat es erforderlich gemacht, das Buch in wesentlichen Teilen völlig neu zu schreiben und – an einigen Stellen – zu erweitern. Dies betrifft insbesondere das Recht der Kapitalgesellschaften sowie der GbR. Hinsichtlich letzterer galt es vor allem der zunehmenden rechtlichen Verselbständigung „unternehmenstragender" Gesellschaften bürgerlichen Rechts Rechnung zu tragen. Neu aufgenommen wurden die Genossenschaft und die Partnerschaftsgesellschaft. Wie bisher hat Daumke – mit Ausnahme der GbR – das Recht der Personengesellschaften und die Hinweise zur Besteuerung der Gesellschaften sowie Keßler das Kapitalgesellschaftsrecht, einschließlich des Rechts der Genossenschaften sowie der „Grundtypenvermischungen", insbesondere der GmbH & CO KG, bearbeitet. Daß das Werk nunmehr seine dritte Auflage erreicht, daß die zweite Auflage eine Vielzahl von Nachdrucken erforderlich machte, zeigt, daß seine Konzeption eine Lücke füllt.

Senatsrat Michael Daumke
Prof. Dr. Jürgen Keßler

Abkürzungsverzeichnis

a.A	anderer Ansicht
a.a.A.	am angegebenen Ort
ABl	Amtsblatt
AcP	Archiv für die civilistische Praxis
AG	Aktiengesellschaft
AG	Die Aktiengesellschaft (Zeitschrift)
a.F.	alter Fassung
AktG	Aktiengesetz
Anm.	Anmerkung
AO	Abgabenordnung
AR	Aufsichtsrat
CIC	culpa in contrahendo (Verschulden bei Vertragsschluß)
BB	Der Betriebsberater
BetrVG	Betriebsverfassungsgesetz
BFH	Bundesfinanzhof
BGB	Bürgerliches Gesetzbuch
BGBl.	Bundesgesetzblatt
BGH	Bundesgerichtshof
BGHZ	Entscheidungen des Bundesgerichtshof in Zivilsachen
BHO	Bundeshaushaltsordnung
BSG	Bundessozialgericht
BStBl.	Bundessteuerblatt
BVerfG	Bundesverfassungsgericht
BVerfGE	Entscheidungen des Bundesverfassungsgerichts
BVerwG	Bundesverwaltungsgericht
DB	Der Betrieb
DStR	Deutsches Steuerrecht
DStZ	Deutsche Steuerzeitung
EFG	Entscheidungen der Finanzgerichte
EStG	Einkommensteuergesetz
e.G.	eingetragene Genossenschaft
EGAktG	Einführungsgesetz zum Aktiengesetz
EuroEG	Euro – Einführungsgesetz
e.V.	eingetragene Verein
f.	folgend
ff.	folgende
FGG	Reichsgesetz über die freiwillige Gerichtsbarkeit
FR	Finanzrundschau
FS	Festschrift
GBO	Grundbuchordnung
GbR	Gesellschaft bürgerlichen Rechts
GenG	Gesetz betreffend die Erwerbs- und Wirtschaftsgenossenschaften
gem.	gemäß
GmbH	Gesellschaft mit beschränkter Haftung
GmbHG	Gesetz betreffend die Gesellschaften mit beschränkter Haftung

GmbHR	GmbH Rundschau
GWB	Gesetz gegen Wettbewerbsbeschränkungen
HGB	Handelsgesetzbuch
h.M.	herrschende Meinung
HRefG	Handelsrechtsreformgesetz
HV	Hauptversammlung
InsO	Insolvenzordnung
JuS	Juristische Schulung
Kap-AEG	Kapitalaufnahmeerleichterungsgesetz
KG	Kommanditgesellschaft
KG	Kammergericht
KGaA	Kommanditgesellschaft auf Aktien
KonTraG	Gesetz zur Kontrolle und Transparenz im Unternehmensbereich vom 27.04.1998
KStG	Körperschaftsteuergesetz
LG	Landgericht
MarkenG	Markengesetz
MDR	Monatsschrift für Deutsches Recht
MitbstG	Mitbestimmungsgesetz
MitbstErgG	Mitbestimmungsergänzungsgesetz
Montan-MitbstG	Montanmitbestimmungsgesetz
NachBG	Nachhaftungsbegrenzungsgesetz
n.F.	neuer Fassung
NJW	Neue Juristische Wochenschrift
NJW-RR	NJW – Rechtsprechungs – Report Zivilrecht
NZG	Neue Zeitschrift für Gesellschaftsrecht
o.a.	oben angegeben(en)
oHG	offene Handelsgesellschaft
OLG	Oberlandesgericht
PartG	Partnerschaftsgesellschaft
PartGG	Partnerschaftsgesellschaftsgesetz
pVV	positive Vertragsverletzung
S.	Seite
s.a.	siehe auch
SteuerStud	Steuer und Studium
StBp	Steuerliche Betriebsprüfung
StückAG	Stückaktiengesetz
u.a.	unter anderem
UmwG	Umwandlungsgesetz
vgl.	vergleiche
WM	Wertpapiermitteilungen (Zeitschrift)
z.B.	zum Beispiel
ZGR	Zeitschrift für Unternehmens- und Gesellschaftsrecht
ZHR	Zeitschrift für das gesamte Handels- und Wirtschaftsrecht
ZIP	Zeitschrift für Wirtschaftsrecht
ZPO	Zivilprozeßordnung

Teil I: Allgemeine Grundlagen

1. Kapitel:
Funktion und Grundfragen des Gesellschaftsrechts

Die Verwirklichung eines gesetzten Ziels, sei es ideeller, sei es materieller Natur, ist dem Einzelnen infolge der natürlichen Begrenztheit seiner verfügbaren intellektuellen und wirtschaftlichen Mittel häufig nur mit Einschränkungen – oder gar unmöglich. Will er dennoch an dem ursprünglichen Vorhaben festhalten, so ist er notwendig auf die Kooperation mit anderen, die in der Zielsetzung mit ihm konform gehen, angewiesen. Unsere Rechtsordnung stellt – mit dem Normenbereich des Gesellschaftsrechts – eine Anzahl typisierter und je nach Funktion mehr oder weniger der Dispositionsfreiheit der Beteiligten unterworfener **Regelungsmodelle** zur Koordination der Kräfte im gemeinsamen Handeln zur Verfügung.

Den vorgegebenen Gesellschaftsformen kommt dabei eine zweifache Funktion zu: Es gilt – für die unterschiedlichen Zielvorstellungen der Initiatoren – die jeweils passende **Organisationsform** bereitzustellen sowie diese in ihrer **inneren Struktur** und in ihrem **äußeren Erscheinungsbild** funktionstüchtig, d.h. **zweckadäquat** auszugestalten. Mit anderen Worten – und diese Erkenntnis ist wesentliche Voraussetzung zum Verständnis der mannigfachen gesellschaftsrechtlichen Regelungsmechanismen: Die normative Ausgestaltung der einzelnen gesetzlichen Grundtypen bestimmt sich nach dem sozialen (rechtstatsächlichen) Sachverhalt, den der Gesetzgeber zu regeln beabsichtigte sowie den zugrunde liegenden gesellschaftspolitischen und ökonomischen Zielvorstellungen. Dies betrifft nicht nur gesellschaftsrechtliche „Sonderformen", wie die Partnerschaftsgesellschaft als spezifische Organisationsform der „freien" Berufe oder die einschränkenden Vorgaben bezüglich der „Rechtsanwalts-GmbH", sondern schlägt sich gleichfalls in der normativen Ordnung der übrigen Regelungsmodelle nieder. So ist die Genossenschaft aufgrund des ihr immanenten „Fördergrundsatzes" insbesondere auf die Kooperation mittelständischer Marktteilnehmer zugeschnitten. Bei der GmbH handelt es sich – neben der GmbH & CO KG, als spezielle Ausprägung der Kommanditgesellschaft (KG) – um eine Rechtsform, welche den spezifischen Bedürfnissen kleiner und mittelständischer Unternehmen in besonderem Umfange Rechnung trägt. Demgegenüber zielt die AG, als Regelungsmodell für kapitalintensive Großunternehmen, insbesondere auf die Erschließung des Kapitalmarkts und zeitigt in ihrer Leitungsstruktur – zumindest ansatzweise – der anonymen und weitgehend einflußlosen Stellung der (Klein-) Anleger Tribut.

Unter diesem Blickwinkel zeigen sich deutlich die **Interdependenzen** zwischen (marktwirtschaftlich orientierter) **Wirtschaftsordnung** und **gesellschaftsrechtlichen Organisationsformen:** Geben letztere der ersteren teilweise ihr Gepräge, so wurde das Gesellschaftsrecht von je her als Gestaltungsmittel zur Durchsetzung **ordnungspolitischer Zielsetzungen** benutzt. Dies zeigt sich mit großer Deutlichkeit im Bereich der Aktiengesellschaft. Im Unterschied zu den sonstigen Rechtsformen des deutschen Gesellschaftsrechts, die seit ihrer ersten Kodifizierung seitens des Gesetzgebers kaum grundlegende Änderungen erfahren haben, erweist sich das Aktienrecht als Gegenstand intensiver und fortwährender Reformbemühungen der Legislative. Mit der Einführung der „Volksaktien" in den frühen „Entwicklungsjahren" der Bundesrepublik über die paritätische Mitbestimmung, welche – nicht ausschließlich, jedoch überwiegend – die Leitungsstrukturen (corporate governance) der großen Aktiengesellschaften betrifft, bis zu den jüngsten Neuerungen des KonTraG und der hieraus folgenden Orientierung am Konzept des „shareholder value" haben gesellschafts- und ordnungspolitische Gesichtspunkte ihren unmittelbaren Niederschlag in der normativen Verfassung des Aktienrechts gefunden. Insoweit reicht die Bedeutung gesellschaftsrechtlicher Regelungen weit in den Bereich der „Wirtschaftsverfassung" hinein.

Untersucht man die – allen organisationsrechtlichen Modellen gemeinsamen – unverzichtbaren Regelungsfunktionen, so ergeben sich folgende Essentials:

1. Es bedarf der Organisation und Koordination des **internen Willensbildungsprozesses** der Personengemeinschaft (corporate governance) sowie der Bereitstellung von Mechanismen zur Durchsetzung des so gebildeten **Gesamtwillens** innerhalb des Verbandes **(Beschlußfassung und Geschäftsführung)**.
2. Soll sich die Funktion des Zusammenschlusses nicht auf reine Innenbeziehungen beschränken, soll die Organisation als solche oder die Gesamtheit ihrer Mitglieder nach außen handelnd in Erscheinung treten, so bedarf es der Normierung **extern** wirkender Vertretungsmechanismen (**Vertretung**).
3. Nimmt die Gesellschaft am Rechtsverkehr teil oder kommt es zu deliktischen Handlungen einzelner Gesellschafter oder Gesellschaftsorgane, so stellt sich die Frage nach der Einstandspflicht des Verbandes bzw. der übrigen Gesellschafter. Hierhin gehört auch die Frage nach der **Rechtssubjektivität** (Rechtsfähigkeit) der Organisation (**Haftungsordnung**).
4. Ist der Zusammenschluß – wie meist – durch wirtschaftliche Zielsetzungen geprägt, so bedarf er einer **angemessenen Kapitalausstattung**. Diese sichert einerseits die Handlungsfähigkeit des Verbandes durch Bereitstellung der erforderlichen Einrichtungen, gewährleistet jedoch andererseits als wirtschaftliche Haftungsgrundlage das im Marktprozeß unverzichtbare Vertrauen der (potentiellen) Geschäftspartner. Insofern besteht ein unabdingbarer Zusammenhang mit der Frage nach der gesellschaftsrechtlichen Haftungsordnung. Dabei kann der „Kredit" der Gesellschaft sowohl in der **Kapitalausstattung des Verbandes** selbst (so bei den Kapitalgesellschaften) als auch in der persönlichen **Einstandspflicht seiner Mitglieder** gründen (so bei den Personengesellschaften).

Bevor man sich diesen Regelungsmechanismen im Detail zuwendet, erscheint es angebracht, einige systematische und strukturelle Grundlagen zu erörtern. Dies erleichtert das Verständnis der Einzelregelung und gibt den Blick frei auf rechtsformunabhängige Zusammenhänge.

Teil I: Allgemeine Grundlagen

2. Kapitel:
Abgrenzung gesellschaftsrechtlicher Verbandsformen

2.1 Zum Begriff der Gesellschaft

Gesellschaften sind **privatrechtliche Personenvereinigungen,** die zur Erreichung eines **bestimmten gemeinsamen Zwecks durch Rechtsgeschäft** begründet werden. Diese verbreitete Definition dient üblicherweise zur Abgrenzung (und Ausgrenzung) des rechtlichen Gebildes **Gesellschaft** gegenüber den übrigen Bereichen der Gesamtrechtsordnung. Trotz aller Mängel, die sich bei solch zweckgebundenen Definitionen kaum vermeiden lassen, hat sich die Umschreibung als in den meisten Fällen taugliches Mittel zur Unterscheidung der Gesellschaft von anderen Organisationsformen des geltenden Rechts bewährt.

Nicht unter den Begriff Gesellschaft fallen daher
a) alle **Organisationsformen des öffentlichen Rechts** wie öffentlich-rechtliche Körperschaften oder Anstalten, mögen diese auch mitgliedschaftliche Strukturen aufweisen. Die Verbände des öffentlichen Rechts finden ihre Grundlage gerade nicht in der **Privatrechtsordnung.** Unabhängig hiervon bleibt es auch dem Staat und seinen Untergliederungen (Bund, Länder und Gemeinden) unbenommen, sich (in den Grenzen des öffentlichen Rechts) zur Erfüllung öffentlicher Aufgaben sowie im Rahmen seiner Beschaffungstätigkeit oder seines Beteiligungsbesitzes privatrechtlicher Organisationsformen zu bedienen. Dann gelten auch für ihn uneingeschränkt die allgemeinen Regelungen des Gesellschaftsrechts (vgl. zuletzt BGHZ 135, S. 107 ff – „VW/Niedersachsen");
b) **Stiftungen** gemäß § 80 ff. BGB – es handelt sich hierbei um ein mit eigener Rechtssubjektivität ausgestattetes Sondervermögen, nicht um **Personenzusammenschlüsse**;
c) **familienrechtliche Gemeinschaften** – als umfassende Lebensgemeinschaft fehlt es an der **erforderlichen Bestimmtheit** des gemeinsamen Zwecks. Allerdings sind Ehegatten sowie die Partner einer nichtehelichen Lebensgemeinschaft nicht gehindert, über die (quasi-) familienrechtliche Bindung hinaus ihre materiellen und ideellen Interessen zum Teil in den Formen des Gesellschaftsrechts zu organisieren. Darüber hinaus erweisen sich die Vorgaben hinsichtlich der Liquidation von Gesellschaften bürgerlichen Rechts (GbR) als – zumindest partiell taugliche – „Hilfskonstruktionen" bei der vermögensrechtlichen Auseinandersetzung nichtehelicher Lebensgemeinschaften (BGHZ 77, S. 55 ff, 56; BGHZ 115, S. 261 ff; BGH NJW-RR 1993, S. 1476 f);
d) die **schlichte Rechtsgemeinschaft** gemäß §§ 741 ff. BGB – hier fehlt es am für die Gesellschaft konstituierenden – **gemeinsamen Zweck.** Das gemeinschaftliche **Innehaben** eines Rechts genügt folglich nicht, stets muß eine **darüber hinausgehende** Zweckverfolgung erkennbar sein. Dieses „finale" Element ist unverzichtbar. Allerdings legt die überwiegende Auffassung eine eher großzügige Betrachtungsweise zugrunde. (vgl. BGH NJW 1982, S. 170 ff; siehe hierzu Karsten Schmidt AcP 182 (1982), S. 481 ff). Danach steht es weitgehend im Belieben der Berechtigten, ob sie ihr gemeinsames Vermögen in schlichter Rechtsgemeinschaft oder in Form einer Gesellschaft bürgerlichen Rechts innehaben und verwalten (a.A. OLG Düsseldorf, BB 1973, S. 1325 f). Sind mehrere Personen Inhaber eines Gegenstandes (Paradigma: bäuerliche Maschinengemeinschaft), so

liegt nach der hier vertretenen Auffassung nur dann eine Gesellschaft vor, wenn **über die gemeinsame Rechtszuständigkeit hinaus** ein zweckgerichtetes Handeln beabsichtigt ist (in unserem Beispiel läge nur dann eine Gesellschaft vor, wenn neben das Miteigentum an den landwirtschaftlichen Maschinen das gemeinschaftliche Betreiben oder Verleihen des Maschinenparks tritt – sonst bleibt es bei der schlichten Rechtsgemeinschaft),

e) nicht unter den Gesellschaftsbegriff fallen auch die gesetzlich normierten bzw. vertraglich ausgestalteten **Austauschverhältnisse.** Hier verfolgt jede Partei regelmäßig und ausschließlich ihre eigenen Interessen; ein **gemeinsamer Zweck** der Kontrahenten liegt gerade nicht vor, doch treten – wie das Beispiel des partiarischen Darlehens und dessen Unterscheidung von der stillen Gesellschaft in den §§ 230 ff. HGB zeigt (vgl. unten, Teil II, 6. Kapitel) – gelegentlich Abgrenzungsschwierigkeiten auf.

Zudem hatte die Unterscheidung zwischen Gesellschafts- und Austauschvertrag lange Zeit entscheidende Bedeutung hinsichtlich der Abgrenzung der Anwendungsbereiche der §§ 1 ff. bzw. 15 ff. GWB a.F. Dies lag an der mit § 705 BGB harmonisierten Auslegung des Merkmals gemeinsamer Zwecke in § 1 GWB a.F. (vgl. nunmehr § 1 GWB n.F.), die – im Sinne einer stärker an teleologischen und gesetzessystematischen Kriterien orientierten Auslegung des GWB – durch den BGH mittlerweile aufgegeben wurde (BGHZ 68, S. 6 ff, 10).

f) Die Miterbengemeinschaft gemäß §§ 2032 ff. BGB – diese beruht, jedenfalls in den Fällen der gesetzlichen Erbfolge, nicht auf Rechtsgeschäft.

2.2 Der Gesellschaftsvertrag

Die rechtliche Existenz und Struktur der Gesellschaften beruht folglich auf **vertraglicher Grundlage**. Das lediglich „tatsächliche" Zusammenwirken mehrerer Beteiligter begründet für sich betrachtet keine Gesellschaft. Insoweit gibt es **keine** „faktischen" Gesellschaften (vgl. II 2.8). Soweit ohne Vertragsgrundlage gegenüber Dritten – zurechenbar – der Anschein eines gesellschaftsrechtlichen Zusammenschlusses erweckt wird (sog. Scheingesellschaft vgl. unten II 2.8), kommt allerdings eine Haftung der Akteure unter **Rechtsscheingesichtspunkten** in Betracht. Diese müssen sich – in haftungsrechtlicher Sicht – folglich so behandeln lassen, als bestünde eine Gesellschaft. Demgegenüber ist die Begründung eines Gesellschaftsverhältnisses – soweit das Gesetz keine ausdrückliche Bestimmung vorsieht (vgl. § 3 Abs.1 PartGG; § 23 Abs.1 S.1 AktG; § 2 Abs.1 S.1 GmbHG; § 5 GenG) – regelmäßig **nicht formgebunden**. Dies betrifft vor allem die personenrechtlichen Zusammenschlüsse, wie GbR, oHG und KG, wenn auch bei oHG und KG als „Handelsgesellschaften" des kaufmännischen Rechtsverkehrs aus Gründen der Rechtssicherheit schriftliche Gesellschaftsverträge üblich sind. Demgegenüber fehlt es bei den „Gelegenheitsgesellschaften" bürgerlichen Rechts (vgl. unten II 1.1) häufig an einer schriftlichen Abfassung des Gesellschaftsvertrags. Insofern genügt regelmäßig die Begründung eines Gesellschaftsverhältnisses durch schlüssiges (konkludentes) Verhalten. Allerdings kann sich die Verpflichtung zum „förmlichen" Abschluß des Gesellschaftsvertrags aus „außergesellschaftsrechtlichen" Bestimmungen ergeben. Verpflichtet sich beispielsweise ein Gesellschafter zur Einbringung eines Grundstücks oder eines GmbH-Anteils, so bedarf grundsätzlich der gesamte Vertrag der notariellen Beurkundung (§ 313 BGB, § 15 Abs.4 GmbHG). Hinsichtlich der Wirksamkeit der

Vereinbarung kommt es im übrigen **nicht** darauf an, daß die Vertragsbeteiligten die „gesellschaftsrechtliche" Qualität ihrer Absprache erkannt haben. Erstreben diese mit rechtlichem Bindungswillen die Verfolgung eines „gemeinsamen Zwecks" (vgl. § 705 BGB), so liegt eine Gesellschaft vor, auch wenn die Parteien selbst die rechtssystematische Einordnung ihrer Abrede abweichend bewerten. Hiervon abgesehen führen auch Mängel der getroffenen Vereinbarung regelmäßig **nicht zur Unwirksamkeit des Gesellschaftsverhältnisses**. Wurde die Gesellschaft – wenn auch auf „fehlerhafter" vertraglicher Grundlage – in Vollzug gesetzt, so kommt regelmäßig weder die Berufung auf die Nichtigkeit des Gesellschaftsvertrags – beispielsweise wegen eines Formmangels (vgl. §§ 125, 313 BGB) noch die Anfechtung mit (rückwirkender) „ex tunc-Wirkung" (§ 142 Abs.1 BGB) in Betracht (vgl. unten II 2.8). Die „allgemeinen" Grundsätze der Rechtsgeschäftslehre werden insofern durch die seitens der Rechtsprechung entwickelten Prinzipien der „**fehlerhaften Gesellschaft**" verdrängt.

Hinsichtlich seiner rechtlichen Ausprägung erweist sich der Gesellschaftsvertrag als von eigenartiger „**Doppelnatur**". Er begründet im Regelfall – wie jedes Vertragsverhältnis – **schuldrechtliche Bindungen** zwischen den Vertragspartnern, d.h. den Gesellschaftern. Darüber hinaus stellt sich der Gesellschaftsvertrag durchweg als „**Organisationsvertrag**" dar: Er konstituiert mit der (Außen-) Gesellschaft ein eigenständiges Zurechnungssubjekt von Rechten und Pflichten und weist damit deutlich über die schuldrechtliche Bindung der Gesellschafter im „Innenverhältnis" hinaus. Der „Organisationscharakter" des Gesellschaftsvertrags entfaltet sich dabei sowohl im Verhältnis zu den Gesellschaftern als auch bezüglich Dritter, insbesondere hinsichtlich der Markt- und Vertragspartner der Gesellschaft. So bestehen schuldrechtliche Bindungen nicht nur **unter den Gesellschaftern** sondern weitergehend **zwischen jedem einzelnen Gesellschafter und „seiner" Gesellschaft**. Im Verhältnis zu Dritten tritt bei der Begründung vertraglicher Bindungen – beispielsweise beim Abschluß von Kauf- und Werkverträgen – regelmäßig der „Verband" oder die Gesamtheit der Gesellschafter – d.h. „die Gesellschaft" – an die Stelle ihrer einzelnen Mitglieder.

Je nach Erscheinungsform der Gesellschaft „überwiegt" der Organisationscharakter die schuldrechtliche Bindung oder umgekehrt. Im Einzelfall beschränkt sich die rechtliche Ausprägung der Gesellschaft auf einen einzigen Aspekt. So fehlt es bei einer (reinen) „Innengesellschaft" (vgl. unten 3) an der Schaffung einer verselbständigten Organisation. Der Zusammenschluß der Beteiligten besteht **ausschließlich** in der schuldrechtlichen Bindung der Vertragspartner. Eine Verpflichtung „der Gesellschaft" scheidet hier notwendig aus. Dies betrifft beispielhaft die „Stille Gesellschaft" (vgl. § 230 Abs. 2 HGB) oder die „Innen-GbR". Andererseits kann hinsichtlich der „Einmann-Gesellschaften" (vgl. § 2 AktG; § 1 GmbHG) von „Bindungen zwischen den Gesellschaftern" bereits denkgesetzlich keine Rede sein. Dennoch bestehen auch hier schuldrechtliche Beziehungen **zwischen dem Alleingesellschafter und der rechtlich selbständigen juristischen Person**. Sieht man hiervon ab, so findet sich im Verhältnis Personen-/ Kapitalgesellschaften eine zunehmende organisationsrechtliche Verselbständigung zugunsten der Kapitalgesellschaften. Die zeigt nicht nur der vordergründige Blick auf die Haftungsschranken des Kapitalgesellschaftsrechts (vgl.§ 1 Abs.1 S.2 AktG § 13 Abs.2 GmbH) und die persönliche Einstandspflicht der Gesellschafter bei den Personengesellschaften (vgl. §§ 128, 171 HGB; § 8 PartGG). Vielmehr sind die Personengesellschaften insgesamt in ihrem Bestand weitgehend durch die schuldrechtlichen Beziehungen zwischen ihren Gesellschaftern bestimmt. Scheidet der vorletzte Gesellschafter aus einer GbR, oHG, KG oder PartG aus, so ist diese zwingend aufgelöst. Anders als im Bereich der Kapitalgesellschaften kommen Einmann-Gesellschaften nicht in Betracht. Die schuldrechtliche Bindung zwischen den Gesellschaftern ist somit notwendige „Funktionsbedingung" für den Bestand der Gesellschaft.

2.3 Innen- und Außengesellschaften

Der partiell duale „Charakter" des Gesellschaftsvertrags – zwischen schuldrechtlicher Bindung der Beteiligten und „Organisationsvertrag" – offenbart sich deutlich im Verhältnis Außen-/ Innengesellschaft. **Nur Außengesellschaften kommen als Unternehmensträger in Betracht.** Die Abgrenzung zwischen beiden Erscheinungsformen bestimmt sich grundsätzlich danach, ob die Gesellschaft als verfaßte „Handlungseinheit" und damit als – von den Gesellschaftern zu unterscheidendes – **eigenständiges Zurechnungssubjekt von Rechten und Pflichten** – nach außen (rechtsgeschäftlich) handelnd in Erscheinung tritt. Die Kapitalgesellschaften (AG, KGaA, GmbH) sowie die Genossenschaft sind zwingend Außengesellschaften qua Rechtsform (vgl. § 1 S.1 AktG § 13 Abs.1 GmbHG; 17 GenG). Gleiches gilt wegen der notwendigen Trennung von Gesellschafter- und Gesellschaftssphäre für oHG und KG (§§ 124, 129, 161 Abs.2 HGB) sowie die Partnerschaftsgesellschaft (§§ 7., 8 PartGG). Zudem sind diese Rechtsformen nach ihrer normativen Verfassung zwingend auf den Betrieb eines Handelsgewerbes (§§ 1, 105, 161 Abs.2 HGB) oder eines freiberuflichen Unternehmens (§ 1 PartGG) ausgerichtet. Bei all diesen Gesellschaftsformen erweist der zugrunde liegende Gesellschaftsvertrag (die Satzung, das Statut) seine doppelte Ausprägung. **Hieraus folgt die systematische Unterscheidung zwischen Außen- und Innenverhältnis der Gesellschaft.** Demgegenüber ist die „Stille Gesellschaft" notwendig „reine" Innengesellschaft. Wie § 230 Abs. 2 HGB zeigt, wird alleine der Vertragspartner des „Stillen", d.h. der Kaufmann, als „Inhaber des Handelsgeschäfts" aus den „in dem Betrieb geschlossenen Geschäften" berechtigt und verpflichtet. Dieser alleine – nicht etwa die „Stille Gesellschaft" – ist Träger des Unternehmens und tritt somit am Markt in Erscheinung. Demgegenüber kann die Gesellschaft bürgerlichen Rechts (GbR) – je nach Ausgestaltung – in beiden Erscheinungsformen – als Außen- oder Innengesellschaft – auftreten. So ist die „unternehmenstragende" GbR – als Zusammenschluß von „Kleingewerbetreibenden" (vgl. §§ 1 Abs.2, 105 Abs.2 HGB) oder „freiberuflich" Tätigen notwendig Außengesellschaft. Der Zusammenschluß „als solcher" (beispielsweise die Kanzlei „Müller, Meier, Schulze") erweist sich als Zurechnungssubjekt vertraglicher Pflichten. Demgegenüber sind die „Gelegenheitsgesellschaften" bürgerlichen Rechts zumeist auf innergesellschaftliche Bindungen zwischen den Beteiligten beschränkt. Im Außenverhältnis bleibt es bei der alleinigen Verpflichtung der Gesellschafter, mit oder ohne Offenlegung des Gesellschaftsverhältnisses. So sind regelmäßig – einzelne oder alle – Mitglieder einer Wohngemeinschaft Parteien des Mietvertrages und nicht die zwischen ihnen bestehende GbR. Entscheidend für die Abgrenzung ist folglich die Frage, wer nach dem Willen der Vertragsbeteiligten verpflichtet werden soll: (auch) die Gesellschaft oder ausschließlich die Gesellschafter.

2.4 Rechtsfähigkeit und Haftungsbeschränkung

Sind Außengesellschaften damit eigenständige Zurechnungssubjekte von Rechten und Pflichten, so sind diese damit **grundsätzlich rechtsfähig**. Dies gilt notwendig auch für die unternehmenstragende GbR. Allerdings wird letzteres zum Teil noch bestritten. Dabei wird nicht selten die Frage nach der Rechtsfähigkeit mit derjenigen nach der Haftungsbeschränkung verbunden. Die hier zutage tretende „systematische Weichenstellung" erweist sich als problematisch. Vielmehr gilt es, beide Aspekte deutlich voneinander zu trennen. Wie § 124 HGB zeigt, ist die Verleihung eigener Rechtssubjektivität gerade nicht mit dem Aspekt der Haftungsbegrenzung verbunden. Zwar ist die oHG „als solche" Trägerin des Unternehmens und damit Zurechnungssubjekt der in diesem begründeten Rechte und Pflichten, doch haften für die Verbindlichkeiten der Gesellschaft neben dieser die Gesellschafter gesamtschuldnerisch mit ihrem Privatvermögen (vgl. § 128 HGB). Gleiches gilt für die KG (§§ 161 Abs.2, 171 HGB sowie die Partnerschaftsgesellschaft (§§ 7 Abs.2, 8 Abs.1 PartGG). Die Unabhängigkeit der Rechtssubjektivität von der Haftungsfrage zeigt sich noch deutlicher am Beispiel der werdenden juristischen Person, insbesondere der Vor-GmbH. Die Vor-GmbH ist rechts- (BGHZ 80. S. 129 ff) und parteifähig (BGH ZIP 1998, S. 109 ff, 110). Dennoch haften für ihre Verbindlichkeiten die Gesellschafter unbeschränkt und unbeschränkbar (BGHZ 134, S. 333 ff), wenn auch nach der – problematischen – Auffassung des BGH im Wege der Innenhaftung (vgl. ausführlich unten III 3.4.2). Ein – wie immer gearteter – zwingender dogmatischer Zusammenhang zwischen der Haftungsfrage und der dem Aspekt der Rechtsfähigkeit besteht folglich nicht.

Teil II: Personengesellschaften

1: Kapitel: Die Gesellschaft bürgerlichen Rechts

1.1 Begriff und Bedeutung

Literatur: Bälz, Organisationsvertrag und Gesamthand – zur Abgrenzung von Außen- und Innengesellschaft, FS Zöllner,Bd.I, 1998, Bd.1, S. 35 ff.
Hueck, Drei Fragen zur Gesamthandsgesellschaft, FS Zöllner, 1998,Bd.I, S. 275 ff.

Definition

Die Gesellschaft bürgerlichen Rechts (GbR) ist **eine auf Vertrag beruhende Personenvereinigung zur Förderung eines von den Gesellschaftern gemeinsam verfolgten Zweckes**. Sie ist in den §§ 705 – 740 BGB geregelt. Merkmale der GbR sind demnach:
- Zusammenschluß durch **Vertrag** (mindestens zwei Personen, es gibt keine Einpersonen-GbR),
- **gemeinsame** Zweckverfolgung,
- negativ: **kein Betrieb eines kaufmännischen Handelsgewerbes** (dann: oHG oder KG)

Die GbR ist der Grundtypus der Personengesellschaft. Die Bedeutung des ihr zugrundeliegenden normativen Regelungskonzepts reicht damit weit über das Modell der Gesellschaft bürgerlichen Rechts hinaus. Die §§ 705 ff BGB finden folglich nicht nur auf die GbR, sondern über §§ 105 Abs. 3, 161 Abs. 2 HGB auch auf die oHG und KG sowie gem. § 1 Abs.4 PartGG auf die Partnerschaftsgesellschaft (PartG) Anwendung.

Bedeutung

Der GbR kommt im Rechtsleben eine kaum zu überschätzende Bedeutung zu.. Zwar sind genaue Zahlen – mangels Registerpublizität – nicht zugänglich, doch dürfte ihre Bedeutung als Unternehmensform die GmbH – mit derzeit ca. 900.0000 Gesellschaften – noch übertreffen. Dabei gilt es – sowohl in wirtschaftlicher als auch in rechtlicher Sicht – deutlich zwischen „Gelegenheits(innen)gesellschaften" – im privaten wie im wirtschaftlichen Bereich – und der **„unternehmenstragenden"** GbR zu unterscheiden. So erweist sich die GbR im privaten Bereich als vielfach verwendbares „Universalinstrument", ohne daß sich die Beteiligten häufig ihrer gesellschaftsrechtlichen Verbindung bewußt sind. Nach übereinstimmender Auffassung schadet indes eine „fehlerhafte" Einschätzung der Rechtsnatur des Vertragsverhältnisses durch die „Gesellschafter" nicht. Erforderlich und genügend ist vielmehr der „Rechtsbindungswille" zur Verfolgung eines gemeinsamen Zwecks. Dies betrifft sowohl Fahr- wie Wohngemeinschaften, (Lotto-) Spielgemeinschaften, Streichquartette aber auch „Ehegattengesellschaften", wenn man der hier widersprochenen h.M.

folgt (oben I 2.1), nach der es im Belieben der Beteiligten steht, ob sie gemeinschaftliches Eigentum als „schlichte" Rechtsgemeinschaft (§§ 741 ff BGB) oder „in Gesellschaft bürgerlichen Rechts" innehaben.

Bedeutung im Wirtschaftsleben hat die GbR vor allem als :
- **Zusammenschluß von Kleingewerbetreibenden** bei Fehlen eines nach Art und Umfang in kaufmännischer Weise eingerichteten Geschäftsbetriebs (§§ 1 Abs.2, 105 Abs.1 HGB),
- **Zusammenschluß von Freiberuflern** (Ärzte, Architekten, Rechtsanwälte, Steuerberater),
- **Vermögensverwaltende Gesellschaft**, wie Bauherrengemeinschaften und Immobilienfonds,
- Rechtsform für **Emmissionskonsortien** (Übernahme und Plazierung der von einem Emittenten (i.d.R. AG) angegebenen Aktien oder Schuldverschreibungen),
- Rechtsform für (erlaubte) **Kartelle**,
- Vertragliche Gestaltungsform für **Metageschäfte** (von meta: Hälfte; zwei oder mehrere Personen verbinden sich zu dem Zweck, während der Vertragsdauer eine bestimmte oder auch unbestimmte Zahl von Umsatzgeschäften über Waren oder Wertpapiere im Namen des Metisten, aber auf gemeinsame Rechnung einzugehen und den Gewinn daraus hälftig zu teilen),

Innen- und/oder Außengesellschaft

Die GbR kann Innen- oder Außengesellschaft sein. Als Innengesellschaft tritt sie nach außen nicht handelnd in Erscheinung (vgl. oben 2.3) und ist folglich **nicht** eigenständiges Zurechnungssubjekt von Rechten und Pflichten. Demgegenüber **ist die unternehmenstragende GbR zwingend Außengesellschaft** und als solche **rechtsfähig** (vgl. alsbald unten). Auf die Offenlegung der gesellschaftsrechtlichen Verbindung unter den Gesellschaftern gegenüber den Vertragspartnern kommt es insofern nicht entscheidend an. Maßgeblich ist vielmehr, wer nach dem objektivierten Interesse (§§ 133, 157 BGB) der Vertragsparteien verpflichtet werden soll. Ist Vertragspartner (auch – vgl. unten) die Gesellschaft und nicht ausschließlich einzelne oder sämtliche Gesellschafter, so handelt es sich um eine Außengesellschaft.

Unternehmenstragende GbR

Eine besondere Bedeutung kommt der GbR als Trägerin eines Unternehmens zu. Dabei handelt es sich neben der GmbH um die wohl **bedeutendste Rechtsform** der deutschen Unternehmensordnung. Dies betrifft insbesondere „freiberufliche" Sozietäten und Praxisgemeinschaften, soweit diese nicht die Rechtsform der PartG wählen, sowie Zusammenschlüsse von „Kleingewerbetreibenden", für die mangels Eintragung (vgl. §§ 2, 105 Abs. 2 HGB) das Recht der oHG oder KG nicht zur Anwendung gelangt. Insofern fehlt es an der notwendigen Voraussetzung eines „**nach Art und Umfang in kaufmännischer Weise eingerichteten Geschäftsbetriebs**" (§§ 1 Abs. 2, 105 Abs. 1 HGB). Als Trägerin eines Unternehmens ist die GbR **notwendig Außengesellschaft** und nimmt als solche für die Geschäftspartner erkennbar am Rechtsverkehr teil. Die überwiegende Auffassung behandelt sie folglich zutreffend **als eigenständiges Zurechnungssubjekt von Rechten und Pflichten** und billigt ihr somit zumindest eine (Teil-)**Rechtsfähigkeit** zu (Karsten Schmidt, Gesellschaftsrecht 3.A § 58 II 4; Grunewald, Gesellschaftsrecht 3. A. Rdnr. 101 ff, Timm, NJW 1995, S. 1216). Hierfür spricht nicht zuletzt die neuere Entwicklung des Unternehmensrechts. So betrachtet insbesondere das UmwG die GbR als **eigen-**

ständigen Rechtsträger (§ 191 Abs.2 Nr.1 UmwG) und damit als mögliche „Zielgesellschaft" im Rahmen eines Formwechsels. Wird ein Unternehmen anderer Rechtsform – beispielsweise eine Kapitalgesellschaft – nach Maßgabe der §§ 190 ff UmwG im Rahmen des Formwechsels zur GbR „umgewandelt", so besteht der formwechselnde Rechtsträger „in der in dem Umwandlungsbeschluß bestimmten Rechtsform weiter" (§ 202 Abs.1 Nr.1 UmwG). Der Gesetzgeber hat sich damit in Abkehr von der früheren Konzeption der „übertragenden Umwandlung" für das Modell einer **„identitätswahrenden" Umwandlung** entschieden. Damit wird die im Wege der Umwandlung entstandene GbR notwendig Trägerin aller Rechte und Pflichten der Ausgangsgesellschaft und folglich eigenständiges Zurechnungssubjekt. Auch die seit dem 1.1.1999 bundeseinheitlich geltende Insolvenzordnung (InsO) sieht die GbR wie die oHG und KG – wenn auch unter der fragwürdigen und widersprüchlichen Bezeichnung einer „Gesellschaft ohne Rechtspersönlichkeit" (?) – als insolvenzfähig an (§ 11 Abs.2 Nr.1 InsO). Die Rechtsprechung hat für diese Sichtweise eine gewisse Sympathie erkennen lassen (BGHZ 136, S. 254 ff., BGH ZIP 1999, S. 1755 ff.) und insbesondere die **Wechsel- und Scheckfähigkeit** der GbR ausdrücklich anerkannt, jedoch eine abschließende Stellungnahme bis jetzt offen gelassen (BGH ZIP 1998, S. 604 f.).

GbR als „Auffanggesellschaft"

Die **eigenständige Rechtssubjektivität** der GbR folgt nicht zuletzt aus deren Funktion als **„Auffanggesellschaft"**. oHG und KG wandeln sich **kraft Gesetzes** zur GbR um, wenn der Umfang des von ihnen betriebenen Handelsgewerbes sein „kaufmännisches Gepräge" verliert, (BGHZ 10, 97; BGHZ 32, 307). Ein möglicherweise entgegenstehender Wille der Gesellschafter ist insofern **unbeachtlich**. Die tatbestandlichen Voraussetzungen der gesellschaftsrechtlichen Gestaltungsformen stehen insoweit nicht zur Disposition der Beteiligten. Etwas anderes gilt nur, soweit die Gesellschaft im Handelsregister eingetragen ist (§ 105 Abs. 2 HGB). Solange die Eintragung besteht, kommt eine Umwandlung zur GbR folglich nicht in Betracht (§5 HGB). Insofern steht es den Gesellschaftern offen, vermittels Eintragungsantrag – innerhalb gewisser Grenzen – zugunsten der oHG oder – in der Praxis weitaus häufiger – der KG zu optieren. Im übrigen kommt auch die – vom Gesellschafterwillen unabhängige – Umwandlung einer GbR in eine oHG in Betracht. So „erstarkt" eine bisherige GbR zur oHG, wenn ihr „kleingewerblich" geprägtes Unternehmen infolge erweiterter Geschäftstätigkeit „nach Art und Umfang einen in kaufmännischer Weise eingerichteten Geschäftsbetrieb" erfordert. Es erscheint dogmatisch kaum folgerichtig und begründbar, einerseits mit Blick auf die gesetzlichen Vorgaben (§§ 124, 161 Abs.2 HGB) die Rechtsträgerschaft von oHG und KG zu bejahen, andererseits bei der Umwandlung in eine GbR die Gesellschafter und nicht die Gesellschaft als Träger des Gesellschaftsvermögens anzusehen. Der häufig **„fließende" Übergang zwischen oHG und GbR** bzw. umgekehrt wäre dann stets mit einer Vermögensübertragung verbunden. Vielmehr erweist es sich als vorzugswürdig, auch hier – in Übereinstimmung mit den Vorgaben des UmwG – von einer „identitätswahrenden" Umwandlung auszugehen und das Gesellschaftsvermögen der mit der früheren oHG identischen GbR zuzuordnen.

Strittig ist, ob nach der – unfreiwilligen – Umwandlung der oHG bzw. KG hinsichtlich des „Innenverhältnisses" der Gesellschafter untereinander sowie der disponiblen Vorschriften des „Außenrechts", insbesondere bezüglich der Geschäftsführungs- und Vertretungsbefugnis, das **Recht des (unveränderten) Gesellschaftsvertrages** oder die gesetzlichen Regelung der GbR (§§ 709, 714 BGB) Anwendung finden. Dies ist für die (ehemaligen) Kommanditisten insbesondere von **haftungsrechtlicher Bedeutung**. Nach der bisherigen Auffassung des Bundesgerichtshofs (BGH NJW 1971, S. 1698 für KG) gelten die Vorschriften des Gesellschaftsvertrages weiter (a.a. für die KG Beyerle NJW 1982, S. 229; Kornblum BB 1982, S. 1032), da der Wille der Gesellschafter hinsichtlich der Geschäfts- und Vertretungsbefugnis im Zweifel fortbestehe und durch die Umwandlung die Identität der Gesellschaft (sic!) erhalten bleibe. Der (frühere) Kommanditist bleibt danach weiterhin von der Geschäftsführung und Vertretung ausgeschlossen. Er haftet nach wie vor beschränkt nach Maßgabe des § 171 HGB: Den geschäftsführenden Gesellschaftern ist es insofern versagt, die früheren Kommanditisten über das Gesellschaftsvermögen und ihre etwa noch ausstehenden Einlagen hinaus zu verpflichten (zur Beschränkung der Vertretungsmacht bei der GbR vgl. unten. 1.4). Den berechtigten Interessen der Gläubiger ist durch die „**Offenlegung**" der Haftungsverhältnisse im Rahmen der Firmierung als „KG" regelmäßig genüge getan. Hinsichtlich der ehemaligen Komplementäre bestimmt sich die Haftung demgegenüber nach dem Recht der GbR (vgl. unten 1.5). Allerdings ist mehr als fraglich, ob diese Sichtweise im Lichte der nunmehr geänderten Rechtsprechung des BGH (ZIP 1999, S. 1755 ff. m. Anm. Altmeppen) aufrecht erhalten werden kann. Da der BGH nunmehr eine gesellschaftsvertragliche Haftungsbeschränkung auf das Gesellschaftsvermögen ablehnt, muß dies notwendig auch im Rahmen der „Umwandlungsfälle" Geltung beanspruchen; zumal es die Gesellschafter in der Hand haben, im Wege der – freiwilligen – Eintragung zugunsten der KG zu optieren.

GbR als Gesellschafterin anderer Gesellschaften

Die GbR kann ihrerseits Gesellschafterin bei einer anderen Gesellschaft – beispielsweise einer weiteren GbR – sein. Allerdings scheidet nach h.M. die GbR als Gesellschafterin einer oHG oder KG aus (a.A. Klamroth BB 1983, 796), da sie im Unterschied zur oHG und KG nicht als geschlossene Einheit auftritt und die Gesellschafterstellung in einer Personenhandelsgesellschaft den Gesellschafter zum Kaufmann macht, so daß die GbR zur oHG werde. Die hier zutage tretende Argumentation überzeugt nicht. Nach zutreffender Auffassung kommt die Kaufmannseigenschaft hinsichtlich oHG und KG lediglich der Gesellschaft und nicht den Gesellschaftern zu. Dies folgt notwendig aus der eigenständigen Rechtssubjektivität der Personenhandelsgesellschaften (§ 124 HGB). Was den Hinweis auf die „mangelnde Verfestigung" der GbR betrifft, so erfaßt die hier zutage tretende „Schwäche" der GbR deren Gesellschafterstellung schlechthin; doch ist ihre Gesellschaftereigenschaft bezüglich einer GmbH auch durch die Rechtsprechung ausdrücklich anerkannt (BGH NJW 1998, S. 376 ff). Der aus der gesellschaftsrechtlichen Beteiligung einer GbR resultierenden Gefährdung der Gläubigerinteressen hinsichtlich der Beteiligungsgesellschaft ist vielmehr durch eine „funktionale" Ausgestaltung der Haftungsverfassung Rechnung zu tragen. So kommt zur Sicherung der Kapitalaufbringung eine Haftungsbeschränkung der GbR auf das Gesellschaftsvermögen (vgl. unten 1.4) nicht in Betracht. Unter gleichen Voraussetzungen bestehen keine Bedenken, der GbR die Beteiligung an einer oHG oder KG zu eröffnen.

Keine Firma

Die GbR führt mangels eines kaufmännischen (Handels-) Gewerbes keine Firma wie die oHG und KG, sondern wird durch die Namen ihrer Gesellschafter individualisiert. Es bleibt der GbR unbenommen, sich einen Gesamtnamen zu geben und damit am Rechtsverkehr zu beteiligen. Der Namensschutz erfolgt nach § 12 BGB und § 5 MarkenG.

1.2 Gesellschaftsvertrag und Gesellschaftszweck

Die drei konstitutiven Merkmale einer GbR sind **Gesellschaftsvertrag, gemeinsamer Zweck und die pflichtgemäße Verfolgung des Zwecks**. Die GbR kommt durch Gesellschaftsvertrag zwischen mindestens zwei Personen zustande. Gesellschafter können sowohl natürliche als auch juristische Personen (AG, GmbH, e.G., e.V.) sowie eine GbR, oHG oder KG und ein nichtrechtsfähiger Verein sein. Beim Vertragsschluß werden juristische Personen sowie der nichtrechtsfähige Verein durch ihre vertretungsberechtigten Organe, GbR, oHG und KG durch ihre vertretungsberechtigten Gesellschafter vertreten.

Der Gesellschaftsvertrag kann grundsätzlich formfrei (Ausnahme: notarielle Beurkundung, erforderlich z.b. bei Grundstückseinbringung, § 313 BGB) und damit auch mündlich abgeschlossen werden. Letzteres ist vor allem bei den Gelegenheitsgesellschaften häufig der Fall. In der Praxis empfiehlt sich aus Beweisgründen die einfache Schriftform (wichtig u.a. zum Nachweis gegenüber Steuerbehörden). Der Gesellschaftsvertrag muß als Mindestinhalt die Gesellschafter, den gemeinsamen Gesellschaftszweck sowie die Pflicht zur gemeinsamen Zweckverfolgung enthalten.

Ehegatten

Auch Ehegatten können eine GbR bilden, wenn die Eheleute durch beiderseitige Leistungen einen über den typischen Rahmen der ehelichen Lebensgemeinschaft hinausgehenden Zweck verfolgen, indem sie z.b. eine freiberufliche oder gewerbliche Tätigkeit gemeinsam ausüben. Ob das gemeinsame Innehaben von Vermögenswerten – beispielsweise eines Grundstücks – bei entsprechendem Vertragswillen der Partner für sich alleine geeignet ist, eine GbR zu begründen, ist zweifelhaft (vgl. oben I 2.1), wird jedoch von der überwiegenden Auffassung in Rechtsprechung und Literatur bejaht (BGH NJW 1982, S. 170 ff.).

Eheähnliche Lebensgemeinschaft

Das Zusammenleben in eheähnlicher Lebensgemeinschaft begründet für sich **alleine noch nicht** die Annahme einer GbR in Form der Innengesellschaft (OLG Saarbrücken FamRZ 1979, 79; s.a. Derleder NJW 1980, 545), doch kommt gegebenenfalls eine entsprechende Anwendung der Bestimmungen hinsichtlich der Liquidation der GbR bei der vermögensrechtlichen Auseinandersetzung der nichtehelichen Lebensgemeinschaft in Betracht. Dies gilt jedenfalls dort, wo die Partner im Zeitraum ihres Zusammenlebens gemeinsame Vermögenswerte geschaffen haben, deren alleinige Zuordnung nach sachenrechtlichen Gesichtspunkten der tatsächlichen Ausgestaltung ihrer Gemeinschaft und den berechtigten Erwartungen der Beteiligten nicht entspricht (BGHZ 77, S. 55 ff., 56 f.; BGHZ 115, S. 261 ff.; BGH NJW-RR 1993, S. 1476 f.).

Minderjährige

Das Interesse an der Beteiligung Minderjähriger ist nicht selten steuerlich motiviert. Dabei geht es den Beteiligten meist um die Erzielung von Progressionsvorteilen oder um eine sukzessive Vorwegnahme der Erbfolge zur Senkung der Erbschaftssteuerbelastung. Minderjährige Gesellschafter werden beim Abschluß des Gesellschaftsvertrags durch ihre gesetzlichen Vertreter (d.h. regelmäßig die Eltern) vertreten (§ 1629 Abs. 1 BGB).

Sind die Eltern oder ein Elternteil selbst Gesellschafter, so bedarf es der Bestellung eines Ergänzungspflegers (§ 1909 BGB), da die Eltern angesichts des evidenten Interessenkonflikts (§ 181 BGB) an der Vertretung ihrer Kinder gehindert sind (§§-Kette: 1629 Abs. 2, 1795 Abs. 2, 181, 1909 Abs. 1 BGB). Bei mehreren Minderjährigen ist für jedes Kind ein gesonderter Ergänzungspfleger zu bestellen. Außerdem ist die vormundschaftsgerichtliche Genehmigung erforderlich, wenn die GbR gewerblich tätig wird (§§-Kette: 1629 Abs. 1, 1643 Abs. 1, 1822 Nr. 3 BGB).

Im übrigen ist der Minderjährige – unabdingbar – berechtigt, seine Gesellschafterstellung **mit Erreichen des 18. Lebensjahrs** durch Kündigung zu beenden (§ 723 Abs.1 S.3 Nr.2 BGB). Eine solche Kündigung kommt allerdings **nur innerhalb eines Zeitraums von drei Monaten** in Betracht, nachdem der Minderjährige von seiner Gesellschafterstellung Kenntnis erlangt hat oder erlangt haben muß. Das Kündigungsrecht besteht nicht, wenn er gem. § 112 BGB durch vormundschaftsgerichtliche Genehmigung (§ 112 BGB) zum Betrieb eines Erwerbsgeschäfts ermächtigt war.

Schenkung und Formvorschriften

Schenken die Eltern ihren Kindern die Gesellschaftseinlage, so bedarf das Schenkungsversprechen der **notariellen Beurkundung** (§ 518 Abs. 1 BGB). Ein eventueller Formmangel wird jedoch durch **Einbuchung der Einlage** auf dem Kapitalkonto des Beschenkten geheilt. Die Formheilung gilt aber nur bei (unternehmenstragenden) **Außengesellschaften**. Für die Innengesellschaft verlangt der Bundesgerichtshof stets die notarielle Beurkundung und läßt keine nachträgliche Heilung des formnichtigen (§ 125 BGB) Rechtsgeschäfts zu (BGHZ 7, 174 und 378; der BFH hat sich der BGH-Meinung angeschlossen, BFH BStBl. II 1979, 768). Die Einhaltung der zivilrechtlichen Formvorschriften bei Beteiligung Minderjähriger (dies gilt auch für andere Gesellschaften, z.B. oHG und KG) ist über die Wirksamkeit des Gesellschaftsvertrags hinaus auch für das Steuerrecht bedeutsam. Die Steuerbehörden erkennen grundsätzlich Vereinbarungen zwischen nahen Familienangehörigen nur bei zivilrechtlicher Gültigkeit an (Ausnahme: Heilung nach § 518 Abs. 2 BGB bei Außengesellschaften). Bei Nichtbeachtung der Formvorschriften treffen den Minderjährigen keine Pflichten, und es ändert sich gegebenenfalls die Gewinnverteilung. Die Grundsätze hinsichtlich „fehlerhafter Gesellschaften" (vgl. unten) **finden jedenfalls zu Lasten Minderjähriger keine Anwendung.**

Wesen des Gesellschaftsvertrages

Der Gesellschaftsvertrag ist – wie dargestellt – über seinen „**Organisationscharakter**" hinaus (auch) **Schuldvertrag**, auf dessen Zustandekommen grundsätzlich die allgemeinen Regeln der Rechtsgeschäfts- und Vertragslehre (§§ 104 ff, 145 ff BGB) Anwendung finden. Vertragsänderungen sind grundsätzlich nur mit Zustimmung aller Gesellschafter möglich, sofern der Gesellschaftsvertrag nichts anderes vorsieht. Vertragsänderungen durch Mehrheitsbeschluß sind nur dort zulässig, wo sich die entsprechende Änderungsmöglichkeit aus Sicht der beteiligten Gesellschafter mit der erforderlichen Bestimmtheit den Regelungen des Gesellschaftsvertrags entnehmen läßt; **Bestimmtheitsgrundsatz (vgl. unten 2.3).**

Anwendung der §§ 320 ff. BGB

Die Anwendung der §§ 320 ff. BGB auf die GbR ist umstritten. Sie wird zum Teil mit der Begründung verneint, daß der Gesellschaftsvertrag nicht auf Austausch, sondern auf Vereinigung von Leistungen gerichtet ist. Weitgehend besteht jedoch über folgendes Einigkeit:

- § 320 BGB ist nur bei der zweigliedrigen GbR anwendbar,
- §§ 321, 323 und 324 BGB sind i.d.R. anwendbar,
- Ein Rücktrittsrecht gem. §§ 325, 326 BGB besteht nur vor Eintritt der Gesellschaft in den Rechtsverkehr oder bevor der Gesellschaftsvertrag in anderer Weise zur Ausführung gelangt (z.b. Bildung von Gesellschaftsvermögen). Wurde die Gesellschaft seitens der Beteiligten in Vollzug gesetzt, so verbleibt **lediglich die Möglichkeit einer Kündigung gem. § 723 BGB** mit Wirkung für die Zukunft (bzw. bei der oHG einer Auflösungklage nach §§ 133 ff. HGB) und einer anschließenden Liquidation.

Beispiel

A, B und C haben einen Gesellschaftsvertrag über eine GbR geschlossen. C verweigert die Einlage, weil B noch nicht geleistet hat. § 320 BGB ist nicht anwendbar, weil es sich um eine dreigliedrige GbR handelt. Ist die GbR nach außen schon aufgetreten, so kann A wegen der Leistungsverweigerung des C auch nicht gem. § 326 BGB zurücktreten. Er muß die Gesellschaft gem. § 723 BGB kündigen und dann die Auseinandersetzung gem. §§ 731 ff BGB betreiben.

Gesellschaftszweck

Gesellschaftszweck kann **jede ideelle oder wirtschaftliche** Zielsetzung sein. Allerdings scheidet der **Betrieb eines kaufmännischen Handelsgewerbes notwendig aus**. Liegt ein solches vor, so handelt es sich bei der Gesellschaft zwingend um eine oHG, sofern nicht die normativen Voraussetzungen anderer Rechtsformen (KG, GmbH) erfüllt sind (§§ 1, 105 HGB). Ein eventuell entgegenstehender Wille der Gesellschafter ist dabei unbeachtlich. Insofern erweist sich die Regelung der §§ 105 ff HGB als zwingende Rechtsfolgenanordnung für kaufmännische Handelsgesellschaften (vgl. bereits oben 1.1). Der Gesellschaftszweck muß darüber hinaus erlaubt bzw. zulässig sein. Bei gesetzes- oder sittenwidrigem Zweck ist der Gesellschaftsvertrag gem. §§ 134, 138 BGB nichtig. Die Gesellschafter müssen den Zweck als „gemeinsamen" verfolgen, fehlt es hieran, so liegt eine „schlichte" (Rechts-) Gemeinschaft gem. §§ 741 ff. BGB (z.B. Miteigentümer eines Mietshauses) vor. Allerdings kommt nach h.M. auch die „schlichte" Innehabung eines Vermögensrechts – zum Beispiel eines Grundstücks – in der Rechtsform der GbR in Betracht. Die gemeinsame Zweckverfolgung schließt jedoch nicht aus, daß die Gesellschafter darüber hinaus noch andere – eigennützige oder ideelle – Motive verfolgen. Eine Gewinnbeteiligung sämtlicher Gesellschafter ist nicht zwingend erforderlich, um einen gemeinsamen Zweck anzuerkennen. Ein Gesellschafter kann folglich im Einzelfall vom Gewinn ausgeschlossen sein, ohne daß dies die Wirksamkeit des Gesellschaftsvertrags berührt.

Förderungspflicht

Die Gesellschafter sind verpflichtet, den gemeinsamen Zweck zu fördern (sog. Förderungspflicht) und insbesondere die vereinbarten Beiträge zu leisten (§ 705 BGB). „Beitragsfreie" Gesellschaften sieht das Gesetz demgegenüber nicht vor. Allerdings sind an die Förderungspflichten keine allzu strengen Anforderungen zu stellen. Eine Bar- oder Sacheinlage in das Gesellschaftsvermögen ist auch bei unternehmenstragenden Außengesellschaften nicht zwingend geboten. Vielmehr kann sich die Beitragsleistung in unterschiedlichen Verhaltenspflichten erschöpfen. Gegenstand der Förderungspflicht können folglich alle Arten von Handlungen oder Unterlassungen sein, beispielsweise die Übernahme eines Wettbewerbsverbots. Nach zutreffender Auffassung genügt es hinsichtlich der Beitragsleistung, wenn der Gesellschafter durch seine Mitgliedsstellung die (gesamtschuldnerische) Mithaftung hinsichtlich der Gesellschaftsverbindlichkeiten übernimmt und hierdurch den „Kredit" der Gesellschaft gegenüber den (potentiellen) Vertragspartnern erhöht.

Außer den konstitutiven Merkmalen (Gesellschaftsvertrag, gemeinsamer Gesellschaftszweck, Pflicht zur Zweckverfolgung) sind keine weiteren Erfordernisse für das Entstehen einer GbR begriffsnotwendig. Es ist folglich – wie das Beispiel der (Gelegenheits-) Innengesellschaften zeigt – weder die Bildung von Gesellschaftsvermögen noch die Einrichtung einer gemeinsamen Organisation erforderlich.

Fehlerhafte Gesellschaftsverträge

Erweist sich der Gesellschaftsvertrag als fehlerhaft – ermangelt es ihm beispielsweise an der gesetzlich vorgeschriebenen Form (vgl. § 313 BGB) – so führt dies nach den Regeln der allgemeinen Rechtsgeschäftslehre grundsätzlich zur Nichtigkeit des Vertragverhältnisses (vgl. § 125 BGB) und zur Rückabwicklung der erbrachten Leistungen nach den Bestimmungen des Bereicherungsrechts (§§ 812 ff BGB). Gleiches gilt im Falle der Anfechtung seitens eines Vertragsbeteiligten (vgl. § 142 Abs.1 BGB). Allerdings erweisen sich die Vorgaben der §§ 812 ff BGB als weitgehend ungeeignet zur Rückabwicklung in Vollzug gesetzter Gesellschaftsverhältnisse. Sind die Beitragsleistungen der Gesellschafter erst einmal im Gesellschaftsvermögen „verschmolzen" und möglicherweise nach Aufnahme der Geschäftstätigkeit mit Leistungen der außenstehenden Vertragspartner „durchmischt", ist eine sachgerechte Rückabwicklung kaum noch praktikabel. Dies betrifft nicht nur das „Außenverhältnis", sondern gilt gleichermaßen „nach innen" gegenüber den Gesellschaftern. Die Rechtsprechung (BGHZ 3, S. 285 ff; BGHZ 13, S. 320 ff) sieht deshalb in Vollzug gesetzte aber fehlerhafte Gesellschaftsverhältnisse grundsätzlich als wirksam an, sofern einer solchen Betrachtungsweise nicht höherrangige Interessen – wie beispielsweise der Schutz Minderjähriger – entgegenstehen (vgl. ausführlich unten 2.8). Eine Rückabwicklung nach den Bestimmungen des Bereicherungsrechts scheidet daher regelmäßig aus. Lediglich für die Zukunft kommt die Auflösung der Gesellschaft – im Falle der GbR durch Kündigung gem. § 723 Abs.1 BGB – in Betracht. Dabei genügt allerdings der Mangel des Gesellschaftsvertrages regelmäßig dem Kündigungserfordernis des „wichtigen Grundes", wenn die Gesellschafter von ihrer Kündigungsmöglichkeit alsbald Gebrauch machen, wenn sie den Mangel bemerken. Hinsichtlich der Grundsätze der **„fehlerhaften Gesellschaft"** handelt es sich dabei nicht um einen Rechtsscheintatbestand. Es kommt somit nicht auf den „guten Glauben" oder „das Kennenmüssen" der Vertragsbeteiligten oder ihrer Geschäftspartner an.

Die hier zutage tretende **„Begrenzung der Nichtigkeitsfolgen"** findet ihre dogmatische Verankerung letztlich in einer **Gesamtanalogie** zu den Regelungen der §§ 262 ff AktG, §§ 75 ff GenG, §§ 94 ff GmbHG. Wie die Wertungen des Gesetzgebers im Recht der Körperschaften zeigen, verdient im Regelfall das Bestandsschutzinteresse der Beteiligten und ihrer Marktpartner den Vorrang vor der „rückwirkenden" Nichtigkeit **in Vollzug gesetzter Verbände**. Damit trägt die Rechtsordnung letztlich dem Umstand Rechnung, daß im Rahmen von **„Organisationsverträgen"** neue Handlungseinheiten als Zurechnungssubjekte entstehen, deren Existenz nicht mit ex tunc Wirkung beseitigt werden kann. Entgegen der Auffassung des BGH (BGHZ 55, S. 5 ff; BGHZ 62, S. 234 ff, 237; BGHZ 75, S. 214 ff, 217) ist daher bei **„reinen" Innengesellschaften** kein Raum für die Anwendung der Grundsätze zur „fehlerhaften Gesellschaft". Hier gelten insofern die allgemeinen Bestimmungen des Schuldrechts.

1.3 Rechte und Pflichten der Gesellschafter

Die Rechtsstellung der Gesellschafter ergibt sich in erster Linie aus dem geschlossenen Gesellschaftsvertrag. Soweit eine Regelung fehlt, gelten die (meist dispositiven) Vorschriften der §§ 705 ff. BGB. Darüber hinaus kommt ergänzend eine Anwendung der Bestimmungen hinsichtlich der Gemeinschaft (§§ 741 ff BGB) in Betracht.

Beitragspflicht

Wichtigste Pflicht der Gesellschafter nach Abschluß des Gesellschaftsvertrages ist die Leistung der versprochenen **Beiträge**. Diese können in Geld, Sachleistungen, Forderungen, Immaterialgüterrechten, Maschinen oder Dienstleistungen oder sonstigen Zuwendungen an die Gesellschaft bestehen. Darüber hinaus kommt auch die „schlichte" Erweiterung der Haftungsgrundlage durch die Gesellschafterstellung oder die Übernahme von Unterlassungspflichten in Betracht (vgl. bereits oben 1.2). Erweist sich eine geleistete Sacheinlage als mangelhaft, so greifen ergänzend die kaufrechtlichen Gewährleistungsvorschriften für Sachmängel (§§ 493, 459 ff. BGB) ein. Diese sind allerdings nur entsprechend anwendbar. An die Stelle der **Wandlung,** die zur Rückabwicklung des Gesellschaftsvertrags führen würde, tritt insofern die Pflicht zur Lieferung einer mangelfreien Sache oder, sofern dies nicht möglich ist, die Pflicht, statt der versprochenen Sacheinlage nunmehr Wertersatz zu leisten. Im Falle der **Minderung** hat der Gesellschafter den Differenzbetrag (zwischen Nominalwert oder Minderwert) in Geld auszugleichen.

Die einzubringenden Gegenstände sind nach den jeweils geltenden sonderrechtlichen Übertragungsbestimmungen an die Gesellschaft zu übertragen (bewegliche Sachen gem. §§ 929 ff., Grundstücke gem. §§ 873, 925 BGB, Forderungen und sonstige Rechte gem. §§ 398 ff., 413 BGB etc.).

Verbot der Nachschußpflicht § 707 BGB

Das BGB verwendet neben dem Begriff des Beitrags denjenigen der Einlage (z.B. beide Begriffe in § 707 BGB, Begriff Einlage in §§ 733-735, 739 BGB). Einlage ist der an die Gesellschaft **geleistete** Beitrag. Hat der Gesellschafter seinen Beitrag erbracht, so hat er damit seine Verpflichtung aus dem Gesellschaftsvertrag erfüllt und kann **seitens der Gesellschaft** nicht mehr in Anspruch genommen werden (§ 707 BGB, **Verbot der Nachschußpflicht**). Allerdings ist § 707 BGB dispositiver Natur und kann im Gesellschaftsvertrag abbedungen werden. Soll folglich ein Gesellschafter entgegen § 707 BGB zum Verlustausgleich verpflichtet sein, so muß sich dies – zum Schutze der Beteiligten – aus dem Gesellschaftsvertrag in verständlicher und nicht lediglich versteckter Weise ergeben (BGH NJW 1983, 164). Die Gesellschafter können darüber hinaus einstimmig eine Beitragserhöhung beschließen. Das Verbot der Nachschußpflicht gilt außerdem **nicht**:

- im Falle der Auseinandersetzung (§ 735 BGB),
- im Falle des Ausscheidens eines Gesellschafters (§ 739 BGB),
- für Ansprüche von Gesellschaftsgläubigern gegenüber den Gesellschaftern,
- für Ausgleichsansprüche eines GbR-Gesellschafters gegenüber seinen Mitgesellschaftern, wenn er eine Gesellschaftsschuld getilgt hat und von der GbR keine Erstattung erhält (Gesamtschuldnerregreß gem. § 426 Abs.1 BGB).

Sieht man von der im Gesellschaftsvertrag übernommenen Beitragspflicht ab, so sind alle Gesellschafter aufgrund ihrer Mitgliederstellung verpflichtet, an der **Geschäftsführung der GbR mitzuwirken (§ 709 BGB)**. Etwas anderes gilt nur dort, wo der Gesellschaftsvertrag eine abweichende Regelung im Wege eines Ausschlusses von der Geschäftsführungsbefugnis enthält oder diese nachträglich durch Gesellschafterbeschluß entzogen wird (§ 712 BGB – vgl. unten 1.4).

Neben der Beitrags- und Geschäftsführungspflicht treffen den einzelnen Gesellschafter die **Treuepflicht** sowie die Pflicht der gleichmäßigen Behandlung der (Mit-) Gesellschafter (sog. **Gleichbehandlungsgrundsatz**). Einer vertraglichen Ausgestaltung bedarf es insoweit nicht. Treuepflicht und Gleichbehandlungsanspruch sind insofern unmittelbarer Ausfluß der Gesellschafterstellung. Dies schließt eine vertragliche Modifikation oder Konkretisierung im Einzelfall zwar nicht aus, doch bleiben die Verhaltensbindungen der Treuepflicht in ihrem „Kern" zum Schutze der Gesellschaft und der Mitgesellschafter unantastbar.

Treuepflicht

Die Treuepflicht (§ 242 BGB) gebietet es seitens der Gesellschafter, alles **zu tun**, was den Gesellschaftszweck fördert und alles zu **unterlassen**, was ihm schadet. Hieraus folgt im Einzelfall auch ein **Wettbewerbsverbot** zugunsten der unternehmenstragenden GbR. Die Regelung der §§ 112 f HGB findet insoweit entsprechende Anwendung (vgl. unten 2.3). Die Treuepflicht verpflichtet die Mitglieder darüber hinaus, auf die Belange der Mitgesellschafter sowie der Gesellschaft angemessen Rücksicht zu nehmen. Dies kann es bedingen, bei einer maßgeblichen Veränderung der tatsächlichen und/ oder rechtlichen Rahmenbedingungen in **Ausnahmefällen einer** Vertragsänderung zuzustimmen.

Gleichbehandlungsgrundsatz

Der Gleichbehandlunsgrundsatz ist inhaltlich nicht auf eine schematische Gleichstellung der Gesellschafter gerichtet, sondern schließt lediglich die sachlich nicht gerechtfertigte, d.h. willkürliche Ungleichbehandlung der Gesellschafter aus.

Der Gleichbehandlungsgrundsatz kann von den Gesellschaftern in den Schranken der §§ 138, 242 BGB vertraglich modifiziert werden. Auswirkung hat der Grundsatz gleichmäßiger Behandlung vor allem hinsichtlich der Beitragspflicht der Gesellschafter, des Umfangs der Mitwirkung an der Geschäftsführung (Sicherung durch Widerspruchsrecht gem. § 711 BGB) und der Gewinn- und Verlustverteilung sowie des Minderheitenschutzes gegenüber Mehrheitsbeschlüssen (z.B. Gesellschaftsvertrag sieht Kapitalerhöhung durch Mehrheitsbeschluß vor: jeder Gesellschafter muß die Möglichkeit haben, sich an der Kapitalerhöhung in gleicher Weise und unter gleichen Bedingungen zu beteiligen, BGH WM 1974, 1151, 1153).

Pflichtverletzung

Verletzt ein Gesellschafter **schuldhaft** die ihn aus dem Gesellschaftsvertrag treffenden Pflichten, so ist er der Gesellschaft – sowie bei Schädigung der Mitgesellschafter auch diesen gegenüber – zum Ersatz des entstandenen Schadens verpflichtet. Dies folgt aus dem Gesichtspunkt **der positiven Vertragsverletzung (pVV) des Gesellschaftsvertrags**. Dieser begründet schuldrechtliche Leistungs- und Sorgfaltspflichten **sowohl gegenüber der Gesellschaft als auch gegenüber den jeweiligen Mitgesellschaftern**. Eine ersatzpflichtige Vertragsverletzung liegt dabei grundsätzlich auch in der **Überschreitung der Geschäftsführungsbefugnis**. Nach zutreffender Auffassung kommt daneben eine Haftung wegen Geschäftsführung ohne Auftrag (GoA) nicht in Betracht (BGH BGH WM 1988, S. 968 ff, 970).

Eine gesetzliche Haftungsmilderung ergibt sich im Regelfall aus § 708 BGB. Hiernach hat ein Gesellschafter nur für die Sorgfalt einzustehen, die er auch in eigenen Angelegenheiten anzuwenden pflegt. Das Gesetz trägt hierdurch der „personalen" Ausprägung der Personengesellschaften Rechnung. Dennoch erscheint fraglich, ob und inwiefern die Bestimmung den funktionalen Erfordernissen einer unternehmerischen Leitungshaftung entspricht (vgl § 93 AktG, § 43 GmbHG, § 34 GenG). Allerdings entbindet § 708 BGB den Schädiger nicht von der Haftung für „grobe Fahrlässigkeit" (§ 277 BGB). § 708 BGB betrifft **ausschließlich das Innenverhältnis zur Gesellschaft sowie den Mitgesellschaftern und entfaltet keine Außenwirkung** gegenüber Dritten. Dabei bezieht sich das „Haftungsprivileg" auf **vertragliche und deliktische** Schadensersatzansprüche. Die Gesellschafter können ihrerseits im Gesellschaftsvertrag die Haftung auf „grobe Fahrlässigkeit" beschränken oder auf die im Verkehr erforderliche Sorgfalt (§ 276 Abs. 1 S. 2 BGB) „erhöhen", da **§ 708 BGB nachgiebiges Recht** ist. Im Straßenverkehr findet § 708 BGB nach der – nicht zweifelsfreien – Ansicht des BGH keine Anwendung (BGHZ 46, 313, 317 f: Die Haftungserleichterung „liege dem ständigen gesetzgeberischen Bestreben, den Gefahren des Straßenverkehrs nicht zuletzt durch strenge Haftungsvorschriften entgegenzuwirken, völlig zuwider"), wenn ein Gesellschafter im Rahmen seiner Geschäftsführungstätigkeit das Lenken eines Kraftwagens übernimmt und infolge Fahrlässigkeit einen Mitgesellschafter verletzt.

actio pro socio
Erfüllt ein **Gesellschafter** seine Pflichten nicht oder schädigt er schuldhaft die Gesellschaft, so können die hieraus fließenden (Schadensersatz-) Ansprüche von **jedem** Gesellschafter – unabhängig vom Vorliegen seiner Geschäftsführungs- und Vertretungsbefugnis – **im Namen der Gesellschaft** geltend gemacht werden (**actio pro socio** oder **Gesellschafterklage**). Nach h.M. ist die actio pro socio kein Fall der Prozeßstandschaft, sondern eine Klage aus eigenem Recht (Individualanspruch) des Gesellschafters. Da der Gesellschaftsvertrag notwendig schuldrechtliche Verpflichtungen zwischen den Gesellschaftern begründe (vgl. § 705 BGB: „verpflichten sich die Gesellschafter gegenseitig"), komme jedem Gesellschaftsmitglied gegenüber seinen Mitgesellschaftern ein eigener Erfüllungsanspruch hinsichtlich dessen gesellschaftsvertraglichen Leistungs- und Unterlassungspflichten zu. Allerdings kann, da die Verpflichtung im Gesellschaftsverhältnis gründet, nur **Leistung an die Gesellschaft** geltend gemacht werden. Insofern die actio pro socio die (interne) Organisationsregelung hinsichtlich Geschäftsführung und Vertretung durchbricht, kommt sie zudem angesichts des Vorrangs privatautonomer Gestaltung nur als „ultima ratio" in Betracht. Sie scheidet folglich dort aus, wo die geschäftsführungs- und vertretungsberechtigten Gesellschafter bereit und in der Lage sind, die Ansprüche der Gesellschaft im Rahmen der gesellschaftsvertraglichen Kompetenzordnung geltend zu machen. Der Gesellschaftsvertrag kann seinerseits die actio pro socio als unabdingbares Element des **gesellschaftsrechtlichen Minderheitenschutzes** nicht völlig ausschließen oder unzumutbar erschweren (BGH NJW 1985, S. 2830 ff).

Gesamthänderklage
Von der actio pro socio gegenüber einem Mitgesellschafter ist die Gesamthänderklage zu unterscheiden. Diese betrifft die Geltendmachung von Forderungen der Gesellschaft im Außenverhältnis (= Gesamthandsforderungen) gegenüber Dritten durch einen **nicht vertretungsberechtigten** Gesellschafter im eigenen Namen. Eine sol-

che Durchbrechung der Vertretungsordnung kommt nur in eng umgrenzten Ausnahmefällen in Betracht (vgl. unten 1.4)

Rechte des Gesellschafters
Den Gesellschafter treffen nicht nur Pflichten; aus dem Gesellschaftsvertrag erwachsen vielmehr auch Rechte, die man üblicherweise in **Mitverwaltungs- und Vermögensrechte** unterscheidet. Diese Unterscheidung ist auch bedeutsam für die Übertragbarkeit der Rechte. So können Mitwirkungsrechte aus dem Gesellschaftsverhältnis grundsätzlich nicht von der Gesellschafterstellung „abgespalten" werden; diese sind folglich nicht übertragbar, während die Vermögensrechte abgetreten und von Gläubigern gepfändet werden können.

Das hier zutage tretende „**Abspaltungsverbot**" hinsichtlich der Verwaltungsrechte dient letztlich dem Schutz der Gesellschafter vor der „Fremdbestimmung" durch nicht der Gesellschaft angehörige Dritte.

Mitverwaltungsrechte
Zu den Mitverwaltungsrechten gehören:
- die **Geschäftsführungsbefugnis**: Sie ist nicht nur Pflicht, sondern auch **wichtigstes Recht** und steht grundsätzlich allen Gesellschaftern gemeinschaftlich zu (§ 709 Abs. 1 BGB),
- das **Vertretungsrecht** (§ 714 BGB),
- das **Informationssrecht** (§ 716 BGB),
- das **Stimmrecht**,
- die **actio pro socio**.

Vermögensrechte
Zu den Vermögensrechten gehören:
- der **Anspruch auf den Gewinnanteil** und auf das **Auseinandersetzungsguthaben**: Der Gewinn kann im allgemeinen erst nach Auflösung der Gesellschaft verlangt werden (§ 721 Abs. 1 BGB), bei Dauergesellschaften „im Zweifel" (so § 721 Abs. 2 BGB) jedoch jährlich. In der Praxis ist die jährliche Rechnungslegung üblich. Mangels vertraglicher Vereinbarung gilt gem. § 722 Abs. 1 BGB Gewinnverteilung nach „Köpfen", nicht nach Kapitalanteilen.
- die **Geschäftsführervergütung**,
- der **Aufwendungsersatz** des Geschäftsführers (§§ 713, 670 BGB).

Die Mitverwaltungsrechte (z.B. Stimmrecht) sind grundsätzlich **persönlich** auszuüben, jedoch kommt eine Stellvertretung durch Bevollmächtigte in Betracht, sofern der Gesellschaftsvertrag eine entsprechende Regelung vorsieht oder alle Gesellschafter dem zustimmen.

Individual- und Sozialrechtsbeziehungen
Innerhalb des Rechte- und Pflichtengefüges der Gesellschafter untereinander sowie im Verhältnis der Mitglieder zur Gesellschaft (Gesamthand) wird häufig zwischen Individual- und Sozialrechtsbeziehungen unterschieden (Vorsicht: Die Terminologie ist nicht einheitlich!). **Individualrechtsbeziehungen** sind die gegenseitigen Rechte und Pflichten der Gesellschafter untereinander. So kommt jedem Gesellschafter aus dem Gesellschaftsvertrag ein Anspruch auf Leistung des im Gesellschaftsvertrag vereinbarten Beitrags gegenüber seinem Mitgesellschafter zu. Diesem **Individualanspruch** entspricht spiegelbildlich die Verpflichtung des anderen

Gesellschafters zur Zahlung – allerdings an die Gesellschaft! (Individualverpflichtung).

Unter **Sozialrechtsbeziehungen** versteht man demgegenüber die – korrespondierenden – Beziehungen zwischen den Gesellschaftern und der Gesellschaft aus dem Gesellschaftsvertrag. Dabei wird aus der Sicht der Gesellschaft unterschieden zwischen

- **Sozialansprüchen:** Ansprüche der Gesellschaft gegen einen Gesellschafter aus dem Gesellschaftsvertrag

und

- **Sozialverpflichtungen:** Verpflichtungen der Gesellschaft gegenüber einem Gesellschafter aus dem Gesellschaftsvertrag.

Sozialansprüche sind z.b. Ansprüche auf Leistung der vereinbarten Beiträge, auf Erfüllung der Pflicht zur Geschäftsführung, auf Herausgabe des durch die Geschäftsführung Erlangten (§ 667 BGB) sowie auf Unterlassung von Wettbewerb.

Sozialverpflichtungen sind z. B. der Anspruch auf Gewinnauszahlung, auf Aufwendungsersatz, auf Auskunft über einzelne Geschäfte, auf Auszahlung des Auseinandersetzungsguthabens.

Bei dieser Einteilung muß man sich klarmachen, daß es sich bei den Sozialrechtsbeziehungen **um die gleichen Rechte und Pflichten handelt** wie hinsichtlich der Individualbeziehungen.

Beispiel
Die Beitragspflicht ist Anspruch der Gesellschaft (= Sozialanspruch) und Verpflichtung des Gesellschafters (= Individualverpflichtung). Gleichzeitig hat jeder andere Gesellschafter gegen den verpflichteten Gesellschafter einen Individualanspruch. Individualanspruch und Sozialanspruch sind daher **deckungsgleich**!

Drittgläubigeransprüche
Ansprüche der Gesellschaft gegenüber ihren Gesellschaftern, die nicht im Gesellschaftsvertrag gründen, werden üblicherweise als **Drittgläubiger-Ansprüche** bezeichnet. Dies betrifft im wesentlichen die Fallgestaltungen, in denen ein Gesellschafter seiner Gesellschaft „wie ein Dritter" – beispielsweise im Rahmen eines Kauf-, Werk- oder Dienstvertrags – gegenüber tritt.

Überblick
Vermögensrechtliche Beziehungen zwischen GbR (gilt auch für oHG, KG) und Gesellschafter
- aus dem Gesellschaftsverhältnis:
  Sozialanspruch (der Gesellschaft) = Individualverpflichtung (des Gesellschafters)
  Sozialverpflichtung (der Gesellschaft) = Individualanspruch (des Gesellschafters)
- aus einem anderen Rechtsverhältnis:
  Gesellschaft ist Gläubiger = Drittschuldnerverpflichtung des Gesellschafters
  Gesellschaft ist Schuldner = Drittgläubigeranspruch des Gesellschafters.

Ausgleichsansprüche des GbR-Gesellschafters
Es kommt nicht selten vor, daß ein Gesellschafter im Interesse der Gesellschaft Auslagen tätigt oder Schulden begleicht. Verlangt er nunmehr seinerseits von der Gesellschaft Ersatz (§§ 713, 670 BGB), so ist dies aus Sicht des Gesellschafter ein

Individualanspruch, aus Sicht der Gesellschaft demgegenüber eine Sozialverpflichtung. Ist die Gesellschaft zur Leistung außerstande, so kommt eine Haftung der Mitgesellschafter für die Sozialverbindlichkeit mangels einer ausdrücklichen Regelung im Gesellschaftsvertrag grundsätzlich nicht in Betracht. Dies folgt unmittelbar aus dem Verbot der Nachschußpflicht gem. § 707 BGB. Nach zutreffender Auffassung bestehen allerdings zwei Ausnahmen:

- im Auseinandersetzungsfall (§ 735 BGB),
- soweit ein Gesellschafter von einem Gesellschaftsgläubiger in Anspruch genommen wird und der Gesellschaft frei verfügbare Mittel nicht zur Verfügung stehen.

Beispiel
Eine GbR besteht aus den drei Gesellschaftern A, B und C, die sämtlich geschäftsführungs- und vertretungsbefugt sind.

a) A unternimmt eine Geschäftsreise, die von allen für erforderlich gehalten wurde. Kosten: 1000,- DM.
b) A bezahlt eine Gesellschaftsschuld aus einer Warenlieferung dem Gläubiger G in Höhe von 900,- DM.
c) A vermietet der GbR Lagerräume zu einer Monatsmiete von 600,- DM.

zu a) A hat gegen die GbR einen Aufwendungsersatzanspruch gem. §§ 713, 670 BGB in voller Höhe. Es handelt sich um eine Sozialverpflichtung, für die die Mitgesellschafter B und C nicht haften (Mithaftung würde entgegen § 707 BGB eine Nachschußpflicht begründen).

zu b) Wie oben a), Anspruch gem. §§ 713, 670 BGB. Hat die Gesellschaft keine freien verfügbaren Mittel (Zwangsvollstreckung in das Gesellschaftsvermögen nicht notwendig! BGH NJW 1979, 2364), so kann er sich an seine Mitgesellschafter halten, obwohl es sich um eine Sozialverpflichtung handelt. Anspruchsgrundlage ist gegenüber den Mitgesellschaftern § 426 Abs. 1 BGB (– „Gesamtschuldnerregreß" – so BGH NJW 1981 S. 1095, der noch in BGHZ 37, 299 als Rechtsgrundlage die „Gerechtigkeit" bemüht hat). Die Mitgesellschafter haften aber nicht gesamtschuldnerisch, sondern jeweils einzeln in Höhe ihrer Verlustbeteiligung (Haftung pro rata, so BGHZ 37, 299). § 707 BGB steht einer Inanspruchnahme der Mitgesellschafter nicht entgegen, da diese Vorschrift nur das Innenverhältnis der Gesellschafter untereinander betrifft. Sie gilt folglich nicht im Außenverhältnis. Das Regreßverhältnis ist aber nur eine Fortsetzung des Außenverhältnisses. Es macht im Lichte der gesellschaftsrechtlichen Haftungsordnung keinen wertungsmäßigen Unterschied, ob ein Gesellschafter unmittelbar durch einen Gesellschaftsgläubiger oder im Regreßwege durch einen Mitgesellschafter in Anspruch genommen wird. Allerdings unterliegt der „Rückgriffsanspruch" im Rahmen des Gesamtschuldnerregresses – aufgrund der gesellschaftsrechtlichen Verbundenheit zwischen Regreßgläubiger und -schuldner – der Beschränkung seitens der gesellschaftsrechtlichen Treuepflicht. Ein Rückgriff gegenüber den Mitgesellschaftern kommt folglich nur soweit in Betracht, wie sich der Aufwendungsersatzanspruch gegenüber der Gesellschaft als wertlos erweist. A kann also von B und C je 300,- DM verlangen, soweit er seitens der Gesellschaft keinen Aufwendungsersatz erlangt.

zu c) A hat aus Mietvertrag (§ 535 BGB) Anspruch gegen die Gesellschaft auf Mietzahlung in Höhe von 600, – DM monatlich. Daneben haften auch die Mitgesellschafter. Jedoch ist hier die Besonderheit der Stellung des A zu beachten. Er ist (Dritt-)Gläubiger und Gesellschafter zugleich. Aus dem allgemeinen Treuegedanken, der auch für die Gesellschafter untereinander gilt, und nicht nur im Verhältnis Gesellschaft – Gesellschafter, ergibt sich eine Beschränkung der Inanspruchnahme der Mitgesellschafter. Sie kommt nur dann in Betracht, wenn eine Befriedigung aus dem Gesellschaftsvermögen nicht oder zumindest zur Zeit nicht ohne besondere Schwierigkeiten möglich ist (Subsidiarität aus Treuepflicht). Anspruchsgrundlage ist auch hier § 426 Abs. 1 BGB. A muß sich jedoch seinen eigenen Anteil abziehen lassen (hier: 200,- DM der Gesamtmonatsmiete von 600,- DM). Die übrigen Gesellschafter haften als Gesamtschuldner (so BGH BB 1983, 146; a.A. Walter, JuS 1982, 81, 86).

A kann also bei Nichtzahlung der Gesellschaft (Gesamthand) jeweils von B und C 400,- DM als Gesamtschuldner verlangen.

1.4 Geschäftsführung und Vertretung

Die Geschäftsführung betrifft das **Innenverhältnis**, d.h. das Verhältnis der Gesellschafter untereinander und zur Gesellschaft, die Vertretung das **Außenverhältnis**, d.h. das Verhältnis der Gesellschafter bzw. Gesellschaft zu Dritten, insbesondere den Vertragspartnern. Beide Aspekte werden seitens des Gesetzes in materieller und systematischer Sicht deutlich unterschieden (Geschäftsführung: §§ 709-713 BGB, Vertretung: §§ 714, 715 BGB). Allerdings erfolgt die Trennung im Aufbau des Gesetzes weniger stringent als bezüglich der oHG (vgl. dort §§ 109 ff, 123 ff HGB). Dabei ist die seitens der Begriffe erfolgte Abschichtung nicht so zu verstehen, daß entweder nur Geschäftsführungshandlungen oder Vertretungsmaßnahmen vorliegen können. Vielmehr besteht zwischen Geschäftsführung und Vertretung eine enge Verknüpfung. Jede Maßnahme der Vertretung im Außenverhältnis betrifft zugleich auch die Geschäftsführung, aber nicht jede Geschäftsführungsmaßnahme ist Vertretungshandlung.

Geschäftsführung ist jede **tatsächliche oder rechtsgeschäftliche** Tätigkeit zur Förderung des Gesellschaftszwecks. Dieser weite Begriff umfaßt das Führen von Büchern, die Planung und Leitung von Geschäftsabläufen, die Einstellung von Arbeitnehmern oder den Abschluß sonstiger Verträge, die Erledigung der Korrespondenz, die Einziehung von Beiträgen gegenüber Mitgesellschaftern etc. Nicht zur Geschäftsführung gehören die sog. **Grundlagengeschäfte** (Änderungen des Gesellschaftsvertrages, Erhöhung der Beiträge, Aufnahme neuer Gesellschafter). Derartige Grundlagengeschäfte bedürfen vielmehr der **Zustimmung aller Gesellschafter**, soweit nicht der Gesellschaftsvertrag eine Abänderung durch Mehrheitsbeschluß zuläßt. Im übrigen handelt es sich bei den Grundlagenakten regelmäßig nicht um die Verfolgung des Gesellschaftszwecks, sondern um die Modifizierung der „verfassungsrechtlichen" (gesellschaftsvertraglichen) Grundlagen der Gesellschaft. Dies betrifft das Verhältnis der Gesellschafter untereinander (vgl. alsbald unten zur Vertretung).

Gesamtgeschäftsführung

Die Geschäftsführung steht grundsätzlich **allen Gesellschaftern gemeinsam** zu, insofern besteht nach dem Gesetz Gesamtgeschäftsführungsbefugnis (§ 709 Abs. 1

BGB). Geschäftsführungsmaßnahmen setzen folglich stets einen **einstimmigen Beschluß** sämtlicher Gesellschafter voraus. Widerspricht nur ein einziges Mitglied oder verweigert dieses seine Zustimmung, so muß die Maßnahme unterbleiben. Da sich das Gebot der Einstimmigkeit – zumal bei vielen Gesellschaftern – hinsichtlich des Ablaufs des Entscheidungsprozesses bei unternehmenstragenden Gesellschaften als sehr schwerfällig erweisen kann, sind vertragliche Abweichungen in weitem Umfange zulässig.

Der Gesellschaftsvertrag kann daher in Abweichung von der gesetzlichen Regelung vorsehen:

- **Einzelgeschäftsführung** einzelner oder mehrerer Gesellschafter: In diesem Falle entspricht die Rechtslage weitgehend derjenigen bezüglich der oHG (§ 114 HGB). Allerdings kommt hierbei den übrigen Gesellschaftern gem. § 711 BGB ein Widerspruchsrecht zu. Erfolgt der Widerspruch, so muß die Geschäftsführungsmaßnahme unterbleiben (zur „Außenwirkung" des Widerspruchs siehe unten). Etwas anderes gilt ausnahmsweise dort, wo der widersprechende Gesellschafter von seinem **Widerspruchsrecht** in treuwidriger Weise Gebrauch macht. Dabei gilt es zu beachten, daß § 711 BGB seinerseits dispositiver Natur ist, daß Widerspruchsrecht kann folglich im Gesellschaftsvertrag abbedungen werden.
- **Gesamtgeschäftsführung mit Mehrheitsbeschlüssen**
  Die Mehrheit berechnet sich mangels einer entgegenstehenden Vereinbarung nicht nach **Kapitalanteilen**, sondern nach **Köpfen** (§ 709 Abs. 2 BGB). Allerdings ist es zulässig (und in der Praxis weit verbreitet), im Gesellschaftsvertrag eine Abstimmung nach Kapitalanteilen vorzusehen.
- **Geschäftsführung einzelner oder mehrerer Gesellschafter** bei Ausschluß der übrigen Gesellschafter (§ 710 S. 1 BGB). Mehrere Geschäftsführer handeln gemeinschaftlich (§§ 720 S. 2 i.V.m. § 709 BGB), falls vertraglich nichts anderes vereinbart ist. Die Ausgeschlossenen haben kein Widerspruchsrecht (§ 711 BGB), wohl aber ein Informationsrecht (§ 716 BGB) und die Möglichkeit, bei Vorliegen eines wichtigen Grundes den geschäftsführungsberechtigten Gesellschaftern die Geschäftsführungsbefugnis zu entziehen (§ 712 BGB).

Minderheitenschutz

Durch entsprechende Regelungen im Gesellschaftsvertrags ist es somit möglich, die Beschlußfassung im Innenverhältnis der GbR „**kapitalistisch**" auszugestalten, d.h. eine mehrheitliche Willensbildung vorzusehen und die Berechnung der Mehrheit an der Kapitalbeteiligung der Gesellschafter zu orientieren. Damit stellt sich notwendig die Problematik des „Minderheitenschutzes". Angesichts des gesetzlichen (allerdings disponiblen) Erfordernisses „einstimmiger" Gesellschafterbeschlüsse hat der Gesetzgeber auf „ergänzende" Mechanismen gegen den „Machtmißbrauch" seitens des Mehrheitsgesellschafters verzichtet. Dabei gilt es aber zu bedenken, daß der rücksichtslose Gebrauch der Stimmenmehrheit unter Verletzung der berechtigten Interessen der Gesellschaft oder der Minderheitsgesellschafter sich regelmäßig als „treuwidrig" erweist (§ 242 BGB) und gegebenenfalls die Stimmabgabe unwirksam macht sowie Schadensersatzansprüche der GbR sowie der Mitgesellschafter aus positiver Vertragsverletzung (pVV) des Gesellschaftsvertrags auslöst. Darüber hinaus hat die Rechtsprechung mit dem Bestimmtheitsgrundsatz und der Kernbereichslehre typisierte Ausprägungen des Minderheitenschutzes in der Personengesellschaft entwickelt

Der Bestimmtheitsgrundsatz

Der – neuerdings heftig umstrittene – Bestimmtheitsgrundsatz dient letztlich der „Binnentransparenz" im vertraglichen Regelungsgefüge der GbR. Nach der Rechtsprechung des BGH (BGHZ 48, S. 251 ff., 253; BGHZ 66, S. 82 ff., 85; BGH NJW 1987, S. 411 ff., 412) erfassen Mehrheitsklauseln in Gesellschaftsverträgen nur **einfache Geschäftsführungsbeschlüsse** und **„übliche" Vertragsänderungen**. Wesentliche Änderungen der Vertragsgrundlagen, insbesondere eine Erhöhung der Beitragspflicht, durch mehrheitliche Beschlußfassung kommen nur dort in Betracht, wo sich dies in **„bestimmter" Weise** aus dem Gesellschaftsvertrag ergibt. Dies sollte nun nicht dahingehend verstanden werde, daß der Gesellschaftsvertrag die zur Disposition der Mehrheit stehenden Klauseln im einzelnen bezeichnen muß. Es genügt vielmehr, wenn sich die Abänderbarkeit durch Mehrheitsbeschluß bei sachgemäßer Auslegung der Vertragsbestimmungen aus Sicht der Gesellschafter ergibt (BGHZ 132, S. 263 ff., 268 f.). Zudem findet der Bestimmtheitsgrundsatz **auf Publikums-Personengesellschaften** oder Gesellschaften mit einer hohen Zahl von Gesellschaftern (beispielsweise: Immobilienfonds in der Rechtsform der GbR) **keine Anwendung**, da hier eine mehrheitliche Beschlußfassung aus Praktikabilitätsgründen unabdingbar ist (BGHZ 71, S. 53 ff., 57; BGHZ 85, S. 350 ff., 356).

Kernbereichslehre

An die Stelle des Bestimmtheitgrundsatzes ist zunehmend die **materielle Inhaltskontrolle** der Beschlußfassung im Rahmen der **„Kernbereichslehre"** getreten. Danach können Regelungen des Gesellschaftsvertrags, die den „Kernbereich" der Gesellschafterstellung betreffen, **nur mit Zustimmung** des Mitglieds zu dessen Lasten abgeändert werden (BGHZ 48, S. 251 ff., BGH NJW 1995, S. 194 ff.). Art und Ausdehnung des Kernbereichs ergeben sich hierbei **aufgrund einer Auslegung des Gesellschaftsvertrags**. Insofern nimmt die „Kernbereichslehre" einzelne Elemente des Bestimmtheitsgrundsatzes in sich auf. Ob diesem daneben noch eine eigenständige Bedeutung zukommt, erscheint fraglich. (vgl. BGH NJW 1995, S. 194 ff.; BGHZ 132, S. 263 ff., 268 f.). Mangels abweichender Anhaltspunkte im Gesellschaftsvertrag betrifft der „mehrheitsfeste" Kernbereich im Regelfall eine Beitragserhöhung oder die Beeinträchtigung der Gewinnbeteiligung sowie die Geschäftsführungsbefugnis. Das Recht zur Entziehung der Geschäftsführungsbefugnis aus wichtigem Grund (§ 712 BGB) bleibt hiervon notwendig unberührt. Im übrigen kann sich die Verpflichtung des Gesellschafter, angesichts veränderter rechtlicher oder tatsächlicher Umstände einer Vertragsanpassung zuzustimmen, im Einzelfall im Lichte der **gesellschaftsrechtlichen Treuepflicht** ergeben. Diese dient folglich nicht nur der „Domestizierung" von Mehrheitsherrschaft; sie vermag gleichfalls Handlungs- und Unterlassungsgebote mit Wirkung für Minderheitsgesellschafter zu begründen.

Stellung der geschäftsführungsberechtigten Gesellschafter

Die Stellung des geschäftsführungsberechtigten Gesellschafters im Verhältnis zu seiner Gesellschaft entspricht derjenigen eines Beauftragten (§ 713 BGB). Ihn treffen folglich gegenüber der Gesellschaft und seinen Mitgesellschaftern umfassende Rechenschafts- und Herausgabepflichten (§§ 666, 667 BGB). Umgekehrt kann der Geschäftsführer seinerseits Ersatz seiner Aufwendungen verlangen (§ 670 BGB). Eine Geschäftsführervergütung steht ihm demgegenüber nicht zu, da seine Tätigkeit **Ausfluß der Gesellschafterstellung** und keine entgeltliche Dienstleistung ist. Allerdings ist es zulässig, im Gesellschaftsvertrag eine solche Vergütung zu vereinbaren. Sie ist auch dann kein Entgelt i.S.d. § 612 BGB, sondern Bestandteil einer Gewinnverteilungsabrede (Erhöhung des prozentualen Gewinnvorteils bzw. Gewinnvoraus).

Überschreitung der Geschäftsführungsbefugnis
Überschreitet der Geschäftsführer seine Befugnisse, so haftet er den Mitgesellschaftern und der Gesellschaft gegenüber aus positiver Vertragsverletzung des Gesellschaftsvertrages (vgl. bereits oben 1.3) für den hieraus folgenden Schaden. Nach der zutreffenden Auffassung des BGH kommt daneben eine Haftung aus Geschäftsführung ohne Auftrag (GoA) nicht in Betracht (BGH WM 1988, S. 968 ff, 970).

Selbstorganschaft
Die Geschäftsführung kann grundsätzlich **nur von den Gesellschaftern** ausgeübt werden. Zwar dürfen einem Gesellschaftsfremden Geschäftsführungsaufgaben übertragen werden, doch nur soweit, wie mindestens ein Gesellschafter alleine oder gemeinsam mit anderen Gesellschaftern zur Geschäftsführung berechtigt ist. Der Ausschluß aller Gesellschafter von der Geschäftsführung oder die durchgängige Bindung an die – zwingende – Mitwirkung eines Dritten ist unzulässig, da sie dem im Personengesellschaftsrecht geltenden **Grundsatz der Selbstorganschaft** widerspricht. Das hier zutage tretende Regelungsprinzip dient in seinem Kern dem **Schutz der Gesellschaft und ihrer Mitglieder**. Angesichts der weitgehenden persönlichen Einstandspflicht der Gesellschafter im Recht der Personengesellschaften, will der Gesetzgeber sicherstellen, daß auch der Handelnde selbst den haftungsrechtlichen Folgen seiner Geschäftsführungs- und Vertretungsmaßnahmen angemessen Rechnung trägt.

Eine Ausnahme macht die Rechtsprechung aus Praktikabilitätsgründen für **Publikumsgesellschaften in der Rechtsform der GbR**, beispielsweise im Rahmen eines Bauherrenmodells oder Immobilienfonds, bei denen die Geschäftsführung regelmäßig in den Händen der Initiatoren liegt und die Gesellschafter als Kapitalanleger kaum zur Übernahme von Verwaltungsaufgaben bereit sind. Dies gilt jedenfalls insoweit, wie der **Gesellschafterversammlung** als **oberstem Geschäftsführungsorgan** die Befugnis bleibt, die Vollmacht des Fremdgeschäftsführers jederzeit durch Mehrheitsbeschluß aus wichtigem Grund zu widerrufen (BGH NJW 1982, S. 2495 f).

Notgeschäftsführung
Gesellschafter, die von der Geschäftsführung ausgeschlossen sind, haben ein **Notgeschäftsführungsrecht** (§ 744 Abs. 2 BGB analog). Dieses Notgeschäftsführungsrecht ist gegeben, wenn Maßnahmen zur Erhaltung eines Gegenstandes des Gesellschaftsvermögens notwendig sind oder der Gesellschaft akute Gefahren drohen.

Im **Auseinandersetzungsstadium** steht allen Gesellschaftern, auch den von der Geschäftsführung ausgeschlossenen, die Geschäftsführung gemeinschaftlich zu (§ 730 Abs. 2 BGB).

Entziehung der Geschäftsführungsbefugnis
Die ihm nach dem Gesellschaftsvertrag zustehende Geschäftsführungsbefugnis kann einem Gesellschafter gem. § 712 BGB durch einstimmigen Beschluß der übrigen Gesellschafter aus wichtigem Grund entzogen werden. Dem Betroffenen selbst kommt insofern kein Stimmrecht zu. Ein wichtiger Grund setzt nicht notwendig Verschulden des Gesellschafters voraus; vielmehr genügt im Regelfall die objektive Unfähigkeit zur ordnungsmäßigen Geschäftsführung (§ 712 Abs.1 BGB).

Vertretung

Die **Vertretungsbefugnis** ist eng mit der Geschäftsführungsbefugnis verzahnt. Wer geschäftsführungsbefugt ist, ist „im Zweifel" auch in gleichem Umfange vertretungsberechtigt (§ 714 BGB). Vertretung bedeutet hierbei **rechtsgeschäftliches Handeln im Außenverhältnis**, z.b. durch Abschluß eines (Kauf-) Vertrages. Soweit einem Gesellschafter hiernach Vertretungsmacht zukommt, wirkt seine Erklärung unmittelbar für und gegen die vertretene Gesellschaft (§ 164 Abs.1 BGB). § 714 BGB ist hierbei lediglich eine **Auslegungsregel**. Die Gesellschafter sind nicht gezwungen, dieser Regel zu folgen, sondern können von der Bestimmung abweichen. Ein zwingender „Gleichklang" von Geschäftsführungs- und Vertretungsbefugnis besteht insofern im Recht der GbR nicht. So ist auch bei bestehender Gesamtgeschäftsführungsbefugnis die gesellschaftsvertragliche Begründung von Einzelvertretungsmacht zulässig. Wurde zugunsten eines gesellschaftsfremden Geschäftsführers Vertretungsmacht für die GbR begründet, so kann diese gem. § 168 BGB jederzeit widerrufen werden; § 715 BGB (vgl. unten) findet insofern keine Anwendung.

Im Gegensatz zur Rechtslage bei der oHG kann die Vertretungsbefugnis der GbR-Gesellschafter im Außenverhältnis wirksam **beschränkt werden**. Dies kann entweder durch besondere Absprachen mit dem Vertragspartner im Einzelfall oder vermittels der Beschränkung des Umfangs der Vertretungsmacht **im Gesellschaftsvertrag** erfolgen. Anders als die Bestimmungen hinsichtlich der oHG und KG (vgl. § 126 Abs. 2 HGB) kennt das Recht der GbR **nicht** den zwingenden Grundsatz der unbeschränkten Vertretungsmacht. So war es nach bisher überwiegender Auffassung möglich, die Vertretungsbefugnis der handelnden Gesellschafter im Gesellschaftsvertrag auf die **Verpflichtung der Gesellschaft** zu beschränken und somit im Ergebnis die **Haftung der Gesellschafter** für die aus dem Vertretungsgeschäft folgenden Verbindlichkeiten auszuschließen (vgl. zur hier angesprochenen „Doppelverpflichtungslehre" alsbald unten 1.5). Auf diese Weise konnte die Haftung letztlich auf das Gesellschaftsvermögen der GbR beschränkt werden.

Allerdings genügt die Beschränkung der Vertretungsbefugnis der vertretungsberechtigten Gesellschafter **im Gesellschaftsvertrag** für sich alleine betrachtet im Regelfalle **nicht**, um eine Haftungsbeschränkung auf das Gesellschaftsvermögen herbeizuführen. Dies folgt notwendig aus dem Umstand, daß der Rechtsverkehr üblicherweise von der persönlichen Einstandspflicht der Gesellschafter der GbR ausgeht. Dem Sicherungsbedürfnis der Gesellschaftsgläubiger ist folglich durch eine ausreichende **Publizität der Haftungsverhältnisse** Rechnung zu tragen. Einer Vertretungsbeschränkung kommt folglich nur dort Außenwirkung zu, wo diese spätestens bei Vertragsschluß **gegenüber dem Vertragspartner in deutlicher Weise offengelegt wird**. Die Bezeichnung als „GbRmbH" oder ein „versteckter" Hinweis in den „Allgemeinen Geschäftsbedingungen" genügt hierfür in aller Regel nicht (BGH NJW 1992, S. 3037 ff.; BGH WM 1994, S. 237 f., 238). Darüber hinaus hat der BGH nunmehr in seiner Entscheidung vom 27.9.1999 (ZIP 1999, S. 1755 ff. m. Anm. Altmeppen) einer gesellschaftsvertraglichen Haftungsbeschränkung bei der GbR ebenso eine grundsätzliche Absage erteilt, wie einer Haftungsbeschränkung durch AGB. Eine Haftungsbeschränkung durch einseitigen Akt der Gesellschaft widerspräche dem System des geltenden Rechts (S. 1757). Diese bedürfe somit zu ihrer Wirksamkeit folglich stets einer Individualvereinbarung mit dem Gläubiger.

Grundlagengeschäfte

Im übrigen deckt die Vertretungsbefugnis eines Gesellschafters nicht die **Abänderung des Gesellschaftsvertrags oder die Aufnahme neuer Gesellschafter**. Dies folgt unmittelbar aus der Rechtsnatur des Vertretungsaktes. Dieser umfaßt ausschließlich die Vertretung „der Gesellschaft". Soweit es um die Änderung oder Ergänzung des Gesellschaftsvertrags geht, betrifft das maßgebliche Rechtsgeschäft **jedoch nicht die Gesellschaft sondern „die Gesellschafter"**. Diese sind die Parteien des Gesellschaftsvertrags und somit alleine zu seiner Änderung befugt. Etwas anderes gilt nur dort, wo die Beteiligten im Gesellschaftsvertrag die Gesellschaft selbst ermächtigt haben, über die Aufnahme neuer Gesellschafter zu entscheiden oder wo der Handelnde Gesellschafter durch seine Mitgesellschafter zur Abänderung des Gesellschaftsvertrags oder zur Aufnahme neuer Gesellschafter ausdrücklich bevollmächtigt wurde.

Außenwirkung des Widerspruchsrechts

Besteht Einzelgeschäftsführungs- und -vertretungsbefugnis (vgl. oben), so hat der Widerspruch (§ 711 BGB) eines Mitgesellschafters gegen die Geschäftsführungsmaßnahme im Regelfall **keine Außenwirkung**. Das unter Mißachtung des Widerspruchs getätigte Rechtsgeschäft ist folglich uneingeschränkt wirksam. Etwas anderes gilt unter dem Aspekt des „Mißbrauchs der Vertretungsmacht" nur dort, wo der Widerspruch dem Geschäftsgegner bekannt ist (BGHZ 16, 394). Die Beweislast liegt hierfür bei der Gesellschaft. Im übrigen bleibt es bei der Haftung des unter Überschreitung seiner Geschäftsführungsbefugnis handelnden Gesellschafters aus pVV.

Entziehung der Vertretungsbefugnis

Ebenso wie die Geschäftsführungsbefugnis kann die Vertretungsbefugnis einem Gesellschafter durch Beschluß der übrigen Gesellschafter aus wichtigem Grund entzogen werden (§ 715 BGB). Die Ausführungen zu § 712 BGB gelten insofern entsprechend.

Gesamthänderklage

Die bestehende Vertretungsordnung **ist für alle Gesellschafter** verbindlich. Der nicht geschäftsführungs- und vertretungsberechtigte Gesellschafter ist mangels gesellschaftsrechtlicher Geschäftsführungs- und Vertretungsbefugnis weder befugt noch befähigt, zum Gesellschaftsvermögen gehörende Forderungen gegen Dritte einzuziehen bzw. einzuklagen (sog. **Gesamthänderklage,** im Gegensatz zur actio pro socio, vgl. bereits oben I.3). Die Vorschrift des § 432 BGB ist nach h.M. im Gesellschaftsrecht grundsätzlich nicht anwendbar, da diese durch die Organisationsregeln über Geschäftsführung und Vertretung verdrängt wird (BGHZ 39, 14). Ausnahmsweise wird die Gesamthänderklage (= Einzelklage in gesetzlicher Prozeßstandschaft) zugelassen, wenn

- der Gesellschafter ein **berechtigtes Interesse** an der Geltendmachung hat,
- die anderen Gesellschafter die Einziehung der Forderung **aus gesellschaftswidrigen** Gründen verweigern,
- der Gesellschaftsschuldner an dem gesellschaftswidrigen Verhalten der anderen Gesellschafter **beteiligt** ist.

Fehlt es hieran, so muß der nicht vertretungsberechtigte Gesellschafter seine Mitgesellschafter zunächst auf Mitwirkung bei der Geltendmachung der Forderung gegenüber dem Dritten im Wege der actio pro socio in Anspruch nehmen.

1.5 Gesellschaftsschulden und Gesellschafterhaftung

Literatur: Reiff, Die Beschränkung der persönlichen Gesellschafterhaftung in der GbR nach der Akzessorietätstheorie, ZIP 1999, S. 1329 ff.
Ulmer, Wege zum Ausschluß der persönlichen Gesellschafterhaftung in der Gesellschaft bürgerlichen Rechts.
ders., Gesellschafterhaftung in der Gesellschaft bürgerlichen Rechts: Durchbruch der Akzessorietätstheorie, ZIP 1999, S. 554 ff.

Grundlagen

Die Frage nach der persönlichen Einstandspflicht der Gesellschafter einer GbR für die im Rahmen der Geschäftstätigkeit der Gesellschaft begründeten Verbindlichkeiten zählt zu den umstrittensten Problemen des Personengesellschaftsrechts. Der Versuch, eine Antwort unmittelbar aus dem Regelungskontext der §§ 705 ff BGB zu erschließen, erweist sich dabei als wenig ertragreich, da den gesetzlichen Vorgaben kaum ein dogmatisch konsistentes Modell der GbR zugrunde liegt. Vielmehr deutet bereits die systematische Stellung der GbR innerhalb der Regelungen des besonderen Schuldrechts darauf hin, daß der Gesetzgeber die Gesellschaft durchweg als **Schuldverhältnis ihrer Mitglieder** und weniger als **unternehmenstragende Organisationseinheit** angesehen hat. Demgegenüber steht im Lichte der aktuellen Diskussion weitgehend das Haftungsmodell der „unternehmenstragenden" Außengesellschaft im Mittelpunkt.

Ermangelte es nach dem überkommenen gesetzlichen Regelungsmodell der GbR durchgängig eigener Rechtssubjektivität, so kann diese Sichtweise im Lichte der aktuellen Entwicklung des Unternehmensrechts, insbesondere des Umwandlungs- und Insolvenzrechts, nicht mehr aufrecht erhalten werden (vgl. oben 1.1). So entspricht es der heute überwiegenden – wenn auch nicht einhelligen – Auffassung der Literatur sowie der Rechtsprechung des BGH (vgl. BGHZ 72, S. 267 ff.), **der GbR zumindest eine partielle Rechtsfähigkeit zuzubilligen**. Damit stellt sich notwendig die Frage nach dem Verhältnis von Gesellschafts- und Gesellschafterhaftung.

Sieht man von dem Streit hinsichtlich der dogmatischen Konzeption und Begründung der Gesellschafterhaftung ab, so besteht Einigkeit, daß die Gesellschafter der **GbR im Regelfall** eine persönliche und gesamtschuldnerische Einstandspflicht hinsichtlich der Gesellschaftsverbindlichkeiten trifft. Dies folgt notwendig aus dem Fehlen gläubigersichernder Bestimmungen hinsichtlich Kapitalaufbringung und Kapitalerhaltung. Ein Haftungsausschluß der Gesellschafter unternehmenstragender Gesellschaften bürgerlichen Rechts kommt zur Sicherung der „Marktfähigkeit" der Gesellschaft allenfalls in Betracht, wo eine **angemessene Publizität der Haftungsverhältnisse** gegenüber den potentiellen Gesellschaftsgläubigern gewährleistet ist (vgl. bereits oben 1.4). Ob die Haftungsbeschränkung darüber hinaus in jedem Einzelfall der individualvertraglichen Zustimmung des Gläubigers bedarf, ist heftig umstritten, wird aber nunmehr vom BGH ausdrücklich bejaht (BGH ZIP 1999, S. 1755 ff. m. Anm. Altmeppen).

Individualistische Auffassung

Folgt man nach wie vor der – hier abgelehnten – Auffassung von der **fehlendenden Rechtssubjektivität** der GbR, so erweist sich die Frage nach dem Verhältnis von Gesellschafts- und Gesellschafterhaftung als zwangsläufig obsolet. Rechtsgeschäfte „im Namen der Gesellschaft" führen lediglich zu einer **Verbindlichkeit der Gesell-**

schafter (Gesellschafterschuld). Eine Verbindlichkeit der Gesellschaft kommt daneben **nicht** in Betracht. Diese ist insofern **kein eigenständiges Zurechnungssubjekt** von Rechten und Pflichten. Die Einstandspflicht der Gesellschafter folgt unmittelbar aus der Zurechnungswirkung des Vertretungsakts der handelnden Gesellschafter. Gem. **§ 714 BGB** sind die Handelnden „im Zweifel...ermächtigt, die anderen Gesellschafter Dritten gegenüber zu vertreten". Damit wirkt deren Willenserklärung unmittelbar „für und gegen" (§ 164 Abs.1 BGB) die vertretenen Gesellschafter. Diese – nicht die Gesellschaft – werden Vertragspartei. Soweit sich folglich sämtliche Gesellschafter durch Vertrag gemeinschaftlich verpflichten, haften sie nach der **Auslegungsregel des § 427** BGB „im Zweifel als Gesamtschuldner". Für diese Verbindlichkeit haben sie gegenüber den „Gesellschaftsgläubigern" sowohl mit ihrem Privat- als auch mit ihrem Gesellschaftsvermögen einzustehen. Der **einheitlichen Gesellschafterschuld** entspricht folglich ein **doppeltes Haftungsobjekt**. Dabei ist die Differenzierung im wesentlichen vollstreckungsrechtlicher Natur: Zur Vollstreckung in das Gesellschaftsvermögen der GbR bedarf es gem. § 736 ZPO eines vollstreckbaren Titels gegen sämtliche Gesellschafter.

kollektive Auffassungen

a) Die Akzessorietätstheorie

Legt man im Lichte der neueren Entwicklung die **eigenständige Rechtssubjektivität** der GbR zugrunde, so stellt sich notwendig die Frage nach dem Verhältnis von Gesellschafts- und Gesellschafterhaftung. Zum Teil wird angenommen, die – unbeschränkte – Haftung der Gesellschafter einer GbR für die Verbindlichkeiten der Gesellschaft folge **in entsprechender Anwendung von § 128 HGB**. Folglich treffe die Gesellschafter eine – unabdingbare – akzessorische Einstandspflicht hinsichtlich der Verbindlichkeiten der Gesellschaft (vgl. ausführlich unten 2.4.2). Zwar führt die Anwendung der Akzessorietätslehre zu einem weitgehend einheitlichen Haftungsmodell der Personengesellschaften (vgl. auch zur PartG § 8 PartGG, §§ 129, 130 HGB), doch erscheint die Anwendung des § 128 HGB auf die GbR nicht unproblematisch. Ihr widerspricht insbesondere die **Systematik des Gesetzes**. Immerhin sind BGB und HGB eng miteinander verzahnt und aufeinander abgestimmt (vgl. Art.2 Abs.1 EGHGB). Hätte der Gesetzgeber in § 128 HGB den Ausdruck eines „allgemeinen Rechtsgedankens" gesehen, so hätte nichts näher gelegen, als die Vorschrift unmittelbar in den Kontext der §§ 705 ff BGB zu integrieren. Auf diese Weise hätte sie über § 105 Abs.3 HGB auch für das Handelsrecht Wirkung erlangt. Allerdings ist den Vertretern der Akzessorietätslehre zuzugestehen, daß die dogmatischen Vorstellungen des Gesetzgebers über Funktion und Struktur der GbR nur wenig „ausgereift" waren. Eine entsprechende Anwendung von § 128 HGB auf die GbR setzt allerdings darüber hinaus in methodischer Hinsicht zunächst das Bestehen einer Regelungslücke voraus. Daß es gerade hieran fehlt, wird alsbald zu zeigen sein.

b) Die Doppelverpflichtungslehre

Was die rechtsgeschäftliche Begründung von Verbindlichkeiten betrifft, so folgt die heute in Rechtsprechung (eher zugunsten der Akzessorietätstheorie jetzt BGH ZIP 1999, S. 1755 ff.) und Literatur überwiegende Auffassung dem in § 714 BGB (notdürftig) verankerten Konzept der „**Doppelverpflichtung**". Nach dieser – bereits vorstehend erwähnten – Regelung sind die vertretungsberechtigten Gesellschafter

„...im Zweifel **auch** ermächtigt, die anderen Gesellschafter Dritten gegenüber zu vertreten". Der rechtsgeschäftliche Vertretungsakt seitens der Handelnden erfaßt somit zunächst die Verpflichtung der Gesellschaft (sog. Gesamthandsschuld) und **neben dieser** (daher: auch!!!) die ergänzende Begründung eines Schuldverhältnisses der Gesellschafter (und damit deren Gesamtschuld). Der Willenserklärung des Vertreters kommt insofern eine „**doppelte**" Verpflichtungswirkung zu. Die Gesellschafter haften – soweit sie sich gemeinschaftlich durch Vertrag verpflichten (vgl. § 427 BGB) – als **Gesamtschuldner** (vgl. bereits oben) neben der insofern rechtlich selbständigen Gesellschaft. Anders als nach der individualistischen Auffassung stehen den Gesellschaftsgläubigern somit nicht nur unterschiedliche Haftungsobjekte sondern **verselbständigte Haftungssubjekte** zur Verfügung.

Die „Doppelverpflichtungslehre" ermöglicht insbesondere die „konstruktive" Begründung einer **Haftungsbegrenzung bei der GbR**. Die aus § 714 BGB hergeleitete „Doppelverpflichtung" – die Bestimmung ist insofern lediglich **Auslegungsregel** – gilt lediglich „im Zweifel". Es steht den Gesellschaftern somit die Möglichkeit offen, durch eine entsprechende Regelung im Gesellschaftsvertrag, die Vertretungsbefugnis der Handelnden auf die (alleinige) Vertretung der Gesellschaft zu beschränken und damit eine Verpflichtung der Gesellschafter auszuschließen. Allerdings bedarf es insofern zum Schutze der (potentiellen) Gesellschaftsgläubiger der Offenlegung der Haftungsverhältnisse spätestens bei Vertragsschluß (vgl. bereits oben 1.4).

Haftungszurechnung in der GbR

a) Zurechnung innerhalb bestehender Schuldverhältnisse
Als weitaus schwieriger als die „konstruktive" Begründung rechtsgeschäftlicher Verbindlichkeiten erweist sich die Haftungszurechnung zwischen Gesellschafter und Gesellschaft sowie hinsichtlich der Gesellschafter untereinander im Rahmen vertraglicher und gesetzlicher Schuldverhältnisse. Dabei läßt sich die Problematik im Rahmen vertraglicher Schuldverhältnisse noch recht leicht einer Lösung zuführen. Was zunächst die Wissenszurechnung im Verhältnis Gesellschafter – Gesellschaft betrifft, so findet, wo es auf die Kenntnis oder das Kennenmüssen bestimmter Umstände ankommt, die Regelung des § 166 BGB Anwendung. Somit ist der Wissensstand der geschäftsführenden Gesellschafter **der Gesellschaft** zuzurechnen. Soweit sich die Gesellschaft zur Erfüllung ihrer Verbindlichkeiten im Rahmen bestehender rechtsgeschäftlicher oder gesetzlicher Schuldverhältnisse Dritter – und dies sind aufgrund der eigenständigen Rechtssubjektivität der GbR auch die Gesellschafter – bedient, bestehen keine Bedenken, diese **als Erfüllungsgehilfen** gem. § 278 BGB anzusehen und deren Pflichtwidrigkeit und Verschulden der Gesellschaft **ohne Entlastungsmöglichkeit** zuzurechnen

Diese Zurechnung entfaltet nicht nur Wirkung gegenüber der Gesellschaft im Rahmen der bestehenden **Gesamthandsschuld**, sondern zeitigt auch entsprechende Folgen im parallelen **Gesamtschuldverhältnis** der Gesellschafter untereinander. Mit anderen Worten: Im Rahmen der mitunternehmerisch organisierten GbR mit arbeitsteiliger Organisation **bedient sich jeder Gesellschafter seines Mitgesellschafters auch zur Erfüllung der ihn unmittelbar treffenden Verbindlichkeiten.** Folglich sind ihm die Handlungen des Mitgesellschafters gem. § 278 zuzurechnen.; § 425 BGB wird insofern durch die gesellschaftsrechtliche Organisationsordnung verdrängt und findet insoweit keine Anwendung

b) Zurechnung im Rahmen des Deliktstatbestandes

Das eigentliche Kernproblem der Zurechnung besteht vor allem bei der Begründung **deliktischer Verbindlichkeiten**. Daß der Gesellschafter, der in eigener Person den Tatbestand einer Deliktsnorm (§§ 823 BGB ff) erfüllt, hierfür persönlich einzustehen hat, bedarf keiner Erörterung. Problematisch ist jedoch die Frage, ob und in welchem Umfang die Gesellschaft für die Handlung ihres Gesellschafters einzustehen hat. Allerdings ist mittlerweile **die Anwendung des § 31 BGB auf die Handlungen geschäftsführungs- und vertretungsberechtigter Gesellschafter der GbR weitgehend anerkannt**. Die Bedenken des BGH (BGHZ 45, S. 311 ff, 312), die GbR weise im Gegensatz zum „Regelungsbild" des § 31 BGB keine ausreichende körperschaftliche Verselbständigung auf, können hier nicht recht überzeugen. Entscheidend für die Anwendung und Analogiefähigkeit des § 31 BGB ist nicht der Aspekt der binnenstrukturellen Verfassung der betroffenen Gesellschaft, sondern die Frage, ob und in welchem Umfang diese **eigene Organe** für die rechtsgeschäftliche oder faktische Repräsentation im Außenverhältnis ausdifferenziert hat.

Nun erweist sich allerdings die rechtstatsächliche Organisationsverfassung der „unternehmenstragenden" GbR schon aufgrund ihrer Annäherung und ihres **stufenlosen Übergangs zu den Personengesellschaften des Handelsrechts** als von oHG und KG kaum unterscheidbar. Es ist daher kein sachlicher Grund ersichtlich, die „unternehmenstragende" GbR bezüglich der Organhaftung anders zu behandeln als oHG und KG. Die Anwendung des § 31 BGB bezüglich dieser Gesellschaften kann dabei heute als juristisches Gemeingut gelten (BGH NJW 1952, S. 537 ff; BGH NJW 1973, S. 456 ff). Legt man dies zugrunde, so ist auch hinsichtlich der „unternehmenstragenden" GbR kein Hinderungsgrund für die **Haftungszurechnung gem. § 31 BGB** zu erkennen. Allerdings erfaßt § 31 BGB nur die **geschäftsführungs- und/ oder vertretungsberechtigten Gesellschafter**. Allenfalls ließe sich – in Übereinstimmung mit der Rechtsprechung – an eine Ausweitung des Zurechnungsbereichs auf solche Gesellschafter denken, die – ohne über Geschäftsführungs- und Vertretungsbefugnis zu verfügen – nach der tatsächlichen oder rechtlichen Ausgestaltung der gesellschaftlichen Binnenordnung zentrale Funktionen im Organisationsgefüge des Verbandes wahrnehmen (vgl. BGHZ 49, S. 21 ff; BGHZ 101, S. 218 ff). Insofern ist kein Grund ersichtlich, die Gesellschafter gegenüber (abhängigen) leitenden Angestellten zu privilegieren.

Fehlt es an einer solchen organisationsrechtlichen „Sonderstellung" des Gesellschafters, so kommt auch eine Zurechnung von Handlungen und Unterlassungen **gem. § 831 BGB nicht in Betracht**. Die Bestimmung ist – anders als § 31 BGB – gerade **keine Zurechnungsnorm**. Wie bereits der Wortlaut der Vorschrift zeigt, handelt es sich bei § 831 BGB um eine Haftung wegen vermuteten Eigenverschuldens des Geschäftsherrn bei der Auswahl, Anleitung und Überwachung des **Verrichtungsgehilfen**. Diese beruht darauf, daß der Geschäftsherr gegenüber dem Verrichtungsgehilfen weisungsbefugt ist. So gehen denn auch Rechtsprechung und Lehre durchweg davon aus, daß als Verrichtungsgehilfen nur solche Personen in Frage kommen, die im Verhältnis zum Geschäftsherrn **weisungsgebunden** sind (vgl. BGH WM 1989, S. 1047 f). Davon kann im Verhältnis Gesellschaft/ Gesellschafter nicht die Rede sein.

Bleibt somit für die Zurechnung der Handlungen von geschäftsführungs- und vertretungsberechtigten Gesellschaftern lediglich die entsprechende Anwendung des § 31 BGB, so gilt es zu beachten, daß die so entfaltete „Zurechnungswirkung" **nur gegenüber der Gesellschaft** greift. Sie führt folglich **lediglich zum Entstehen** einer **Gesamthandsschuld**. § 31 erlaubt demgegenüber keine Zurechnung im Verhältnis der Gesellschafter untereinander. Das Verschulden eines geschäftsführenden Gesellschafters begründet somit **keine parallele Gesamtschuld** der Gesellschafter. Eine solche folgt auch nicht aus § 831 BGB. Genausowenig wie gegenüber der Gesellschaft sind die geschäftsführungs- und vertretungsberechtigten Gesellschafter gegenüber ihren Mitgesellschaftern weisungsgebunden.

Anders stellt sich die Rechtslage lediglich für die Vertreter der **Akzessorietätstheorie** dar. Hier folgt die Haftung der Mitgesellschafter notwendig aus der **entsprechenden Anwendung von § 128 HGB**. Diese haben somit unbeschränkt und unbeschränkbar für die Verbindlichkeiten der Gesellschaft als Gesamtschuldner einzustehen. Insofern zeitigt der „Theorienstreit" durchaus praktische Bedeutung.

Die hier zutage tretende, durch die rechtliche Verselbständigung der GbR bedingte Abschichtung zwischen Gesamthandsschuld und Gesamtschuld, d.h. zwischen Verbindlichkeiten der Gesellschaft und solchen der Gesellschafter, entfaltet ihre Wirkung auch im Rahmen sonstiger gesetzlicher Schuldverhältnisse. Dies betrifft insbesondere das **Steuerschuldverhältnis**. Zwar hat die Rechtsprechung des BFH bereits mehrfach die Einstandspflicht der Gesellschafter für (Umsatz-) Steuerverbindlichkeiten der GbR betont (BFHE 144, S. 479 ff; BFHE145, S. 13 ff; BFH/NV 1988, S. 477 ff), doch fehlt es insoweit **an einer gesetzlichen Legitimation**. Die seitens des BFH herangezogene Begründungsnorm (BFHE 145, S. 13 ff, 16) des § 427 BGB vermag die Entscheidung jedenfalls nicht zu tragen. **§ 427 ist die Rechtsfolge einer bestehenden rechtsgeschäftlichen Verbindlichkeit**. Die Norm setzt damit einen vorrangigen Verpflichtungstatbestand denknotwendig voraus und ordnet lediglich an, daß die insoweit bereits Verpflichteten untereinander und gegenüber dem Gläubiger des Anspruchs nach Maßgabe eines Gesamtschuldverhältnisses einzutreten haben. Die **Vorschrift taugt somit nicht zur Legitimation einer Gesellschafterhaftung** im Rahmen des gesetzlichen Steuerschuldverhältnisses.

Andere Bestimmungen, welche die Steuerverbindlichkeiten der GbR den Gesellschaftern zurechnen, sind nicht ersichtlich. Dies gilt sowohl in gesellschaftsrechtlicher wie in steuerrechtlicher Sicht. Steuersubjekt im Sinne des Umsatzsteuerrechts ist ausschließlich die Gesellschaft (§ 2, 13 Abs.2 UStG). Die Gesellschaft ist aber gerade **nicht identisch** mit der Gesamtheit ihrer Gesellschafter, sondern ein von diesen getrenntes Zurechnungssubjekt von Rechten und Pflichten. Es geht daher nicht an, wie der BFH, die Einstandspflicht der Gesellschafter für die Umsatzsteuerschulden der Gesellschaft mit dem Hinweis auf die „gemeinsame Tatbestandsverwirklichung" (BFH BB 1989, S. 2467 f) zu begründen. Die Negation der rechtlichen Selbständigkeit der GbR, wie sie in der Rechtsprechung des BFH zutage tritt, widerspricht insoweit dem dogmatischen Erkenntnisstand der vorrangig mit dem Gesellschaftsrecht befaßten Zivilgerichtsbarkeit. Angesichts des evidenten „Eingriffscharakters" der BFH-Rechtsprechung bezüglich der vermögensrechtlichen Stellung der Gesellschafter ergeben sich insoweit durchgreifende **verfassungsrechtliche Bedenken**.

Haftung für Altverbindlichkeiten

Im übrigen erfaßt die Einstandspflicht des Gesellschafters für vertragliche und gesetzliche Verbindlichkeiten nicht solche Verpflichtungen, deren Rechtsgrund **vor dem Zeitpunkt seines Beitritts** gelegt wurde. Dies folgt aus dem Fehlen einer § 130 HGB entsprechenden Vorschrift im Recht der GbR. Die Bestimmung findet auch keine entsprechende Anwendung (BGHZ 74, S. 240 ff). Etwas anderes gilt nur bei Vorliegen eines besonderen Zurechnungsgrundes (z.B. Schuldbeitritt). Allerdings bleibt die Haftung der Gesellschaft selbst sowie deren Identität von dem Beitritt unberührt. Der Neueintretende haftet folglich **mit seiner Beteiligung am Gesellschaftsvermögen** auch für die vor seinem Beitritt begründeten Verbindlichkeiten. Insofern kann auch gegen ihn ein Vollstreckungstitel ergehen, um gem. § 736 ZPO eine Zwangsvollstreckung in das Gesellschaftsvermögen zu ermöglichen (vgl. unten 1.8).

Haftung des ausgeschiedenen Gesellschafters
Im übrigen endet die Haftung des Gesellschafters nicht mit seinem Ausscheiden aus der Gesellschaft. Zugunsten der Gesellschaftsgläubiger bleibt die Einstandspflicht der Gesellschafter aus dem einmal geschaffenen Verpflichtungstatbestand erhalten. Dies betrifft grundsätzlich auch die Haftung für **Verbindlichkeiten aus Dauerschuldverhältnissen**, wie Dienst- oder Arbeitsverträge, Miet- und Pachtzinsen sowie Ansprüche aus Energielieferungsverträgen. Da die hieraus fließenden Teilansprüche nach Abrechnungszeiträumen fortlaufend fällig werden, führt dies im Ergebnis zu einer „**endlosen**" **Haftung** des ausgeschiedenen Gesellschafters „ad calendas graecas". Dies ist umso problematischer, als dem Gesellschafter nach seinem Ausscheiden kein Einfluß auf die Geschäftsführung mehr zukommt. Die Rechtsprechung hatte hier Abhilfe geschaffen, die nunmehr im **Nachhaftungsbegrenzungsgesetz** (NachBG) vom 18.3.1994 (BGBl. I S. 2911) ihren Niederschlag gefunden hat. Die Regelung findet sich im wesentlichen in § 160 HGB, welche gem. § 736 Abs.2 BGB auf die GbR entsprechende Anwendung findet. Scheidet ein Gesellschafter aus der GbR aus, so haftet er für deren bis dahin begründeten Verbindlichkeiten, wenn **diese vor Ablauf von fünf Jahren nach dem Ausscheiden** fällig und daraus Ansprüche gegen ihn gerichtlich geltend gemacht worden sind. Bei öffentlich-rechtlichen Ansprüchen genügt zur Geltendmachung der Erlaß eines Verwaltungsakts. Mangels einer eigenständigen Registerpublizität der GbR kommt es insofern in Abweichung von § 160 HGB auf die **Kenntnis des Gläubigers** vom Ausscheiden des Gesellschafters an (BGH NJW 1992, S. 1615 ff, 1617).

1.6 Erwerb und Verlust der Mitgliedschaft

Erwerb der Mitgliedschaft
Die Mitgliedschaft hinsichtlich der GbR wird durch Beteiligung am Gründungsakt oder nachfolgenden Beitritt zur Gesellschaft erworben. Dabei gilt es zu beachten, daß der Beitritt eines Gesellschafters notwendig die Änderung des Gesellschaftsvertrags voraussetzt. Die „Aufnahme" neuer Gesellschafter ist folglich **nicht von der Vertretungsmacht** vertretungsberechtigter Gesellschafter erfaßt. Vertragsparteien des „Beitritts- oder Aufnahmevertrags" sind die **(bisherigen) Gesellschafter und nicht die Gesellschaft**. Allerdings ist es möglich, der Gesellschaft im Gesellschaftsvertrag die Befugnis zur Aufnahme neuer Mitglieder zu übertragen oder einzelne Gesellschafter außerhalb des Gesellschaftsvertrags zu entsprechenden Rechtshandlungen zu ermächtigen. Weist der Beitritt zur Gesellschaft Mängel auf, so finden die Grundsätze hinsichtlich der „fehlerhaften Gesellschaft" entsprechende Anwendung (vgl. oben 1.2).

Verlust der Mitgliedschaft
Die Mitgliedschaft endet zwingend mit der „Vollbeendigung" der Gesellschaft; nicht bereits mit deren Auflösung. Diese hat lediglich eine „Zweckänderung" der

Gesellschaft zur Folge (vgl. unten 1.7). Die Gesellschafterstellung endet zudem mit dem Austritt oder dem Ausschluß aus der Gesellschaft sowie der (rechtsgeschäftlichen) Übertragung des Gesellschaftsanteils (zur Rechtslage bei Tod eines Gesellschafters und der erbrechtlichen Nachfolge in den Gesellschaftsanteil siehe unten zur oHG 2.6).

Austritt und Ausschluß

Ein **Austritt** aus der Gesellschaft kommt gem. § 736 Abs.1 BGB in Betracht, soweit dies im Gesellschaftsvertrag vorgesehen ist, also für den Fall einer Kündigung (§ 723 BGB) seitens eines Gesellschafters die Fortsetzung der GbR unter den übrigen Gesellschaftern erfolgt (sog. Fortsetzungsklausel). **Fortsetzungsklauseln** sind bei unternehmenstragenden Gesellschaften häufig anzutreffen, um die wirtschaftlich und steuerlich nachteiligen Folgen einer Auflösung zu vermeiden. Liegt eine entsprechende Regelung im Gesellschaftsvertrag vor, so kommt – soweit in der Person eines Gesellschafters ein wichtiger Grund gegeben ist, der die übrigen Mitglieder zur Kündigung der Gesellschaft berechtigt – auch der **Ausschluß** des betreffenden Gesellschafters durch Beschluß der übrigen Gesellschafter – und zwar auch bezüglich der Zweipersonen-GbR (vgl. § 140 Abs.1 S.2 HGB; BGHZ 32, S. 307 ff, 314) – in Betracht. Ein zum Ausschluß berechtigender wichtiger Grund liegt insbesondere vor, „wenn ein anderer Gesellschafter eine ihm nach dem Gesellschaftsvertrag obliegende wesentliche Verpflichtung vorsätzlich oder aus grober Fahrlässigkeit verletzt hat oder wenn die Erfüllung einer solchen Verpflichtung unmöglich wird" (§ 723 Abs.1 S.3 Nr.1 BGB). Die „Konkretisierung" des Tatbestandes setzt dabei notwendig eine Abwägung der widerstreitenden Interessen voraus. Im übrigen gilt es zu beachten, daß ein Ausschluß aus der Gesellschaft angesichts des hiermit verbundenen Eingriffs in die Sphäre des betroffenen Gesellschafters nur als „ultima ratio" in Betracht kommt. Liegt beispielsweise eine „Kompetenzüberschreitung" vor, so ist vorrangig von der Entziehung der Geschäftsführungs- und Vertretungsbefugnis Gebrauch zu machen.

Im übrigen ist das Recht zur Ausschließung einzelner Gesellschafter in gewissem Umfange der **Gestaltung seitens des Gesellschaftsvertrags** zugänglich. So kann durch entsprechende Vertragsbestimmungen der Katalog der Ausschlußmöglichkeiten **konkretisiert** und – innerhalb gewisser Grenzen – **erweitert** werden. Dies entspricht grundsätzlich der privatautonomen Gestaltungsfreiheit der Beteiligten. Fraglich ist, ob der Gesellschaftsvertrag die Ausschließung eines Gesellschafters „**ohne rechtfertigenden Grund**" vorsehen kann. Der BGH hat es – von nicht näher bezeichneten „Sonderfällen" abgesehen – bisher abgelehnt, der Gesellschaftermehrheit oder einzelnen Gesellschaftern im Gesellschaftsvertrag das Recht einzuräumen, andere Gesellschafter „willkürlich" aus der Gesellschaft auszuschließen (BGHZ 68, S. 212 ff; BGH 61, S. 263 ff; BGHZ 105, S. 213 ff, 217). Die im Falle der „Unbotmäßigkeit" ständig drohende Hinauskündigung mache es dem betroffenen Gesellschafter praktisch unmöglich, seine Willensbildung im Interesse der Gesellschaft eigenverantwortlich auszuüben. **Willkürliche „Hinauskündigungsklauseln" seien folglich im Regelfall gem. § 138 BGB nichtig.**

Rechtsfolgen des Gesellschafterwechsels

Scheidet ein Gesellschafter aus der Gesellschaft aus, so „wächst sein Anteil den übrigen Gesellschaftern zu" (§ 738 Abs.1 S.1 BGB). Deren Beteiligung erhöht sich folglich wertmäßig. Tritt ein neuer Gesellschafter ein, so wachsen in „Umkehrung" des „**Anwachsungsprinzips**" die Beteiligungen der bisherigen Gesellschafter im Umfange des neu begründeten Gesellschaftsanteils ab. Eine Änderung der Rechtszuständigkeit der zum Gesellschaftsvermögen gehörenden Wirtschaftsgüter und sonstigen Vermögensrechte ist hiermit **nicht** verbunden. Diese bleiben nach wie vor der GbR als „Gesamthand" zugeordnet. Die Identität der Gesellschaft wird folglich durch den Gesellschafterwechsel auch dann nicht berührt, wenn im Ergebnis der gesamte Gesellschafterbestand durch Ein- und Austritte ausgetauscht wird. Da es der GbR mangels ausreichender Individualisierung und Registerpublizität an der Grundbuchfähigkeit mangelt (– § 47 GBO, vgl. zum entsprechenden Problem der Parteifähigkeit unten 1.8), ist gegebenenfalls eine Berichtigung – jedoch mangels Übertragungsvorgangs keine „Umschreibung" – des Grundbuchs (§ 22 GBO) erforderlich.

Die Abfindung

Mit dem Ausscheiden verliert der Gesellschafter seine Beteiligung am Gesellschaftsvermögen., während sich hinsichtlich der verbleibenden Mitglieder infolge der „Anwachsung" der Wert ihrer Beteiligung erhöht. Diese sind folglich verpflichtet, den Ausscheidenden „von den gemeinsamen Schulden zu befreien und ihm dasjenige zu zahlen, was er bei der Auseinandersetzung erhalten würde, wenn die Gesellschaft zur Zeit seines Ausscheidens aufgelöst worden wäre". **Der ausscheidende Gesellschafter ist folglich abzufinden.** Die Höhe der Abfindung bestimmt sich dabei grundsätzlich nach **dem „tatsächlichen"** Wert des werbenden Unternehmens. Maßgebliche Orientierungsgröße ist dabei in aller Regel der Ertragswert. Angesichts der Schwierigkeiten einer sachgerechten Unternehmensbewertung und des hiermit verbundenen zeitlichen und finanziellen Aufwandes sowie des durch die Abfindung verursachten Liquiditätsabflusses hinsichtlich der Gesellschaft ist die Vertragspraxis in der Regel bemüht, durch entsprechende „**Abfindungsklauseln**" die Ansprüche des scheidenden Gesellschafters wertmäßig zu konkretisieren und der Höhe nach zu beschränken. So fanden sich in der Vergangenheit häufig Beschränkungen des Abfindungsanspruchs auf den „Buchwert" unter Ausschluß des „immateriellen" Firmenwerts, des „good will"(vgl. auch unten 2.5.2).

Die Rechtsprechung hat hier ursprünglich – ähnlich wie bei den „Hinauskündigungsklauseln" – eine strenge Haltung eingenommen, diese jedoch unter dem Einfluß der berechtigten Kritik zunehmend modifiziert. Unproblematisch sind zunächst sog. „**Stundungsklauseln**", welche die Auszahlung des Abfindungsanspruchs im Interesse der „Liquiditätssicherung" der Gesellschaft auf einzelne „**Ratenleistungen**" verteilen. Dies gilt jedenfalls dort, wo der Rückzahlungszeitraum **fünf Jahre nicht übersteigt** und die Stundungsregelung eine **angemessene Verzinsung** der noch ausstehenden Teilbeträge vorsieht.

Ein vollständiger Abfindungsausschluß lediglich für den Fall, daß der Gläubiger eines Gesellschafters gem. § 725 BGB die Gesellschaft kündigt, ist angesichts der darin liegenden „**Gläubigerbenachteiligung**" gem. § 138 Abs.1 BGB unwirksam (BGHZ 65, S. 22 ff, 28). Im übrigen kommt die Unwirksamkeit einer „Buchwertklausel" vor allem **im Zusammenwirken mit einer „Hinauskündigungsklausel"** zugunsten eines Gesellschafters oder der Gesellschaftermehrheit in Betracht. Hier wird gelegentlich die „Hinauskündigung" mit Abfindungsbeschränkung zur „**privatnützigen Enteignung**".

Der BGH sieht zudem im Einzelfall unterwertige Abfindungsregelungen wegen des **Verstoßes gegen § 723 Abs. 3 BGB** und der darin liegenden „Knebelung" des Gesellschafters an die Geschicke der Gesellschaft als unwirksam an. Erhalte der

Anteilseigner im Falle seines Ausscheidens nur einen Bruchteil des Werts seiner Beteiligung, so werde ihm die Ausübung seines – unabdingbaren (§ 723 Abs.3 BGB) – **Kündigungsrechts** im Ergebnis wirtschaftlich unmöglich gemacht (vgl. BGH NJW 1985, S. 192 ff). Allerdings erscheint es mehr als problematisch, das Mißverhältnis zwischen dem tatsächlichen Wert der Beteiligung und der Höhe des Abfindungsanspruchs zum Anknüpfungspunkt einer Nichtigkeit wegen Gesetzesumgehung (§ 138 Abs.1 BGB) zu erheben, wenn sich die Diskrepanz erst im Laufe der Entwicklung der Gesellschaft einstellt. Maßgeblicher Zeitpunkt hinsichtlich der Beurteilung eines Rechtsgeschäfts im Lichte von § 138 Abs.1 BGB ist stets der **Zeitpunkt seiner Vornahme**, d.h. des **Abschlusses des Gesellschaftsvertrags** oder des **nachträglichen Beitritts** zur Gesellschaft. Nur wenn zu diesem Zeitpunkt das erhebliche Mißverhältnis bereits bestand oder sich mit an Sicherheit grenzender Wahrscheinlichkeit abzeichnete, ist die entsprechende Abfindungsklausel nichtig. Im übrigen hat die Abfindungsregelung (zunächst) **uneingeschränkt Bestand**. Zeichnet sich im Zeitpunkt des Ausscheidens eines Gesellschafters ein „erhebliches Mißverhältnis" zulasten des Ausscheidenden ab, so kommt jedoch eine **Anpassung der Abfindungsregelung** nach den Grundsätzen über die „**ergänzende Vertragsauslegung**" (§ 242 BGB) in Betracht (so jetzt ausdrücklich: BGHZ 123, S. 251 = NJW 1993, S. 3193 ff.). Die Höhe der Abfindung bestimmt sich in diesem Falle „nach dem mutmaßlichen Willen der Vertragsbeteiligten", wenn diese die Tatsache einer erheblichen Diskrepanz bedacht hätten. Der Abfindungsanspruch liegt hierbei in der Regel über dem (niedrigeren) Buchwert, jedoch unter dem Ertragswert der Beteiligung. Maßgeblich sind die jeweiligen Umstände des Einzelfalls, wie die Dauer der Gesellschaftszugehörigkeit, der bisherige Umfang der Mitarbeit in der Gesellschaft und der Grund des Ausscheidens etc.

Die Übertragung des Gesellschaftsanteils

Besondere konstruktive Probleme bereitete lange Zeit die Frage der Übertragbarkeit des Gesellschaftsanteils und damit der Mitgliederstellung in ihrer Gesamtheit, zumal sich die Rechtslage aus dem Kontext der §§ 705 ff BGB nur recht schemenhaft und unvollständig erschließt. Der Gesellschafterwechsel bei Personengesellschaften wurde anfänglich ausschließlich **als Verbindung von Ein- und Austritt** und nicht als Übertragung der Mitgliedschaft durch Rechtsgeschäft verstanden .

Gem. **§ 719 Abs. 1 BGB** kann ein Gesellschafter „nicht über seinen Anteil am Gesellschaftsvermögen und an den einzelnen dazu gehörenden Gegenständen verfügen..." Dies ist, was den zweiten Teil der Aussage betrifft, nach dem heutigen Verständnis der GbR als „unternehmenstragender" (Außen-) Gesellschaft evident. Da die einzelnen Gegenstände des Gesellschaftsvermögens dinglich **ausschließlich der Gesellschaft** als eigenständigem und von den Gesellschaftern zu unterscheidendem Rechtssubjekt zugeordnet sind, besteht keine Verfügungsbefugnis der Gesellschafter. Diese sind insoweit „Nichtberechtigte". Die Verfügung über Gegenstände des Gesellschaftsvermögens kommt alleine der Gesellschaft zu. Diese handelt hierbei durch ihre vertretungsberechtigten Gesellschafter.

Hiervon zu unterscheiden ist die **Verfügung über den Gesellschaftsanteil**. Dieser ist als materielle Ausprägung der Mitgliedschaft gemeinsam mit dieser einer Übertragung zugänglich. Zwar erklärt § 719 Abs.1 BGB den „Gesellschaftsanteil" zum unveräußerlichen Recht, doch bezweckt diese Regelung **ausschließlich den Schutz der Gesellschafter**. Angesichts der personalen Ausgestaltung der GbR und der damit verbundenen Risiken (vgl. § 708 BGB), gilt es sicherzustellen, daß die

Gesellschafter sich nicht gegen ihren Willen „neuen" und „unwillkommenen" Mitgesellschaftern gegenübersehen. Insofern liegt es in der Hand der Gesellschafter, über die Schutzwirkung des § 719 Abs.1 BGB zu disponieren und die Mitgliedschaft als übertragbares Recht auszugestalten. Dies kann entweder bereits im Gesellschaftsvertrag erfolgen oder im Wege der nachträglichen Beschlußfassung. Rechtstechnisch erfolgt die Übertragung im Wege der Abtretung (§§ 398, 413 BGB) durch Vertrag zwischen Alt- und Neugesellschafter. Das zugrunde liegende Verpflichtungsgeschäft – beispielsweise der Kaufvertrag – bedarf auch dann nicht der notariellen Beurkundung (§ 313 BGB), wenn das Gesellschaftsvermögen im wesentlichen aus Grundstücken besteht. Dies gilt in der Regel selbst bei „Auswechselung" aller Gesellschafter. Überträgt ein Gesellschafter ohne Zustimmung der übrigen Anteilseigner seinen Gesellschaftsanteil, so ist der Abtretungsvertrag bis zur endgültigen Entscheidung über dessen Genehmigung „schwebend" unwirksam.

Mit Abschluß des Übertragungsaktes erlangt der Erwerber **als Rechtsnachfolger des Veräußerers** die gleichen Rechte und Pflichten wie sein Vorinhaber, soweit sich nicht aus dem Gesellschaftsvertrag etwas anderes ergibt. Diesem steht gegenüber der Gesellschaft kein Abfindungsanspruch zu. Er bleibt folglich darauf angewiesen, den Wert seiner Beteiligung im Wege der Gegenleistung aus dem zugrundeliegenden Verpflichtungsgeschäft mit dem Erwerber zu realisieren.

1.7 Auflösung, Liquidation (Auseinandersetzung)

Die GbR endet als „Außengesellschaft" nicht „uno actu". Die Beendigung vollzieht sich vielmehr notwendig **in mehreren Stufen**. Zunächst erfolgt die **Auflösung** aufgrund eines **Auflösungsgrundes**. Mit der Auflösung ist eine **Zweckänderung** der Gesellschaft verbunden. Aus der werbenden Gesellschaft wird eine („sterbende") **Liquidationsgesellschaft**. Die Gesellschaft tritt in das Liquidationsstadium. Erst nach Abschluß der Liquidation ist die Gesellschaft vollbeendet.

Auflösung   (§§ 723-729 BGB)
↓
Liquidation   (§§ 730-735 BGB)
↓
Vollbeendigung

Auflösungsgründe bei der GbR sind:
- der gemeinschaftliche Auflösungsbeschluß,
- der Ablauf der im Gesellschaftsvertrag bestimmten Zeit,
- die Erreichung oder das Unmöglichwerden des Gesellschaftszwecks (§ 726 BGB),
- der Tod eines Gesellschafters (§ 727 BGB),
- die Eröffnung des Insolvenzverfahrens hinsichtlich der Gesellschaft (§ 728 Abs.1 BGB) oder bezüglich eines Gesellschafters (§ 728 Abs.2 BGB),
- die Kündigung durch einen Privatgläubiger (§ 725 BGB),
- die Kündigung durch einen Gesellschafter,
  - die jederzeitige **ordentliche Kündigung** bei einer auf unbestimmte Zeit (§ 723 Abs. 1 S. 1 BGB) oder auf Lebenszeit eines Gesellschafters (§ 724 S. 1 BGB) eingegangenen Gesellschaft,
  - **außerordentliche Kündigung** aus wichtigem Grund bei bestimmter Vertragsdauer,
- Vereinigung aller Anteile in einer Hand.

Die im Gesetz genannten Auflösungsgründe sind nach h.M. **nicht abschließend**. Im Gesellschaftsvertrag können weitere Auflösungsgründe vereinbart werden. In der Praxis wird häufig eine **Fortsetzungsklausel** (siehe § 736 BGB sowie oben 1.6) vorhanden sein, um die Auflösung zu vermeiden.

Wichtiger Fall der sofortigen Vollbeendigung
Bei der Vereinigung aller Anteile in einer Hand (= Rückgang der Mitgliederzahl auf einen Gesellschafter) kommt es nicht nur zur Auflösung, sondern gleichzeitig zur Vollbeendigung, weil das Schuldverhältnis als Grundlage der Gesellschaft erlischt und das Gesamthandseigentum sich in Alleineigentum umwandelt.

Wiedereintritt in die werbende Tätigkeit
Die sich im Liquidationsstadium befindliche Gesellschaft kann sich durch erneute Änderung des Gesellschaftszwecks in eine werbende Gesellschaft umwandeln. Grundsätzlich ist dafür ein einstimmiger Beschluß der Gesellschafter erforderlich.

Geschäftsführung
Während der Abwicklung steht allen Gesellschaftern die Geschäftsführung (§ 730 Abs. 2 BGB) und damit gem. § 714 BGB die Vertretungsmacht (§ 714 BGB gilt auch im Liquidationsstadium!) gemeinschaftlich zu, auch wenn der Gesellschaftsvertrag für die werbende Gesellschaft Einzelgeschäftsführung und -vertretungsmacht vorsah. An der Geschäftsführung und Vertretung können je nach Einzelfall der Erbe (§ 727 BGB) oder der Insolvenzverwalter beteiligt sein.

Die Auflösung bewirkt **keine Änderung der Identität der Gesellschaft**. Auch die bisherige Zuordnung des Gesellschaftsvermögens zur GbR bleibt bestehen.

Enthält der Gesellschaftsvertrag keine Vereinbarungen oder haben die Gesellschafter nach Auflösung keine anderweitige Regelung getroffen, so gelten hinsichtlich des Liquidationsverfahrens die gesetzlichen Bestimmungen der §§ 732-735 BGB.

Danach gilt:
- schwebende Geschäfte sind abzuwickeln (§ 730 Abs. 2 BGB),
- Gegenstände, die ein Gesellschafter der Gesellschaft zur Benutzung überlassen hat, sind ihm zurückzugeben (§ 732 BGB),
- Tilgung der Gesellschaftsschulden (§ 733 Abs. 1 BGB),
- Rückerstattung der Einlagen (§ 733 Abs. 2 und 3 BGB),
- Überschußverteilung oder Verlustausgleich (§§ 734, 735 BGB).

Nach Abschluß der Liquidation ist die GbR **vollbeendet**. Das Gesellschaftsverhältnis hört damit auf zu bestehen. Unbefriedigt gebliebene Gläubiger können sich außerhalb des Liquidationsverfahrens im Wege der persönlichen Inanspruchnahme an die Gesellschafter halten.

1.8 GbR im Prozeß und in der Zwangsvollstreckung

Rechtsfähigkeit und Parteifähigkeit
Bejaht man die Rechtsfähigkeit der GbR (vgl. oben 1.1 sowie 1.5), so stellt sich zwangsläufig die Frage, ob und in welchem Umfange der Gesellschaft auch die

Parteifähigkeit im Prozeßverkehr zukommt. Die Antwort liegt angesichts des Wortlauts des § 50 Abs.1 ZPO recht nahe: Die Parteifähigkeit knüpft in ihrer komplementären Ausgestaltung an die Rechtsfähigkeit an. Demgegenüber wird von der **herrschenden Meinung die Parteifähigkeit der GbR (noch) überwiegend verneint** (BGH ZIP 1999, S. 2009 ff., 2010). Dies gilt zum Teil auch für solche Vertreter, die im Rahmen der „Doppelverpflichtungslehre" (oben 1.5) durchweg bereit sind, die rechtliche Selbständigkeit der GbR in materieller Hinsicht zu befürworten. Fragt man nach den maßgeblichen Bestimmungsgrößen dieser Einschränkung, so wird üblicherweise auf das besondere Bedürfnis des Prozeßverkehrs nach **Formalisierung und Rechtssicherheit** verwiesen. Die hier zutage tretenden Besonderheiten ließen den von § 50 Abs.1 ZPO nahegelegten, undifferenzierten Schluß auf die Parteifähigkeit nicht zu. Die Rechtsordnung billige üblicherweise nur solchen Organisationsformen die Parteifähigkeit zu, die aufgrund ihrer Firmierung und Registerpublizität eindeutig individualisiert und – soweit dies für die Haftungsverhältnisse maßgeblich sei – hinsichtlich der Zusammensetzung ihres Gesellschafterbestandes konkretisiert seien.

Daß diese Argumentation ein gewisses **Begründungsdefizit** in sich trägt, zeigt der Blick auf die Personengesellschaften des Handelsrechts. Wie §§ 123 Abs.2, 176 HGB bezüglich oHG und KG zeigen, setzt die Entstehung der Personenhandelsgesellschaft nicht zwingend die Eintragung voraus – und dennoch sind diese unstreitig parteifähig (§ 124 HGB). Was aber die organisatorische Verselbständigung der GbR nach außen betrifft, so steht diese als unternehmenstragende Gesellschaft den Handelsgesellschaften kaum nach. Dies gilt vor allem, wenn man den bereits erwähnten „fließenden" Übergang zwischen der GbR und den Personengesellschaften des Handelsrechts in Rechnung stellt (vgl. oben 1.1).

Gesamthandsprozeß und Gesamtschuldklage

Trägt man der oben (1.5) eingeführten Unterscheidung zwischen Gesamthandsschuld und Gesamtschuld Rechnung, so gilt es auch bei der prozessualen Gestaltung zwischen **Gesamthandsprozeß** hinsichtlich solcher Rechte und Verbindlichkeiten zu unterscheiden, die der Gesamthand, d.h. der GbR, zustehen bzw. diese treffen und der **Gesamtschuldklage** hinsichtlich der durch die „Doppelverpflichtung" begründeten persönlichen Haftung der Gesellschafter. Was zunächst den Gesamthandsprozeß betrifft, so gilt es zwischen dem Aktivprozeß mit der Gesellschaft in der Rolle des Klägers und dem Passivprozeß, in welchem der Gesellschaft die Funktion der Beklagten zukommt, zu unterscheiden.

Aktivprozeß der Gesamthand

Was zunächst den **Aktivprozeß** betrifft, so besteht zwischen den Gesellschaftern nach der Rechtsprechung des BGH eine **notwendige Streitgenossenschaft** (BGHZ 30, S. 195 ff, 197). Trotz der in materieller Hinsicht bestehenden Rechtssubjektivität der Gesamthand werden bei der prozessualen Durchsetzung von Ansprüchen gegenüber der Gesellschaft die **Gesellschafter – und nicht die Gesellschaft –** als Parteien des Rechtsstreit angesehen. Diese sind somit in Klageschrift und Urteilsrubrum entsprechend zu bezeichnen. Soweit man – mit der h.M – die Parteifähigkeit der GbR leugnet, ergibt sich dies notwendig aus dem Fehlen eines anderen Prozeßrechtssubjekts. Aber auch dort, wo man die Prozeßfähigkeit der GbR bejaht, bedarf es zur Individualisierung der GbR im Prozeßverkehr im Regelfall der Bezeichnung ihrer Mitglieder. Im Unterschied zur herrschenden Auffassung bezeichnet die namentliche Angabe der Gesellschafter hierbei lediglich die Gesamthand, d.h. die

GbR, in ihrer Parteistellung und ist die notwendige Konsequenz der fehlenden „Firmenfähigkeit" der Gesellschaft. Die Vertretung der GbR im Prozeß erfolgt dabei unabhängig von der Bejahung oder Leugnung ihrer Parteifähigkeit ausschließlich seitens der geschäftsführungs- und vertretungsberechtigten Gesellschafter.

Passivprozeß der Gesamthand
Demgegenüber sieht die herrschende Meinung die Gesellschafter im **Passivprozeß** lediglich als **einfache Streitgenossen** an (RGZ 68, S. 221 ff, 223). Dies folge notwendig aus § 736 ZPO, der zur Vollstreckung in das Gesellschaftsvermögen der GbR gerade keinen einheitlichen Titel gegen die Gesellschafter erfordere, sondern es ausreichen lasse, die Vollstreckung gegen die GbR auf in unterschiedlichen Verfahren erwirkte Titel zu stützen (hierzu alsbald unten). Selbst wenn man der Lehre von der fehlenden Parteifähigkeit der GbR folgt, erscheint diese Auffassung inkonsequent und befindet sich im Widerspruch zur materiellen Rechtslage. Es gilt folglich, zu differenzieren. Handelt es sich um eine echte Gesamthandsschuld, deren Erfüllung ausschließlich in den Händen der Gesellschaft liegt und die deshalb die Möglichkeiten des einzelnen Gesellschafters übersteigt, so liegt auch hier ein Fall der notwendigen Streitgenossenschaft vor. Fehlt es hieran, so ist die Streitgenossenschaft eine einfache. Im übrigen steht der Wortlaut des § 736 ZPO der hier vertretenen Auffassung hinsichtlich der Parteifähigkeit der GbR nicht entgegen. Auch vollstreckungsrechtlich erfolgt die Individualisierung der Vollstreckungsschuldnerin durch die Bezeichnung ihrer Gesellschafter!

Beschränkung von § 736 ZPO
Im übrigen ergeben sich durchgreifende Bedenken hinsichtlich der vorherrschenden Interpretation von § 736 ZPO. Nach der bereits mehrfach erwähnten Bestimmung findet eine Vollstreckung in das Gesellschaftsvermögen der GbR nur aufgrund eines gegen alle Gesellschafter gerichteten Titels statt. Dies ist bei einem „**einheitlichen**" **Titel** gegen alle Gesellschafter ohne weiteres der Fall. Nach dem Wortlaut des § 736 ZPO kommt eine Vollstreckung in das Gesellschaftsvermögen jedoch auch dort in Betracht, wo mehrere selbständige Titel in ihrer Gesamtheit sämtliche Gesellschafter der GbR erfassen. Allerdings bedarf der insoweit zu weit geratene Wortlaut des § 736 ZPO einer Rückführung auf Sinn und Zweck der Bestimmung (teleologische Restriktion). Aus mehreren selbständigen Titeln findet eine Vollstreckung in das Gesellschaftsvermögen nur dort statt, **wo in materieller Hinsicht eine Schuld der Gesellschaft (Gesamthandsschuld) besteht**. Die Schuldner müssen somit gerade „als Gesellschafter" – causa societatis – dem Gläubiger haften. Soweit es hieran fehlt, kann die Gesamthand – vertreten durch ihre vertretungsberechtigten Gesellschafter – die fehlende materielle Berechtigung entsprechend §§ 771, 774 ZPO im Wege der Drittwiderspruchsklage geltend machen.

Beispiel
Wohnen alle Gesellschafter im Haus des Vermieters V und erwirkt dieser vollstreckbare Titel wegen bestehender Mietrückstände, so kann V hieraus **nicht** unmittelbar die Vollstreckung in das Gesellschaftsvermögen betreiben. Will er auf das Gesellschaftsvermögen zugreifen, so ist er gezwungen, das Verfahren gem § 725 BGB zu betreiben (vgl. alsbald unten).

Gesamtschuldklage

Anders verhält es sich mit der Gesamtschuldklage zur Durchsetzung der gem. §§ 714, 427 BGB begründeten (Haftungs-) Ansprüche gegenüber den Gesellschaftern. Hier handelt es sich stets um den Fall der einfachen Streitgenossenschaft gem. § 61 ZPO: Dabei gilt es zu beachten, daß im Gesamtschuldprozeß eine Vertretung der beklagten Gesellschafter durch die geschäftsführungs- und vertretungsberechtigten Gesellschafter der GbR regelmäßig ausscheidet. Deren Vertretungsmacht – soweit sie auf dem Gesellschaftsvertrag beruht – umfaßt die Vertretung der Gesamthand (der GbR) und nicht die Vertretung der Gesellschafter, soweit es um deren persönliche Einstandspflicht im Rahmen der gesamtschuldnerischen Haftung geht.

Vollstreckung in das Gesellschaftsvermögen

Bei der Vollstreckung in das Gesellschaftsvermögen gilt es zu unterscheiden, ob ein **Privatgläubiger eines Gesellschafters oder ein Gesellschaftsgläubiger** die Vollstreckung betreibt. Der Privatgläubiger kann im Rahmen der allgemeinen Vollstreckungsvoraussetzungen (Titel, Klausel, Zustellung) in das Privatvermögen des Gesellschafters vollstrecken, wozu auch der Anspruch auf Gewinn und das künftige Auseinandersetzungsguthaben gehört. Eine Vollstreckung in das Gesellschaftsvermögen ist durch Pfändung des Anteils am Gesellschaftsvermögen möglich. Dieser Anteil ist trotz Unübertragbarkeit (§ 719 BGB, § 851 Abs. 1 ZPO) gem. §§ 829, 857, 859 ZPO pfändbar. Der Privatgläubiger wird durch diese Pfändung zwar nicht Gesellschafter, erhält aber das Recht zur fristlosen Kündigung der Gesellschaft (§ 725 Abs. 1 BGB – zwingendes Recht!) und kann damit die **Auflösung der GbR** betreiben. Das **Liquidationsguthaben** kann er sich dann überweisen lassen. Die Mitgesellschafter sind zur Abwendung der Kündigung berechtigt, den Privatgläubiger zu befriedigen.

Der **Gesellschaftsgläubiger** braucht zur Vollstreckung in das Gesellschaftsvermögen einen Titel gegen alle Gesellschafter (§ 736 ZPO – vgl. oben). Hiermit steht ihm zwangsläufig auch die Vollstreckung in das Privatvermögen der Anteilseigner offen – mit Ausnahme des Gesellschaftsanteils, denn dem Gesellschaftsgläubiger haftet das Gesellschaftsvermögen bereits unmittelbar. Das Kündigungsrecht gem. § 725 BGB ist daher überflüssig.

Merke: § 725 BGB gilt nur für den Privatgläubiger! (str.)

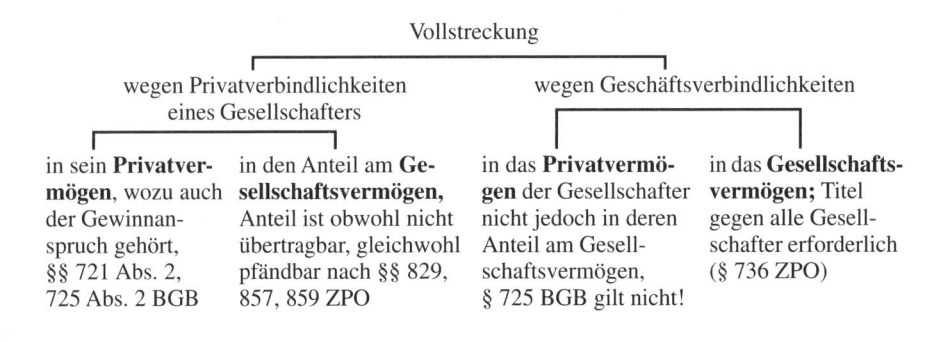

Vollstreckung			
wegen Privatverbindlichkeiten eines Gesellschafters		wegen Geschäftsverbindlichkeiten	
in sein **Privatvermögen**, wozu auch der Gewinnanspruch gehört, §§ 721 Abs. 2, 725 Abs. 2 BGB	in den Anteil am **Gesellschaftsvermögen,** Anteil ist obwohl nicht übertragbar, gleichwohl pfändbar nach §§ 829, 857, 859 ZPO	in das **Privatvermögen** der Gesellschafter nicht jedoch in deren Anteil am Gesellschaftsvermögen, § 725 BGB gilt nicht!	in das **Gesellschaftsvermögen;** Titel gegen alle Gesellschafter erforderlich (§ 736 ZPO)

1.9 Steuerrechtliche Behandlung der GbR

Die GbR ist – wie die übrigen Personengesellschaften – nicht Steuersubjekt im Sinne des Einkommensteuerrechts, dies sind vielmehr die **einzelnen Gesellschafter**. Die Einkunftsart richtet sich **nach der jeweiligen Betätigung**. Die Gesellschafter einer Freiberufler-GbR haben Einkünfte aus selbständiger Arbeit (§ 18 Abs. 1 Nr. 1 EStG), die Gesellschafter einer gewerblichen GbR Einkünfte aus Gewerbebetrieb (§ 15 Abs. 1 Nr. 2 EStG). Die Einkünfte der Gesellschafter werden einheitlich und gesondert festgestellt (§§ 179, 180 AO).

Trotz fehlender Rechtsfähigkeit ist die GbR **Unternehmer im Umsatzsteuerrecht** (§ 2 UStG). Die gewerbliche GbR ist gewerbesteuerpflichtig.

2. Kapitel:
Die offene Handelsgesellschaft

Literatur: Armbruster/Jansen, Aktuelle Tendenzen im Personengesellschaftsrecht, DStR 199, S. 1907
Müller/Hoffmann, Becksches Handbuch der Personengesellschaften, München 1999
Sudhoff, Personengesellschaften, 7. Aufl. 1999.

2.1 Begriff, Rechtsnatur und Bedeutung

Definition

Die offene Handelsjgesellschaft, im folgenden oHG genannt, ist eine Gesellschaft, deren Zweck auf den Betrieb eines Handelsgewerbes unter gemeinschaftlicher Firma gerichtet ist und bei der alle Gesellschafter den Gläubigern unbeschränkt haften (§ 105 Abs. 1 HGB). Die oHG ist in den §§ 105-160 HGB geregelt.

Merkmale

Merkmale der oHG sind daher:
- Gesellschaft (= Personengesellschaft und nicht juristische Person,
- s.a. § 124 HGB),
- Betrieb eines Handelsgewerbes (§§ 1-3 HGB),
- gemeinschaftliche Firma (§ 19 HGB),
- unbeschränkte Haftung aller Gesellschafter.

Vergleich zur GbR

Die oHG ist eine Sonderform der GbR. Zusatzkriterien zur GbR sind die oben genannten Merkmale: Betrieb eines Handelsgewerbes, Firma, unbeschränkte Haftung (Ausnahme, siehe § 105 Abs. 2 HGB). Im Gegensatz zur GbR ist die oHG immer Innen- und Außengesellschaft zugleich, da sie ein Handelsgewerbe betreibt und damit nach außen auftritt.

oHG = eigenständiges Rechtssubjekt

§ 124 HGB verleiht der oHG als solcher Rechtsfähigkeit. Eine solche Bestimmung fehlt im Recht der GbR, so dass dort der dogmatischeStreit besteht, ob die GbR rechtsfähig ist (s.o. S. 10 f.). § 124 HGB entspricht den Bedürfnissen des Handelsverkehrs.

Die Eigenständigkeit der oHG als solcher zeigt sich u.a. darin:

- oHG kann unter ihrer Firma Rechte erwerben und Verbindlichkeiten eingehen, Eigentum und andere dingliche Rechte an Grundstücken erwerben (§ 124 Abs. 1 HGB; oHG ist damit grundbuchfähig),
- oHG kann vor Gericht klagen und verklagt werden (§ 124 Abs. 1 HGB) und ist damit parteifähig,
- über das Gesellschaftsvermögen findet ein selbständiges Insolvenzverfahren statt (§ 11 Abs. 2 Nr. 1 InsO),
- bei Zwangsvollstreckung in das Gesellschaftsvermögen ist ein gegen die Gesellschaft gerichtetes Urteil notwendig (§ 124 Abs. 2 HGB, anders bei GbR, § 736 ZPO),
- § 31 BGB findet bei der oHG Anwendung (Organhaftung vertretungsberechtigter Personen).

Personengesellschaft Gesamthandsgesellschaft

Trotz der Bestimmung des § 124 HGB ist die oHG wie die GbR Personengesellschaft und Gesamthandsgesellschaft.

Handelsgesellschaft Kaufmann

Die oHG ist weiterhin Handelsgesellschaft gem. § 6 Abs. 1 HGB, da Gesellschaftszweck der Betrieb eines Handelsgewerbes ist und damit Kaufmann. Das HGB kennt seit dem 1.7.1998 nicht mehr den Minderkaufmann, ermöglicht es aber diesen Kleingewerbetreibenden für die Rechtsform der oHG zu „optieren". Nach § 105 Abs. 2 HGB n.F. (ab 1.7.1998) können künftig zwei Gruppen von GbR in die Rechtsform einer oHG bzw. KG überwechseln:

- die kleingewerblichen Gesellschaften (§§ 2, 105 Abs. 2 HGB)
- die vermögensverwaltenden Gesellschaften (§ 105 Abs. 2 HGB).

oHG-Gesellschafter nicht Kaufleute

Kaufmann ist nur die oHG, nicht auch die einzelnen Gesellschafter, unabhängig davon, ob sie geschäftsführungs- und vertretungsbefugt sind.

Bedeutung der oHG

Die Bedeutung der oHG hat Wandlungen erfahren. Das gesetzliche Leitbild war der Zusammenschluß mehrerer natürlicher Personen, die ihre Arbeitskraft (Rechte und Pflichten zur Geschäftsführung), ihr Kapital (Beitragspflicht) und ihren Kredit (aufgrund unbeschränkter persönlicher Haftung) der Gesellschaft zur Verfügung stellen, um ein Handelsgewerbe zu betreiben. Der Bundesgerichtshof (BGHZ 38, 306) bezeichnet die oHG als Arbeits- und Haftungsgemeinschaft. Durch die unbeschränkte Haftung der Gesellschafter ist die oHG sehr gläubigerfreundlich und kann bei „gutem Namen im Geschäftsverkehr" leichter Kredit bekommen. Gerade die unbeschränkte Haftung der Gesellschafter hat dazu geführt, daß Neugründungen von oHGen die Ausnahme sind und bevorzugte Gesellschaftsform die GmbH oder GmbH und Co KG ist.

Der Typus oHG findet vornehmlich in einem kleinen Gesellschafterkreis Anwendung, bei denen sich alle kennen und gegenseitiges Vertrauen entgegenbringen (z.B. Familien-oHG).

Arbeits- und Haftungsgemeinschaft BGHZ 38, 306, 312:
„Im gesetzlichen Regelfall ist die offene Handelsgesellschaft eine Arbeits- und Haftungsgemeinschaft, bei ihr sind die Gesellschafter die selbstverantwortlichen Träger und Leiter eines selbständigen Unternehmens, das zu seiner wirtschaftlichen Erhaltung und Fortbildung auf die tätige, und zwar gesellschaftstreue Mitarbeit der einzelnen Gesellschafter angewiesen ist."

Trotz dieser rechtstatsächlichen Situation (weitgehend keine Neugründungen) ist die oHG und damit das oHG-Recht nicht bedeutungslos. Der oHG kommt eine wichtige Auffangfunktion zu.

Auffangsituation
Betreibt z.b. eine „GmbH" ein kaufmännisches Gewerbe und ist nicht im Handelsregister eingetragen, so liegt eine oHG mit der Haftungsfolge des § 128 HGB vor. Daß die Gesellschafter eine GmbH und keine oHG wollten, ist dabei unerheblich (BGHZ 22, 240).

Stellt sich heraus, daß der einzige „Kommanditist" einer KG in Wirklichkeit unbeschränkt haftet, so liegt eine oHG vor.

Die oHG hat damit zwingenden Auffangcharakter (§ 105 Abs. 1, 2. Hs. HGB). Die oHG-Vorschriften gelten subsidiär auch für die KG (§ 161 Abs. 2 HGB), und § 105 Abs. 3 HGB verweist auf die §§ 705 ff. BGB (§§-Kette für KG: §§ 161 Abs. 2, 105 Abs. 3 HGB, 705 ff. BGB).

Da die oHG eine Sonderform der GbR ist und auf deren Vorschriften verweist (§ 105 Abs. 3 HGB i.V.m. §§ 705 ff. BGB), gelten die Ausführungen zur GbR auch für die oHG. Auf diese Ausführungen wird daher verwiesen, und im folgenden werden nur die oHG-Regelungen dargestellt.

2.2 Entstehung der oHG

Wie die GbR kommt die oHG durch Vertrag zustande, der zwar formlos (Ausnahme z.B. Grundstückseinbringung, § 313 BGB), aus Beweisgründen aber schriftlich geschlossen werden sollte. Bei Beteiligung Minderjähriger ist die Genehmigung des Vormundschaftsgerichts erforderlich (§§ 1643 Abs. 1, 1822 Nr. 3 BGB) und, falls Eltern mit ihren Kindern eine Gesellschaft eingehen wollen, die Bestellung eines Ergänzungspflegers gem. § 1909 BGB (pro Kind ein Ergänzungspfleger). Bekommt der Minderjährige seine Einlage von den Eltern in der Weise geschenkt, daß diese jeweils einen Betrag von ihrem Kapitalkonto umbuchen lassen, so wird die fehlende notarielle Beurkundung des Schenkungsversprechens durch die Umbuchung geheilt (§ 518 Abs. 2 BGB).

Der Gesellschaftsvertrag muß als Mindestinhalt enthalten, daß zwei oder mehr Personen (s.a. Fett/Brand, Die sog. „Einmann-Personengesellschaft", NZG 1999, S. 45) sich zum Betrieb eines Handelsgewerbes (Anm: soweit sich nicht aus § 105 Abs. 2 HGB n.F. etwas anderes ergibt) unter gemeinschaftlicher Firma vertraglich zusammenschließen und sich verpflichten, den Gesellschaftszweck (= Betrieb eines Handelsgewerbes) zu fördern.

oHG-Gesellschaften

Gesellschafter können sein: natürliche Personen, GbR (str.), nicht rechtsfähiger Verein (str.), oHG, KG, Vor-GmbH (BGHZ 80, 132; str.), juristische Personen (GmbH, AG).

Gesellschafter einer werbenden oHG kann nicht sein: GbR (str), nichtrechtsfähiger Verein (str.), Erbengemeinschaft (BGH DB 1983, S. 1700) anders bei Liquidationsgesellschaft, s. § 146 Abs. 1 S. 2 HGB.

Treuhänder

Es ist möglich, daß jemand als Treuhänder für Dritte (Treugeber) tätig ist. Dann ist der Treuhänder Gesellschafter gegenüber Mitgesellschaftern und Dritten, vertritt die Gesellschaft und haftet. Der Treugeber als Nichtgesellschafter ist je nach Sachlage auf vertragliche (z.b. Weisung und Kontrolle) bzw. deliktische Ansprüche (§ 823 Abs. 2 BGB i.V.m. § 266 StGB, § 826 BGB) gegenüber dem Treuhänder beschränkt. Entgegen der Weisung des Treugebers sind Verfügungen des Treuhänders über Gesellschafterrechte wirksam, auch wenn ein erkennbarer Weisungsverstoß vorliegt.

Entstehen der oHG

Die Frage der Anwendung des oHG-Rechts ist abhängig vom Entstehen der oHG, wobei Innen- und Außenverhältnis zu unterscheiden sind.

Innenverhältnis

Im Innenverhältnis (= Beziehungen der Gesellschafter untereinander) entsteht die oHG mit Abschluß des Gesellschaftsvertrages. Ein Beginn der Geschäfte sowie die Eintragung im Handelsregister ist nicht erforderlich. Die Gesellschafter können aber einen späteren Anfangstermin vereinbaren. Ansonsten ist im Zweifel mit Abschluß des Gesellschaftsvertrages die Gesellschaft errichtet. Von diesem Zeitpunkt ab gilt oHG-Recht. Das ist unbestritten, wenn ein Handelsgewerbe i.S.d. § 1 HGB betrieben werden soll. Soll ein Handelsgewerbe gem. §§ 2, 3 HGB (Gewerbe wird erst mit Eintragung ins Handelsregister zum Handelsgewerbe) betrieben werden, wird z.T. die Auffassung vertreten, daß §§ 705 ff. BGB und subsidiär oHG-Recht bis zur Eintragung gelten. U.E. ist jedoch auch hier schon oHG-Recht im Innenverhältnis anwendbar, weil die Gesellschafter eine oHG und keine GbR errichten und sich daher von Anfang an dem oHG-Recht unterstellen wollen.

Außenverhältnis

Im Außenverhältnis (= Beziehungen der Gesellschaft und Gesellschafter zu Dritten) entsteht die Gesellschaft spätestens mit Eintragung in das Handelsregister (§ 123 Abs. 1 HGB).

Die oHG kann vor Registereintragung durch Beginn der Geschäfte (auch Vorbereitungshandlungen wie z.B. Eröffnung eines Bankkontos, Anmieten von Geschäftsräumen) schon wirksam im Außenverhältnis entstehen, soweit sie ein Handelsgewerbe i.S.d. § 1 HGB betreibt (§ 123 Abs. 2 HGB). Betreibt sie vor Eintragung ein Handelsgewerbe gem. §§ 2, 3 HGB (Fehlen des § 3 HGB im soweit-Satz des § 123 Abs. 2 HGB ist Redaktionsversehen), so ist sie im Außenverhältnis GbR, da die Eintragung ins Handelsregister insoweit konstitutiven Charakter hat.

Zum Geschäftsbeginn ist die Zustimmung aller Gesellschafter erforderlich. Die Einzelvertretung gem. § 129 Abs. 1 HGB gilt hier noch nicht, sondern erst, nachdem der Geschäftsbeginn mit Zustimmung aller Gesellschafter erfolgt ist.

Vereinbarungen der Gesellschafter entgegen § 123 Abs. 1 und 2 HGB über einen späteren Geschäftsbeginn sind Dritten gegenüber unwirksam (§ 123 Abs. 3 HGB).

Die Anmeldung und Eintragung in das Handelsregister (§ 106 HGB) erfolgt durch alle Gesellschafter in öffentlich beglaubigter Form (§ 12 Abs. 1 HGB, § 129 BGB). Vertretung bei der Anmeldung ist möglich.

GbR wird zur oHG
Eine oHG kann aber auch durch formwechselnde Umwandlung entstehen.

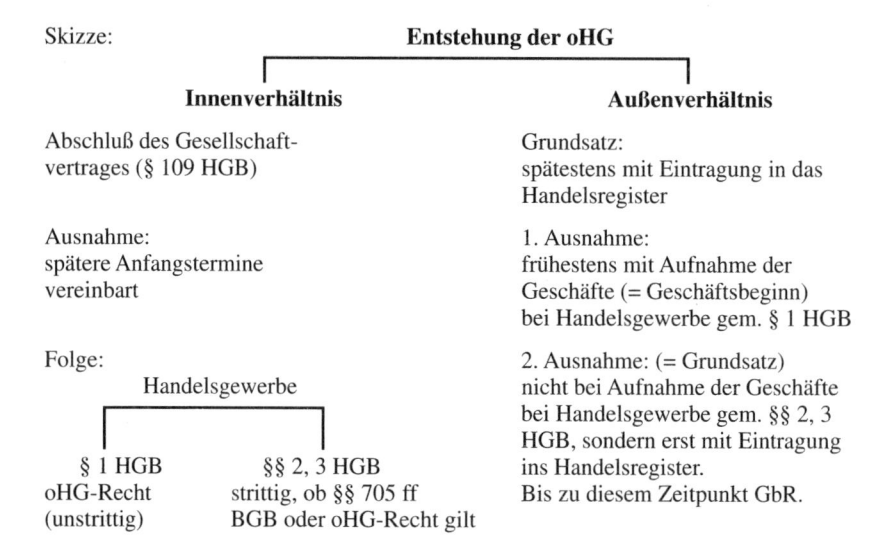

Skizze: **Entstehung der oHG**

Innenverhältnis	**Außenverhältnis**
Abschluß des Gesellschaftsvertrages (§ 109 HGB)	Grundsatz: spätestens mit Eintragung in das Handelsregister
Ausnahme: spätere Anfangstermine vereinbart	1. Ausnahme: frühestens mit Aufnahme der Geschäfte (= Geschäftsbeginn) bei Handelsgewerbe gem. § 1 HGB
Folge: Handelsgewerbe	2. Ausnahme: (= Grundsatz) nicht bei Aufnahme der Geschäfte bei Handelsgewerbe gem. §§ 2, 3 HGB, sondern erst mit Eintragung ins Handelsregister. Bis zu diesem Zeitpunkt GbR.
§ 1 HGB — oHG-Recht (unstrittig) | §§ 2, 3 HGB — strittig, ob §§ 705 ff BGB oder oHG-Recht gilt	

Beispiel
A und B betreiben ein nicht Lebensmitteleinzelhandelsgeschäft (=GbR), welches durch Umsatzsteigerung und Personalerweiterung zum Handelsgewerbe wird. Es ist ohne Registereintragung eine oHG entstanden, wobei allerdings der genaue Zeitpunkt sich in der Praxis schwer bestimmen läßt.

Beachte zum Sprachgebrauch
Errichtung der oHG durch Abschluß des Gesellschaftsvertrages.
Entstehung der oHG mit Wirkung nach außen.

2.3 Verhältnis der Gesellschafter untereinander (Innenverhältnis)

Für das Innenverhältnis der oHG gilt Vertragsfreiheit. Die Rechte und Pflichten der Gesellschafter untereinander richten sich zunächst nach dem Gesellschaftsvertrag (§ 109 HGB). Da das Gesetz dispositiv ist, finden die Vorschriften der §§ 110-122 HGB nur insoweit Anwendung, als nicht durch den Gesellschaftsvertrag ein anderes bestimmt ist.

Prüffolge daher: Gesellschaftsvertrag – §§ 110-122 HGB – §§ 705 ff. BGB i.V.m. § 105 Abs. 3 HGB.

Teil II: Personengesellschaften

Beitragspflicht

Die oHG-Gesellschafter sind ebenso wie bei der GbR zur Leistung von Beiträgen verpflichtet (§§ 705, 706 BGB i.V.m. § 105 Abs. 3 HGB), wobei sich bei nicht rechtzeitiger Zahlung (bei Schweigen des Gesellschaftsvertrages gilt § 271 BGB) eine Verzinsungspflicht ergeben kann (§ 111 HGB, Zinssatz 5%; § 352 Abs. 2 HGB).

Treuepflicht

Der Grundsatz der Treuepflicht gilt im gesamten Gesellschaftsrecht, namentlich aber aufgrund der personalistischen Struktur im Personengesellschaftsrecht. Die Gesellschafter haben positiv die Pflicht, den Gesellschaftszweck zu fördern und negativ die Pflicht, alles zu unterlassen, was der Erreichung des Gesellschaftszwecks abträglich sein kann. Die Treuepflicht hat damit einen unmittelbaren Einfluß auf die Rechtsstellung des einzelnen Gesellschafters, der aufgrund der Treuepflicht zu einem Tun, Dulden oder Unterlassen verpflichtet ist. Die Frage, wann im konkreten Einzelfall die Treuepflicht verletzt ist, ist oftmals Gegenstand von Rechtsstreitigkeiten zwischen Gesellschaft und Gesellschaftern bzw. der Gesellschafter untereinander. Die Gerichte und damit auch der Bundesgerichtshof sind daher oftmals aufgerufen, zu dieser Frage im konkreten Einzelfall Stellung zu nehmen. Nach BGH DB 1985, S. 2602, muß der geschäftsführende Gesellschafter einer oHG in allen Angelegenheiten, die das Interesse der Gesellschaft berühren, deren Wohl und nicht seinen eigenen Nutzen oder den Vorteil anderer im Auge haben. Im Streitfall hatte der geschäftsführende Gesellschafter das gemietete Geschäftsgrundstück, das ihm zum Kauf angeboten wurde, nicht der Gesellschaft, sondern seiner Ehefrau vermittelt. Darin sah der BGH eine Verletzung der gesellschaftlichen Treuepflicht. Der Gesellschafter, so der BGH a.a.O., darf die Erwerbschancen nicht für sich, sondern nur für die Gesellschaft ausnutzen und hat der Gesellschaft, wenn er hiergegen verstößt, einen dadurch entstandenen Schaden zu ersetzen.

Im Urteil vom 20.10.1986 bestätigt der BGH (DB 1987, S. 266) seine Rechtsprechung, daß in Ausnahmefällen aufgrund der gesellschaftlichen Treuepflicht auch einer Änderung des Gesellschaftsvertrages, auch bezüglich eines Wechsels im Gesellschafterbestand, zuzustimmen ist. Nach Auffassung des BGH a.a.O. kann ein oHG-Gesellschafter, wenn es die Vorsorge für die Zukunft des Gesellschaftsunternehmens erfordert, aus dem Gesichtspunkt der gesellschaftlichen Treuepflicht gehalten sein, dem Verlangen seines Mitgesellschafters zuzustimmen, daß dieser seine Stellung als persönlich haftender Gesellschafter schon bei Lebzeiten auf seinen zur Nachfolge beiberufenen Erben überträgt. Dies, so der BGH, gilt auch dann, wenn der Gesellschaftsvertrag vorsieht, daß die Erben eines persönlich haftenden Gesellschafters, die nicht schon persönlich haftende Gesellschafter sind, als Kommanditisten mit dem Kapitalanteil ihres Erblassers eintreten. Voraussetzung für die Zustimmung zur Gesellschaftsvertragsänderung ist stets, daß die Änderung mit Rücksicht auf das bestehende Gesellschaftsverhältnis oder im Hinblick auf die Rechtsbeziehung der Gesellschafter zueinander, etwa zum Zwecke der Erhaltung wesentlicher Werte, die die Gesellschafter in gemeinsamer Arbeit geschaffen haben oder zur Vermeidung erheblicher Verluste erleiden könnte, erforderlich ist.

Wettbewerbsverbot

Eine besondere Ausgestaltung der gesellschaftsrechtlichen Treuepflicht ist das Wettbewerbsverbot (§§ 112, 113 HGB), das für alle oHG-Gesellschafter (nicht für Kom-

manditisten, § 165 HGB) unabhängig von der Geschäftsführungsbefugnis gilt. Ohne Einwilligung der anderen Gesellschafter darf ein Gesellschafter
- weder in dem Handelszweige der Gesellschaft Geschäfte machen,
- noch an einer anderen gleichartigen Handelsgesellschaft als persönlich haftender Gesellschafter teilnehmen (§ 112 Abs. 1 HGB).

Bei Verstoß gegen dieses Verbot kann die oHG **Schadensersatz** verlangen oder besitzt ein „**Eintrittsrecht**", d.h. die oHG hat das Recht, die Geschäftsergebnisse an sich zu ziehen (§ 113 Abs. 1, 2. Hs. HGB).

Die Geltendmachung dieser Ansprüche erfolgt durch Beschluß der übrigen Gesellschafter (§ 113 Abs. 2 HGB). Die §§ 112,113 HGB entsprechen den §§ 60, 61 HGB (Wettbewerbsverbot für Handlungsgehilfen). Die Vorschrift des § 112 HGB ist nicht zwingend. Der Gesellschaftsvertrag kann Milderungen, Verschärfungen bzw. ersatzlose Streichung vorsehen.

Die übrigen Gesellschafter können durch Einwilligung die Wettbewerbshandlung erlauben (Fall der gesetzlichen Einwilligung: § 112 Abs. 2 HGB). Das Wettbewerbsverbot gilt **nicht** für **ausgeschiedene** Gesellschafter (OLG Düsseldorf BB 1989, S. 1576, möglich vertragliches Verbot und Beschränkungen aus nachwirkender Treuepflicht). Im **Liquidationsstadium** gilt das Wettbewerbsverbot bis zur Vollbeendigung der Gesellschaft (Gesellschaftsbeschluß gem. § 113 Abs. 2 HGB auch hier erforderlich).

Neben den Rechten aus § 113 Abs. 1 HGB bleibt unberührt der Anspruch auf Unterlassung der Wettbewerbshandlung, die Möglichkeit der Entziehung der Geschäftsführungs- und Vertretungsbefugnis (§§ 117, 127 HGB), das Recht auf Ausschließung des betreffenden Gesellschafters (§§ 140, 142 HGB) und Auflösung der Gesellschaft (§ 133 HGB i.V.m. § 113 Abs. 4 HGB).

Bei **drohendem** Wettbewerbsverstoß kann die Gesellschaft bzw. die Mitgesellschafter auch ohne Beschluß gem. § 113 Abs. 2 HGB auf **Unterlassung** klagen.

Wettbewerbsverbot und Kartellrecht

Das Wettbewerbsverbot gem. § 112 HGB kann mit dem grundsätzlichen Verbot wettbewerbsbeschränkender Verträge gem. § 1 GWB kollidieren.

§ 1 GWB lautet:
„Vereinbarungen zwischen miteinander im Wettbewerb stehenden Unternehmen, Beschlüsse von Unternehmensvereinigungen und aufeinander abgestimmte Verhaltensweisen, die eine Verhinderung, Einschränkung oder Verfälschung des Wettbewerbs bezwecken oder bewirken, sind verboten."

Der Bundesgerichtshof (BGHZ 38, 306 = NJW 1963, S. 646; „Bonbonniere"-Fall, s.a. Götz JuS 1963, S. 384) differenziert:

Beim gesetzlichen Regelfall der oHG als Arbeits- und Haftungsgemeinschaft wird die Anwendung des § 112 HGB bejaht (also: § 112 HGB geht vor § 1 GWB).

Ist der Gesellschafter im wesentlichen kapitalistisch beteiligt (z.B. von Geschäftsführung und Vertretung ausgeschlossen), so ist bei Vorliegen des Tatbestandes des § 1 GWB das Wettbewerbsverbot gem. § 112 HGB nichtig (beachte: der übrige Gesellschaftsvertrag bleibt entgegen § 139 BGB wirksam). Diese Rechtsprechung hat der Bundesgerichtshof in BGHZ 70, 331 (= DB 1978, S. 835, „Gabelstapler"-Fall) bestätigt. In der Literatur wird diese Frage kontrovers behandelt. Es wird dabei darauf abgestellt, ob der Gesellschafter ein Informationsrecht nach § 118 HGB hat (falls ja, geht § 112 HGB vor, so Löffler, NJW 1986, S. 223, 227; s. a. Immenga/ Mestmäcker, § 1 GWB, Anm. 374).

Gewinn und Verlust

Literatur: Bormann/Hellberg, Ausgewählte Probleme der Gewinnverteilung in der Personengesellschaft, DB 1997, S. 2415.
Oppenländer, Zivilrechtliche Aspekte derGesellschafterkonten der OHG und KG, DStR 1999, S. 939.

Die oHG hat zum Schluß jedes Geschäftsjahres eine Bilanz zu erstellen, in der Gewinn oder Verlust des Jahres festzustellen ist. Diese Bilanz ist, da sie aufgrund handelsrechtlicher Vorschriften (§§ 238 ff. HGB) ergeht, Handelsbilanz. In der Praxis wird häufig in der mittelständischen Wirtschaft eine gesonderte Steuerbilanz nicht erstellt, so daß die **Handelsbilanz** gleichzeitig die Steuerbilanz ist. Die Erstellung obliegt den geschäftsführenden Gesellschaftern. Die fertiggestellte Bilanz ist von jedem Gesellschafter zu unterschreiben.

Gewinn- und Verlustbeteiligung

Mangels gesellschaftsvertraglicher Vereinbarung erhält jeder Gesellschafter vorab 4% seines Kapitalanteils, der übrige Gewinn ist nach Köpfen zu verteilen (§ 121 Abs. 1, 3 HGB; **Formel: 4%, Rest nach Köpfen**). Der Verlust wird nur nach Köpfen verteilt.

Beispiel

Der zu verteilende Jahresgewinn beträgt 30000,- DM. Der Gesellschafter A hat einen Kapitalanteil von 100000,- DM der Gesellschafter B einen von 50000,- DM.
Berechnung:
4 % von 100000,- DM = 4000,- DM
4 % von 50000,- DM = 2000,- DM
                      6000,- DM

Von dem Rest in Höhe von 24000 DM (= 30000,- DM ./. 6000,- DM) erhält jeder Gesellschafter je 12000,- DM.

Gewinn A	Gewinn B	Gesamtgewinn
4000,- DM	2000,- DM	
12000,- DM	12000,- DM	
16000,- DM	14000,- DM	30000,- DM

Falls der Jahresgewinn für eine Verzinsung der Kapitalanteile zu 4% nicht ausreicht, so wird ein unter 4% liegender Prozentsatz genommen, dessen Anwendung den Gewinn erschöpft (§ 121 Abs. 1 S, 2 HGB).

Kapitalanteil

Der Gesetzgeber benutzt für die Gewinnverteilung den Begriff „Kapitalanteil" (§§ 120 Abs. 2, 121 Abs. 1 HGB). Der Kapitalanteil (nicht zu verwechseln mit dem „Anteil am Gesellschaftsvermögen") ist eine bloße Rechnungsgröße bzw. -ziffer und lautet auf eine bestimmte Geldsumme. Die Höhe des Kapitalanteils wird bestimmt durch den Wert der geleisteten Einlage. Buchmäßig wird der Kapitalanteil jedes Gesellschafters in einem für jeden Gesellschafter geführten Kapitalkonto erfaßt, das nach § 120 Abs. 2 HGB variabel ist.

Das Kapitalkonto unterliegt durch Einlagen, Gewinnzuweisungen, Verlustabbuchungen ständig Veränderungen, die in der laufenden Buchführung darzustellen sind.

Zur besseren Übersicht werden in der **Bilanzpraxis** häufig für einen Gesellschafter deshalb **zwei Konten** geführt, ein festes, unveränderliches Konto mit der ursprünglichen Einlage und ein variables Konto, in dem Gewinne, Verluste, Entnahmen etc. gebucht werden. Die Bezeichnungen für diese Konten sind in der Praxis nicht einheitlich (z.b. Kapitalkonto I und II, Bezeichnungen für das zweite Konto: Darlehens-, Privat-, Sonder-, Separatkonto).

Das Euro-Einführungsgesetz enthält keine Regelungen für die Umstellung des Kapitals von Personengesellschaften. Das Umrechnungsproblem hinsichtlich fester Kapitalkonten von Personengesellschaften stellt sich ähnlich wie bei der GmbH. Den Personengesellschaften steht es in der Umgangszeit (01.01.1999-31.12.2001) grundsätzlich frei, die Kapitalkonten auf Euro umzustellen oder in DM weiterzuführen. Es reicht dazu ein einstimmig zu fassender Gesellschafterbeschluß. Bei gleichzeitiger Kapitalglättung ist eine Änderung des Gesellschaftervertrages erforderlich (s.a. Steffen/Schmidt, DB 1998, S. 711; Plewka, Umstellung auf den Euro, Herne/Berlin, 2. Aufl. 1999; Sprockhoff, NZG 1999, S. 17).

Beachte:

Da der Kapitalanteil bloße Rechnungsziffer ist, kann man über ihn nicht verfügen, z.B. durch Abtretung. Im konkreten Fall ist aber zu prüfen, ob die „Verfügung über den Kapitalanteil" im Auslegungswege nicht in eine Verfügung über den Gesellschaftsanteil (Mitgliedschaft) umzudeuten ist.

Entnahmerecht

Vom Gewinnanspruch ist das Entnahmerecht des Gesellschafters zu unterscheiden. Das Entnahmerecht besteht in Höhe von 4% seines für das letzte Geschäftsjahr festgestellten Kapitalanteils, unabhängig davon, ob die Gesellschaft mit Gewinn oder Verlust gearbeitet hat. Es erlischt mangels anderweitiger Vereinbarung, wenn es nicht bis zur Feststellung des nächsten Jahresabschlusses geltend gemacht worden ist.

Beispiel
Entnahmerecht 02 erlischt bei der Feststellung des Jahresabschlusses 02 im März 03.

Das Entnahmerecht ist für sich allein anders als der Anspruch auf Gewinn nicht abtretbar, verpfändbar und pfändbar. Bei Abtretung des Gewinnanteils (§ 717 S. 2 BGB) geht der Anspruch auf Entnahme auf den Abtretungsempfänger über.

Kein Mindestkapital notwendig

Da fehlender Gewinn nicht den Anspruch auf Entnahme hindert, kann es auch zu Auszahlungen aus dem Gesellschaftskapital kommen. Es besteht für die oHG (und KG) kein Auszahlungsverbot an die Gesellschafter aus dem Kapital wie bei der GmbH oder AG, da die persönliche Haftung der Gesellschafter (bei Kommanditisten: vor Einzahlung und nach Rückzahlung ihrer Einlage, §§ 171, 172 HGB) die Gläubigerinteressen hinreichend schützt.

Teil II: Personengesellschaften

Geschäftsführung

Im Gegensatz zur GbR gilt bei der oHG das Prinzip der Einzelgeschäftsführung (§§ 114, 115 HGB). Jeder Gesellschafter ist zur Geschäftsführung berechtigt und verpflichtet. Auf die Erfüllung der Pflicht zur Geschäftsführung kann der betreffende Gesellschafter von der oHG oder auch von einem einzelnen Gesellschafter (dann mit der actio pro socio) verklagt werden. Bei schuldhafter Schlechterfüllung der Geschäftsführungspflicht besteht außerdem ein Anspruch aus positiver Vertragsverletzung des Gesellschaftsvertrages (Haftungsmaßstab: § 708 BGB i.V.m. § 105 Abs. 3 HGB).

Der Gesellschaftsvertrag kann Abweichungen von der gesetzlichen Regelung vorsehen.

Beispiel
Eine oHG besteht aus den Gesellschaftern A, B und C. Folgende Möglichkeiten können gegeben sein:
- Gesetzlicher Regelfall:
Jeder hat Einzelgeschäftsführungsbefugnis (§ 115 Abs. 1 HGB),
– vertragliche Vereinbarungen: nur A allein ist geschäftsführungsbefugt. B und C sind dann ausgeschlossen (§ 114 Abs. 2 HGB),
– A, B und C sind gemeinsam geschäftsführungsbefugt (= Gesamtgeschäftsführungsbefugnis gem. § 115 Abs. 2 HGB = gesetzlicher Regelfall bei der GbR, § 709 BGB),
– A und B sind gemeinsam geschäftsführungsbefugt. C ist dann von der Geschäftsführung ausgeschlossen (§ 114 Abs. 2 HGB),
– A ist für den kaufmännischen, B für den personellen und C für den technischen Sektor zuständig.

Die Geschäftsführungsbefugnis ist nicht übertragbar (§ 717 BGB i.V.m. § 105 Abs. 3 HGB). Wohl kann aber einem anderen (Mitgesellschafter, Angestellter der Gesellschaft, Dritter) die Geschäftsführung im Wege der Vertretung überlassen werden, wenn der Gesellschaftsvertrag dies vorsieht. Eine unwiderrufliche Vollmacht ist aber auch in diesem Fall unzulässig, da sie faktisch einer Abtretung gleichkommt und damit gegen das Abspaltungsverbot verstößt.

Zulässig und in der Praxis üblich ist die Koppelung der Geschäftsführung mit einer Prokuraerteilung. Zulässig ist daher, anknüpfend an das obige Beispiel, daß A Einzelgeschäftsführungsbefugnis und B nur zusammen mit dem Prokuristen P (= Angestellter der oHG) geschäftsführungsbefugt ist. Der Grundsatz der Selbstorganschaft gebietet es aber, daß zumindest ein Gesellschafter unbeschränkt geschäftsführungs- und auch vertretungsbefugt ist.

Umfang der Geschäftsführung

Der Umfang der Geschäftsführungsbefugnis ist in § 116 HGB geregelt, der zwischen gewöhnlichen und außergewöhnlichen Geschäften unterscheidet. Im Gegensatz zur GbR erstreckt sich die Geschäftsführungsbefugnis nur „auf alle Handlungen, die der gewöhnliche Betrieb des Handelsgewerbes der Gesellschaft mit sich bringt" (§ 116 Abs. 1 HGB), z.B. An- und Verkauf von Waren, Personaleinstellung, übliche Kreditgewährung. Bei außergewöhnlichen Geschäften (= solche, die über den gewöhnlichen Betrieb eines Handelsgewerbes der Gesellschaft hinausgehen, z.B. Ersteigerung von Grundstücken, Errichtung einer Zweigniederlassung, Baumaßnahmen auf dem Geschäftsgrundstück) ist ein Beschluß sämtlicher Gesellschafter, also auch der nicht geschäftsführenden Gesellschafter, erforderlich (§ 116 Abs. 2 HGB).

Sonderfall der Prokura
Die Erteilung (nicht der Widerruf!) der Prokura wird vom Gesetzgeber wie ein außergewöhnliches Geschäft behandelt, das der Zustimmung aller geschäftsführenden Gesellschafter bedarf (§ 116 Abs. 3 S. 1 HGB), außer bei Gefahr im Verzug.

Die Prokura darf von jedem geschäftsführenden Gesellschafter widerrufen werden (auch bei Gesamtgeschäftsführung, § 116 Abs. 3 S. 2 HGB).

Der Gesellschaftsvertrag kann bezüglich des Umfangs der Geschäftsführungsbefugnis Erweiterungen oder Beschränkungen vorsehen (z.b. Gesellschafterbeschluß auch für gewöhnliche Geschäfte bestimmter Art vorsehen, für Widerruf der Prokura Beschluß aller geschäftsführenden Gesellschafter erforderlich).

Die anderen geschäftsführenden Gesellschafter haben bei der Einzelgeschäftsführung ein Widerspruchsrecht (§ 115 Abs. 1, 2. Hs. HGB). Die geplante Maßnahme hat dann zu unterbleiben. Wird trotz Widerspruchs gehandelt, so liegt eine Überschreitung der Geschäftsführungsbefugnis vor, und der Handelnde haftet aus positiver Vertragsverletzung des Gesellschaftsvertrages (str.)

Entzug der Geschäftsführungsbefugnis
Die Geschäftsführungsbefugnis kann anders als nach § 712 BGB auf Antrag der übrigen Gesellschafter (auch der nicht geschäftsführungsbefugten) durch gerichtliche Entscheidung (Gestaltungsurteil) entzogen werden, wenn ein wichtiger Grund vorliegt (z.b. grobe Pflichtverletzung). Mit Rechtskraft des Urteils erlischt das Geschäftsführungsrecht. Bei Entzug des einzigen Geschäftsführenden fällt die Geschäftsführung im Zweifel an die Gesamtheit der übrigen Gesellschafter. Es kann in diesem Fall aber auch während des Klageverfahrens ein Dritter mit der Geschäftsführung (und Vertretung) beauftragt werden (BGHZ 33, 105 für die KG). Es liegt somit ein Fall der zulässigen Drittorganschaft vor.

Niederlegung der Geschäftsführung
Die Geschäftsführung kann aus wichtigem Grund niedergelegt werden (§ 712 Abs. 2 BGB).

Kontrollrecht des nicht geschäftsführungsbefugten Gesellschafters
Der nicht geschäftsführende Gesellschafter hat ein Kontrollrecht gem. § 118 HGB. Er kann „die Handelsbücher und die Papiere der Gesellschaft einsehen und sich aus ihnen eine Bilanz anfertigen". Das Kontrollrecht kann vertraglich erweitert, beschränkt oder ganz ausgeschlossen werden. Bei der Annahme unredlicher Geschäftsführung besteht trotz dieser vertraglichen Vereinbarungen das Kontrollrecht (§ 118 Abs. 2 HGB).

Für den ausgeschiedenen Gesellschafter gilt § 118 HGB nicht. Es kann aber unter Umständen ein Einsichtsrecht gem. § 810 BGB gegeben sein.

Notgeschäftsführungsrecht
Anders als bei der GbR wird bei der oHG ein Notgeschäftsführungsrecht gem. § 744 Abs. 2 BGB jedes Gesellschafters, ob geschäftsführungsbefugt oder nicht, überwiegend verneint, da damit die Regeln über die interne Geschäftsführung durchbrochen werden (kein Notvertretungsrecht gem. § 744 Abs. 2 BGB, so BGHZ 17,186).

Teil II: Personengesellschaften

Allerdings ist bei Gesamtgeschäftsführungsbefugnis nach § 115 Abs. 2 HGB eine Notgeschäftsführung durch einen einzelnen Gesellschafter möglich, falls unverzüglich entschieden werden muß und die Zustimmung der anderen Gesellschafter nicht mehr rechtzeitig eingeholt werden kann.

Grundlagengeschäfte

Von den Geschäftsführungsmaßnahmen sind die sog. Grundlagengeschäfte zu unterscheiden. Darunter versteht man Maßnahmen, die den Inhalt des Gesellschaftsverhältnisses ändern und insbesondere die Mitgliedschaft betreffen (z.b. Aufnahme und Ausschluß eines Gesellschafters, Änderungen des Gesellschaftsvertrages). Grundsätzlich sind dafür alle Gesellschafter zuständig, die einen einheitlichen Beschluß fassen müssen (§ 119 Abs. 1 HGB).

Merke: Die Feststellung der Bilanz ist ein Grundlagengeschäft, während die Aufstellung der Jahresbilanz eine Geschäftsführungsmaßnahme ist (BGH NJW 1996, S. 1678; s.a. Schulze-Osterloh, BB 1997, S. 1783).

Problematisch ist die Zulässigkeit gesellschaftsvertraglich vereinbarter Mehrheitsbeschlüsse bei Grundlagengeschäften. Die Rechtsprechung legt solche Vertragsklauseln eng aus und läßt sie für Beschlüsse über die Geschäftsführung zu. Bei Grundlagengeschäften muß der Beschlußgegenstand, über den mit Mehrheit entschieden werden kann, im Gesellschaftsvertrag eindeutig bestimmt sein (**Bestimmtheitsgrundsatz**, s.a. BGH NJW 1985, S. 2830, 2831, dazu Schiessl, DB 1986, S. 235; BGH NJW-RR 1987, S. 285; offengelassen BGH NJW 1995, S. 194, 195). Der Bestimmtheitsgrundsatz ist in der Literatur nicht unumstritten. Es besteht die Tendenz, diesen Grundsatz zugunsten eines mehrheitsfesten Kernbereichs von unentziehbaren Gesellschafterrechten aufzugeben.

Beachte:
Die Grundlagengeschäfte sind nicht mit den außergewöhnlichen Geschäften i.S.d. § 116 Abs. 2 HGB (= Geschäftsführungsmaßnahme) zu verwechseln.

Aufwendungsersatz

Macht der Gesellschafter in Gesellschaftsangelegenheiten Aufwendungen, so steht ihm ein Aufwendungsersatzanspruch gegenüber der Gesellschaft zu (§ 110 HGB). Dieser Anspruch richtet sich nur gegen die Gesellschaft und besteht nicht gegenüber den Gesellschaftern. Würden die Gesellschafter in Anspruch genommen, so läge ein Verstoß gegen § 707 BGB (Verbot der Nachschußpflicht) i.V.m. § 105 Abs. 2 HGB vor. Die Vorschrift des § 128 HGB (persönliche Haftung des Gesellschafters) gilt nicht, da es sich um eine Sozialverpflichtung handelt. Eine Ausnahme von dem Grundsatz, daß für Sozialverpflichtungen nur die Gesellschaft, nicht aber die Gesellschafter in Anspruch genommen werden dürfen, gilt dann, wenn der Gesellschafter einen Gesellschaftsgläubiger befriedigt hat.

Beispiele
1. A ist Gesellschafter der A, B und C oHG. A ist zu 50 %, B und C zu jeweils 25 % an der Gesellschaft beteiligt. Er unternimmt eine Geschäftsreise nach Düsseldorf, die 500,- DM kostet. Diesen Betrag verlangt er
   a) von der Gesellschaft,
   b) von dem vermögenden C.

Rechtslage?

zu a) A hat gegen die Gesellschaft einen Aufwendungsersatzanspruch gem. § 110 HGB, denn er hat Aufwendungen (= freiwillige Vermögensopfer) in Gesellschaftsangelegenheiten erbracht.

zu b) Ein Anspruch gegen C gem. § 110 HGB ist nicht gegeben, da vorliegend eine Sozialverpflichtung gegeben ist und eine Zahlung des C entgegen § 707 BGB eine Nachschußpflicht bedeuten würde. Im übrigen kommt § 128 HGB nicht zur Anwendung, da hierdurch nur die Mithaftung der Gesellschafter für Verbindlichkeiten gegenüber Dritten bestimmt wird (siehe auch BGHZ 37, 299).

Beachte:
Ist die Gesellschaft nicht zahlungsfähig, muß der Gesellschafter bis zur Liquidation warten. Im Liquidationsverfahren sind die Ansprüche gegen die Gesellschaft grundsätzlich unselbständige Rechnungsposten der Auseinandersetzungsrechnung (BGH LM Nr. 2 und 4 zu § 709 BGB). Gegenüber dem einzelnen Gesellschafter können sie im Liquidationsstadium nicht mehr geltend gemacht werden (s. aber BGH DB 1984, S. 1977),

2. Sachverhalt wie oben. A ist auf der Geschäftsreise von dem Gesellschaftsgläubiger G für eine Kaufpreisschuld in Höhe von 1800,- DM der Gesellschaft nach § 128 HGB belangt worden und hat diese bezahlt. Kann er diesen Betrag

a) von der Gesellschaft

b) von den übrigen Gesellschaftern verlangen?

zu a) A kann von der Gesellschaft die 1800,- DM gem. § 110 Abs. 1 HGB oder § 110 Abs. 1 HGB analog verlangen. Das Tatbestandsmerkmal „Aufwendung" (= freiwilliges Vermögensopfer) wird man schwerlich bejahen können, da A aufgrund seiner persönlichen Haftung als oHG-Gesellschafter zahlen mußte. Trotzdem ist man sich in der Literatur einig, daß eine Aufwendung i.S.d. § 110 HGB vorliegt. Zum Teil wird aber wegen dieser Fragwürdigkeit § 110 Abs. 1 HGB (= Verlust durch Tilgung der Gesellschaftsschuld) angenommen. Einig ist man sich jedoch, daß ein Aufwendungsersatz besteht, der aus der direkten oder analogen Anwendung des § 110 HGB resultiert.

zu b) A hat gegen die Mitgesellschafter einen Ausgleichsanspruch gem. § 426 Abs. 1 S. 1 BGB, „soweit nicht ein anderes bestimmt ist". Eine anderweitige Bestimmung (z.B. § 110 HGB, § 707 BGB) ist nicht gegeben (§ 110 HGB betrifft den Anspruch gegenüber der Gesellschaft und nicht die Ausgleichspflicht der Gesellschafter untereinander). § 707 BGB steht einer Inanspruchnahme der übrigen Gesellschafter nicht entgegen, da die bloße Verteilung der Haftungsfolgen gem. § 128 HGB keine Nachschußpflicht begründet (h.M., siehe BGHZ 37, 299).

Allerdings erfährt der Anspruch gegen die Mitgesellschafter zwei Einschränkungen:
- Der zahlende Gesellschafter muß sich erst an die Gesellschaft wenden und darf nach erfolgloser Inanspruchnahme des Gesellschaftsvermögens Erstattung von den Mitgesellschaftern verlangen (**Grundsatz der Subsidiarität**).
- Mitgesellschafter haften nicht gesamtschuldnerisch, sondern je einzeln in Höhe ihrer Beteiligung (**Haftung pro rata**, BGHZ 37, 299, so auch OLG Koblenz NJW-RR 1995, S. 486).

Merke

A, B und C haften zwar Dritten gegenüber gesamtschuldnerisch, im Innenverhältnis besteht nach § 426 Abs. 1 S. 1 BGB Haftung zu gleichen Teilen. Diese Haftung zu gleichen Teilen wird durch die Haftung pro rata modifiziert.

A kann also bei Liquiditätsmangel der oHG von B und C jeweils 450,- DM verlangen.

Hinweis

Befände sich die Gesellschaft in der Liquidation, so könnten zwar grundsätzlich keine gesonderten Ausgleichsansprüche gegenüber den Gesellschaftern geltend gemacht werden (s. schon oben zu Beispiel 1), die Rechtsprechung macht aber jedoch dann eine Ausnahme, wenn der Ausgleichsberechtigte aus dem Gesellschaftsvermögen nicht befriedigt wird und mit Sicherheit feststeht, daß er einen bestimmten Betrag verlangen kann (BGHZ 37, 299, 305).

A hat auch gem. § 426 Abs. 2 BGB (= selbständige Anspruchsgrundlage) gegenüber B und C in Höhe von jeweils 450,- DM Anspruch.

3. Sachverhalt wie bei 2. A ist jedoch bei Inanspruchnahme schon aus der Gesellschaft ausgeschieden.

A hat gegen die Gesellschaft einen Anspruch auf Aufwendungsersatz nach § 670 BGB (so BGH DB 1978, S. 627). Nach Auffassung des Bundesgerichtshof (BGH a.a.O. und BGHZ 39, 319) findet § 110 HGB für einen ausgeschiedenen Gesellschafter keine Anwendung da dieser „irgendwelchen gesellschaftlichen Bindungen nicht mehr unterliegt" (str., z.T. wird § 110 Abs. 1 HGB analog angewandt). Weiterhin ist nach BGBZ 39, 319 ein Aufwendungsersatzanspruch gem. § 426 Abs. 2 BGB analog gegeben (str.).

A hat gegenüber den Gesellschaftern einen Anspruch gem. § 426 Abs. 1 BGB mit der Besonderheit, daß keine Haftung pro rata, sondern voller Ausgleich (Schuldbefreiungsanspruch gem. § 738 Abs. 1 S. 2 2. Alt BGB) verlangt werden kann, also 1800,- DM von B und C als Gesamtschuldner.

Weiterhin kann A gem. § 426 Abs. 2 BGB von B und C 1800,- DM verlangen.

2.4 Rechtsbeziehungen der Gesellschaft und Gesellschafter zu Dritten (Außenverhäftnis)

Die oHG ist notwendig Außengesellschaft und tritt zur Verwirklichung ihres Gesellschaftszweckes nach außen hervor. Die Rechtsbeziehungen von Gesellschaft und Gesellschaftern sind in den §§ 123-130 b HGB geregelt. Diese Vorschriften sind im Interesse des Vertrauensschutzes nicht oder nur beschränkt dispositiv. Etwaige Abweichungen vom Gesetz müssen im Handelsregister eingetragen werden.

Durch § 124 Abs. 1 HGB tritt die oHG als Einheit nach außen in Erscheinung und ist rechtsfähig. Danach kann sie unter ihrer **Firma** Rechte erwerben und Verbindlichkeiten eingehen, Eigentum und andere dingliche Rechte an Grundstücken erwerben, vor Gericht klagen und verklagt werden.

Firma

Firma ist bei einem Kaufmann der Name, unter dem er im Handel seine Geschäfte betreibt und die Unterschrift abgibt (§ 17 Abs. 1 HGB). Nach § 19 Abs. 1 Nr. 2 HGB hat die Firma einer oHG die Bezeichnung „offene Handelsgesellschaft" oder eine allgemein verständliche Abkürzung dieser Bezeichnung zu enthalten (z.B. oHG).

2.4.1 Vertretung der Gesellschaft

Die Vertretung der Gesellschaft ist in den §§ 125-127 HGB geregelt. Nach § 125 Abs. 1 HGB gilt das **Prinzip der Einzelvertretung**. Jeder Gesellschafter ist berechtigt, die Gesellschaft allein zu vertreten. Allerdings sind abweichende vertragliche Regelungen möglich:

- **Einzelvertretung**: Nur ein Gesellschafter allein oder mehrere vertreten die Gesellschaft unter Ausschluß der übrigen (§ 125 Abs. 1 HGB),
- **echte Gesamtvertretung**: Alle oder mehrere Gesellschafter sind gesamtvertretungsberechtigt, d.h. alle vertretungsberechtigten Gesellschafter vertreten die Gesellschaft gemeinsam (§ 125 Abs. 2 S. 1 HGB).

Beachte:

Bei der Passivvertretung der Gesellschaft genügt es, wenn gegenüber einem gesamtvertretungsberechtigten Gesellschafter die Willenserklärung abgegeben worden ist (§ 125 Abs. 2 S. 3 HGB).

- **unechte Gesamtvertretung**: Ein Gesellschafter und ein Prokurist vertreten die Gesellschaft gemeinsam (§ 125 Abs. 3 S. 1 HGB).

Beachte:

Diese Form der Vertretung ist nicht zulässig wenn nur ein vertretungsberechtigter Gesellschafter vorhanden ist, denn wegen des Grundsatzes der Selbstorganschaft muß stets eine Vertretung der oHG durch Gesellschafter allein möglich sein (BGHZ 26, 333).

Die unechte Gesamtvertretung gem. § 125 Abs. 3 S. 1 HGB ist daher nur neben der Einzel- oder echten Gesamtvertretung möglich.

Die vom Gesetz abweichenden Vertretungsformen sind in das Handelsregister einzutragen (§ 125 Abs. 4 HGB, Hinweis auf § 15 HGB bei fehlender Registereintragung). Handelt ein Gesellschafter, ohne Vertreter zu sein, greifen die §§ 177 ff. BGB ein.

Umfang der Vertretungsmacht

Die Vertretungsmacht ist grundsätzlich **unbeschränkt** (§ 126, Abs. 1 HGB) und **unbeschränkbar** (§ 126 Abs. 2 HGB). Der Rechtsverkehr muß im Interesse der Rechtssicherheit auf die Handlungsfähigkeit eines Gesellschafters (wenn er Vertreter ist!) vertrauen können. Er ist der Pflicht entbunden, den Umfang der Vertretungsmacht nachprüfen zu müssen.

Die Vertretungsmacht erstreckt sich auf alle gerichtlichen und außergerichtlichen Geschäfte und Rechtshandlungen einschließlich der Veräußerung und Belastung von Grundstücken sowie der Erteilung und des Widerrufs der Prokura (§ 126 Abs. 1 HGB).

Einschränkung der Vertretungsmacht

Der Umfang der Vertretungsmacht findet aber auch Einschränkungen. Die Vertretungsmacht kann bei mehreren Filialen auf eine Filiale beschränkt werden (§ 126 Abs. 3, 50 Abs. 3 HGB). Dies gilt allerdings nur, wenn die Niederlassungen unter verschiedenen Firmen geführt werden, auch wenn sie lediglich durch Zusätze unterschieden sind. Schließt ein Gesellschafter mit „seiner" Gesellschaft ein Rechtsgeschäft ab, so bestimmt der Umfang der Geschäftsführungsbefugnis den Umfang der Vertretungsmacht (§ 714 BGB geht vor § 126 HGB).

Wirken Gesellschaften und Dritte bewußt zum Schaden der Gesellschaft zusammen (Kollusion), so wird die oHG nicht verpflichtet. Handelt der vertretungsberechtigte Gesellschafter in einer Weise, daß sich beim Dritten der Verdacht eines Treuverstoßes geradezu aufdrängen muß, so wird die oHG ebenfalls nicht verpflichtet (BGHZ 50,112, 114).

Entziehung der Vertretungsmacht
Bei Vorliegen eines „wichtigen Grundes" (insbesondere grobe Pflichtverletzung, Unfähigkeit zur ordnungsgemäßen Vertretung der Gesellschaft) kann auf Antrag der übrigen Gesellschafter die Vertretungsmacht durch gerichtliche Entscheidung entzogen werden (§ 127 HGB). Wird dem **einzigen vertretungsberechtigten Gesellschafter** einer oHG die Vertretungsmacht entzogen, schafft sie die Gesamtvertretung aller Gesellschafter, bis diese durch Änderung des Gesellschaftsvertrages für eine andere Vertretungsregelung sorgen (BGHZ 33, 108). Während eines Prozesses kann aber auch ein Dritter Vertreter der oHG sein (Grundsatz der Selbstorganschaft läßt dies zu, da es ein nur vorübergehender Zustand und eine Notsituation für die Gesellschaft ist).

2.4.2 Haftung der Gesellschaft und Gesellschafter
Es ist zwischen der Haftung der Gesellschaft und der Gesellschafter zu unterscheiden.

Haftung der Gesellschaft
Die Gesellschaft haftet mit ihrem Gesellschaftsvermögen für die Gesellschaftsschulden (§ 124 Abs. 1 HGB). Die Gesellschaftsschulden können durch abgeschlossene Rechtsgeschäfte (z.B. Kaufvertrag), gesetzliche Schuldverhältnisse (z.B. unerlaubte Handlungen) oder öffentlich-rechtliche Verpflichtungen (z.B. Steuerschuld) entstehen.

Begeht der **geschäfts- und vertretungsbefugte Gesellschafter** eine Vertragsverletzung oder eine unerlaubte Handlung im Rahmen seiner Tätigkeit für die Gesellschaft, so wird sein Handeln der Gesellschaft gem. § 31 BGB analog zugerechnet (Anspruchsgründen gegenüber der oHG: positive Vertragsverletzung i.V.m. § 31 BGB analog bzw. §§ 823 ff. BGB i.V.m. § 31 BGB analog; bei bestehenden Schuldverhältnissen wird in der Literatur zum Teil § 278 BGB herangezogen).

Bei schadensstiftendem Handeln im Vertretungs- oder Deliktsbereich von nicht geschäfts- und vertretungsbefugten Gesellschaftern oder Dritten erfolgt die Zurechnung des nicht organschaftlichen (Fremd-)Verschuldens gem. §§ 278, 831 BGB.

Haftung der Gesellschafter
Literatur: Altmeppen, Haftung der Gesellschafter einer Personengesellschaft für Delikte, NJW 1996, S. 1017.

Neben der oHG haften auch die Gesellschafter nach § 128 HGB. Die Gesellschafter haften mit ihrem Privatvermögen. Die Vorschrift ist damit eine der wichtigsten im gesamten Gesellschaftsrecht.

Voraussetzung für eine Haftung ist, daß
- eine oHG besteht,
- die oHG eine Verbindlichkeit (= Gesellschaftsschuld) hat und
- derjenige, der in Anspruch genommen wird, Gesellschafter der oHG ist.

Liegen diese Voraussetzungen vor, so haftet der In-Anspruch-Genommene für die Verbindlichkeiten der Gesellschaft den Gläubigern als Gesamtschuldner persönlich.

Individualistische Auffassung (Identitätstheorie)
Nach der überholten individualistischen Auffassung gibt es nur Gesellschafterschulden, und die Bedeutung des § 128 HGB stand darin, daß für eine Schuld zwei Vermögensmassen (Gesellschaftsvermögen und Privatvermögen der Gesellschafter) haften (sog. Identitätstheorie = Identität der Schuld bei doppeltem Haftungsobjekt). Der Bundesgerichtshof folgte früher dieser Theorie (BGHZ 34, 193).

Kollektive Auffassung (Lehre von der Teilrechtsfähigkeit)
Die **kollektive Auffassung** wendet sich gegen diese Identitätsvorstellung und erkennt eine Gesellschaftsschuld (= Schuld der oHG) an, von der sich die Gesellschafterschuld ableitet. Dieser Auffassung ist zuzustimmen. Haben die Vertreter der kollektiven Auffassung im Bereich der GbR mangels gesetzlicher Vorschriften bzw. anderer gesetzlicher Anhaltspunkte Begründungsschwierigkeiten, so gibt der Gesetzgeber im oHG-Recht durch die §§ 124, 128 HGB selbst gesetzliche Hinweise. Gegen die individualistische Auffassung (Identitätstheorie) spricht zum einen der Wortlaut des § 128 S. 1 HGB, der von einer Verbindlichkeit der Gesellschaft und nicht der Gesellschafter spricht. Zum anderen wird durch § 124 HGB die oHG stark verselbständigt. Erkennt man die Parteifähigkeit und die analoge Anwendung des § 31 BGB an, so ist auch eine eigene selbständige Gesellschaftsverbindlichkeit anzuerkennen.

Ausgehend von der kollektiven Auffassung stellt sich rechtsdogmatisch die Frage, wie die Gesellschaftsschuld eine Gesellschafterschuld bewirkt. Nach der **Theorie der Doppelverpflichtung** werden Gesellschaft und Gesellschafter verpflichtet. Diese Theorie hat jedoch zumindest im vertraglichen Bereich deklaratorischen Charakter, weil Geschäftspartner aufgrund des § 128 HGB von einer persönlichen Haftung der Gesellschafter ausgehen. Dies läßt sich damit begründen, daß man die Auffassung vertritt, §128 HGB besitze auch im rechtsgeschäftlichen Bereich konstitutiven Charakter. Die Haftung tritt aufgrund der gesetzlichen Bestimmung des § 128 HGB ein. Einer Haftungskonstruktion im Vertragsbereich bedarf es daher nicht.

Akzessorietätstheorie
Die Gesellschafterschuld steht zur Gesellschaftsschuld nach überwiegender Auffassung im Verhältnis der Akzessorietät (Wiedemann, Gesellschaftsrecht Bd. 1, S. 283 ff. m.w. Nachweisen, ders. WM Sonderbeilage 4/94, S. 6 ff). Ist eine Gesellschaftsschuld entstanden, so entsteht (bzw. entstehen) kraft Gesetzes eine entsprechende (bzw.entsprechende) Gesellschafterschuld(en). Ein fiktiver Verpflichtungswille oder die Erfüllung zusätzlicher Haftungstatbestände in der Person der Gesellschafter ist nicht erforderlich. Verändert sich die Gesellschaftsschuld im Laufe der Zeit, so

ändert sich damit entsprechend die Gesellschafterschuld. Der **Akzessorietätstheorie** ist zuzustimmen, da sie die §§ 128, 129 HGB zutreffend bewertet. § 128 HGB ist nicht isoliert zu sehen, sondern zusammen mit § 129 HGB. Beide Paragraphen bilden eine Regelungseinheit. Aus ihnen ergibt sich, daß die Gesellschafterschuld vom Schicksal der Gesellschaftsschuld abhängig ist.

Inhalt der Haftung

Ist die Frage des Verhältnisses Gesellschaftsschuld zur Gesellschafterschuld wegen § 128 HGB mehr von theoretischem Interesse, so ist bei § 128 HGB weiterhin umstritten, welchen Inhalt die Haftung hat. In dieser bis heute kontroversen Frage stehen sich Erfüllungs- und Haftungstheorie gegenüber (s.a. Medicus, Bürgerliches Recht, 18. Aufl. 1999, S. 154 ff.).

Erfüllungs- und Haftungstheorie

Nach der **Erfüllungstheorie** schuldet der Gesellschafter die gleiche Leistung wie die oHG, während nach der **Haftungstheorie** die Gesellschafter nur Geldersatz schulden.

Die heute überwiegende Auffassung folgt der Erfüllungstheorie. Die unterschiedliche Auffassung wirkt sich bei Geldschulden nicht aus, wird aber praktisch bedeutsam bei Ansprüchen gegenüber der oHG auf ein Tun, Dulden oder Unterlassen sowie auf Sachleistungen. Der Bundesgerichtshof hat sich bisher nicht eindeutig zu einer Auffassung bekannt, sondern vertritt einen differenzierten Standpunkt: Weder besteht uneingeschränkt eine Pflicht der Gesellschafter zur identischen Erfüllung der Gesellschaftsschuld, noch schuldet der Gesellschafter nur in Geld das Interesse, welches der Gläubiger an der Erfüllung des Anspruchs durch die Gesellschafter hat. Vielmehr ist das Interesse des Gläubigers (= Erfüllungspflicht jedes Gesellschafters) und das Interesse des Gesellschafters auf Respektierung seiner Privatsphäre (= Ersatzpflicht nur in Geld) gegeneinander abzuwägen.

Diese in BGHZ 23, 302 aufgestellten Grundsätze hat der Bundesgerichtshof in BGHZ 73, 217 beibehalten.

Auch wenn in den Einzelheiten noch vieles streitig ist, ergibt sich auf der Grundlage der überwiegenden Auffassung in Rechtsprechung und Literatur folgendes:
- Grundsätzlich schulden die Gesellschafter die gleiche Schuld wie die Gesellschaft (Erfüllungstheorie). Dies gilt insbesondere bei vertretbaren Leistungen, bei denen es auf die Person des Leistenden nicht ankommt.
- Bei Leistungen, die nur der in Anspruch genommene Gesellschafter erbringen kann, ist zu differenzieren:
    Hat der Gesellschafter sich gegenüber der Gesellschaft zur Leistung verpflichtet (z.B. Einbringen eines Grundstücks), ist er auch den Gläubigern gegenüber zu dieser Leistung verpflichtet.
- Liegt eine solche Verpflichtung nicht vor und ist bei der Leistungserbringung für den Gläubiger eine Beeinträchtigung der Privatsphäre erkennbar, so beschränkt sich die Haftung auf Geldersatz (Abwägung zwischen dem Gläubigerinteresse und dem Interesse des Gesellschafters auf Berücksichtigung seiner gesellschaftsfreien Privatsphäre zur Haftung des persönlichen Gesellschafters in der Insolvens der Gesellschaft, BGHZ 121, 179 ff.).

Haftungsgrundsätze

Liegen die Voraussetzungen des § 128 HGB vor, so haftet der Gesellschafter
- unmittelbar, d.h. der Gläubiger kann sich direkt an den Gesellschafter halten (Gegensatz: bloße Nachschußpflicht gegenüber der Gesellschaft),
- primär, d.h. ohne Einrede der Vorausklage wie bei der Bürgschaft (§ 771 BGB),
- aufs Ganze, d.h. nicht nur entsprechend seinem Gesellschaftsanteil, sondern gesamtschuldnerisch (§ 128 S. 1 HGB: „als Gesamtschuldner"),
- unbeschränkt, d.h. mit seinem ganzen Vermögen und nicht nur mit dem Anteil am Gesellschaftsvermögen und nicht begrenzt auf einen bestimmten Betrag (wie z.b. beim Kommanditisten, § 171 HGB),
- unbeschränkbar, d.h. die Haftung kann durch Vereinbarungen zwischen den Gesellschaftern nicht ausgeschlossen oder beschränkt werden (§ 128 S. 2 HGB).

Einwendungen der Gesellschafter

Der in Anspruch genommene Gesellschafter hat folgende Einwendungen:

Einwendungen der Gesellschaft

Er kann die Einwendungen geltend machen, die von der Gesellschaft selbst erhoben werden können (§ 129 Abs. 1 HGB, z.b. Stundung, Erlaß, Erfüllung der Verbindlichkeit).

Leistungsverweigerungsrecht gem. § 129 Abs. 2 u. 3 HGB

Weiterhin steht ihm ein Leistungsverweigerungsrecht (aufschiebende Einrede) zu, wenn die Gesellschaft das Rechtsgeschäft anfechten (§ 129 Abs. 2 HGB) oder gegenüber dem Gläubigeranspruch aufrechnen kann (§ 129 Abs. 3 HGB). Das gleiche gilt für Rücktritt und Wandlung, da diese auch Gestaltungsrechte sind. Da die Gesellschaft selbst nur die Gestaltungsrechte (Anfechtung, Aufrechnung, Rücktritt, Wandlung) ausüben kann, gewährt das Gesetz in diesen Fällen dem Gesellschafter ein Leistungsverweigerungsrecht (Einrederecht).

Aufrechnung gem. § 129 Abs. 3 HGB

Entgegen dem Wortlaut des § 129 Abs. 3 HGB steht dem Gesellschafter kein Leistungsverweigerungsrecht zu, wenn zwar der Gläubiger, aber nicht die Gesellschaft aufrechnen kann (BGHZ 42, 396). Dies ergibt sich aus dem Sinn und Zweck der Vorschrift (so der BGH), die im Zusammenhang mit § 129 Abs. 1 HGB und der persönlichen Haftung des Gesellschafters zu sehen ist. Der Gläubiger wäre ansonsten zu einer Aufrechnung gezwungen, die er nicht will.

Umgekehrt greift § 129 Abs. 3 HGB (auch hier entgegen dem Wortlaut) ein und steht damit dem Gesellschafter ein Leistungsverweigerungsrecht zu, wenn nur die Gesellschaft, aber nicht der Gläubiger aufrechnen kann (z.B. Aufrechnungsverbot wegen § 393 BGB, nunmehr h.M.).

Unbestritten ist § 129 Abs. 3 HGB gegeben, wenn sowohl Gläubiger als auch Gesellschaft aufrechnen können.

Persönliche Einwendungen

Der Gesellschafter kann die in seiner Person begründeten Einwendungen erheben (§ 129 Abs. 1 HGB; z.b. eine dem Gesellschafter persönlich gewährte Stundung oder eine Aufrechnung mit einer privaten Forderung).

Unwirksamkeit eines Erlasses

Es ist nicht möglich, daß ein Gläubiger der Gesellschaft und einigen Gesellschaftern die Schuld unter Vorbehalt der Inanspruchnahme eines bestimmten Gesellschafters erläßt, weil diesem die Rechte aus § 129 HGB verloren gehen würden (BGHZ 47, 376).

Haftung bei Eintritt

Der eintretende Gesellschafter haftet auch für die Altverbindlichkeiten (§ 130 Abs. 1 HGB). Abweichende Vereinbarungen zwischen dem Eintretenden und den Altgesellschaftern sind Dritten gegenüber unwirksam (§ 130 Abs. 2 HGB).

Haftung des ausgeschiedenen Gesellschafters

Literatur: Armbrüster, Zur Nachhaftung ausgeschiedener Gesellschafter von Personengesellschaften, DZWiR 1997, S. 55.

Nach dem bisherigen Recht (bis einschließlich 25.03.1994) haftete der ausgeschiedene Gesellschafter für Gesellschaftsverbindlichkeiten nach seinem Ausscheiden 5 Jahre lang (§ 159 a.F. Abs. 1 HGB). Die 5-Jahresfrist begann gem. § 159 Abs. 2 a.F. HGB mit der Eintragung des Ausscheidens des Gesellschafters im Handelsregister und endete nach Ablauf von fünf Jahren. Nach Ablauf dieser Zeit fällig werdende Ansprüche unterlagen nicht mehr der Haftung des Ausgeschiedenen. Der Fristbeginn wurde durch eine spätere Fälligkeit hinausgeschoben (§ 159 Abs. 3 a.F. HGB).

Probleme entstanden bei diesem Gesetzeswortlaut bei der Haftung für Dauerschulden. Da bei Dauerschuldverhältnissen (z. B. Arbeitsverhältnisse, Energielieferungsverträge, Geschäftsmieten) gemäß § 159 Abs. 3 a.f. HGB stets (neue) Fristen von fünf Jahren zu laufen begannen, ergab sich nach der alten Gesetzesfassung, wenn das Dauerschuldverhähnis vor dem Austritt des Gesellschafters begründet worden war, eine unbegrenzte Haftung. Dem Gesetzgeber war bei Schaffung des § 159 HGB die Problematik der Dauerschuldverhältnisse nicht bewußt gewesen. Der Bundesgerichtshof hat daher ergänzend Grundsätze für die Haftung des ausscheidenden Gesellschafters für Dauerschuldverbindlichkeiten aufgestellt. Danach sollte der ausgeschiedene Gesellschafter, von Ausnahmen abgesehen, grundsätzlich nach fünf Jahren von dem Risiko einer fortbestehenden Haftung freigestellt werden. Diese äußerste zeitliche Grenze von fünf Jahren galt für Ansprüche aus Dauerschuldverhältnissen, bei denen eine Kündigung aus tatsächlichen Gründen ausgeschlossen, nicht zumutbar oder, weil im Vertrag nicht vorgesehen, ohne wichtigen Grund nicht möglich war (BGH NJW 1983, S. 2254, 2255). Im übrigen hatte der Bundesgerichtshof schon im Jahre 1977 bei Dauerschuldverhältnissen als (möglichen) Enthaftungspunkt den ersten Kündigungstermin nach der Handelsregistereintragung des Ausscheidens des Gesellschafters angesehen. Somit haftete der Gesellschafter bei Dauerschuldverhältnissen, von ihrer tatsächlichen oder rechtlichen Ausgestaltung, fünf Jahre lang.

Nach dem neuen Gesetzeswortlaut in der Fassung des sog. **Nachhaftungsbegrenzungsgesetzes** (BGBl. I 1994, S. 560) – d. h. seit 26.3.1994 – gilt § 160 HGB für die Nachhaftung der Gesellschafter. § 159 HGB gilt nunmehr ausschließlich bei Auflösung der Gesellschaft. Nach der neuen Vorschrift des § 160 Abs. 1 HGB haftet der ausgeschiedene Gesellschafter für die bis zu seinem Ausscheiden begründeten Verbindlichkeiten nur, wenn diese vor Ablauf von fünf Jahren nach dem Ausscheiden fällig und daraus Ansprüche gegen ihn geltend gemacht worden sind. Der gerichtlichen Geltendmachung bedarf es nicht, wenn der Gesellschafter den Anspruch schriftlich anerkannt hat. Bei öffentlich-rechtlichen Verbindlichkeiten genügt zur Geltendmachung der Erlaß eines Verwaltungsaktes (z. B. Steuerfestsetzung).

Die Ausschlußfrist des § 160 Abs. 1 n.f. HGB gilt nicht nur für Dauerschuldverhältnisse, sondern für alle anderen Geschäftsverbindlichkeiten ebenso. Die teilweise komplizierte Problematik der Unterscheidung zwischen Dauerschuldverbindlichkeiten und einfachen Verbindlichkeiten hat sich damit erledigt.

Merke:
- Das neue Recht beruht auf zwei Kerngedanken:
- Ersetzung der bisherigen Verjährungsregeln durch eine Ausschlußfrist.
- Enthaftung auch bei weiter bestehendem Einfluß des bisherigen Vollhafters auf die Geschäftsleitung.

Tabellarische Übersicht zur Haftung des eintretenden und ausgeschiedenen Gesellschafters

Rechtsform vor Eintritt bzw. Ausscheiden	Eintritt	Ausscheiden bzw. Veränderung der Stellung
Einzelkaufmann	als persönl. haftender Gesellschafter bzw.	Ausscheiden § 26 Abs. 1 HGB
	als Kommanditist §§ 28 Abs. 1, 128 HGB	Kommanditist § 28 Abs. 3 HGB
GbR	keine Haftung, außer vertraglich vereinbart	§ 736 Abs. 2 BGB
oHG	als persönlich haftender Gesellschafter § 130 Abs. 1 HGB, als Kommanditist § 173 Abs. 1 HGB	Ausscheiden § 160 Abs. 1 HGB Kommanditist § 160 Abs. 3, HGB
KG	als persönlich haftender Gesellschafter §§ 130 Abs. 1, 161 Abs. 2 HGB, als Kommanditist § 173 Abs. 1 HGB	Ausscheiden: – Komplementär §§ 160 Abs. 1, 161 Abs. 2 HGB – Kommanditist §§ 160 Abs. 1, 161 Abs. 2, 171, 172 Abs. 4 HGB

2.5 Auflösung, Liquidation (Auseinandersetzung) und Ausschließungsklage

Literatur: Grziwotz, Die Liquidation von Personengesellschaften, DStR 1992, S. 1365.

2.5.1 Auflösung und Liquidation

Bei der oHG sind wie bei der GbR Auflösung und Liquidation scharf zu trennen. Es wird daher auf die Ausführungen zur GbR (Teil II, Kapitel 1.7, S. 43 f.) verwiesen.

Liegt ein Auflösungsgrund vor, so wird aus der werbenden Gesellschaft eine Gesellschaft mit dem Ziel, die Liquidation unter den Gesellschaftern zu betreiben (Änderung des Gesellschaftszweckes). Das zeitliche Ende der Liquidation ist die Vollbeendigung.

§ 131 HGB zählt abschließend die gesetzlichen Auflösungsgründe auf:
Danach wird die oHG aufgelöst
durch Zeitablauf (Nr. 1),
b) durch Gesellschafterbeschluß (Nr. 2),
c) durch Gesellschaftskonkurs (Nr. 3),
d) durch gerichtliche Entscheidung (Nr. 4).

Neben diesen gesetzlichen Auflösungsgründen können weitere im Gesellschaftsvertrag vereinbart werden.

§ 131 HGB träg dem Dauercharakter der oHG Rechnung und schafft Rechtsklarheit.

In der Praxis werden häufig bei Tod eines Gesellschafters (siehe dazu unten 2.6) Vereinbarungen im Gesellschaftsvertrag getroffen. Der Gesetzgeber ist dieser Vertragspraxis durch § 131 Abs. 2 HGB (neu ab 1.7.1998) entgegengekommen, in dem er regelte, daß z.b. Tod eines Gesellschafter, Insolvenzeröffnung über das Vermögen eines Gesellschafters zum Ausscheiden eines Gesellschafters aus der Gesellschaft mangels abweichender vertraglicher Bestimmung führt.

Auf folgende Abweichungen zur GbR sei hingewiesen:

Die Erreichung oder das Unmöglichwerden des Gesellschaftsvertrages sind keine Auflösungsgründe. Sie können allenfalls eine Kündigung oder Auflösungsklage rechtfertigen.

Merke: Generell kann gesagt werden, daß in der Gesellschaftsrechtspraxis durch vertragliche Vereinbarung versucht wird, die Liquidation zu vermeiden. Solche vertraglichen Regelungen sind sinnvoll, weil sie die Zerschlagung der Unternehmenswerte und steuerrechtlich ggfs. die Totalrealisierung der stillen Reserven verhindern.

Die Kündigung ist nur als **ordentliche** Kündigung vom Gesetz vorgesehen (Kündigungsfrist 6 Monate vor Schluß des Geschäftsjahres, § 132 HGB). Statt der außerordentlichen Kündigung gewährt das Gesetz die **Auflösungsklage aus wichtigem Grunde** gem. § 133 HGB (Grund: Rechtsklarheit für den Handelsverkehr). Die Klage ist eine Gestaltungsklage und grundsätzlich zwingend gegeben (§ 133 Abs. 3 HGB; s. aber BGHZ 31, 298).

Die Kündigung durch einen Privatgläubiger ist gegenüber § 725 BGB erschwert (§ 135 HGB: fruchtlose Pfändung in das bewegliche Vermögen, Kündigungsfrist von 6 Monaten vor Schluß des Geschäftsjahres).

Die Auflösung ist von sämtlichen Gesellschaftern zur Eintragung ins Handelsregister anzumelden. Bis zur Eintragung und Bekanntmachung kommen die §§ 5, 15 HGB zur Anwendung.

Das Liquidationsverfahren erfolgt nach §§ 145-158 HGB, sofern nicht gesellschaftsvertraglich etwas anderes vereinbart oder über das Vermögen der Gesellschaft das Insolvenzverfahren eröffnet ist. Abweichungen ergeben sich gegenüber der GbR insofern, als es sich um die Abwicklung eines vollkaufmännischen Gewerbes handelt. Die aufgelöste oHG bleibt bis zur Vollbeendigung Handelsgesellschaft, auf die grundsätzlich die §§ 109-130 HGB anwendbar sind (§ 156 HGB).

Die oHG behält ihre Firma, die den Zusatz „in Liquidation" (i.L.) erhält (§ 153 HGB). Besondere Liquidatoren führen die Liquidation durch. „Geborene" Liquidatoren sind sämtliche Gesellschafter, die **Gesamt**geschäftsführungs- und Vertretungsmacht haben (§§ 146 Abs. 1, 150 Abs. 1 HGB). „Gekorene" Liquidatoren sind durch Gesellschaftsvertrag oder Beschluß der Gesellschafter bestimmte Personen. Aufgaben der Liquidatoren sind gem. § 149 HGB, die laufenden Geschäfte zu beenden, die Forderungen einzuziehen, das übrige Vermögen in Geld umzusetzen (abweichend von § 733 Abs. 3 BGB) und die Gläubiger zu befriedigen.

Zu Beginn und am Ende der Liquidation ist eine Liquidationsbilanz aufzustellen (§ 154 HGB: Liquidations-Eröffnungsbilanz bzw. Liquidations-Schlußbilanz). Die Liquidations-Schlußbilanz muß entgegen dem Gesetzeswortlaut nicht erst bei Beendigung der Liquidation aufgestellt werden, sondern kann schon dann aufgestellt werden, wenn das Vermögen gem. § 155 Abs. 1 HGB verteilbar ist. Der Vergleich des letzten Jahresabschlusses vor Auflösung der oHG mit der Liquidations-Schlußbilanz ergibt den Liquidationsgewinn bzw. -verlust. Bei einem verbleibenden Gewinn wird der Überschuß nach dem Verhältnis der Kapitalanteile verteilt (§ 155 Abs. 1 HGB).

Die Liquidation endet mit der Schlußverteilung gem. § 155 Abs. 1 HGB, und es tritt die Vollbeendigung der oHG ein. Gem. § 157 Abs. 1 HGB erlischt nunmehr die Firma, was von den Liquidatoren zum Handelsregister anzumelden ist.

Die persönliche Haftung der Gesellschafter gem. § 128 HGB bleibt vom Liquidationsende unberührt. Nicht befriedigte Gesellschaftsgläubiger können sich weiterhin an die nunmehr ehemaligen Gesellschafter halten, wobei aber auf die fünfjährige Verjährung dieser Ansprüche zu achten ist (§ 160 HGB).

2.5.2 Ausschließungsklage

Literatur: Mager, Zur Mitwirkungspflicht beim Ausschluß von Personengesellschaftern, BB 1992, S. 1497

Die Ausschließungsklage nach § 140 HGB erlaubt den Ausschluß eines Gesellschafters bei Fortsetzung der Gesellschaft mit den übrigen Gesellschaftern. Sie bildet damit eine Alternative zu der Auflösungsklage nach § 133 HGB (= Liquidation der Gesellschaft). Die Ausschließungsklage ist das äußerste Mittel und nur dann erlaubt, wo sich kein anderer zumutbarer Weg findet (z.B. Entzug der Geschäftsführungs- bzw. Vertretungsmacht). Nach § 140 Abs. 1 HGB wird von der Klage ausgeschlossen, in dessen Person ein wichtiger Grund i.S.d. § 133 Abs. 2 HGB eingetreten ist. Die Klage ist von allen übrigen Gesellschaftern zu erheben, jedoch nicht von jenen, die bereits außergerichtlich und bindend erklärt haben, sie seien mit der Auflösung der Gesellschaft einverstanden (BGH BB 1997, S. 2339). Weigert sich ein Gesellschafter, so kann er aufgrund der gesellschaftsrechtlichen Treuepflicht zur Mitwirkung verpflichtet sein. Die Klage auf Zustimmung eines Gesellschafters kann mit der Ausschließungsklage gem. § 140 HGB verbunden werden (BGHZ 68, 81, 84). Bei erfolgreicher Klage entscheidet das Gericht durch **Gestaltungsurteil**. § 140 HGB ist **kein zwingendes Recht**. Im Gesellschaftsvertrag kann das Ausschließungsrecht beschränkt bzw. ganz ausgeschlossen oder erweitert werden, z.B. andere als in §§ 133, 140 HGB aufgeführte Ausschließungsgründe. Notwendig ist aber eine eindeutige Regelung im Gesellschaftsvertrag (Bestimmtheitsgrundsatz!).

Nach § 140 Abs. 1 Satz 2 HGB (neu ab 01.07.1998) steht der Ausschließungsklage nicht entgegen, daß nach der Ausschließung nur ein Gesellschafter verbleibt.

Die Übernahme hat bei Ausscheiden eines Gesellschafters bei einer Zweipersonen-oHG folgende Wirkungen:

Der Übernehmer wird Alleineigentümer des Gesellschaftsvermögens. Es findet eine automatische Anwachsung zu Alleineigentum statt (entspricht der Anwachsung beim Ausscheiden eines Gesellschafters bei einer mindestens dreigliedrigen Gesellschaft. Besondere Übertagungsakte sind daher nicht erforderlich (z.b. Auflassung von Gesellschaftsgrundstücken). Der ausscheidende Gesellschafter hat einen schuldrechtlichen Abfindungsanspruch (§ 738 BGB i.V.m. § 105 Abs. 3 HGB). Die oHG wird zu einem Einzelunternehmen. Ist die oHG Partei in einem anhängigen Prozeß, so erfolgt ein Parteiwechsel kraft Gesetzes. Die Haftung gem. § 128 HGB bleibt für beide Gesellschafter bestehen. Für den „ausscheidenden Gesellschafter" gilt die fünfjährige Ausschlußfrist (§ 160 HGB). Der ausscheidende Gesellschafter ist vom Übernehmer von den bestehenden Verbindlichkeiten freizustellen (§ 738 Abs. 1 S. 2 BGB i.V.m. § 105 Abs. 3 HGB).

Das Ausscheiden ist von sämtlichen Gesellschaftern in das Handelsregister einzutragen (§ 143 Abs. 1 HGB). Unterbleibt die Eintragung, kann § 15 HGB eingreifen (Haftung des ausgeschiedenen Gesellschafters für nach Übernahme entstandene Verbindlichkeiten).

Die vorstehenden Ausführungen gelten auch für den Fall, wenn aus einer mehrgliedrigen Gesellschaft alle bis auf einen Gesellschafter ausscheiden (OLG Stuttgart DB 1961, S. 1644).

Haben sich beide Gesellschafter schuldhaft verhalten, so ist das Verschulden beider nicht abzuwägen mit der Folge, daß derjenige mit dem geringeren Verschulden ein Übernahmerecht hat.

§ 140 HGB findet dann keine Anwendung; vielmehr ist dann nur die Auflösung gem. § 133 HGB (wenn begehrt) gegeben.

Hinauskündigung ohne wichtigen Grund zum Buchwert
Literatur: Notthoff, Abfindungsregelungen in Personengesellschaftsverträgen, DStR 1998, S.210;
Schuhmann, Abfindung von Gesellschaftern, Bielefeld 1996.

In der Praxis ist häufig in Gesellschaftsverträgen vereinbart, daß einem Gesellschafter durch Beschluß der übrigen Gesellschafter bzw. der Mehrheit der Gesellschafter ohne Vorliegen eines wichtigen Grundes gekündigt werden kann und der ausscheidende Gesellschafter mit dem Buchwert abgefunden wird **(sog. Buchwertklausel)**. Unter Buchwert ist dabei der anteilige Erfolgsbilanzwert unter Ausschluß der stillen Reserven und des Firmenwertes zu verstehen. Der ausscheidende Gesellschafter erhält seine auf dem Kapitalkonto verbuchte feste Einlage, seinen anteiligen Gewinn des laufenden Geschäftsjahres sowie seinen Anteil an den offenen Rücklagen und an den Bilanzposten mit klarem Rücklagencharakter (BGH NJW 1977, S. 104). Diese unbeschränkte Zulässigkeit der „Hinauskündigung ohne wichtigen Grund zum Buchwert" ist durch die neuere Rechtsprechung verneint worden. Das Reichsgericht hat in seinem Urteil vom 23.3.1938 (Zeitschrift der Akademie für deutsches Recht 1938, S. 818) die Ausschließungskündigung für zulässig erachtet. In den Gründen hieß es, daß nichts entgegenstehe, die Ausschließung eines Gesellschafters ohne einen weiteren zu rechtfertigenden Grund in das Belieben eines oder mehrerer Mitgesellschafter zu stellen oder von einem Beschluß aller verbleibenden Gesellschafter abhängig zu machen. Der BGH schloß sich mit Urteil vom 7.5.1973 (BGH NJW 1973, S. 1606) der Auffassung des Reichsgerichts an. In den Gründen führte er aus, daß ein Gesellschafterausschluß ohne wichtigen Grund auch dann möglich sei, wenn es sich um grundsätzlich gleichberechtigte Gesellschafter handele, bei denen im Zeitpunkt des Vertragsschlusses noch ungewiß sei, wen von ihnen eine spätere Ausschließung treffe. Die Rechtsprechungswende kam mit dem BGH-Urteil vom 20.1.1977 (BGHZ 68, 212 = NJW 1977, S. 1292). Im Leitsatz heißt es zwar, daß eine Ergänzung zum Urteil vom 7.5.1973 vorliegt, in Wirklichkeit ist aber eine Abkehr von der bisherigen Rechtsprechung gegeben. In diesem Urteil hat der Bundesgerichtshof die gesellschaftsvertragliche Bestimmung, durch Gesellschafterbeschluß könne ein Gesellschafter ohne Vorliegen eines wichtigen Grundes aus der Gesellschaft ausgeschlossen werden, nur dann für zulässig angesehen, wenn für eine solche Regelung wegen außergewöhnlicher Umstände sachlich gerechtfertigte Gründe bestehen. Mit Urteil vom 29.5.1978 (BGH NJW 1979, S. 104) hat der Bundesgerichtshof entschieden, daß bei Kündigung ohne wichtigen Grund die gesellschaftsvertraglich vereinbarte Abfindung mit dem Buchwert sittenwidrig (§ 138 BGB) und dem ausscheidenden Gesellschafter eine „angemessene Abfindung" zu zahlen sei. Drei Jahre später entschied der Bundesgerichtshof mit Urteil vom 13.7.1981 (BGH NJW 1981, S. 2565), daß eine Ausschließungsklausel bei einer Kommanditgesellschaft, die im wesentlichen dem gesetzlichen Regeltyp entspricht, nichtig ist, es sei denn, es liegen außergewöhnliche Umstände vor. Begründet wurde dieses Ergebnis damit, daß die bei der Vertragsfreiheit immanenten Schranken zu beachten sind, wonach nicht nur die allgemeinen Grundsätze der Rechtsordnung (§ 138 BGB), sondern auch die Grundprinzipien des Gesellschaftsrechts beachtet werden müssen. Der betroffene Gesellschafter ist ständig vom „Damoklesschwert der Hinauskündigung" bedroht. Diese Situation kann zu einer Willkürherrschaft der übrigen Gesellschafter (im Urteilsfall: der persönlich haftenden Gesellschafter) führen.

Der Umstand, daß der vom Ausschluß bedrohte Gesellschafter eine volle bzw. angemessene Abfindung erhält, ändert nichts an diesem Ergebnis, weil der von der Kündigungsklausel ausgehende Druck höchstens gemildert, aber nicht ausgeschlossen wird. Der BGH (NJW 1993, S. 3193; 1994, S. 2536, 2537) hat nunmehr entschieden, daß auch bei der Prüfung der Unwirksamkeit (nach § 723 Abs. 3 BGB) – wie bei § 138 Abs. 1 BGB – allein auf den Zeitpunkt des **Vertragsabschlusses** abzustellen ist. Eine ursprüngliche wirksame Klausel könne nicht je nach der Entwicklung des Verhältnisses zwischen Buchwert und Anteilswert zu verschiedenen Zeitpunkten wirksam oder unwirksam sein. Ergibt sich erst im Laufe der Zeit ein grobes Mißverhältnis zwischen Buchwert bzw. zu gewährenden Betrag und wirklichen Anteilswert, so wird die Klausel nicht unwirksam, sondern ist durch ergänzende Vertragsauslegung anzupassen.

Zusammenfassend läßt sich sagen:

Eine Vertragsklausel die den Ausschluß ohne wichtigen Grund (auch bei angemessener Abfindung) zuläßt, ist überhaupt nur zulässig, wenn für eine solche Regelung wegen außergewöhnlicher Umstände sachlich gerechtfertigte Gründe bestehen. Buchwertklauseln sind nicht grundsätzlich unzulässig (str.). Im Zeitpunkt ihrer Vereinbarung sind sie regelmäßig wirksam, müssen aber angepaßt werden, wenn im Laufe der Zeit der Bildung stiller Reserven ein krasses Mißverhältnis zwischen zu gewährenden Betrag und wirklichen Anteilswert besteht.

Teil II: Personengesellschaften 73

2.6 Zur Rechtslage beim Tode eines Gesellschafters

Literatur: Funke, Nachfolgeplanung und Erbauseinandersetzung, GmbH-StB 1999, S. 222
Spiegelberger, Vermögensnachfolge, München 1997

2.6.1 Vererbung der Gesellschafterherstellung bei Personengesellschaften

Die oHG wird durch den Tod eines Gesellschafters nicht mehr aufgelöst. Der Tod des Gesellschafters wird vom Gesetzgeber mangels abweichender vertraglicher Bestimmung als Ausscheiden des Gesellschafters aus der Gesellschaft angesehen (§ 131 Abs. 3 Nr. 1 HGB, neu ab 1.7. 1998). Gemäß § 1922 BGB tritt der Erbe bzw. die Erbengemeinschaft als solche in die Rechts- und Pflichtenstellung ein, die dem Verstorbenen als Gesellschafter zugestanden hätten.

Rechte des Erben nach § 139 HGB

Der Erbe, der unversehens durch einen Todesfall oHG-Gesellschafter geworden ist und dies nicht möchte (z.b. wegen Mitarbeit in der Gesellschaft und/oder Haftung nach § 128 HGB), kann entweder die Erbschaft ausschlagen (§§ 1942 ff. BGB) oder die Rechte aus §139 HGB geltend machen. Nach § 139 Abs. 1 HGB kann er von den übrigen Gesellschaftern verlangen, daß sie ihm unter Belassung des bisherigen Gewinnanteils die Stellung eines Kommanditisten einräumen und der auf ihn fallende Teil der Einlage des Erblassers als seine Kommanditeinlage anerkannt wird. Lehnen die Gesellschafter diesen Antrag ab, so kann der Erbe, ohne Einhaltung einer Kündigungsfrist, sein Ausscheiden aus der Gesellschaft erklären (§ 139 Abs. 2 HGB). Diese gem. § 139 Abs. 1 und 2 HGB gegebenen Rechte kann der Erbe nur innerhalb einer Frist von 3 Monaten seit Kenntnis des Erbanfalls geltend machen (§ 139 Abs. 3 HGB). Im Falle des Ausscheidens haftet der Erbe für die bis dahin entstandenen Verbindlichkeiten mit den erbrechtlichen Beschränkungsmöglichkeiten (§ 139 Abs. 4 HGB). Die beschränkbare Haftung des Erben gilt nach h.M. grundsätzlich für die in dem 3-Monats-Zeitraum entstandenen Verbindlichkeiten, unabhängig davon, ob der Erbe oHG-Gesellschafter bleibt, Kommanditist wird oder ausscheidet.

Die Regelung des § 139 HGB ist zwingend und kann daher nicht im Gesellschaftsvertrag abbedungen werden (§ 139 Abs. 5 HGB).

Vertragsklauseln

Für den Fall des Todes eines Gesellschafters werden häufig Vereinbarungen im Gesellschaftsvertrag getroffen. Folgende Klauseln kommen in Betracht:

- **einfache Fortsetzungsklausel:** Es wird vereinbart, daß die Gesellschaft beim Tode eines Gesellschafters von den übrigen Gesellschaftern fortgeführt wird (so jetzt auch § 131 Abs. 2 Nr. 1 HGB neu ab 01.07.1998). Der verstorbene Gesellschafter scheidet aus und der mit seinem Ausscheiden entstehende Abfindungs- oder Abschichtungsanspruch geht gemäß § 1922 BGB auf den (die) Erben über.
- **Eintrittsklausel:** Es wird vereinbart, daß die oHG beim Tode eines Gesellschafters unter den übrigen Gesellschaftern fortgesetzt werden solle (= einfache Fortsetzungsklausel), wobei eine bestimmte Person (der Erbe oder einer der Erben oder ein Dritter) das Recht hat, in die Gesellschaft einzutreten. Der Eintritt erfolgt durch Aufnahmevertrag, erfordert also Erklärungen der Beteiligten. Der Eintretende hat einen Anspruch aus §§ 328 Abs. 1, 331 Abs. 1 BGB auf Abschluß des

Vertrages. Sinnvoll ist eine solche Eintrittsklausel nur, wenn sie mit dem Ausschluß des Abfindungsanspruchs des (der) Erben gekoppelt wird.
- **Nachfolgeklausel:** Bei der einfachen Fortsetzungsklausel und bei der Eintrittsklausel wird die Gesellschafterstellung nicht vererbt. Anders bei der (erbrechtlichen) Nachfolgeklausel: Hier rückt der Benannte gemäß § 1922 BGB in die Gesellschafterstellung des Erblassers ein. Der Erbe, der auf diese Weise persönlich haftender Gesellschafter wird, kann aber nach § 139 HGB seinen Verbleib in der Gesellschaft davon abhängig machen, daß ihm die Stellung eines Kommanditisten eingeräumt wird.

Wer Erbe ist, bestimmt sich nach Erbrecht. Folgende Möglichkeiten sind zu unterscheiden:
- Ist nur ein Erbe vorhanden, rückt dieser mit dem Tod des Erblassers automatisch in dessen Gesellschafterstellung ein.
- Sollen mehrere Erben Nachfolger werden, erwirbt jeder Miterbe durch Sondererbfolge einen seiner Erbquote entsprechenden Anteil an der Gesellschafterstellung des Verstorbenen. Die Erbengemeinschaft als solche kann nicht Gesellschafter sein, weil insbesondere die für sie geltende beschränkte Haftung mit § 128 HGB nicht vereinbar ist (BGH NJW 1983, S. 2376).
- Soll nur einer oder sollen nur einzelne von mehreren Erben Nachfolger werden, liegt eine sog. **qualifizierte Nachfolgeklausel** vor. Hier rücken die Benannten in die Gesellschafterstellung des Verstorbenen ein und erwerben dessen Gesellschaftsanteil. Mehrere Gesellschaftererben erhalten den Anteil entsprechend dem in der Nachfolgeklausel angegebenen Verhältnis. Die Höhe der Erbquote spielt in diesem Zusammenhang keine Rolle. (beachte: Bedeutung hat die Erbquote dagegen für die Ausgleichspflicht der ausgeschlossenen Erben zu Lasten der Gesellschafternachfolger!).

Bei allen Nachfolgeklauseln ist folgendes zu beachten: Der Gesellschaftsvertrag kann nur die Nachfolgemöglichkeit regeln. Zur Verwirklichung der Nachfolge muß die Erbenstellung des Nachfolgers bzw. der Nachfolger geschaffen werden. Mit anderen Worten: gesellschaftsrechtliche und erbrechtliche Lage müssen einander entsprechen.

Exkurs:

Ist im Gesellschaftsvertrag bereits eine bestimmte Person – unabhängig von ihrer Erbenstellung – als Nachfolger vorgesehen, so handelt es sich um eine rechtsgeschäftliche Nachfolgeklausel. Eine solche ist nur zugunsten eines Gesellschafters wirksam. Es handelt sich dann um eine aufschiebend auf den Tod bedingte Anteilsübertragung unter Lebenden. Zugunsten eines Dritten ist die **rechtsgeschäftliche Nachfolgeklausel** unwirksam. Da die Gesellschafterstellung nicht nur Rechte, sondern auch Pflichten beinhaltet, würde eine solche Regelung sich als unzulässiger Vertrag zu Lasten Dritter darstellen. Außerdem ist eine Verfügung zugunsten eines Dritten nicht mit dem Wortlaut des § 328 BGB zu vereinbaren.

Die rechtsgeschäftliche Nachfolgeklausel bewirkt, daß der **Anteil nicht in** den **Nachlaß** fällt. Selbst bei einer unentgeltlichen Zuwendung des Anteils an den Nachfolger liegt kein Fall des § 2301 BGB vor, da die Schenkung durch die aufschiebend bedingte Abtretung des Gesellschaftsanteils vollzogen ist (§ 2301 Abs. 2 BGB). Den Erben steht auch kein Abfindungsanspruch gemäß § 738 Abs. 1 Satz 2 BGB zu, da der Anteil des verstorbenen Gesellschafters unmittelbar auf den rechtsgeschäftlichen Nachfolger übergeht. Die unentgeltliche Übertragung des Gesellschaftsanteils kann jedoch Pflichtteilsergänzungsanprüche gemäß § 2325 Abs. 1 BGB auslösen. Vorteile gegenüber der erbrechtlichen Nachfolgeklausel bietet die rechtsgeschäftliche Anteilsübertragung insoweit, als der Nachfolger nicht zum Kreis der Erben gehören muß. Gegenüber der Eintrittsklausel genießt die rechtsgeschäftliche Nachfolgeklausel den Vorteil des Ausschlusses von Abfindungsansprüchen der weichenden Erben. Auch besteht keine Unsicherheit, ob der eintrittsberechtigte Nachfolger wirklich von seinem Eintrittsrecht Gebrauch macht. Insbesondere die Notwendigkeit einer frühzeitigen Festlegung der Person des Nachfolgers führt jedoch dazu, daß rechtsgeschäftliche Nachfolgeklauseln in der Praxis selten sind. Nach der Rechtsprechung (BayObLG DB 1980, S. 2028) spricht im Zweifel eine Vermutung dafür, daß die Gesellschafter eine erbrechtliche Nachfolgeklausel vereinbaren wollten.

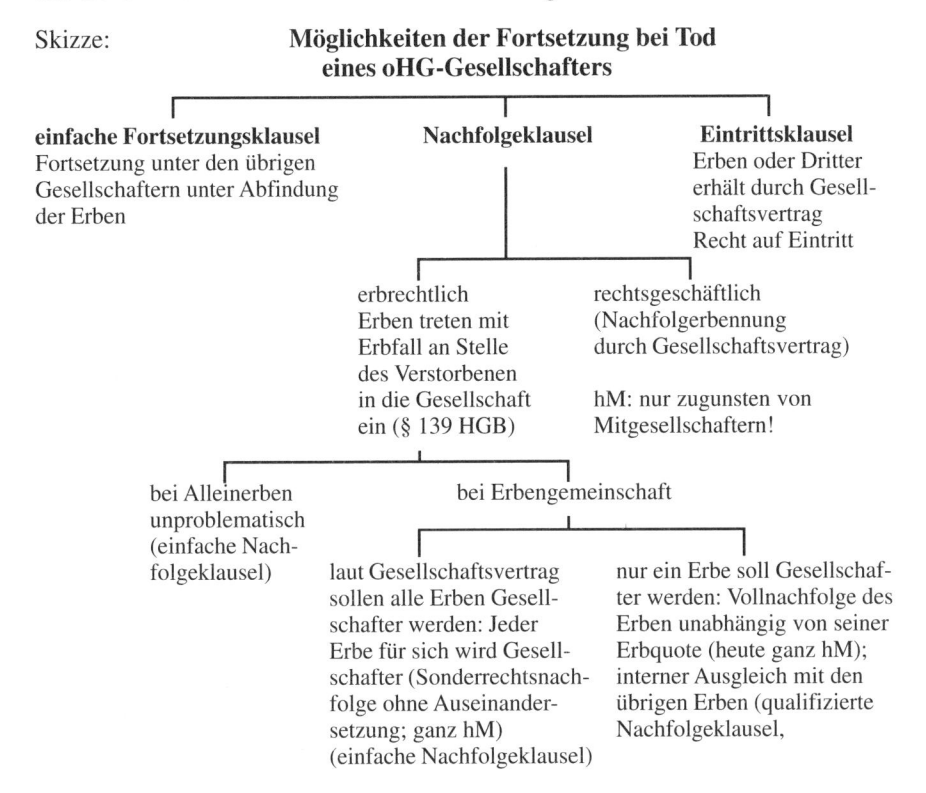

Skizze: **Möglichkeiten der Fortsetzung bei Tod eines oHG-Gesellschafters**

```
                    Möglichkeiten der Fortsetzung bei Tod
                          eines oHG-Gesellschafters
        ┌──────────────────────────┬──────────────────────────┐
einfache Fortsetzungsklausel    Nachfolgeklausel          Eintrittsklausel
Fortsetzung unter den übrigen                             Erben oder Dritter
Gesellschaftern unter Abfindung                           erhält durch Gesell-
der Erben                                                 schaftsvertrag
                                                          Recht auf Eintritt
                                  ┌───────────────┬───────────────┐
                              erbrechtlich          rechtsgeschäftlich
                              Erben treten mit      (Nachfolgerbennung
                              Erbfall an Stelle     durch Gesellschaftsvertrag)
                              des Verstorbenen
                              in die Gesellschaft   hM: nur zugunsten von
                              ein (§ 139 HGB)       Mitgesellschaftern!
             ┌────────────────┴───────────────┐
     bei Alleinerben                  bei Erbengemeinschaft
     unproblematisch
     (einfache Nach-        ┌─────────────────┬─────────────────┐
     folgeklausel)     laut Gesellschaftsvertrag    nur ein Erbe soll Gesellschaf-
                       sollen alle Erben Gesell-    ter werden: Vollnachfolge des
                       schafter werden: Jeder       Erben unabhängig von seiner
                       Erbe für sich wird Gesell-   Erbquote (heute ganz hM);
                       schafter (Sonderrechtsnach-  interner Ausgleich mit den
                       folge ohne Auseinander-      übrigen Erben (qualifizierte
                       setzung; ganz hM)            Nachfolgeklausel,
                       (einfache Nachfolgeklausel)
```

2.6.2 Steuerliche Behandlung der einzelnen Vertragsklauseln
Fortsetzungsklausel
Est:
Der Alleinerbe wird nicht Mitunternehmer. Der Erblasser persönlich scheidet aus der Gesellschaft aus und erzielt einen Veräußerungsgewinn oder Veräußerungsverlust. Zinsen für die Fremdfinanzierung der Abfindung sind Betriebsausgaben.

ErbSt:
Es werden zwei Erwerbe bewirkt:

- den Erwerb des Gesellschaftsanteils durch den / die verbleibenden Gesellschafter (§ 3 Abs. 1 Nr. 2 ErbStG); § 13a ErbStG gilt.
- der Erwerb der Abfindung durch die Erben.

Der nominelle Wert des Abfindungsanspruchs wird als private Forderung besteuert. Soweit dieser die persönlichen Freibeträge des § 16 ErbStG übersteigt, unterliegt er der Erbschaftsteuer. § 13a ErbStG gilt nicht.

Einfache Nachfolgeklausel

Est:

Alleinerbe tritt in die „Fußstapfen des Erblassers" (Buchwertfortführung). Erben werden Mitunternehmer und erzielen eigene Einkünfte. Ausgleichszahlungen an weichende Erben führen zu Anschaffungskosten bzw. Veräußerungsgewinn.

ErbSt:

Erwerb von Todes wegen gemäß § 3 Abs. 1 Nr. 1 ErbStG gegeben. Die Bewertung erfolgt nach § 12 Abs. 1 i.V.m. §§ 95, 97 Abs. 1a BewG. Freibetrag gemäß § 13a ErbStG wird nur einmal gewährt bzw. auf Erben quotenmäßig aufgeteilt.

qualifizierte Nachfolgeklausel

ESt:

Qualifizierte Erben werden Mitunternehmer. Abfindungen an nicht qualifizierte Erben führen nicht zu Anschaffungskosten (private Verpflichtung). Nicht qualifizierter Erbe wird nicht Mitunternehmer. Die erhaltene Abfindung führt zu keinem Veräußerungsgewinn.

Sonderbetriebsvermögen:

Anteilige Entnahme durch nicht qualifizierter Erben führt zu Entnahmegewinn, der dem Erblasser zuzurechnen ist (so Tz. 84, 85 BMF- Schreiben vom 11.01.1993; a. A. Gebel a.a.O. Seite 229 f; zu Ausweichstrategien L. Schmidt, ESt, § 16, Rdn. 675).

ErbSt:

Rechtslage unklar. Mitunternehmeranteil einschließlich Sonderbetriebsvermögen fallen in den Nachlaß und sind quotal den Erben zuzurechnen (a.A. Schulze zur Wiesche, WP 1997, 320, 323). Der Freibetrag nach § 13a ErbStG ist entsprechend zu verteilen.

Eintrittsklausel

Est:

Konsequenzen noch nicht hinreichend geklärt (s.a. Gebel, Betriebsvermögen und Unternehmernachfolge, München 1997, Seite 235 f). Tz. 79 des BMF-Schreibens vom 11.01.1993 (BStBl. I 1993, 62) befaßt sich nur mit Eintrittsklauseln, die den Abschluß eines Aufnahmevertrages mit dem Eintrittsberechtigten vorsehen.

ErbSt:

Ist Eintrittsklausel auf Abschluß eines Aufnahmevertrages mit einem Neugesellschafter gerichtet, so gehört der in der Person des Erblassers entstandene Abfindungsanspruch zu dem – den Erben nach dem Verhältnis ihrer Erbquoten zuzurechnenden – Gesamtnachlaß.

2.7 Die oHG im Prozeß und in der Zwangsvollstreckung

Die oHG kann klagen und verklagt werden (§ 124 Abs. 1 HGB) und ist damit aktiv und passiv parteifähig. § 124 Abs. 1 HGB gilt nicht für Klagen der Gesellschafter untereinander (so z.b. Klagen gem. §§ 117, 127, 133, 140 HGB), sondern nur für Klagen, mit denen Ansprüche der oHG oder gegen sie als Einheit geltend gemacht werden. Allerdings ist es auch möglich, daß die oHG als Einheit mit ihren Gesellschaftern streitet (z.b. Ansprüche aus Gesellschaftsvertrag oder Gesellschafter als Drittgläubiger).

Aktivprozeß

Beim Aktivprozeß klagt nur die oHG. Für eine zusätzliche Klage des einzelnen Gesellschafters ist kein Raum, wohl aber kann der Gesellschafter als Nebenintervenient der Klage der oHG beitreten, wenn er nicht vertretungsberechtigt ist und/oder seinen Mitgesellschaftern nicht traut.

Aus diesem Grunde können beim Aktivprozeß die Gesellschafter keine Streitgenossen sein, so daß entsprechende Probleme entfallen.

Die Klage wird im Namen der oHG (Firma!) erhoben. Die einzelnen Gesellschafter müssen nicht aufgeführt werden. Ein Gesellschafterwechsel (Ein- bzw. Austritt) während der Prozeßdauer ist unbeachtlich. Entscheidend ist, daß die oHG als solche weiterhin besteht.

Passivprozeß

Bei Passivprozessen wird in der Praxis ein Gläubiger die oHG und die einzelnen (einen oder mehrere) Gesellschafter verklagen, was zulässig ist. Der Gläubiger kann bei erfolgreicher Klage dann in das Gesellschaftsvermögen und in das Privatvermögen der Gesellschafter vollstrecken (Urteil gegenüber der oHG berechtigt nur zur Vollstreckung in das Gesellschaftsvermögen, § 129 Abs. 4 HGB). oHG und Gesellschafter sind einfache, nicht notwendige Streitgenossen, da der einzelne Gesellschafter persönliche Verteidigungsmöglichkeiten haben kann (h.M; so BGHZ 54, 251 gegen RGZ 34, 361; 123, 151).

Beispiel

Gläubiger G hat die Meier und Schulze oHG und den Gesellschafter Meier verklagt und ein obsiegendes Urteil erlangt. Die oHG, vertreten durch den alleinvertretungsberechtigten Schulze, legt fristgemäß Berufung ein, während Meier dies unterläßt.
Ist das Urteil gegenüber Meier rechtskräftig geworden?
Rechtskraft gegenüber Meier ist nicht eingetreten, wenn die oHG und Meier notwendige Streitgenossen sind, da Meier dann durch die oHG vertreten wäre (§ 62 1. Fall ZPO). Bei notwendiger Streitgenossenschaft besteht der Zwang zu einheitlichen Entscheidungen. Stellt man auf den konkreten Prozeß ab, so ergibt sich folgendes: Ob einheitliche Entscheidungen ergehen, hängt jedoch vom Verhalten des Gesellschafters ab. Erhebt er keine persönlichen Einwendungen gem. § 129 Abs. 1 HGB, so notwendige Streitgenossen, weil einheitliche Entscheidungen gegenüber oHG und Gesellschafter ergehen. Werden dagegen persönliche Einwendungen erhoben, dann einfache Streitgenossenschaft, weil gegenüber oHG und Gesellschafter verschiedene Urteile ergehen. Der Bundesgerichtshof (BGH 54, 251) hat sich dieser konkreten Betrachtungsweise nicht angeschlossen, weil

es dem Zufall überlassen bleibt, ob ein Gesellschafter im Prozeß persönliche Einwendungen erhebt. Vor Prozeßbeginn muß jedoch schon die Art der Streitgenossenschaft feststehen und der Bundesgerichtshof nimmt daher aus Gründen der Rechtssicherheit und Klarheit nur einfache Streitgenossen an. Da Meier nach h.M. nur einfacher Streitgenosse ist, wirkt die Einlegung der Berufung nicht für ihn. Vielmehr stehen bei einfacher Streitgenossenschaft die Prozeßverhandlungen der oHG und ihrer Gesellschafter selbständig nebeneinander. Das Urteil gegenüber Meier ist daher rechtskräftig geworden.

Die Frage, ob der nicht vertretungsberechtigte Gesellschafter als Zeuge oder als Partei (§§ 445 ff. ZPO) im Prozeß der oHG zu vernehmen ist, ist prozessual umstritten. Nach Auffassung des Bundesgerichtshofs (BGHZ, 42, 230) sind die vertretungsberechtigten Gesellschafter als Partei (§ 445 ZPO) zu hören, die nicht vertretungsberechtigten Gesellschafter als Zeugen zu vernehmen (Ausnahme: nichtvertretungsberechtigte Gesellschafter sind Partei wenn sie mit oHG gemeinsam verklagt wurden, s. BGHZ 42, 230).

Der Übergang vom Gesellschaftsprozeß zum Gesellschafterprozeß ist gewillkürter Parteiwechsel (BGHZ 62, 131 = BGH NJW 1974, S. 750).

Vollstreckung

Zur Vollstreckung in das Gesellschaftsvermögen ist ein Titel gegen die oHG erforderlich (§ 124 Abs. 2 HGB; anders bei GbR, § 736 ZPO). Eine Titelumschreibung (§§ 727 ff. ZPO) auf die Gesellschafter ist nicht möglich, weil damit deren persönliche Einwendungen (§ 129 Abs. 1 HGB) abgeschnitten wären.

Zur Vollstreckung gegenüber dem Gesellschafter ist ein Titel gegen den Gesellschafter notwendig (§ 129 Abs. 4 HGB). Aufgrund dieses Titels kann in das Privatvermögen des Gesellschafters vollstreckt werden. Umstritten ist, ob auch in den Anteil am Gesellschaftsvermögen wegen Gesellschaftsverbindlichkeiten vollstreckt werden kann (bejahend Clasen NJW 1965, S. 2141). Dies ist zu verneinen, weil dem Gesellschaftsgläubiger ohnehin das Gesellschaftsvermögen haftet.

Der Privatgläubiger eines Gesellschafters darf mangels Titels gegen die oHG nicht in das Gesellschaftsvermögen vollstrecken. Er kann aber in das Privatvermögen und damit auch den Anteil am Gesellschaftsvermögen pfänden. Es gilt insoweit das gleiche wie bei der GbR mit der Besonderheit, daß § 135 HGB gegenüber § 725 Abs. 1 BGB erschwerte Kündigungsvoraussetzungen hat (erfolgloser Vollstreckungsversuch in das bewegliche Vermögen innerhalb der letzten sechs Monate, Kündigungsfrist von sechs Monaten). Es ist nicht notwendig, daß im Zeitpunkt der Pfändung und Überweisung des Anteils am Gesellschaftsvermögen der Titel schon rechtskräftig ist und die Zwangsvollstreckung in das bewegliche Vermögen des Gesellschafters ohne Erfolg versucht wurde. „Es kommt nur darauf an, daß der Pfändungs- und Überweisungsbeschluß im Kündigungszeitpunkt auf einem rechtskräftigen Schuldtitel beruht und nicht früher als sechs Monate, bevor das der Fall ist, erfolglos die Zwangsvollstreckung ins bewegliche Vermögen des Gesellschafters versucht worden ist" (BGH DB 1982, S. 1867). Auf eine bestimmte Reihenfolge der Kündigung vorausgehenden Vollstreckungsmaßnahmen kommt es nicht an (BGH a.a.O.).

Teil II: Personengesellschaften

Merke
§ 135 HGB gilt nur für den Privatgläubiger!

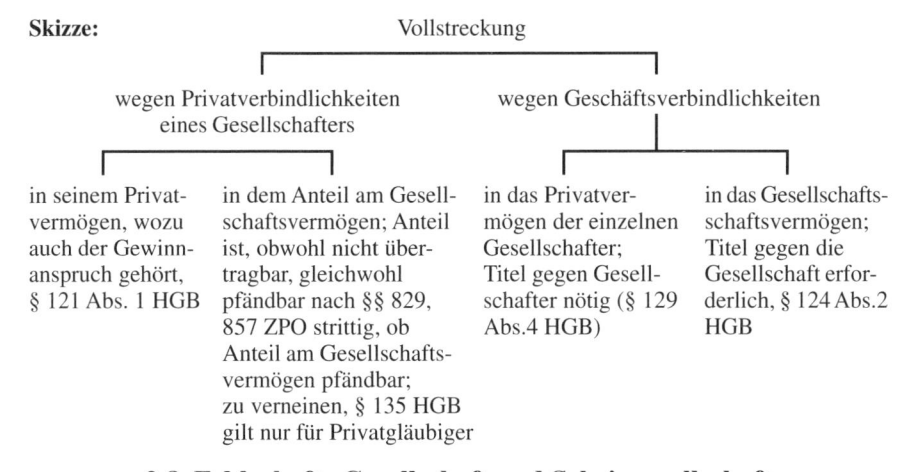

Skizze:

Vollstreckung			
wegen Privatverbindlichkeiten eines Gesellschafters		wegen Geschäftsverbindlichkeiten	
in seinem Privatvermögen, wozu auch der Gewinnanspruch gehört, § 121 Abs. 1 HGB	in dem Anteil am Gesellschaftsvermögen; Anteil ist, obwohl nicht übertragbar, gleichwohl pfändbar nach §§ 829, 857 ZPO strittig, ob Anteil am Gesellschaftsvermögen pfändbar; zu verneinen, § 135 HGB gilt nur für Privatgläubiger	in das Privatvermögen der einzelnen Gesellschafter; Titel gegen Gesellschafter nötig (§ 129 Abs.4 HGB)	in das Gesellschaftsvermögen; Titel gegen die Gesellschaft erforderlich, § 124 Abs.2 HGB

2.8 Fehlerhafte Gesellschaft und Scheingesellschaft

Literatur: Goette, Fehlerhafte Personengesellschaftsverhältnisse in der jüngeren Rechtsprechung des Bundesgerichtshofs, DStR 1996, S. 266
Pörnig, Die Lehre von der fehlerhaften Gesellschaft – ein Personen- und Kapitalgesellschaftsrechtverbindendes Konzept, Berlin 1999
Schmidt, K., Grenzen des Minderjährigenschutzes im Handels- und Gesellschaftsrechts, JuS 1990, S. 517

Anmerkung:
Die Ausführungen gelten auch für GbR, KG und stille Gesellschaft.

Der Gesellschaftsvertrag als mehrseitiges Rechtsgeschäft kann auf fehlerhafter Grundlage beruhen (z.b. fehlende notarielle Beurkundung gem. § 313 BGB, Anfechtung gem. §§ 119, 123 BGB). In der Praxis kommt häufig die Anfechtung wegen arglistiger Täuschung (§ 123 BGB) vor, die bei strikter Anwendung der BGB-Regeln die rückwirkende (ex-tunc) Nichtigkeit der Gesellschaft bedeuten würde. Nimmt man für ein in Vollzug gesetztes Gesellschaftsverhältnis eine sonstige ex-tunc Wirkung an, so müßte die Gesellschaft nach den dann anwendbaren Vorschriften (insbesondere ungerechtfertigte Bereicherung gem. §§ 812 ff. BGB) abgewickelt werden. Eine solche Abwicklung stößt auf praktische Schwierigkeiten und führt zu großen Unbilligkeiten. Dritte, die mit der Gesellschaft in den Rechtsverkehr getreten sind, genießen einen gewissen Vertrauensschutz. Bei einer rückwirkenden Nichtigkeit wäre ein Gläubigerschutz in zu großem Maße außer Acht gelassen. Eine solche Wirkung der Anfechtung (ex-tunc) im Bereich des Gesellschaftsrechts wird im Gründungsstadium (also beim reinen Innenverhältnis) für zulässig erachtet, wenn der Gesellschaftsvertrag noch nach keiner Richtung zur Ausführung gebracht ist.

Ursprüngliche Ansicht des Reichsgerichts
Lehre von der Erklärung an die Öffentlichkeit
Anderer Ansicht war dagegen das Reichsgericht (RGZ 51, 33; 89, 97, 142, 98), das eine Anfechtung mit ex-tunc-Wirkung auf Gesellschaftsverträge zuließ, aber

diese im Außenverhältnis für unbeachtlich hielt, wenn eine Erklärung an die Öffentlichkeit erfolgt war. In der Anmeldung zur Eintragung in das Handelsregister z.b. sah man eine Erklärung an die Öffentlichkeit, mit dem Inhalt, für (frühere) Verbindlichkeiten haften zu wollen. Diese Lehre ist abzulehnen, weil sie einer Handlung (z.b. Registereintragung) einen juristischen Inhalt gibt, den sie nicht hat.

Das Reichsgericht hat sich im Jahre 1940 von dieser Rechtsprechung distanziert und die Gesellschaft nach In-Vollzug-Setzung im Innen- und Außenverhältnis als wirksam angesehen (RGZ 165, 193). Der Bundesgerichtshof hat diese geänderte Rechtsprechung des Reichsgerichts dem Grunde nach fortgeführt und in Einzelheiten ergänzt (**grundlegend**: BGHZ 3, 285).

Lehre von der faktischen Gesellschaft

Während man heute allgemein von der fehlerhafter Gesellschaft spricht, war früher die Bezeichnung „faktische Gesellschaft" üblich (BGH sprach zunächst von faktischer und ab 1964 BGH LM Nr. 19 zu § 105 HGB, von fehlerhafter Gesellschaft). Nach der Lehre von der faktischen Gesellschaft (Haupt, Über faktische Vertragsverhältnisse, Festschrift für Siber, 1941) entsteht eine gültige Gesellschaft bereits durch faktische Betätigung der Gesellschafter nach außen und innen im Rahmen eines Gesellschaftszweckes. Die tatsächliche Verwirklichung ist „stark genug um die Anwendung der Vorschriften des Gesellschaftsrechts, sowohl im Innen- wie im Außenverhältnis zu begründen" (so Haupt a.a.O. S. 18). Danach sind die gesellschaftsrechtlichen Normen anzuwenden, jedenfalls bis zur Auflösung der Gesellschaft. Die Lehre von der faktischen Gesellschaft, die zunächst Zustimmung gefunden hat, ist jedoch abzulehnen. Sie geht von der „normativen Kraft der tatsächlichen Verhältnisse" aus und gibt dem Faktischen eine Kraft, die es nicht haben kann. Das bürgerliche Recht beruht auf dem Vertragsprinzip. Die Lehre von der faktischen Gesellschaft läßt aber Verbindlichkeiten ohne vertragliche Einigung entstehen. Damit bildet sie einen Fremdkörper im System des Privatrechts. Zudem ist sie auch wenig praktikabel. Sind sich die Beteiligten einig, kann man einen konkludent abgeschlossenen Gesellschaftsvertrag annehmen. Besteht jedoch eine Streitigkeit, hat es wenig Nutzen, eine faktische Gesellschaft anzunehmen, weil es mangels gültigen Gesellschaftsvertrags keine ausreichenden Regeln gibt, um die Streitigkeiten zu entscheiden. Da sich für diese weitgehende Auffassung zur Gesellschaft keine Grundlage findet, ist sie heute als überholt anzusehen.

Lehre von der fehlerhaften Gesellschaft

Die heute h.M. spricht von der **fehlerhaften Gesellschaft**. Damit klar ersichtlich ist, daß die Gesellschaft zwar fehlerhaft, aber dennoch wirksam ist, soll im folgenden auch die gebräuchliche Bezeichnung **„fehlerhaft-wirksame"** Gesellschaft benutzt werden. Die Lehre von der fehlerhaft-wirksamen Gesellschaft gründet sich auf der Erkenntnis, daß bei Nichtanerkennung einer Gesellschaft eine geordnete Abwicklung unmöglich wäre. Man behandelt die fehlerhaft-wirksame Gesellschaft bis zu ihrer Auflösung als tatsächlich und rechtlich bestehend. Ausgehend davon, daß die fehlerhaft-wirksame Gesellschaft **keine nichtige, sondern** nur eine mit Wirkung für die Zukunft **vernichtbare Gesellschaft** ist, kann man den Gesellschaftern einen gewissen Vertrauensschutz zubilligen (siehe auch BGHZ 13, 320; 55, 5) und auch den Gedanken des Bestandsschutzes verfolgen, indem man in einer Vielzahl von Fällen wirtschaftliche Werte nicht unnötig vernichtet. Dies würde sonst bei einer Nichtanerkennung einer Gesellschaft geschehen.

Teil II: Personengesellschaften

Rechtsprechung und Literatur haben dabei folgende Grundsätze aufgestellt:

Tatbestand einer fehlerhaft-wirksamen Gesellschaft
- **fehlerhafter Gesellschaftsvertrag:**
  Voraussetzung für eine fehlerhafte, aber dennoch wirksame Gesellschaft ist, daß ein fehlerhafter Gesellschaftsvertrag vorliegt. Es reicht dabei jeder nichtige oder anfechtbare Gesellschaftsvertrag aus.

Merke

Die Grundsätze der fehlerhaft-wirksamen Gesellschaften greifen nicht ein, wenn kein Gesellschaftsvertrag (möglich dann Rechtsscheingrundsätze) oder eine Scheingesellschaft (§ 117 BGB; BGHZ 11, 190) vorliegt.

- **In-Vollzug-Setzung der Gesellschaft:**
  Weiterhin muß die Gesellschaft in Vollzug gesetzt sein. Dies liegt unstreitig vor, wenn Rechtsbeziehungen zu Dritten aufgenommen werden. Fehlt es an solchen Außenbeziehungen, so ist bestritten, wann eine In-Vollzug-Setzung (im Innenverhältnis) gegeben ist. Nach BGHZ 13, 321 reicht die Bildung von Gesellschaftsvermögen aus (str.). Die bloße Eintragung ins Handelsregister reicht nicht aus.
- **Ausnahmetatbestände:**
  Die Grundsätze über die fehlerhaft-wirksame Gesellschaft greifen nicht ein, „wo die rechtliche Anerkennung des tatsächlich vorhandenen Zustandes mit gewichtigem Interesse der Allgemeinheit oder einzelner schutzwürdiger Personen in Widerspruch treten würde" (BGHZ 3, 285, 288).

Das ist z.B. der Fall, wenn der Gesellschaftsvertrag gesetz- oder sittenwidrig (§§ 134, 138 BGB; Verstoß gegen § 1 RBeratG, BGHZ 62, 234; Schulbeispiele: Prostitution, Hehlerei, Schmuggel) oder ein Minderjähriger an der Gesellschaft beteiligt ist.

Ein Minderjähriger darf nach h. M. nicht Mitglied einer fehlerhaft-wirksamen Gesellschaft sein (BGHZ 17, 160).

Merke daher:

Minderjährigenschutz geht den Grundsätzen der fehlerhaft-wirksamen Gesellschaft vor!

Beispiel

Bei einer **zweigliedrigen** Gesellschaft, an der ein Minderjähriger ohne Genehmigung des gesetzlichen Vertreters und/oder Vormundschaftsgerichts beteiligt ist, ist daher keine Gesellschaft entstanden. Der Minderjährige ist weder dem „Mitgesellschafter" noch den Gläubigern der „Gesellschaft" verpflichtet (Minderjährigenschutz!).
Bei einer **mehrgliedrigen** Gesellschaft gilt für den Minderjährigen das gleiche. Hinsichtlich der „Restgesellschaft" finden die Grundsätze über die fehlerhaftwirksame Gesellschaft Anwendung.

Greift ein Ausnahmetatbestand ein, so verbleibt es bei den allgemeinen Nichtigkeitsfolgen (Rechtsscheinhaftung im Außenverhältnis, ungerechtfertigte Bereicherung gem. §§ 812 ff. BGB im Innenverhältnis).

Beachte

Die Tatsache einer arglistigen Täuschung oder rechtswidrigen Drohung reicht nicht aus, um eine fehlerhaftwirksame Gesellschaft zu verneinen (BGHZ 26, 330; 63, 338). Auch die durch Täuschung oder Drohung entstandene Gesellschaft muß ordnungsgemäß abgewickelt werden.

Rechtsfolgen einer fehlerhaft-wirksamen Gesellschaft im Innenverhältnis

Zunächst besteht der Gesellschaftsvertrag mit seinen Rechten und Pflichten fort (Ausnahme: der gerügte Mangel des Vertrages). Die Fehlerhaftigkeit des Gesellschaftsvertrages ist jedoch ein „wichtiger Grund", der bei der oHG zur Auflösungsklage (§ 133 HGB analog) und der GbR zur Kündigung (§ 723 BGB) führt. Bei der oHG ist im Gegensatz zur GbR wegen der Rechtsklarheit, eine Auflösungsklage und damit eine gerichtliche Entscheidung notwendig. Nach Ergehen eines rechtskräftigen Auflösungsurteils erfolgt die Abwicklung gem. §§ 145 ff. HGB (für die GbR nach Kündigung: §§ 730 ff. BGB).

Außenverhältnis

Die Gesellschaft wird grundsätzlich wie im Innenverhältnis bis zu ihrer Auflösung und Beendigung als voll wirksam behandelt. Es gelten die §§ 123 ff. HGB (für KG: §§ 170 ff. HGB). Insbesondere greift die persönliche Haftung gem. § 128 HGB (Ausnahme: Minderjährige) ein (BGHZ 63, 338, 344). Auf die Gut- bzw. Böswilligkeit Dritter kommt es nicht an, weil Rechtsscheingrundsätze keine Anwendung finden.

Die fehlerhaft-wirksame Gesellschaft ist parteifähig, insolvenzfähig und grundbuchfähig.

Anwendungsbereich

Die Grundsätze der fehlerhaft-wirksamen Gesellschaft gelten nicht nur bei Neugründung, sondern sind auch entsprechend anwendbar bei

- **fehlerhaftem Beitritt** zu einer schon bestehenden Gesellschaft (BGHZ 26, 330; 44, 235; BGH BB 1977, 1249) oder in das Geschäft eines Einzelkaufmannes (BGH NJW 1972, 1486),
- **fehlerhaftem Ausscheiden** aus einer Gesellschaft (BGH BB 1975, 758),
- **nichtigen oder anfechtbaren Änderungen** des Gesellschaftsvertrages, sofern die Folgen der Änderung nur mit erheblichen Schwierigkeiten rückwirkend korrigiert werden können (BGH 762, 20, 26).

Scheingesellschaft

Die Scheingesellschaft ist, wie der Name schon sagt, keine wirklich existierende Gesellschaft, sondern es wird nur der Schein erweckt, daß eine solche existiert (z.B. durch Briefköpfe und Zeitungsanzeigen). Die Scheingesellschaft ist strikt von der fehlerhaft-wirksamen Gesellschaft zu unterscheiden. Während die fehlerhaft-wirksame Gesellschaft im Innen- und Außenverhältnis grundsätzlich voll wirksam ist, besteht bei der Scheingesellschaft nur der Schein. Die Scheingesellschaft kann also z.B. weder klagen noch verklagt werden. Dritte, die mit einer solchen Gesellschaft in Rechtsverkehr getreten sind, bedürfen aber des Schutzes. Dieser Schutz wird aufgrund der von der **Lehre von der Rechtsscheinhaftung** entwickelten Grundsätze unter folgenden Voraussetzungen gewährt:

Tatbestandsvoraussetzungen

a) Veranlassung eines Rechtsscheins,
b) Zurechenbarkeit des Rechtsscheins,
c) Schutzbedürftigkeit des auf den Rechtsschein wirksamen Dritten,
d) Kausalität des Rechtsscheins für ein geschäftliches Verhalten des Dritten,

zu a) z. B. durch Auftreten als oHG, obwohl kein Gesellschaftsvertrag vorliegt, als Auftreten persönlich haftender Gesellschafter trotz nicht vorhandener oHG.

zu b) Der Rechtsschein wird dem zugerechnet, der ihn durch sein Tun oder pflichtwidriges Unterlassen gesetzt hat (Verschulden nicht erforderlich). Keine Zurechnung bei Minderjährigen (Minderjährigenschutz geht Rechtsscheingrundsätzen vor!) und Personen, in deren Namen gehandelt wurde, ohne daß deren Zustimmung (bzw. Duldung) vorlag.

zu c) Schutzbedürftig ist nur der Gutgläubige. Positive Kenntnis oder fahrlässige Unkenntnis (str., z.T. wird grobe Fahrlässigkeit verlangt) der wahren Umstände schaden.

zu d) Der Rechtsschein muß kausal für das Verhalten des Dritten sein. Die Anforderungen für die Kausalität und der vom Dritten zu führende Beweis dürfen nicht überspannt werden (BGHZ 22, 234, 238).

Rechtsfolge

Sind diese Voraussetzungen gegeben, so müssen sich die Scheingesellschafter gegenüber den gutgläubigen Dritten so behandeln lassen, als wären sie Gesellschafter mit der Folge, daß sie für die Verbindlichkeiten der Scheingesellschaft gem. § 128 HGB haften (BGHZ 17, 13). Ein Anspruch gegen die Scheingesellschaft selbst ist wegen deren mangelnder Existenz nicht gegeben.

Für den Fall, daß eine Gesellschaft im Handelsregister eingetragen ist, obwohl kein Gesellschaftsvertrag besteht, der Gesellschaftsvertrag nur zum Schein abgeschlossen wurde oder der Gesellschaftszweck gesetz- bzw. sittenwidrig ist, greifen andere Regeln ein, die als Spezialbestimmungen den Grundsätzen zur Scheingesellschaft vorgehen.

Eine solche spezielle Regelung ist § 15 Abs. 3 HGB, der den Schutz des Dritten bei unrichtiger Bekanntmachung gewährleisten soll (sog. **positive Publizität**). Diese Vorschrift ist seit 1.9.1969 in Kraft.

Vorher hatten sich zwei Gewohnheitssätze, die § 15 HGB a.F. ergänzten, herausgebildet:

1. Wer eine ihn betreffende unrichtige Eintragung und/oder eine unrichtige Bekanntmachung, wenn auch ohne Verschulden, veranlaßt (z.B. durch unrichtige Anmeldung) hat, muß sich von einem ohne Fahrlässigkeit auf die Richtigkeit der Eintragung vertrauenden Dritten so behandeln lassen, als ob die Eintragung und/oder Bekanntmachung richtig wäre.
2. Wer eine ihn betreffende unrichtige Eintragung und/oder Bekanntmachung die er nicht veranlaßt hat, schuldhaft nicht beseitigen läßt, kann sich gegenüber einem gutgläubigen Dritten nicht auf die Unrichtigkeit der Eintragung und/oder Bekanntmachung berufen.

Die Vorschrift des § 15 Abs. 3 HGB regelt die falsche Bekanntmachung, während die Gewohnheitsrechtssätze auch an die Eintragung anknüpfen.

Soweit der Anwendungsbereich des § 15 Abs. 3 HGB reicht, geht diese Vorschrift den Gewohnheitsrechtssätzen vor. Bezieht sich der gute Glaube ausschließlich von der unrichtigen Eintragung, so finden weiterhin die Gewohnheitsrechtssätze Anwendung. Erst wenn auch diese nicht eingreifen, sind die Grundsätze zur Scheingesellschaft anwendbar.

Es ergibt sich bei Eintragung im Handelsregister somit folgende Prüfungsreihenfolge:
- § 15 Abs. 3 HGB gegeben?
- Falls nein, greifen die Gewohnheitsrechtssätze ein?
- Falls nein, sind die Grundsätze zur Scheingesellschaft zu prüfen.

2.9 Steuerrechtliche Behandlung der oHG

Die steuerrechtliche Behandlung der oHG entspricht der GbR. Die oHG als solche ist nicht einkommensteuerpflichtig, vielmehr beziehen die Gesellschafter bei gewerblicher Betätigung der oHG Einkünfte aus Gewerbebetrieb gem. § 15 Abs. 1 Nr. 2 EStG, die einheitlich und gesondert festgestellt werden (§§ 179, 180 AO).

Die (gewerbliche) oHG ist gewerbesteuerpflichtig. Weiterhin ist die oHG als solche Unternehmerin i.S.d. Umsatzsteuergesetzes und damit umsatzsteuerpflichtig.

3. Kapitel: Die Kommanditgesellschaft

3.1 Begriff und Bedeutung

Definition

Nach § 161 Abs. 1 HGB ist eine Kommanditgesellschaft (KG) eine Gesellschaft, deren Zweck auf den Betrieb eines Handelsgewerbes unter gemeinschaftlicher Firma gerichtet ist, und wenn bei einem oder bei einigen von den Gesellschaftern die Haftung gegenüber den Gesellschaftsgläubigern auf den Betrag einer bestimmten Vermögenseinlage beschränkt ist (Kommanditisten), während bei dem anderen Teil der Gesellschafter eine Beschränkung der Haftung nicht stattfindet (persönlich haftende Gesellschafter).

Unterschied KG zur oHG

Die KG unterscheidet sich von der oHG dadurch, daß sie Gesellschafter hat die nur beschränkt haften. Die KG besteht daher mindestens aus zwei Personen, dem Komplementär (= persönlich haftender Gesellschafter) und dem Kommanditisten (= beschränkt haftender Gesellschafter). Wie bei der oHG gibt es keine Einpersonen-KG.

Im Gegensatz zur oHG hat die KG eine größere praktische Bedeutung. Während im Wirtschaftsleben die unbeschränkt persönliche Haftung vermieden wird, kommt die Rechtsfigur des Kommanditisten den praktischen Bedürfnissen näher. Der Kommanditist tritt zwar im Gegensatz zum stillen Gesellschafter nach außen in Erscheinung, er haftet aber nur nach Leistung seiner Einlage beschränkt und ist deshalb im wesentlichen kapitalistisch beteiligt, zumal er grundsätzlich von der Geschäftsführung und Vertretung ausgeschlossen ist. Diese grundsätzliche Rechtsstellung macht es Personen leichter, sich an einer Gesellschaft zu beteiligen, da sie nur ein finanziell begrenztes Risiko eingehen.

Teil II: Personengesellschaften 85

Familiengesellschaften werden häufig in der Rechtsform der KG geführt. Familienmitglieder erhalten den Status eines Kommanditisten, um z.b. bei späterer Bewährung Komplementär bzw. Geschäftsführer der Komplementär-GmbH zu werden, während andere Familienmitglieder immer nur Kommanditisten bleiben und auch bleiben wollen, weil sie beruflich und privat anderen Interessen nachgehen. Häufig findet sich die KG in Form der GmbH und Co. KG, d.h. der Komplementär ist eine juristische Person (= GmbH). In diese Ausgestaltung erfährt die KG ihre rechtstatsächliche größte Bedeutung (z.b. Verlustzuweisungs- bzw. Publikumsgesellschaften, Familiengesellschaften).

Die KG ist in den §§ 161-177a HGB geregelt. Da die KG **eine Abart der oHG** ist, gilt ergänzend oHG- und GbR-Recht (§-**Kette**: § 161 Abs. 2 HGB i.V.m. §§ 105 ff. HGB; §105 Abs. 3 HGB i.V.m. §§ 705 ff. BGB).

Für die KG gilt daher das zur oHG Ausgeführte, auf das, um Wiederholungen zu vermeiden, verwiesen wird.

3.2 Entstehung der KG

Die KG entsteht im Regelfall wie die oHG. Im Gegensatz zur oHG muß im Gesellschaftsvertrag (i.d.R. Schriftform) bei mindestens einem Gesellschafter die Haftung auf einen Geldbetrag (Hafteinlage) beschränkt sein. Eine KG kann auch dadurch entstehen, daß bei einer oHG ein Gesellschafter seine unbeschränkte Haftung aufgibt und Kommanditist wird. Der Kommanditist kann aber nicht gleichzeitig Komplementär sein, auch nicht durch späteren Eintritt als weiterer Komplementär (OLG Hamm NJW 1982, S. 835).

Im Handelsregister wird der Name des Kommanditisten und seine Hafteinlage eingetragen (§ 162 Abs. 1 HGB). Bekannt gemacht wird jedoch nur die Zahl der Kommanditisten aber nicht Name und Betrag der Hafteinlage (§ 162 Abs. 2 HGB).

Ein Kommanditanteil kann auch Gegenstand einer Schenkung sein, BGHZ 112, 40 ff.

3.3 Rechtsverhältnisse der Gesellschafter untereinander (Innenverhältnis)

Für die Rechtsbeziehungen der Gesellschafter untereinander gilt zunächst der Gesellschaftsvertrag. Erst wenn dieser keine Regelung enthält, greifen subsidiär die §§ 164-169 HGB ein (§ 163 HGB).

Es gilt folgende Prüfungsreihenfolge:
1. Vertrag
2. §§ 164-169 HGB
3. § 161 Abs. 2 HGB i.V.m. §§ 105 ff HGB
4. § 105 Abs. 3 HGB i.V.m. §§ 705 ff HGB

Aus dieser Reihenfolge ergibt sich, daß über die „Scharnierparagraphen" §§ 161 Abs. 2 HGB und 105 Abs. 3 HGB oHG- bzw. GbR-Recht für die Kommanditgesellschaft Anwendung findet.

Geschäftsführung

Nur der Komplementär ist zur Geschäftsführung befugt, dem Kommanditisten steht keine Geschäftsführungsbefugnis zu (§ 164 1. Hs. HGB). Der Kommanditist hat kein Widerspruchsrecht bei gewöhnlichen Geschäften. Bei **ungewöhnlichen Geschäften** hat der Kommanditist nicht nur ein Widerspruchsrecht, sondern darüber hinausgehend ist seine **Zustimmung** entsprechend § 116 Abs. 2 HGB für nicht geschäftsführende oHG-Gesellschafter erforderlich (RGZ 158, 302, 305). Gesellschaftsvertraglich kann dem Kommanditisten die Geschäftsführung übertragen werden. Darin liegt kein Verstoß gegen den Grundsatz der Selbstorganschaft.

Wettbewerbsverbot

Während der Komplementär dem Wettbewerbsverbot der §§ 112, 113 HGB unterliegt, besteht für den Kommanditisten kein Wettbewerbsverbot (§ 165 HGB). Allerdings gilt für den Kommanditisten die allgemeine gesellschaftsvertragliche Treuepflicht, die allgemein ein der Gesellschaft schädigendes Verhalten verbietet.

Kontrollrecht

Literatur: Hahn, Das Kontrollrecht des Kommanditisten, BB 1997, S. 741
Weipert, Gesellschafterinformationsrechte in der Kommanditgesellschaft, DStR 1992, S. 1097

Der Kommanditist hat einen Anspruch auf Einsicht und Prüfung der jährlichen Bilanz (§ 166 Abs. 1 HGB). Sein in § 166 HGB geregeltes Kontrollrecht ist aber ein geringeres als das eines von der Geschäftsführung ausgeschlossenen oHG-Gesellschafters (§ 166 Abs. 2 HGB). Bei Vorliegen eines wichtigen Grundes (z.B. Verdacht nicht ordnungsgemäßer Buchführung) besteht für den Kommanditisten ein außerordentliches Überwachungsrecht nach § 166 Abs. 3 HGB (grds. nicht vertraglich abdingbar bzw. einschränkbar, Schiedsgerichtsvereinbarung jedoch möglich, BayOLG DB 1978, S. 2405).

Das Kontrollrecht nach § 166 Abs. 1 und 2 HGB kann vertraglich erweitert oder beschränkt werden und gilt auch in der Liquidation, wenn der Kommanditist nicht Liquidator ist (a.A.: Koller/Roth/Morck, HGB, 2. Aufl. 1999, § 166 Anm. 7: Informationsrechte dürfen „nur eingeschränkt werden, wenn zu befürchten ist, daß der Kommanditist die Informationen zu gesellschaftsfremden Zwecken verwenden und dadurch der KG oder einem verbundenen Unternehmen einen nicht unerheblichen Schaden zufügen wird").

Gewinn- und Verlustverteilung

Mangels gesellschaftsvertraglicher Vereinbarung ergibt sich für die Gewinn- und Verlustverteilung nach der gesetzlichen Regelung (§§ 167, 168 HGB) folgendes:

Vom **Gewinn** erhält vorab jeder Gesellschafter (und damit auch der Kommanditist) 4% seines Kapitalanteils (§ 168 Abs. 1 HGB). Dem Kommanditisten kann der Gewinn jedoch nur bis zur Höhe seiner (Pflicht-)Einlage gutgeschrieben werden. Darüber hinausgehender Gewinn des Kommanditisten kann stehengelassen werden. Dies geschieht buchtechnisch durch Buchung auf einem weiteren Konto (bezeichnet z.B. als Kapitalkonto II, Darlehnskonto). Der nicht stehengelassene Gewinn ist sofort verfügbar und kann abgetreten, verpfändet und gepfändet werden.

Entnahmerecht

Der Kommanditist hat nach § 169 Abs. 1 S. 1 HGB **kein Entnahmerecht** in Höhe von 4% seines Kapitalanteils. Der Gesetzgeber geht bei dieser (dispositiven) gesetzlichen Regelung davon aus, daß die Teilnahme an der KG nicht die einzige Erwerbsquelle des Kommanditisten ist. Der Kommanditist hat grundsätzlich nur Anspruch auf den seinen die (Pflicht-)Einlage übersteigenden Gewinn. Hat sein Kapitalanteil den Betrag der (Pflicht-)Einlage infolge Verlusten noch nicht erreicht, muß er den Gewinn bis zur Höhe der Einlage stehenlassen und somit den Verlust ausgleichen (§ 169 Abs. 1 Satz 2, 2. Hs. HGB).

Bezogenen Gewinn braucht er aber wegen späterer Verluste nicht zurückzahlen (§ 169 Abs. 1 Satz 2, 2. Hs. HGB). Der Komplementär hat ein Entnahmerecht wie der oHG-Gesellschafter.

Negatives Kapitalkonto des Kommanditisten

Nach h.M. im Gesellschaftsrecht kann entgegen dem ausdrücklichen Wortlaut des § 167 Abs. 3 HGB der Kapitalanteil eines Kommanditisten passiv (negativ) werden. Da Buchungsort für den Kapitalanteil das Kapitalkonto ist, spricht man üblicherweise vom negativen Kapitalkonto des Kommanditisten. Häufig kommen negative Kapitalkonten bei der Beteiligung an Verlustzuweisungsgesellschaften vor.

Beispiel

Ein Kapitalanleger zeichnet eine KG-Beteiligung als Kommanditist in Höhe von 30.000,- DM. Die Verlustzuweisung soll 200 % betragen. Sein anteiliger Verlust beträgt 60.000,- DM.

Kapitalkonto am Anfang nach Leistung der Einlage	+ 30.000,- DM
abzüglich Verlustanteil	./. 60.000,- DM
negatives Kapitalkonto	./. 30.000,- DM.

Dem Kommanditisten können während Bestehens der Gesellschaft ebenso wie dem Komplementär unbeschränkt Verluste zugerechnet werden. Fallen in der Folgezeit Gewinne an, so muß der Kommanditist sie zum „Auffüllen" der Pflichteinlage und zum Ausgleichen des negativen Kapitalkontos verwenden (Gewinnentnahmesperre; § 169 Abs. 1 Satz 2, 2. Hs. HGB). Die Vorschrift des § 167 Abs. 3 HGB hat daher während des Bestehens der Gesellschaft keine Bedeutung. Bedeutsam wird sie erst bei der Liquidation der Gesellschaft (Liquidations-Schlußbilanz) oder beim Ausscheiden des Kommanditisten, wenn dieser ein negatives Kapitalkonto hat. Hat der Kommanditist in den beiden o.g. Fällen (Liquidation, Ausscheiden) einen passiven Kapitalanteil (negatives Kapitalkonto), der größer ist als seine (Pflicht-) Einlage, so ist er nicht zur Nachzahlung verpflichtet. § 167 Abs. 3 HGB schließt solche Nachzahlungsverpflichtungen des Kommanditisten aus. Der Kommanditist verliert also nicht mehr als seine geleistete Einlage. Nur darin wird nach h.M. (nur noch) die Bedeutung des § 167 Abs. 3 HGB gesehen.

Negatives Kapitalkonto und Steuerrecht

Steuerrechtlich wird das negative Kapitalkonto auch anerkannt. §15 a EStG geht vom negativen Kapitalkonto mit Wirkung eines Verlustvortrags aus. Vor Inkrafttreten des § 15 a EStG ist das negative Kapitalkonto des Kommanditisten durch die Rechtsprechung (BFH BStBl II 1981, S. 164) des Bundesfinanzhofs anerkannt worden. Der Gesetzgeber hat bei Einführung des § 15 a EStG nicht die Auflösung bestehender negativer Kapitalkonten angeordnet. Für die vor Inkrafttreten des § 15 a EStG gebildeten negativen Kapitalkonten bleibt die Problematik der Nachversteuerung erhalten (siehe hierzu: Nachversteuerung negativer Kapitalkonten, OFD Hannover vom 29.3.1982, FR 1982, S. 249).

Ist das Kapitalkonto negativ, und es wird nichts ausgezahlt, so fällt beim Kommanditisten (Mitunternehmer) ein steuerpflichtiger Gewinn in Höhe des negativen Kapitalkontos an. Grund: Es stellt sich nunmehr heraus, daß die in der Vergangenheit zugewiesenen Verluste, die sich bei ihm steuermindernd ausgewirkt haben, vom Kommanditisten nicht mehr zu tragen sind. Fällt das negative Kapitalkonto bei Aufgabe oder Veräußerung des Betriebes weg, so liegt ein tarifbegünstigter Veräußerungs- oder Aufgabegewinn (§§ 16, 34 EStG) vor (Zum Umfang des Kapitalkontos i.S. des § 15a Abs. 1 Satz 1 EStG siehe BMF-Schreiben vom 30.05.1997, BStBl. I 1997, S. 627).

3.4 Auftreten der KG nach außen (Außenverhältnis)

Firma

Gemäß § 19 Abs. 1 Nr. 3 HGB (i.d.F. ab 1.7.1998) hat die Firma der KG die Bezeichnung „Kommanditgesellschaft" oder eine allgemein verständliche Abkürzung dieser Bezeichnung (z.B. KG) zu enthalten. Der Name des Komplementärs muß nicht mehr enthalten sein (Zur Verwertung der Personalfirma im Insolvenzverfahren, s. Kern, BB 1999, S. 1717ff.).

Ist der Komplementär keine natürliche Person, so muß die Haftungsbeschränkung gekennzeichnet werden (§ 19 Abs. 2 HGB).

Kaufmannseigenschaft

Die KG ist Kaufmann (§ 6 Abs. 1 HGB), und auch der Komplementär, soweit er für die KG handelt, besitzt die Kaufmannseigenschaft. Nach h.M. (BGHZ 45, 282) ist der Kommanditist kein Kaufmann (str.). Der Streit hat z.B. praktische Bedeutung bei der Frage, ob eine Bürgschaft, ein Schuldversprechen bzw. Schuldanerkenntnis mündlich (§ 350 HGB) abgegeben werden kann.

Vertretung

Die KG wird von dem Komplementär vertreten. Ist nur ein Komplementär vorhanden, so kann diesem nicht die Vertretungsmacht entzogen werden (BGHZ 51, 198), denn die KG würde ohne Vertretung sein. Ein Ausweg aus dieser Situation ist, daß ein Komanditist die Stellung des Komplementärs übernimmt (oder ein fremder Dritter). Findet sich kein Komplementär, bleibt nur die Auflösungsklage (§§ 133, 161 Abs. 2 HGB). Der Kommanditist hat nach § 170 HGB keine Vertretungsmacht. Diese Bestimmung ist zwingend (BGHZ 51, 198). Er kann daher niemals organschaftlicher Vertreter sein, auch wenn der Gesellschaftsvertrag eine solche (organschaftliche bzw. gesellschaftsrechtliche) Vertretung vorsieht. (Folge: Nichtigkeit nach § 134 BGB wegen Verstoßes gegen § 170 HGB; jedoch Umdeutung in zulässige Bevollmächtigung möglich, § 140 BGB).

Der Kommanditist kann jedoch wie jeder fremde Dritte bevollmächtigt werden, wobei alle Arten der Bevollmächtigung in Betracht kommen können (Prokura, Handelsvollmacht, Vollmacht nur für bestimmte Handlungen etc.).

Dem Kommanditisten kann seine Vertretungsmacht durch Gesellschaftsvertrag oder wie bei einem fremden Dritten durch einen vertretungsberechtigten Gesellschafter (oder einem anderen zur Vertretung der KG Berechtigten) erteilt werden.

Eine Besonderheit gilt für die dem Kommanditisten durch Gesellschaftsvertrag erteilte Prokura. Sie kann zwar im Außenverhältnis jederzeit widerrufen werden (§ 52 Abs. 1 HGB), im Innenverhältnis entsprechend den §§ 117, 127 HGB jedoch nur bei Vorliegen eines wichtigen Grundes (BGHZ 17, 392).

Hat der Kommanditist die Vertretungsmacht im Gesellschaftsvertrag eingeräumt bekommen, so ist er „verfassungsmäßig berufener Vertreter" i.S. von § 31 BGB, und die KG haftet für unerlaubte Handlungen des Kommanditisten im Rahmen der Vertretungsmacht (Folge: keine Exkulpationsmöglichkeit nach § 831 BGB).

Eine (unechte) Gesamtvertretung zwischen dem einzigen Komplementär und Kommanditisten ist unzulässig, weil auch darin ein Verstoß gegen § 170 HGB liegen würde (str., a.A. Brox, Festschrift für H. Westermann 1974, S. 21).

3.5 Die Haftung des Kommanditisten

Literatur: Bärwaldt/Schabacker, Das Ausscheiden des Kommanditisten ohne Nachhaftung, NJW 1998, S. 1909

Neben dem zwingenden Ausschluß von der organschaftlichen Vertretung (§ 170 HGB) ist die beschränkte Haftung des Kommanditisten der zweite große Unterschied im Vergleich zur Rechtsstellung des oHG-Gesellschafters. Den gesetzlichen Bestimmungen (§§ 171, 172, 176 HGB) liegt folgender Regelungsmechanismus zugrunde:

- Der Kommanditist haftet den Gläubigern mit seiner Einlage unmittelbar (§ 171 Abs. 1, 1. Hs. HGB), persönlich, gesamtschuldnerisch und primär.
- Hat der Kommanditist seine Einlage geleistet, so ist seine Haftung ausgeschlossen (§ 171 Abs. 1, 2. Hs. HGB).
- Bei Vorliegen der Voraussetzung des § 176 Abs. 1 HGB (Geschäftsbeginn der Gesellschaft mit Zustimmung des Kommanditisten vor Eintragung ins Handelsregister) oder § 176 Abs. 2 HGB (Eintritt eines Kommanditisten in eine bestehende Gesellschaft) haftet der Kommanditist unbeschränkt.

Unterscheide: Pflicht- und Hafteinlage

Hinsichtlich der Einlage ist zwischen der Pflicht- und Hafteinlage zu unterscheiden. Die **Pflichteinlage** betrifft die Leistungspflicht im **Innenverhältnis** (§ 167 HGB und §169 HGB meinen die Pflichteinlage). Sie kann in beliebigen Werten (meist Geld, aber auch z.B. Forderungen, Sachen, Dienste) bestehen, deren Bewertung den Gesellschaftern freisteht. Demgegenüber begrenzt die **Hafteinlage** (auch Haftsumme genannt) den Umfang der Haftung im **Außenverhältnis** (§§ 161, 162, 171, 172, 174 und 175 HGB meinen die Hafteinlage.) Die Hafteinlage muß in einer bestimmten Geldsumme bestehen. Sie ist beim Handelsregister anzumelden (§ 162 Abs. 1 HGB), wird aber nicht bekanntgemacht (§ 162 Abs. 2 HGB).

In der Regel sind Pflicht- und Hafteinlage identisch, müssen es aber nicht sein. Besteht die Pflichteinlage in einem Sachwert, so kommt es im Außenverhältnis (also für die Hafteinlage) darauf an, welchen Wert objektiv die Sache hat. Die Bewertung durch die Gesellschafter ist unbeachtlich.

Beispiel
A beteiligt sich als Kommanditist mit einer Hafteinlage von 20000,- DM die er durch Einbringung von Büromöbeln und -maschinen tilgt. Die Gesellschafter bewerten diese Sachen mit 20000,- DM während der objektive Wert nur 15000,- DM beträgt. Folge: A haftet den Gesellschaftsgläubigern noch für 5000,- DM,

Der Kommanditist ist den Gläubigem beweispflichtig, daß er die Einlage erbracht hat. Die Einlage kann, wie schon oben erwähnt, erbracht werden durch Geld oder vermögenswerte Leistungen wie Forderungen, Sachen, Dienste, Patente. Sie kann aber auch durch Aufrechnung (Forderung des künftigen Kommanditisten gegen die KG), Befriedigung von Gesellschaftsgläubigern und Stehenlassen von Gewinnen (§ 167 Abs. 2 HGB) getilgt werden. Die Einlage gilt auch dann als erbracht, wenn die Gesellschaft den Pflichteinlageanspruch sicherungs- oder erfüllungshalber an einen ihrer Gläubiger abgetreten und der Kommanditist den Gläubiger befriedigt (BGHZ 63, 338) hat. Der Einlageanspruch erlischt aber auch dann, wenn der Gesellschaftsgläubiger dem Kommanditisten die Forderung abtritt oder erläßt (BGH DB 1984, S. 286).

Maßgebend für die Haftung den Gesellschaftsgläubigern gegenüber ist der in das Handelsregister eingetragene Betrag (§ 172 Abs. 1 HGB). Nachträgliche Erhöhungen und Verminderungen der Hafteinlage sind möglich. Sie müssen aber im Handelsregister eingetragen werden (§§ 172 Abs. 1, 174 HGB; bei Erhöhung genügt aber bloße Bekanntgabe in handelsüblicher Form).

Rückzahlung der Einlage
Die **Rückzahlung der Einlage** läßt die Haftung wieder aufleben (§ 172 Abs. 4 HGB). Auch bei Entnahmen des Kommanditisten kann die Haftung wieder aufleben. Dabei ist die Frage, ob im Zeitpunkt der Entnahme der Kapitalanteil des Kommanditisten durch Verluste unter den Betrag der geleisteten Haftsumme herabgesetzt war, aufgrund einer Erfolgsbilanz zu fortgeführten Buchwerten zu entscheiden, BGHZ 109, 334 ff.

Die interne Stundung bzw. der interne Erlaß der Einlage durch die anderen Gesellschafter ist den Gläubigern gegenüber unwirksam (§ 172 Abs. 3 HGB).

Bei **Insolvenz der KG** zieht der Konkursverwalter die rückständige Einlage des Kommanditisten ein (§ 171 Abs. 2 HGB). § 171 Abs. 2 HGB will ein Wettrennen der Gläubiger um die Verwertung der Haftung verhindern. Der lnsolvenzverwalter zieht die Einlage auch ein, wenn die Gemeinschuldnerin keine KG ist (BGHZ 112,31 ff).

Haftung nach § 176 Abs. 1 HGB
Der Kommanditist haftet unbeschränkt, wenn die Gesellschaft vor der Eintragung in das Handelsregister mit den Geschäften begonnen hat und der Kommanditist zustimmt (§ 176 Abs. 1 S. 1 HGB). War dem Gläubiger diese Kommanditisteneigenschaft bekannt, so entfällt die unbeschränkte Haftung (§ 176 Abs. 1 S. 1 a.E. HGB). Für diese Kenntnis ist der Kommanditist beweispflichtig. Die unbeschränkte Haftung nach § 176 Abs. 1 HGB greift auch nur dann ein, wenn es sich um ein Handelsgewerbe nach § 1 HGB handelt, denn dann ist nach §§ 123 Abs. 2, 161 Abs. 2 HGB eine KG nach außen hin durch Geschäftsaufnahme entstanden. In den Fällen der §§ 2, 3 und 105 Abs. 2 HGB entsteht die KG erst mit Eintragung in das Handelsregister, so daß eine unbeschränkte Haftung nach § 176 Abs. 1 S.1 HGB entfällt (§ 176 Abs. 1 S. 2 HGB). Vorher (vor Eintragung) liegt eine GbR vor, und die Haftung richtet sich grundsätzlich nach dem Recht der GbR. Der im Namen für eine noch nicht entstandene KG handelnde Gesellschafter kann nach § 179 BGB (Vertreter ohne

Vertretungsmacht) haften, da das Handeln für eine noch nicht entstandene Handelsgesellschaft dem „Handeln ohne Vertretungsmacht" gem. § 179 BGB gleichsteht (BGHZ 63, 45). Eine Haftung entfällt jedoch dann, wenn die KG in das Handelsregister eingetragen wird, denn mit Eintragung wird die KG Schuldnerin der gegen die GbR-Gesellschafter begründeten Ansprüche (BGHZ 69, 95, 101).

Eine Ausnahme von der unbeschränkten Haftung des § 176 Abs. 1 HGB besteht bei der Schein-KG. Nach Auffassung des Bundesgerichtshofs (BGHZ 61, 59, bestätigt durch BGHZ 69, 95 BGH WM 1978, S. 1151) kann die Rechtsscheinhaftung nicht weitergehen als die Haftung ginge, wenn der Schein der Wirklichkeit entspräche. D.h., der Kommanditist haftet nicht unbeschränkt, sondern nur mit seiner Einlage. Der Gläubiger geht durch den verursachten Rechtsschein auch „nur" von einer beschränkten Haftung des Kommanditisten aus und braucht nicht besser gestellt zu werden (str.).

Haftung bei Eintritt

Der in eine bestehende KG eintretende Kommanditist haftet für die vorher begründeten Altschulden beschränkt mit seiner Einlage (§ 173 Abs. 1 HGB i.V.m. §§ 171, 172 HGB). Diese Haftung ist unabdingbar (§ 173 Abs. 2 HGB). Bestand vorher ein Einzelunternehmen, so kommt die Haftung nach § 28 HGB und nicht nach § 173 HGB in Betracht. Tritt der Kommanditist in eine bestehende KG ein, so haftet er entsprechend § 176 Abs. 1 S. 1 HGB für die in der Zeit zwischen Eintritt und Eintragung begründeten Schulden unbeschränkt (§ 176 HGB Abs. 2 HGB). Im Gegensatz zu § 176 Abs. 1 S. 1 HGB ist bei § 176 Abs. 2 HGB eine Zustimmung des Kommanditisten zur Geschäftsfortführung nicht erforderlich (BGHZ 82, 209, 211). Die Haftung des § 176 Abs. 2 HGB greift auch ein, wenn der Gesellschaftsgläubiger bei Geschäftsabschluß die Gesellschaftszugehörigkeit des Kommanditisten nicht gekannt hat (BGHZ 82, 209, 212).

Weiterhin haftet unbeschränkt nach § 176 Abs. 2 HGB der nicht im Handelsregister eingetragene Kommanditist, der seinen Anteil durch Abtretung erworben hat (BGH DB 1983, S. 1419). Die unbeschränkte Haftung nach § 176 Abs. 2 HGB knüpft an die bloße Tatsache seiner Zugehörigkeit zur Handelsgesellschaft an, ohne zu unterscheiden, auf welche Weise diese Mitgliedschaft durch Mitbegründung der Gesellschaft, späteren gesellschaftsvertraglichen Beitritt, Verfügungsgeschäft oder Erbfolge zustande gekommen ist (BGHZ 66, 98, 101; BGH DB 1983, S. 1419).

Haftungsumfang

Strittig ist, ob der Kommanditist nach § 176 HGB nur für rechtsgeschäftliche Verbindlichkeiten oder auch für sonstige Forderungen (z.B. aus ungerechtfertigter Bereicherung, aus unerlaubter Handlung) und auch öffentlich-rechtlichen Verbindlichkeiten (z.B. Steuerforderungen, Sozialversicherungsansprüche) haftet. Die Entscheidung wird sich danach richten, welche ratio legis man in § 176 HGB sieht. Nach Auffassung des Bundesgerichtshofs (BGHZ 82, 209) ist **Hauptzweck des § 176 HGB** „das Vertrauen zu schützen, das der Geschäftsverkehr typischerweise den hinter einer handelsrechtlichen Personengesellschaft stehenden Gesellschaftern entgegenbringt, auch wenn er sie nicht kennt". Daneben verfolgt § 176 HGB den Zweck, die beschränkte Haftung von Gesellschaftern einer Handelsgesellschaft generell von einer entsprechenden Publizität abhängig zu machen. Der Bundesgerichtshof sieht im Wege der teleologischen Reduktion eine **unbeschränkte** Haftung aus unerlaubter Handlung von § 176 HGB nicht mehr als gedeckt an. Er läßt den nicht eingetragenen Kommanditisten nur beschränkt nach Maßgabe der §§ 171, 172 HGB haften.

U.E. soll § 176 HGB (und damit auch § 176 Abs. 2 HGB) die schnelle Eintragung ins Handelsregister bewirken. Bei dieser strengen Auffassung haftet der Kommanditist nach § 176 Abs. 2 HGB auch unbeschränkt für die Ansprüche aus ungerechtfertigter Bereicherung, unerlaubter Handlung sowie für Steuerschulden (verneinend für Steuerschulden FG Berlin, EFG 1983, S. 396).

Ob § 176 HGB auf die GmbH und Co KG Anwendung findet, ist umstitten (s.a. Koller/Roth/Morck, HGB, 2. Aufl. 1999, § 176 Anm. 4). Mit K. Schmidt (Gesellschaftsrecht, 3. Aufl. 1997, S. 1618 f.) wird man davon ausgehen, dass bei korrekter Verwendung der GmbH und Co.-Firma eine Haftung nach § 176 HGB ausscheidet, weil der Gläubiger in seinem Vertrauen, dass eine natürliche Person unbeschränkt haftet, nicht geschützt wird.

Merke:
Die unbeschränkte Haftung nach § 176 Abs. 1 und 2 HGB erlischt nicht durch die Eintragung als Kommanditist im Handelsregister (anders bei § 11 Abs. 2 GmbH: dort erlischt die Handelndenhaftung mit Eintragung der GmbH ins Handelsregister).

Haftung bei Ausscheiden
Der Kommanditist haftet nach Ausscheiden aus der KG grundsätzlich nicht, wenn er seine Einlage geleistet hat. Er haftet jedoch gem. § 160 HGB 5 Jahre seit dem Ausscheiden aus der Gesellschaft, wenn er die Einlage noch nicht geleistet hat oder die Einlage zurückgezahlt wurde (z.B. Abfindungszahlung ist Einlagenrückgewähr mit der Folge, daß die persönliche Haftung wieder auflebt, § 176 Abs. 4 HGB).

Exkurs: Haftung bei Übernahme des Gesellschaftsvermögens
Ein Kommanditist, der dadurch zum Alleininhaber des Gesellschaftsvermögens wird, daß er die Beteiligung seines einzigen, persönlich haftenden Mitgesellschafters erbt, haftet für die bisherigen Gesellschaftsverbindlichkeiten nach § 27 HGB (BGHZ 113, 132 ff.).

Haftung bei Kommanditistenwechsel
Der Kommanditistenwechsel vollzieht sich durch unmittelbare Übertragung des Kommanditanteils im Wege der Sonderrechtsnachfolge vom alten auf den neuen Kommanditisten. Da dem Gesetz diese Übertragungsmöglichkeit nicht bekannt ist, wurde die Übertragung des Kommanditanteils von Rechtsprechung und Literatur verschieden beurteilt.

Die Entwicklung bis zum jetzigen Meinungsstand läßt sich wie folgt skizzieren:

Früher (RGZ 162, 264, 266, KG, JW 1934, 2699) sah man diesen Vorgang als Ausscheiden und Neueintritt an, wobei beim ausscheidenden Kommanditisten eine Rückzahlung der Einlage durch Umbuchung des Kapitalanteils auf den neu eintretenden Kommanditisten erblickt wurde. (Folge: Haftung des ausscheidenden Gesellschafters lebte wieder auf. Der eintretende Gesellschafter haftete nicht, weil ihm der umgebuchte Kapitalanteil angerechnet wurde.)

Eine andere Auffassung (Weipert, DR 1943, 270; Schlegelberger/Geßler, HGB 4. Aufl. 1965, § 175 Anm. 10) wollte bei fehlendem Rechtsnachfolgevermerk nur den neuen Kommanditisten kraft Rechtsscheins haften lassen.

Seit dem Reichsgerichts-Beschluß vom 30.9.1944 (RG DNotZ 1944, 195, 198) wurde die Möglichkeit der unmittelbaren Anteilsübertragung anerkannt (nunmehr h.M. siehe BGHZ 13, 179; 24, 106; 45, 221; 81, 82).

Hat der bisherige Kommanditist seine Einlage geleistet, so entfällt für den bisherigen und den neuen Kommanditisten die persönliche Haftung. Aus Gläubigersicht ist das Gesellschaftsvermögen als Haftungsmasse unverändert geblieben. Die Person des Kommanditisten ist danach bedeutungslos. Diese Auffassung entspricht seit dem o.g. Reichsgerichts-Beschluß der h.M., war aber abhängig davon, daß im Handelsregister ein Rechtsnachfolgevermerk eingetragen war. Beim Fehlen eines Rechtsfolgevermerks sah man in diesem Vorgang (wie früher) einen Ein- bzw. Austritt eines Kommanditisten mit den oben dargestellten Haftungsfolgen. Das BGH-Urteil vom 29.6.1981 (BGHZ 81, 82 = NJW 1981, S. 2747) beurteilt die Haftungsfolgen bei fehlendem Rechtsnachfolgevermerk anders als die bis dahin h.m. Der Bundesgerichtshof läßt trotz fehlenden Nachfolgevermerks im Handelsregister nicht die Haftungsfolgen des Ein- bzw. Austritts eintreten. Der eintretende Kommanditist haftet nicht mehr unmittelbar, wenn der bisherige seine Einlage erbracht hat. Dies, so der Bundesgerichtshof entspricht den Haftungsregeln des Gesetzes (§§ 171, 172 HGB). Der neue Kommanditist kann sich auf die von seinem Vorgänger geleistete Vorlage berufen. Die Abtretung des Kommanditanteils steht aber einer Rückzahlung i.S. von § 172 Abs. 4 HGB gleich.

Ergebnis

Hat der bisherige Kommanditist seine Einlage erbracht, so ist zu unterscheiden, ob im Handelsregister ein Rechtsnachfolgevermerk eingetragen ist oder nicht. Bei eingetragenem Vermerk entfällt die unmittelbare Haftung für Alt- und Neukommanditisten. Bei fehlendem Vermerk kann sich der Neukommanditist den Gläubigern gegenüber auf die Abtretung berufen. Er haftet nicht. Der Altkommanditist haftet nach § 172 Abs. 4 HGB, da den Gläubigern die Tatsache der Rechtsnachfolge gem. § 15 Abs. 1 HGB nicht entgegengehalten werden kann.

Obwohl die Haftungsmasse unverändert geblieben ist, haftet der Altkommanditist für einen nicht existierenden Kommanditanteil. Aus diesem Grunde sollte der Rechtsnachfolgevermerk unverzüglich in das Handelsregister eingetragen werden.

Kommanditist als Herr der KG

Ist der Kommanditist aufgrund seines Einflusses der „Herr der KG" (da der Einfluß von der erheblichen bzw. allgemeinen Kapitalerbringung herrührt, spricht man von einer sog. kapitalistischen KG), so haftet er grundsätzlich weiterhin beschränkt ("Rektor-Fall", BGHZ 45, 204). Das Personengesellschaftsrecht geht zwar vom Grundsatz der Einheit von Herrschaft und Haftung aus. Bei diesem Grundsatz handelt es sich aber nicht um zwingendes Recht. Das Haftungsgefüge der KG ist gesetzlich vorgeschrieben. Danach haftet der Kommanditist beschränkt, auch wenn er wirtschaftlich als „Herr der KG" anzusehen ist. Eine Ausnahme ist nur bei Rechtsmißbrauch zu machen. Wann ein Rechtsmißbrauch vorliegt entscheidet sich aufgrund der gesamten Umstände des Einzelfalles (Rechtsmißbrauch im Rektor-Fall, BGHZ 45, 204, verneint).

3.6 Beendigung der KG

Tod des Kommanditisten

Die KG wird mangels abweichender Bestimmung beim Tod des Kommanditisten mit den Erben fortgesetzt (§ 177 HGB).

Tod des Komplementärs

Stirbt der einzige Komplementär und findet sich kein Nachfolger, sei es von den Kommanditisten oder ein fremder Dritter, so wird die KG aufgelöst (Anm.: Nach der Neufassung des § 131 HGB ist der Tod eines Gesellschafters kein Auflösungsgrund mehr; trotz dieser Regelung führt der Tod des einzigen Komplementärs zur Auflösung der KG, weil eine KG ohne Komplementär nicht denkbar ist). In der Praxis wird dann häufig eine GmbH gegründet, die als Komplementär fungiert.

Ausscheiden des einzigen Komplementärs

Scheidet der einzige Komplementär aus der KG aus, so führt auch dies zur Auflösung der Gesellschaft, weil eine KG ohne Komplementär nicht bestehen kann.

3.7 Steuerrechtliche Behandlung der KG

Die steuerliche Behandlung der KG (im gesetzlichen Normalfall) ist die gleiche wie bei der oHG. Es wird daher auf die dortigen Ausführungen verwiesen.

Exkurs

3.8 Publikums-KG

Literatur: Assmann/Schütze, Handbuch des Kapitalanlagerechts, 2. Aufl. 1997
Picot, Mehrheitsrechte und Minderheitenschutz in der Personengesellschaft (unter besonderer Berücksichtigung der Publikums-KG), BB 1993, S. 13
Sauer, Die Publikums-Kommanditgesellschaft, 2. Aufl. 1989.
Wagner, Neuere Entwicklungen steuerorientierter Fonds von 1996-1998, NZG 1999, S. 229

Begriff und Bedeutung

Die Publikums-KG oder auch Massen-KG, i. d. R. eine GmbH und Co. KG, ist eine Personengesellschaft, die auf die Mitgliedschaft einer Vielzahl rein kapitalistisch beteiligter Gesellschafter angelegt ist. Die Kommanditisten werden meist durch Prospekte, die steuerliche Verlustzuweisungen versprechen, geworben und unterschreiben vorformulierte Verträge. Einen Einfluß auf die Ausgestaltung dieser Verträge haben sie nicht. Hauptmotiv für den Beitritt ist oft die in Aussicht gestellte Steuerersparnis, so daß gerade Spitzenverdiener unter den Kommanditisten zu finden sind, die auf diese Weise hoffen, ihre Steuerlast zu mindern. Die Zahl der Kommanditisten kann dabei sehr hoch sein (BGH NJW 1976, S. 894: über 1000). Beim Treuhandmodell ist nur ein Kommanditist vorhanden, der als Treuhänder die Beteiligungen der Treugeber hält.

Publikums-KG = Kapitalsammelbecken

Die Publikums-KG fungiert damit als Kapitalsammelbecken und übernimmt damit faktisch die Aufgabe einer AG. Trotz dieses rechtstatsächlichen Umstandes gilt für die Publikums-KG grundsätzlich das Recht der KG. Allerdings ist durch die Rechtsprechung des Bundesgerichtshofes ein Sonderrecht für diese Gesellschaftsform entstanden.

Inhaltskontrolle des Gesellschaftsvertrages nach § 242 BGB

Der Gesellschaftsvertrag unterliegt der Inhaltskontrolle nach § 242 BGB, da die Rechtslage bei Formularverträgen und allgemeinen Geschäftsbedingungen sich ähnelt. Das Gericht hat solchen Vertragsbestimmungen die Wirksamkeit zu versagen, die die Anlagegesellschafter unangemessen in ihren Rechten beschränken oder sonst belasten. Obwohl gem. § 23 Abs. 1 AGB-Gesetz das AGB-Gesetz nicht auf Gesellschaftsverträge Anwendung findet, findet seit Inkrafttreten des AGB Gesetzes (1.4.1977) weiterhin eine Inhaltskontrolle statt. Dies ist zu bejahen, weil die Inhaltskontrolle bei der Publikums-KG auf einem ähnlichen Rechtsgedanken beruht (s.a. KG DB 1978, S. 1922).

Bestimmtheitsgrundsatz gilt nicht!

Bei Vertragsänderungen genügt wie bei den Kapitalgesellschaften ein Mehrheitsbeschluß, wenn der Gesellschaftsvertrag dies vorsieht. Es ist nicht erforderlich, daß der Gesellschaftsvertrag den Beschlußgegenstand näher bezeichnet. Bei der Publikums-KG gilt daher der **Bestimmtheitsgrundsatz** nicht (BGHZ 66, 82, 71, 53).

Die Aufnahme neuer Kommanditisten erfolgt in der Regel durch den persönlich haftenden Gesellschafter (meist GmbH, vertreten durch den Geschäftsführer), der alle Gesellschafter beim Abschluß des Aufnahmevertrages vertritt. Die Ermächtigung zur Aufnahme neuer Kommanditisten ist dabei in der Praxis dem Komplementär schon im Gesellschaftsvertrag erteilt.

Arglistige Täuschung

Wurde der Kommanditist beim Beitritt arglistig getäuscht, so steht ihm ein außerordentliches Kündigungsrecht mit der Wirkung zu, daß er sofort ausscheidet und die Gesellschaft im übrigen fortbesteht (BGHZ 63, 338, 344 ff.). Dieses Kündigungsrecht tritt an die Stelle der sonst für diese Fälle gegebenen Auflösungsklage (§§ 161 Abs. 2, 133 HGB) und steht dem Kommanditisten auch dann zu, wenn dies im Gesellschaftsvetrag nicht ausdrücklich vereinbart ist. Das außerordentliche Kündigungsrecht kann nicht mehr geltend gemacht werden, wenn die Gesellschaft aufgelöst ist (BGH NJW 1979, S. 765).

Die Anfechtungserklärung eines Kommanditisten ist hilfsweise als Kündigung aus wichtigem Grund auszulegen (BGH NJW 1973, S. 1604; 1975, S. 1700). Der getäuschte Kommanditist muß seine nicht geleistete Einlage noch einzahlen. Seine Ansprüche richten sich nach einer regelmäßig aufzustellenden Abschichtungsbilanz. Schadensersatzansprüche gegen die KG als solche kann der arglistig getäuschte Kommanditist nicht geltend machen, weil das Verschulden der Komplementär-GmbH (bzw. des GmbH-Geschäftsführers) nicht den übrigen Gesellschaftern zugerechnet werden kann. Andere „wichtige Gründe" i.S.d. § 133 HGB (außer arglistiger Täuschung) gewähren nicht das Recht zur sofortigen Beendigung des Gesellschaftsverhältnisses. Ausnahmsweise ist es dem Kommanditisten möglich, aus der Gesellschaft (ohne Auflösungsklage) auszuscheiden, wenn der Gesellschaftsvertrag einer Minderheit das Recht gibt, die Einberufung einer außerordentlichen Gesellschafterversammlung zu verlangen und dadurch einen mit 3/4-Mehrheit zu fassenden Beschluß darüber herbeizuführen, ob die Gesellschaft aufgelöst oder unter veränderten Umständen fortgesetzt werden soll (BGH DB 1977, S. 2038 = NJW 1977, S. 2160). Erst nach Vorliegen eines solchen Beschlusses kann er aus wichtigem Grund kündigen. Ansonsten verbleibt es wie bei der normalen KG bei der Auflösungsklage (§ 133 HGB).

Schadensersatz

Da der GmbH-Geschäftsführer, der oft auch gleichzeitig GmbH-Gesellschafter und der „Motor" der Publikums-KG ist, in einem großen Maße die Geschicke der Gesellschaft bestimmt, stellt sich die Frage, wie im Haftungsfall die Beziehungen zwischen den Beteiligten beurteilt werden. Grundsätzlich bestehen keine vertraglichen Beziehungen zwischen dem GmbH-Geschäftsführer und der KG, und damit stehen grundsätzlich keine Schadensersatzansprüche der KG unmittelbar dem GmbH-Geschäftsführer gegenüber zu. Bei der Publikums-KG macht die Rechtsprechung jedoch eine Ausnahme. Führt die Komplementär-GmbH im wesentlichen die Geschäfte der KG, so erstreckt sich der Schutzbereich des zwischen der GmbH und ihrem Geschäftsführer bestehenden Dienstverhältnisses hinsichtlich der Haftung des Geschäftsführers aus § 43 Abs. 2 GmbH auch auf die KG (BGHZ 75, 321 = NJW 1980, S. 589). Das OLG Düsseldorf (BB 1984, S. 997) hält diese Rechtsprechung auch (ausnahmsweise) auf den Geschäftsführer der Treuhandkommanditistin (= GmbH) anwendbar, die die ordnungsgemäße Verwendung der von den Treugebern eingezahlten Gelder im Zusammenwirken mit der Komplementär-GmbH übernommen hat.

Auch ein Kommanditist, der die Gesellschaft finanziell am Leben erhält, haftet u.U. den Mitgesellschaftern einer Publikums-KG. Nach einer BGH-Entscheidung steht der Kommanditist, der einer Publikumsgesellschaft erst nach deren Gründung beigetreten ist, sie aber durch Bürgschaften am Leben erhält, später beitretenden Mitgesellschaftern für das Verschulden von Anlagevermittlern anläßlich der Beitrittsverhandlungen nach § 278 BGB ein (BGH WM 1991, S. 637 ff). Wesentlich ist dabei: Der Kommanditist beherrscht die KG durch seine Finanzierung, ohne ihn wäre sie nie gegründet worden bzw. hätte keine Kommanditisten werben können. Alle Gesellschafter, die rechtlich oder tatsächlich Einfluß ausüben könnten, sollen haften. Beitrittswillige erwarten, daß diese Gesellschafter ihren Einfluß bei den Beitrittsverhandlungen geltend machen können.

§ 708 BGB gilt nicht!

§ 708 BGB gilt nicht bei einer Publikums-KG. Mit den Besonderheiten einer von persönlichen Verhältnissen nicht geprägten Massengesellschaft und dem durch sie gebotenen erhöhten Schutz der Anlegegesellschafter ist die Anwendung dieser Vorschrift auf die Publikums-KG nicht vereinbar (BGHZ 75, 321 = NJW 1980, S. 589).

Prospekthaftung

Literatur: Kiethe, Gesellschaftsrechtliche Einflussnahme und Initiatorenstellung
– Aspekte der Haftung Dritter aus Prospekt bei Kapitalanlagegesellschaften, NZG 1999, S. 858

Potentielle Anleger werden meist durch Prospekte geworben, die Grundlage für die Anlageentscheidung sind. Die Prospektangaben müssen daher ein sachlich richtiges und vollständiges Bild über das Beteiligungsobjekt geben. Sind die Prospekte falsch oder unvollständig, so kann es zur Prospekthaftung kommen. Grundgedanke der Prospekthaftung ist die Tatsache, daß ein Anleger den Personen Vertrauen schenkt, die im Prospekt aufgeführt sind und die die Durchführung der Projekte und Einhaltung der gemachten Versprechungen (steuerliche Verlustzuweisungen etc.) „versprechen". Dogmatische Grundlagen sind dabei nicht die spezialgesetzlichen Vorschriften der §§ 45, 46 BörsG, §§ 19, 20 KAGG, § 12 AuslInvestmG, sondern eine spezielle Ausformung des Grundsatzes der für Verschulden bei Vertragsabschluß (culpa in contrahendo).

Bei der Prospekthaftung geht es um die Weiterführung der Grundgedanken der Vertrauenshaftung, wie sie für die Grundfälle eines Verschuldens bei Vertragsabschluß entwickelt worden sind (BGHZ 79, 337 = DB 1981, S. 1274). Die Prospekthaftung begründet eine Vertrauenshaftung für die Initiatoren und Gründer der Gesellschaft, die das Management bilden und beherrschen (BGH BB 1978, S. 979). Diesen Kreis von Verantwortlichen hat die Rechtsprechung (BGHZ 77, 172 = DB 1980, S. 1589; BGH DB 1984, S. 288) erweitert auf alle Personen, die „in anderer Weise die Gestaltung des Prospektes oder in das Vertriebssystem einbezogen sind und durch ihr nach außen in Erscheinung tretendes Mitwirken einen besonderen Vertrauenstatbestand schaffen und Erklärungen abgeben". Es gehören dazu insbesondere Personen, „die kraft Amtes oder Berufes oder mit Rücksicht auf eine besondere Fachkunde oder eine allgemein herausgehobene berufliche und wirtschaftliche Stellung eine ‚Garantenstellung' einnehmen" (BGH DB 1984, S. 288). Der Anspruch richtet sich demgemäß gegen den auf seiten der Publikums-KG tätig werdenden Partner und geht auf Ersatz des Vertrauensschadens.

Verjährung
Der Prospekthaftungsanspruch verjährt grundsätzlich in 6 Monaten seit dem Zeitpunkt, in dem der Gesellschafter von der Unrichtigkeit oder Unvollständigkeit des Prospektes Kenntnis erlangt, spätestens jedoch in 3 Jahren seit dem Beitritt zur Gesellschaft (BGH NJW 1982, S. 1514 DB 1982, S. 1160 mit Anm. von Kaligin). Diese Verjährung gilt bei der Prospekthaftung im engeren Sinne. Bei der Prospekthaftung im weiteren Sinne gilt die 30-jährige Verjährungsfrist gemäß § 195 BGB (BGH BB 1994, S. 1453; zur Thematik ausführlich Kiethe, BB 1999, S. 2253).

Rechtsformen der Publikumsgesellschaft
Publikumsgesellschaften haben zwar in den meisten Fällen die Rechtsform der KG, aber das ist nicht zwingend. Es gibt auch Publikumsgesellschaften in der Form der GbR (s.a. BGH NJW 1982, S. 877, S. 2495) oder stillen Gesellschaft (BGH NJW 1995, S. 1353; 1998, S. 845). Die von der Rechtsprechung zur Publikums-KG erarbeiteten Grundsätze sind wegen der ähnlichen Interessenlagen auf diese Rechtsformen übertragbar.

4. Kapitel: Die Partnerschaftsgesellschaft

Literatur: Castan, Die Partnerschaftsgesellschaft, 2. Aufl. 1998
Henssler, Partnerschaftsgesellschaftsgesetz, München 1997.
Lenz, Die Partnerschaft – alternative Gesellschaftsform für Freiberufler?, MDR 1994, S. 741
K. Schmidt, Die Freiberufliche Partnerschaft, NJW 1995, S. 1
Siepmann, Die Partnerschaftsgesellschaft im Zivil- und Steuerrecht, FR 1995, S. 601

1. Allgemeines
Mit dem zum 01.07.1995 in Kraft getretenen Gesetz über die Partnerschaftsgesellschaft (PartGG) ist im deutschen Recht ein neuer Gesellschaftstypus geschaffen worden. Zweck der Regelung ist es in Anlehnung an das Recht der oHG den Freien Berufen alternativ eine speziell auf ihre Bedürfnisse abgestimmte Gesellschafts-

form zu eröffnen und so nicht zuletzt ihre internationale Wettbewerbsfähigkeit zu verbessern (schlagwortartig: **Partnerschaftsgesellschaft = oHG für Freiberufler**) Der bislang überwiegende Zusammenschluß in der Form einer GbR war vielfach als unbefriedigend empfunden worden. Auch Ansätze zu freiberuflicher Tätigkeit in der Rechtsform einer GmbH blieben, trotz teilweiser Anerkennung durch die Rechtsprechung in jüngerer Zeit, vereinzelt. Nicht zuletzt schreckten hier die hohen Transaktionskosten durch notarielle Beurkundung und Anmeldung, sowie die Einbringung und Erhaltung eines Mindestkapitals. Zudem bestand die Befürchtung durch eine beschränkte Haftung kraft Rechtsform im Ansehen der Mandantschaft zu verlieren. Wesentliche Merkmale der Partnerschaft sind Rechtsfähigkeit, Registerpflichtigkeit (**Partnerschaftsregister**) und Handelndenhaftung (Haftungskonzentration).

2. Gesellschafter

Gesellschafter der Partnerschaft können nur Angehörige eines freien Berufes und nur natürliche Personen sein, die aktiv mitarbeiten (§ 1 Abs. 1: „zur Ausübung"). Die Partnerschaft ist Berufsausübungsgesellschaft. Auf diese Weise soll eine Kommerzialisierung der freien Berufe ausgeschlossen werden. Entsprechend besteht mangels anderweitiger Vereinbarung das **Prinzip der Alleinvertretung und Selbstorganschaft**. Eine nicht abschließende Aufzählung der partnerschaftsfähigen freien Berufe enthält § 1 Abs. 2 PartGG in Anlehnung an § 18 EStG. Zu beachten ist hinsichtlich interprofessioneller Zusammenschlüsse jedoch § 1 Abs. 3 PartGG der einen Vorrang des Berufsrechts bestimmt. Der endgültige Verlust der Berufszulassung führt zum Verlust der Gesellschaftszugehörigkeit (§ 9 Abs. 3 PartGG). Der Tod eines Partners bewirkt nicht die Auflösung der Gesellschaft, sondern das Ausscheiden des Gesellschafters.

3. Rechtsfähigkeit

Die Partnerschaftsgesellschaft ist Trägerin von Rechten und Pflichten einschließlich des Gesellschaftsvermögens und damit rechtlich verselbständigte Gesamthand. Verträge werden mit ihr abgeschlossen. Sie ist **grundrechts-** und **deliktfähig**, kann klagen und verklagt werden, aber auch Schuldnerin eines Insolvenzverfahrens und Vollstreckungsschuldnerin werden. Sie kann ebenso Anteilseignerin juristischer Personen sein.

4. Name

Die Partnerschaft träg den Namen mindestens eines Partners sowie den Zusatz „**und Partner**, oder „**Partnerschaft**" und die Berufsbezeichnungen aller in der Partnerschaft vertretener Berufe (§ 2 Abs. 1 PartGG). Alle anderen Gesellschaftsformen mit vergleichbarer Namengebung müssen ab dem 1.7.1997 einen Hinweis auf ihre Rechtsform im Briefverkehr führen. Der Name selbst genießt rechtlichen Schutz und kann auch nach dem Ausscheiden eines Namensgebers aus der Gesellschaft unter Zustimmung fortgeführt werden.

Der Name der Partnerschaft wird in einem neu geschaffenen **Partnerschaftsregister** geführt. Mt der Eintragung wird die Wirksamkeit der Gesellschaft gegenüber Dritten begründet (§7 Abs. 1 PartGG). Bei der Eintragung wird gem. § 26a Kostenordnung auf entsprechende Versicherung der Partnerschaft ein Mindestgeschäftswert von 50.000,- DM angenommen. Bis zum Zeitpunkt der Eintragung besteht die zwingend mit schriftlichem Vertrag begründete Partnerschaft als GbR.

5. Vertrag

Der Partnerschaftsvertrag ist schriftlich abzufassen (§ 3 Abs. 1 PartGG). Alle Partner haben ihn eigenhändig zu unterzeichnen. Bei Einbringung eines Grundstücks ist allerdings notarielle Beurkundung erforderlich (§ 313 S. 1 BGB). Ob der Schriftformmangel zur Nichtigkeit des Vertrages führt, ist in der Literatur (s. K. Schmidt, NJW 1995, S. 1 ff., 3) strittig (bei Anwendung des § 125 BGB fehlerhafte Gesellschaft, bei Verneinung Umdeutung gemäß § 140 BGB in GbR).

6. Haftung

Entgegen manchen Bestrebungen ist die Haftung der Partnerschaft nicht kraft Rechtsform gesetzlich beschränkt. Die Partnerschaft haftet für ihre Verbindlichkeiten jedenfalls mit dem Gesellschaftsvermögen.

Für Verbindlichkeiten der Partnerschaft haften die Partner als Gesamtschuldner gemäß § 8 Abs. 1 S. 1 PartGG neben dem Vermögen der Partnerschaft. In § 8 Abs. 1 S. 2 PartGG wird auf die §§ 129, 130 HGB verwiesen. Eine Beschränkung der Haftung regelt § 8 Abs. 2 und § 3 PartGG. Trotz dieser Regelungen ändert sich an der Haftung des Vermögens der Partnerschaft nichts. § 8 Abs. 2 PartGG ist geändert worden. In seiner früheren Fassung konnten die Partner ihre berufliche Haftung durch schuldrechtliche Vereinbarung auf denjenigen unter ihnen beschränken, der innerhalb der Partnerschaft die berufliche Leistung zu erbringen hatte. Dies zwang die Praxis dazu, Vereinbahrungen über einen Haftungsausschluss der nicht tätigen Partner zu treffen. Wegen der mangelnden Praktikabilität wurde mit Wirkung ab 01.08.1998 § 8 Abs. 2 PartGG geändert. Nach der Neuregelung haftet nur noch neben der Partnerschaft der handelnde bzw. mit dem Auftrag befasste Partner. Eine gesonderte Haftungsvereinbarung ist mit dem Mandanten bzw. Patienten nicht mehr erforderlich. Ausgenommen von der gesetzlichen Haftungsfreistellung sind die übrigen Partner bei „Bearbeitungsbeiträgen von untergeordneter Bedeutung". Dieses Tatbestandsmerkmal ist streitanfällig, denn es ist schwierig zu entscheiden, wann ein Bearbeitungsbeitrag von „untergeordneter Bedeutung" vorliegt und wann nicht. Klärung wird letzlich die Rechtsprechung bringen.

Über § 8 Abs. 3 PartGG ist die Möglichkeit eröffnet worden, in den einzelnen Berufsgesetzen eine **Begrenzung** der **Haftung** für fehlerhafte Berufsausübung der Höhe nach zu statuieren, wenn zugleich eine Pflicht zum Abschluß einer Berufshaftpflichtversicherung begründet wird. Diese Möglichkeit ist in den §§ 67, 67a StBerG; 54, 54a BRAO umgesetzt worden. Nunmehr kann die Haftung auf Ersatz fahrlässig verursachten Schadens im Einzelfall bis zur Höhe der Mindestversicherungssumme und durch vorformulierte Vertragsbedingungen auf den vierfachen Betrag eingeschränkt werden.

Aufgrund des Verbots von Verträgen zu Lasten Dritter werden von der Haftungsbegrenzung Ansprüche Dritter nicht erfaßt, zu denen kein Vertragsverhältnis besteht. Solche Ansprüche können sich z.B. aus Verschulden bei Vertragsschluß (c.i.c.) ohne nachfolgenden Vertragsschluß, Delikten der verfassungsmäßig berufenen Vertreter (§ 31 BGB) sowie Prospekthaftung ergeben. Im übrigen bleiben auch die allgemeinen Verbindlichkeiten der Partnerschaft (Miete, Arbeitsentgelte etc.) von der Konzentration unberührt.

Merke also: Bei den „normalen" Verbindlichkeiten (z.B. Miete) bleibt es trotz Haftungsbegrenzung bei der gesamtschuldnerischen Haftung.

Eine Haftung des scheinbaren Partners ("Scheinsozius"), also desjenigen der wie ein Partner auftritt, wird im Hinblick auf das Partnerschaftsregister wohl verneint werden müssen. Verschärft gegenüber der GbR haftet der Eintretende für Verbindlichkeiten, die von der Partnerschaft vor seinem Eintritt begründet worden sind (§ 8 Abs. 1 PartGG i.V.m. § 130 HGB).

6. Steuerrechtliche Behandlung

Zunächst ist festzuhalten, daß die Partnerschaftsgesellschaft infolge ausdrücklicher gesetzlicher Bestimmung keine Handelsgesellschaft ist, also mangels Kaufmannseigenschaft nicht zur Buchführung gemäß §§ 238 ff. HGB verpflichtet ist. Es genügt die Einnahme-Überschußrechnung gemäß § 4 Abs. 3 EStG.

Die Partnerschaftsgesellschaft unterliegt nicht der Körperschaftsteuer, sondern wird als **Mitunternehmerschaft** betrachtet, d.h. die einzelnen Partner haben ihren Anteil am Gesamtgewinn als Einkünfte aus selbständiger Tätigkeit der Einkommensteuer zu unterwerfen (s.a. Bellstedt, Die Steuern der Partnerschaftsgesellschaft, NWB Fach 18, S. 3485). Die Beteiligung bereits einer berufsfremden Person führt zur Umqualifikation in gewerbliche Einkünfte. Auf Grund des Höchststeuersatzes für gewerbliche Einkünfte hat dies einkommensteuerrechtliche Vorteile (§ 32c EStG), führt aber auf der anderen Seite zu einer Gewerbesteuerpflicht.

Die Partnerschaft unterliegt nicht kraft Rechtsform der Gewerbesteuer. Allerdings besteht die Möglichkeit einer Anwendung der Infektions- und Abfärbetheorie auf die Partnerschaftsgesellschaft, so daß die einzelne gewerbliche Tätigkeit aus Sicht der Finanzgerichtsbarkeit zu einer Qualifikation der gesamten Einkünfte als gewerblich führen kann. Auf eine Nichtgewerblichkeit kraft Rechtsform wird man sich hier zunächst nicht verlassen können.

Bei Vererbung einer Partnerschaftsbeteiligung gilt der erbschaftsteuerliche Freibetrag von 500.000,- DM (§ 13 Abs. 2a ErbStG, § 96 BewG).

Die bislang steuerlich nicht wirksame Bildung von Rückstellungen für Pensionszusagen gegenüber Gesellschafter-Geschäftsführern bleibt weiter umstritten, ist aber eine alle Personengesellschaften betreffende Frage und daher im Gesetzgebungsverfahren ausgeklammert geblieben.

Die Partnerschaft ist, da sie weder gewerbesteuerpflichtig, noch in das Handelsregister eingetragen ist, nicht Pflichtmitglied der IHK.

5. Kapitel: Die Europäische Wirtschaftliche Interessenvereinigung (EWIV)

Literatur: Gloria/Karbowski, Die Europäische Wirtschaftliche Interessenvereinigung (EWIV, WM 1990, S. 1313)
Kollhosser/Raddatz, Die Europäische Wirtschaftliche Interessenvereinigung (EWIV JA 1989, S. 10
Mehring, Die Besteuerungsgrundlagen der Europäischen Wirtschaftlichen Interessenvereinigung (EWIV), NWB Fach 18, S. 3109
Müller-Guggenberger, EWIV – Die neue europäische Gesellschaftsreform, NJW 1989, S. 1449
Neye, Die Europäische Wirtschaftliche Interessenvereinigung – eine Zwischenbilanz, DB 1997, S. 861
Zahorka, Die Teilnahme von Drittlandsunternehmen an einer EWIV, EuZW, 1994, S. 201).

1. Allgemeines

Bei der EWIV handelt es sich um die erste Gesellschaftsform europäischen Rechts. Sie wurde bei ihrer Hervorbringung als kooperationsinstrumentaler Beitrag zur Verwirklichung des europäischen Marktes verstanden. Mit ihr gibt es erstmals eine Unternehmensform, die in allen Mitgliedstaaten der EU gültig ist. Damit sollte die grenzüberschreitende Zusammenarbeit von Unternehmen gefördert werden. Primär anvisiert wurden dabei die kleinen und mittleren Unternehmen. Bei diesen bestehen eher psychologische Barrieren bzgl. der Unterwerfung unter eine fremde Rechtsordnung als bei größeren Unternehmen, unter denen z.b. Joint-ventures bereits üblich sind.

Die Einführung der EWIV innerhalb der EU in dieser Weise durch eine – wie gleich zu zeigen ist – Verordnung hätte eine Reihe von erheblichen Vorteilen: Die Unternehmen sind in die Lage versetzt, miteinander grenzüberschreitend zu kooperieren, ohne auf ein gesellschaftliches Instrumentarium zurückgreifen zu müssen, das nur einer der nationalen Rechtsordnungen zuzurechnen ist und damit für den jeweiligen anderen Partner die Probleme mangelnder Klarheit über Verwendungsformen und -verbote der EWIV mit sich bringt. Keines der beteiligten Unternehmen oder der beteiligten Kooperationspartner kann sich demgemäß dadurch beeinträchtigt fühlen, daß er mit rechtlichen Strukturen und Hintergründen einer ihm fremden nationalen Rechtsordnung konfrontiert wird.

2. Rechtsgrundlagen

Die am 3.08.1985 in Kraft getretene Verordnung Nr. 2137/85 (Abtl. EG Nr. L 199 S. 1) vom 25.07.1985 und die darauf aufbauenden nationalen Ausführungsgesetze waren die Grundlage zur Schaffung der EWIV ab dem 1.07.1989. Nach Art. 189 Abs. 2 EGV ist diese Verordnung in Deutschland unmittelbar anwendbares Recht. Sie selbst basiert auf der in Art. 235 EGV kodifizierten Ermächtigungsgrundlage.

Sobald diese Verordnung keine Regelungen im Hinblick auf das Funktionieren der EWIV trifft, ist in bestimmten Feldern des inneren Verfahrens das Recht des Sitzlandes maßgeblich. Dies gilt für Fragen über den Gründungsvertrag und die interne Verfassung der Vereinigung. Insofern handelt es sich bei der Verordnung um Rumpfrecht, weil subsidiär das innerstaatliche Recht des Sitzlandes eingreift. Das nationale Recht der Mitgliedstaaten kann also zur Lückenfüllung beitragen und als Auslegungshilfe dienen. Es darf aber nur dann und nur insoweit zur Anwendung kommen, als die EWIV-VO eine eigen Regelung – auch eine bewußte Nicht-Regelung-nicht enthält. Dies gilt namentlich auf den Gebieten des Sozial-, Arbeits- und Wettbewerbsrechts.

3. Konzeption

Die Konzeption kann insgesamt als einfach und flexibel bezeichnet werden. Für die Festlegung der inneren Struktur ist der Parteiautonomie ein breiter Spielraum eingeräumt, damit die Form der jeweiligen EWIV am konkreten Zweck orientiert werden kann. So sind in der Verordnung nur Mindestverpflichtungen als Bausteine für eine EWIV festgelegt. Der Gründungsvertrag kann somit den eigenen wirtschaftlichen Erfordernissen angepaßt werden.

4. Zweck

Bezüglich des Unternehmensgegenstandes gilt grundsätzlich Vertragsfreiheit im Sinne inhaltlicher Gestaltungsfreiheit. Vereinigungen können in allen Wirtschaftsbereichen gegründet werden, Beschränkungen sind nicht vorgesehen. Laut Art. 3 der Verordnung Nr. 2137/85 ist Zweck der EWIV die Erleichterung und Entwicklung der wirtschaftlichen Tätigkeit ihrer Mitglieder und die Verbesserung oder Steigerung der Ergebnisse der Tätigkeit. Die EWIV selbst soll damit nur einen Hilfsbeitrag zur wirtschaftlichen Tätigkeit ihrer Mitglieder leisten, so daß diese Ausgangspunkt und Zielsetzung der Tätigkeit der EWIV ist. Eine autonome, auf Gewinnerzielung ausgerichtete Tätigkeit der EWIV selbst ist daher nicht intendiert, dies ist nur im Namen und für die Mitglieder der EWIV zulässig. Im Hinblick darauf wird der EWIV eine „dienende" Funktion zugeordnet. Dies ist aber nicht etwa im Sinne einer untergeordneten Aufgabe der EWIV zu verstehen, sondern dieser kommen bedeutende Tätigkeitsbereiche zu, die komplementär zur Tätigkeit der Mitglieder stehen.

So ist die Vereinigung geeignet, als ein Pool an gemeinsamen Know-how zu fungieren oder Marketing-Aufgaben zu übernehmen. Auch unter dem Aspekt der Verteilung hoher Kosten und Risiken und der Möglichkeit der Benutzung gemeinsamer Dienste von Interesse erfüllt sie einen wichtigen Zweck. Alle denkbaren Aktivitäten finden zwingend ihre Grenze dort, wo das dienende Verhältnis zwischen EWIV und den sie konstituierenden Mitgliedern aufgehoben wird. Die EWIV darf daher nicht an die Stelle ihrer Mitglieder treten. So verbietet Art. 3 Abs. 2a VO ausdrücklich die Ausübung von Leitungsmacht durch die EWIV. Eine Funktion als europäisches Konzerndach bleibt der EWIV damit versagt. Diese Aufnahme eines Konzernleitungsverbotes geht auf die Kritik von gewerkschaftlicher Seite zurück, die die Aushöhlung von Mitbestimmungsrechten befürchteten. In die gleiche Richtung weist das Holdingverbot des Art. 3 Abs. 2b VO, das der Vereinigung untersagt, unmittelbar oder mittelbar Anteile an Mitgliedsunternehmen zu halten. Auch darf eine EWIV als solche nicht mehr als 500 Arbeitnehmer umfassen, wobei allerdings nicht die Anzahl der Arbeitnehmer der Mitgliedsunternehmen ausschlaggebend ist.

Nach allem besteht die Aufgabe einer EWIV nicht in der Lenkung der Tätigkeiten der einzelnen Mitglieder, sondern lediglich in der Koordinierung des ihr übertragenen Teils dieser Tätigkeiten. Der Begriff der Hilfstätigkeit der EWIV ist angesichts der schwierigen Unterscheidung zwischen Haupt- und Hilfstätigkeit eines profitorientierten Wirtschaftsunternehmens weit auszulegen. Ein insoweit taugliches Kriterium für eine Zweckbegutachtung einer EWIV ist das soeben genannte Postulat des

Verbots der Ersetzung von Tätigkeiten der Mitglieder. Eine weitere Form eines Mißbrauchstatbestandes enthält das sog. Kreditgewährungsverbot.

5. Gründung

Zur Gründung einer EWIV erforderlich sind mindestens zwei Gesellschafter, die eine wirtschaftliche Tätigkeit ausüben und in verschiedenen Mitgliedstaaten ansässig sind. Mitglieder können natürliche Personen oder Gesellschaften i.S.d. Art. 58 EGV sein. In der Verordnung Nr. 2137/85 wird hier der Begriff „juristische Einheit" benutzt, um eine restriktive Auslegung auszuschließen. Alle juristischen Personen sollen die Möglichkeit haben, eine EWIV zu gründen oder einer EWIV beizutreten, wobei es unerheblich ist, ob sie die Form einer Gesellschaft haben oder nicht oder ob sie eine wirtschaftliche oder eine wirtschaftsbezogene Tätigkeit ausüben. Auch der Begriff der wirtschaftlichen Tätigkeit ist folglich weit zu verstehen, so daß auch Gebietskörperschaften davon erfaßt sind. Deren Charakter als juristische Personen des öffentlichen Rechts steht nichts entgegen.

Nicht erforderlich für die Gründung ist ein Gründungskapital. Es ist möglich, Bar- oder Sacheinlagen zu vereinbaren, aber die EWIV kann auch über Beiträge, Kontokorrentvorschüsse, Darlehen oder andere Formen der Beteiligung an den Verwaltungskosten finanziert werden. Hier zeigt sich der Unterschied zu einer Gesellschaft, die auf immobilisierte Mittel nicht verzichten kann, während bei der EWIV ein flexiblerer Einsatz der Gelder möglich ist. Die genauen Modalitäten der Beitragserbringung sind der Vereinbarung der Mitglieder unterworfen.

Der Gründungsakt ist zweiteilig:

Es bedarf eines **Vertrages** zwischen den zukünftigen Mitgliedern und der **Eintragung** in ein **Register** (in Deutschland das Handelsregister). Der Gründungsvertrag muß in schriftlicher Form abgefaßt sein; er hat privatrechtlichen Charakter. Eine notarielle Beurkundung ist nicht erforderlich. Eine solche darf auch vom nationalen Recht nicht vorgeschrieben werden, weil die Verordnung insoweit eine abschließende Regelung enthält.

Die Registrierung in dem Mitgliedstaat ist erforderlich, in dem die EWIV ihren Sitz hat. Die Vereinigung erlangt erst mit der Registereintragung die Geschäftsfähigkeit, so daß diese Eintragung konstitutive Wirkung hat. Der Gründungsvertrag ist zusammen mit dem Antrag auf Eintragung beim zuständigen Register des Mitgliedstaates zu hinterlegen.

Einer EWIV muß der Zusatz „Europäische Wirtschaftliche Interessenvereinigung" oder das Kürzel EWIV in der jeweils für den Sitzstaat relevanten EU-Amtssprache angehängt sein.

6. Struktur

Zwingend vorgesehen sind lediglich **zwei Organe** (Art. 16 Abs. 1 S, 1 EWIV-VO): Zum einen sind dies die gemeinschaftlich handelnden **Mitglieder selbst**, denen alle wichtigen Beschlüsse vorbehalten sind. Darunter sind solche zu verstehen, die das Bestehen und die Funktionsweise der EWIV grundlegend berühren. Die hierfür in der Regel vorgeschriebene Einstimmigkeit entbehrt allerdings nicht der Möglichkeit eines Mißbrauchs. Grundsätzlich kann bei der Beschlußfassung unterschieden werden zwischen der unabdingbaren Einstimmigkeit und der konkret abdingbaren Einstimmigkeit und der allgemein abdingbaren Einstimmigkeit. Die Festlegung der Bedingungen für die Beschlußfassung ist weitgehend dem Gründungsvertrag überlassen.

Nicht erforderlich sind etwa Zusammenkünfte der Mitglieder, diese sollen vielmehr gerade durch moderne Kommunikationstechniken ersetzt werden.

Das **Mitgliedergremium** ist **oberstes Organ**. Es kann jeden Beschluß zur Verwirklichung des Ziels der Vereinigung fassen. Nach der Verordnung 2137/85 ist **daneben** noch **mindestens ein Geschäftsführer** vorgesehen, dem die Geschäftsführung und Vertretung der EWIV zugeordnet ist. Freigestellt ist etwa die Einrichtung eines Aufsichtsrates.

Die EWIV ähnelt strukturell einer oHG, so daß in Deutschland ansässige Vereinigungen den dafür geltenden Vorschriften weitgehend unterworfen sind (vgl. § 1 des deutschen EWIV-Ausführungsgesetzes). Dementsprechend wird die EWIV auch als eine „offene Handelsgesellschaft mit Fremdgeschäftsführung" bezeichnet. Als mit der oHG wesensgleiche Gesellschaft kann eine EWIV Trägerin von Rechten und Pflichten sein, sie kann Verträge abschließen, sonstige Rechtshandlungen vornehmen und vor Gericht auftreten. Ob ihr allerdings Rechtspersönlichkeit wie einer GmbH zuerkannt wird, wird in den Mitgliedstaaten unterschiedlich gehandhabt. So besitzt eine EWIV in Deutschland wegen der Anlehnung an das Recht der oHG keinen solchen Status (s. aber § 124 HGB). Für den rechtlichen Umgang mit einer EWIV ist nach dieser abgestuften Strukturierung **folgender Prüfungskatalog** anzuwenden: **Zuerst** sind die Bestimmungen der **EG-Verordnung Nr. 2137/85** zu prüfen, in einem **zweiten Schritt** sind die Vorschriften des **deutschen EWIV-Ausführungsgesetzes** anzuwenden und erst auf einer **dritten Stufe** an die **subsidiären Normen der oHG** zu denken.

Für ihre Verbindlichkeiten jeder Art unterliegen die Mitglieder der unbeschränkten und gesamtschuldnerischen Haftung. Im Gegensatz zur Haftung bei der oHG haften die Mitglieder aber nicht neben der EWIV, sonder subsidiär (Art. 24 Abs. 2 EWIV-V0). Es handelt sich demnach um eine „mittelbare" Haftung. Diese persönliche Verpflichtung der Mitglieder ist das Gegenstück dafür, daß die Mitglieder weitgehende Freiheit bei der Vertragsgestaltung haben und nicht zur Bildung eines haftenden Kapitals verpflichtet sind. Im Falle einer Geldschuld kann der Gläubiger die Zahlung von jedem beliebigen Mitglied fordern. Ohne die persönliche Haftung der Mitglieder wäre die EWIV im Geschäftsverkehr nicht vertrauenswürdig und damit nicht handlungsfähig. Faktisch wäre sie ihrer Geschäftsfähigkeit beraubt. Auf der anderen Seite läßt sich die Haftung faktisch durch die Mitgliedschaft einer „EWIV-Beteiligungs-GmbH" begrenzen, so daß die Gründung einer EWIV daran nicht scheitern muß.

7. Wirtschaftliche Bedeutung

Im Februar 1997 betrug die Zahl der registrierten Vereinigungen 741 EWIV. Die Mitgliedergesamtzahl belief sich in dieser Zeit auf ca. 1820. Der Höhepunkt der Neugründungen war zwischen 1991 und 1993. Man schätzt die Anzahl der EWIV auf ca. 900 – 950, die operieren, und die mindestens 6000-7000 Unternehmen bzw. wirtschaftliche Einheiten binden (nach Zahorka, EEIG Documentation Centre/Libertas, Germany).

Das Gros der EWIV existiert zur Zeit in Belgien und in Frankreich. Deutschland liegt mit 65 EWIV nach dem Vereinigten Königreich an vierter Stelle. Die führende Position Belgiens wird auf die Bedeutung Brüssels als der „heimlichen europäischen Hauptstadt" und als Zentrum europäischer Aktivität zurückgeführt. Der Grund für die Vielzahl von EWIV in Frankreich ist darin zu sehen, daß das seit 1967 dort existierende groupement d'intérêt économique (GIE) ein Vorläufer der EWIV ist.

Die EWIV können als deren Transponat bezeichnet werden, allerdings hat sich die Vereinigungsform insbesondere unter englischen und deutschen Einfluß zu einer eigenständigen Gesellschaftsform entwickelt.

Die GIE stellt einen Personenzusammenschluß dar, der es dem Unternehmer ermöglicht, bestimmte Tätigkeiten gemeinsam mit anderen Unternehmen auszuüben, ohne dabei eine Fusion eingehen zu müssen oder die Eigenständigkeit einzubüßen. Die EWIV ist an die Funktionsweise dieser GIE angelehnt.

Die Mehrzahl der EWIV ist im Dienstleistungssektor (Finanzdienste, Versicherungen, Logistik u.a.) anzutreffen, gefolgt von Handel und Industrie. In Deutschland wird die EWIV gerade für den Zusammenschluß von Rechtsanwälten, Steuerberatern und Wirtschaftsprüfern herangezogen. Diese versprechen sich davon u.a. eine Erleichterung des Marktzuganges und die grenzüberschreitende Schulung der Nachwuchskräfte.

6. Kapitel: Die stille Gesellschaft

Literatur: Blaurock, Handbuch der stillen Gesellschaft, 5. Aufl. 1997
ders., Die GmbH und Still im Steuerrecht, BB 1992, S. 1969
Jebens, Die stille Beteiligung an einer Kapitalgesellschaft, BB 1996, S. 701
Natschke, Die stille Gesellschaft als Gestaltungsinstrument, StB 1998, S. 181
Ritzrow, Die typisch stille Gesellschaft mit Familienangehörigen, StBp 1996, S. 239
Weigl, Anwendungs- und Problemfelder der stillen Gesellschaft, DStR 1999, S. 1568.

Definition
Die stille Gesellschaft ist eine Gesellschaft, bei der sich jemand (der stille Gesellschafter bzw. der Stille) an dem Handelsgewerbe eines anderen (Geschäftsinhabers) mit einer in dessen Vermögen übergehenden Einlage gegen einen Anteil am Gewinn (§§ 230 Abs. 1, 231 HGB) beteiligt. Sie ist in den §§ 230-237 HGB geregelt.

Gründungsmotive
Die Motive zur Gründung einer stillen Gesellschaft können sein:
- **kreditpolitischer Natur:**
  der Stille tritt nach außen nicht in Erscheinung, keine Eintragung in das Handelsregister, keine Haftung gegenüber Dritten,
- **gewerberechtlicher Natur:**
  z.B. der Stille beteiligt sich wegen fehlender Konzessionsvoraussetzungen an einer Gaststätte;
- **steuerrechtlicher Natur:**
  Zwischen nahen Angehörigen wirkt die Einräumung einer stillen Beteiligung progressionsmindernd.

In der Praxis kommt der stillen Gesellschaft eine große Bedeutung zu, weil sie einen Kapitaleinsatz erlaubt, ohne gleich Gesellschafter einer oHG oder KG zu werden.

Beteiligte
Die stille Gesellschaft besteht aus dem Geschäftsinhaber und dem Stillen und ist notwendig zweigliedrig (so h.M.). Beteiligen sich mehrere Stille an einem Handelsgewerbe, so bestehen so viele stille Gesellschaften, wie Gesellschaftsverträge vorhanden sind.

Skizze:
Einzelhandelskaufmann E hat mit A, B und C jeweils eine stille Beteiligung vereinbart:

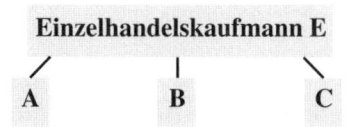

```
        Einzelhandelskaufmann E
         /          |          \
        A           B           C
```

Zwischen A, B und C bestehen keine rechtlichen Beziehungen.

Der Geschäftsinhaber muß grundsätzlich Kaufmann i.S.d. HGB (Einzelkaufmann, oHG, KG, GmbH, AG) sein. Bei Kaufleuten, die unter § 2 HGB oder § 105 Abs. 2 HGB fallen, wird die stille Gesellschaft erst mit Eintragung in das Handelsregister wirksam.

Der Stille braucht nicht Kaufmann zu sein, sondern kann jede natürliche (gleichgültig, ob geschäftsunfähig oder geschäftsfähig!) oder juristische Person (z.B. GmbH, AG) sowie eine handelsrechtliche Personengesellschaft (oHG, KG), eine GbR oder Erbengemeinschaft sein. Ein Nichtkaufmann erlangt durch die stille Beteiligung nicht die Kaufmannseigenschaft (kein Auftreten nach außen, kein Betreiben eines Handelsgewerbes, Inhaber des Handelsgewerbes wird allein berechtigt und verpflichtet, § 230 Abs. 2 HGB).

Rechtsnatur
Die stille Gesellschaft ist
- eine **echte Gesellschaft:** Geschäftsinhaber und Stiller verpflichten sich gegenseitig zu Leistungen zur Erreichung eines gemeinsamen Zweckes. Die Voraussetzungen des Gesellschaftsbegriffes gem. § 705 BGB sind gegeben;
- **keine Gesamthandsgemeinschaft:** Das Vermögen gehört ausschließlich dem tätigen Geschäftsinhaber. Es gibt kein Gesellschaftsvermögen (anders bei GbR, oHG und KG als Gesamthandsgemeinschaften);
- **reine Innengesellschaft:** Der Stille wird nicht ins Handelsregister eingetragen;
- **keine Handelsgesellschaft:** Das 2. Buch des HGB ist überschrieben mit Handelsgesellschaften und stille Gesellschaft;
  - Personengesellschaft: Obwohl sich im Regelfall die Beteiligung des Stillen in der Erbringung der vereinbarten Einlage erschöpft, beruht die stille Gesellschaft auf der persönlichen Verbundenheit der Gesellschaft:
  - grundsätzlich ist die stille Beteiligung als solche unübertragbar, – beim Tod des Geschäftsinhabers wird die stille Gesellschaft aufgelöst (Ausnahme: entsprechende Vertragsvereinbarung).

Abgrenzung: partiarisches Darlehen – stille Gesellschaft

Literatur: Harthaus, Typische oder atypische stille Gesellschaft oder bloßes Darlehensverhältnis ?, StB 1998, S. 14;
Jestädt, Partiarisches Darlehen oder stille Gesellschaft ?, DStR 1993, S. 387

Bei der in der Praxis oft recht schwierigen Unterscheidung zwischen partiarischen Darlehen (= Darlehen mit Gewinnbeteiligung) und stiller Gesellschaft ist in der Regel zunächst vom Wortlaut des Vertrages auszugehen ("Dieser ist die Haupterkenntnisquelle für den Willen der Parteien, die sich des Wortes bedienen, um ihren Willen kundbar zu machen." BGH DB 1967, S. 544 = LM Nr. 8 zu 335 HGB; s.a. OLG Frankfurt, DB 1982, S. 540, BGH NJW 1995, S. 192 und BFH BStBl. II 1983, S. 563).

Gemeinsam ist der stillen Gesellschaft sowie dem partiarischen Darlehen das Interesse an Gewinnerzielung. Als „Grenzpfähle" lassen sich merken:

Bei Verlustbeteiligung (§ 231 Abs. 1 HGB) liegt niemals ein Darlehen vor. Andererseits ist bei nur festem Zins niemals eine stille Gesellschaft gegeben.

Ansonsten können als Indizien genannt werden für

stille Gesellschaft	partiarisches Darlehen
- Kapitalnehmer hat interne Geschäftsführungsbefugnisse, Überwachungs- bzw. Kontrollrechte, die § 233 HGB entsprechen,	- Kapitalgeber hat keine Mitsprache und Kontrollrechte,
- darf aufgrund vertraglicher Vereinbarung seine Ansprüche nicht abtreten	- das Recht zu jederzeitiger Rückforderung des Kapitals oder zu kurzfristiger Kündigung.

Für die Abgrenzung der stillen Gesellschaft vom partiarischen Darlehen ist entscheidend, ob die Vertragspartner einen gemeinsamen Zweck verfolgen oder ob ihre Beziehungen ausschließlich durch die Verfolgung unterschiedlicher eigener Interessen bestimmt werden. Sie ist durch Abwägung aller nach dem Vertragsinhalt maßgebenden Umstände vorzunehmen (BGHZ 127, 176, 177).

Vergleich: Kommanditist – stille Gesellschaft

Gemeinsam ist beim Stillen und beim Kommanditisten die grundsätzliche Beschränkung der Haftung auf die Einlage. Als Vorteile des Stillen gegenüber dem Kommanditisten können angesehen werden.

- Der Stille bleibt wie ein Aktionär anonym (keine Eintragung im Handelsregister erforderlich).
- Der Stille haftet kraft Gesetzes vom Zeitpunkt des Beitritts an nur beschränkt auf seine Einlage (anders: Kommanditist trägt Anfangsrisiko der unbeschränkten Haftung bis zur Handelsregistereintragung, § 176 HGB).
- Die Auszahlung von Gewinnen an einen Stillen läßt dessen Haftung, auch wenn die Einlage durch vorhergegangene Verluste gemindert ist, nicht wiederaufleben (Ausnahme: § 236 Abs. 2 HGB).
- Der Stille ist im Rahmen des § 236 Abs. 1 HGB Insolvenzgläubiger, der Kommanditist nicht.

Zustandekommen

Die stille Gesellschaft kommt durch Vertrag zustande, der grundsätzlich formfrei ist (Ausnahme: Der Stille bringt ein Grundstück ein, § 313 BGB). Aus Beweisgründen erfolgt die Vertragsschließung schriftlich. Bei unentgeltlicher Beteiligung ist die Form des § 518 BGB zu wahren. Wird die Form des § 518 Abs. 1 BGB nicht beachtet, so liegt nach der Rechtsprechung des Bundesgerichtshofs (BGHZ 7, 174, 179) in der Buchung der Einlage keine Heilung gem. § 518 Abs. 2 BGB, weil die Buchung noch keine Bewirkung der versprochenen Leistung darstellt. In der zivilrechtlichen Literatur (MünchKomm-Ulmer, § 705 Anm. 29 ff. m.w.N.) wird die Auffassung des Bundesgerichtshofes weitgehend abgelehnt, da diese die Differenzierung der Rechtsprechung (bei Beteiligung an einer Außengesellschaft Vollzug der Schenkung gegeben, aber nicht bei Beteiligung an einer Innengesellschaft) nicht für einsichtig hält. Die Finanzverwaltung verlangt bei Verträgen zwischen nahen Angehörigen in diesen Fällen die notarielle Beurkundung (BFH BStBl. II 1979, S. 141).

Minderjährige bedürfen der vormundschaftsgerichtlichen Genehmigung nach §§ 1643, 1822 Nr. 3 BGB, wenn sie sich als Stille beteiligen wollen, außer bei einmaliger Kapitaleinlage oder keiner Beteiligung an Verlust und Geschäftsbetrieb.

Rechte und Pflichten der Beteiligten

Die Rechte und Pflichten zwischen den Beteiligten richten sich im Rahmen der gesellschaftsrechtlichen Vertragsfreiheit nach dem Gesellschaftsvertrag. Zwingend ist nur der Gewinnanspruch des Stillen (§ 231 Abs. 2, 2. Hs. HGB). Beide trifft gegenseitig die gesellschaftsrechtliche Treuepflicht. Mangels vertraglicher Vereinbarung gelten für die Beteiligten nachstehende Ausführungen.

Nach BGHZ 125, 74, 75 ist eine gesellschaftsvertragliche Bestimmung unwirksam, die dem Geschäftsinhaber einer stillen Gesellschaft das einseitige Recht gibt, die kapitalanlegenden Gesellschafter nach freiem Ermessen hinauszukündigen, wenn der Geschäftsinhaber selbst nicht maßgebend am Gewinn und Verlust beteiligt ist.

Geschäftsinhaber

Er muß zum gemeinsamen Nutzen das Handelsgewerbe führen. Er hat gegenüber dem Stillen kein Recht auf Vergütung seiner Arbeit, aber ein Recht auf Aufwendungsersatz gem. §§ 713, 670 BGB.

Recht und Pflicht der Geschäftsführung und Vertretung obliegt ihm grundsätzlich allein. Im Außenverhältnis wird allein er berechtigt und verpflichtet (§ 230 Abs. 2 HGB). Ohne Zustimmung des Stillen darf er im Zweifel wesentliche Grundlagen des Gewerbebetriebes nicht ändern. Die Aufnahme neuer Gesellschafter bedarf der Zustimmung des stillen Gesellschafters, ebenso die Eingehung weiterer stiller Gesellschafter (str. dazu Sudhoff-Sudhoff GmbH-Rdsch. 1981, 235).

Der Inhaber hat die Sorgfaltspflichten gem. §§ 708, 277 BGB. Das Wettbewerbsverbot gem. §§ 112, 113 HGB gilt für die stille Gesellschaft nicht, jedoch besteht für den Geschäftsinhaber die Treuepflicht.

Stille

Der Stille muß seine Einlage (meist Geld, kann aber auch in Diensten bestehen) leisten, und zwar so, daß sie in das Vermögen des Geschäftsinhabers übergeht (Übereignung, vom Stillen an den Inhaber, der Stille erhält obligatorische, nicht dingliche Rechte).

Teil II: Personengesellschaften 109

Der Stille tritt nicht nach außen auf und wird Dritten gegenüber nicht verpflichtet (Ausnahme z. B. Bürgschaft). Er hat gem. § 232 HGB einen Gewinnanspruch. Mangels Vereinbarung gilt ein „den Umständen nach angemessener Anteil" als bedungen (§ 231 Abs. 1 HGB).
Dem Stillen stehen gem. § 233 HGB **Kontrollrechte** zu. Er kann
- die abschriftliche Mitteilung der jährlichen Bilanz verlangen,
- ihre Richtigkeit unter Einsicht der Bücher und Papiere prüfen,
- bei Vorliegen wichtiger Gründe das Gericht anrufen, welches die Mitteilung einer Bilanz oder sonstiger Aufklärungen sowie die Vorlegung der Bücher und Papiere jederzeit anordnen kann.

Beachte
Das Kontrollrecht ist nicht abtretbar. § 233 HGB stimmt mit § 166 HGB (Kontrollrecht des Kommanditisten) sachlich überein. Der Stille hat aber geringere Rechte als der ausgeschlossene BGB-Gesellschafter (§ 233 Abs. 2 HGB schließt 716 BGB aus).
Nach Beendigung der stillen Gesellschaft entfallen auch die Kontrollrechte gem. § 233 HGB. Der Stille hat dann das Recht gem. §§ 810, 242 BGB (Einsicht in Urkunden, die sich in fremdem Besitz befinden; BGHZ 50, 316; BGH DB 1976, S. 2106).

Auflösung und Auseinandersetzung
Es gelten die Auflösungs- oder Beendigungsgründe der §§ 723-728 BGB mit den Besonderheiten des § 234 HGB:
- Vertragliche Vereinbarungen über die Auflösung sind jederzeit möglich,
- Kündigung:
  – ordentliche Kündigung:
    Ist die stille Gesellschaft auf bestimmte Zeit eingegangen, so kann vor Ablauf dieser Zeit nicht gekündigt werden (§ 723 Abs. 1 S. 2 BGB). Ist die stille Gesellschaft auf unbestimmte Zeit eingegangen, so gilt § 132 HGB (Kündigung zum Schluß des Geschäftsjahres unter Einhaltung einer Kündigungsfrist von 6 Monaten).
  – außerordentliche Kündigung:
    Eine Kündigung aus wichtigem Grunde ist jederzeit möglich (§ 234 Abs. 1 S. 2 HGB l.V.m. § 723 BGB).
  – Kündigung durch einen Gläubiger des Stillen:
    Der Gläubiger des Stillen kann die stille Gesellschaft sechs Monate vor dem Ende des Geschäftsjahres kündigen, wenn er innerhalb der letzten sechs Monate eine Zwangsvollstreckung in das bewegliche (nicht unbewegliche!) Vermögen des Stillen erfolglos versucht hat (§§ 234 Abs. 1 S. 1, 135 HGB).
- Tod des Geschäftsinhabers:
  Beim Tod des Geschäftsinhabers wird die stille Gesellschaft aufgelöst (§ 727 BGB). Eine abweichende vertragliche Vereinbarung ist möglich.
- Tod des Stillen:
  Durch den Tod des Stillen wird die stille Gesellschaft nicht aufgelöst. Die Einlage geht auf seine Erben über.
- Insolvenz:
  Fällt der Geschäftsinhaber oder der Stille in Insolvenz, so wird die Gesellschaft aufgelöst (§ 728 BGB). Bei Insolvenz des Geschäftsinhabers kann der Stille im

Rahmen des § 236 HGB seine Einlage als Insolvenzforderung geltend machen (beachte aber § 32a Abs. 3 GmbHG).

Beachte
Durch die Eröffnung eines Vergleichsverfahrens beim Geschäftsinhaber bzw. Stillen wird die stille Gesellschaft nicht aufgelöst (BGHZ 51, 350). Es kommt für die jeweilige Partei die Kündigung aus wichtigem Grunde bzw. das Ablehnungsrecht gem. § 50 VerglO in Betracht (Hinweis: Vergleichsordnung ist mit Ablauf des 31.12.1998 außer Kraft getreten, ab 1.1.1999 gilt die neue Insolvenzordnung).

- Erreichen des vereinbarten Zweckes oder Unmöglichwerden der Erreichung des Zweckes: Die stille Gesellschaft wird aufgelöst, wenn der vereinbarte Zweck erreicht oder dessen Erreichung unmöglich geworden ist (§ 726 BGB).

Beispiel
Das Handelsgewerbe kann aus in der Person des Geschäftsinhabers liegenden Gründen nicht fortgeführt werden. Mangelnde Gewinnaussicht reicht als Auflösungsgrund nicht aus, kann aber u.U. Grund zur außerordentlichen Kündigung sein.

Auflösung = Vollbeendigung
Da die stille Gesellschaft kein Vermögen hat, ist mit Eintritt des Auflösungsgrundes die Gesellschaft beendet. Die Beendigung ist daher einstufig (Auflösung = Vollbeendigung). Die Auseinandersetzung ist in § 235 HGB geregelt. Danach hat der Stille einen Anspruch auf sein Auseinandersetzungsguthaben (§ 235 Abs. 1 HGB), nimmt am Gewinn und Verlust der schwebenden Geschäfte teil (§ 235 Abs. 2 S. 2 HGB) und hat für diese Geschäfte die Kontrollrechte gem. § 235 Abs. 3 HGB (Rechenschaft über die beendigten Geschäfte, Auszahlung des ihm gebührenden Betrages, Auskunft über den Stand der noch schwebenden Geschäfte).

Zwangsvollstreckung
Gläubiger des Geschäftsinhabers:
Vollstreckung wie sonst auch ohne Rücksicht auf den Stillen. Eine unmittelbare Inanspruchnahme des Stillen ist ausgeschlossen.

Gläubiger des Stillen:
Der Gewinnanteil und der Anspruch auf das Auseinandersetzungsguthaben kann gepfändet werden. Der Geschäftsinhaber ist Drittschuldner.

Arten der stillen Gesellschaft
Literatur: Zacharias/Hebig/Rinnewitz, Die atypisch stille Gesellschaft, Berlin/Bielefeld 1996

Es wird zwischen der typischen und atypischen stillen Gesellschaft unterschieden. Diese Unterscheidung ist mehr im Steuerrecht als im Gesellschaftsrecht gebräuchlich, denn auch auf die atypische stille Gesellschaft finden grundsätzlich die §§ 230 ff. HGB Anwendung. Von einer atypischen Gesellschaft spricht man, wenn im Rahmen der Vertragsfreiheit dem Stillen eingeräumt werden:
- Beteiligung an der Geschäftsführung (s.a. BGHZ 8, 157, 160) und/oder
- am Vermögen des Geschäftsinhabers (s.a. BGHZ 7, 174).

Beachte
Die Beteiligung am Vermögen des Geschäftsinhabers ist aber nur schuldrechtlicher und nicht dinglicher (gesamthänderischer) Natur. Das Auseinandersetzungsguthaben wird aber so berechnet, als ob er dinglich beteiligt gewesen wäre (Anteil am Geschäftswert und den stillen Reserven).

Ist der Stille aufgrund der vertraglichen Gestaltung wirtschaftlich betrachtet der „Herr des Unternehmens", so haftet der Stille deshalb nicht unbeschränkt den Gläubigern des Geschäftsinhabers. Eine Haftung des Stillen kann sich nur aufgrund besonderer Verpflichtung ergeben oder kraft Rechtsscheins (z.B Stille bezeichnet sich Gläubigern gegenüber als oHG-Gesellschafter; s. BGH BB 1964, S. 327).

Steuerrecht
Bei der steuerlichen Behandlung kommt der Unterscheidung zwischen typisch und atypisch stiller Gesellschaft wesentliche Bedeutung zu.

Typisch stille Gesellschaft
Einkommensteuer
Der Gewinnanteil ist beim beteiligten Unternehmen als Betriebsausgabe abzugsfähig. Der Stille hat Einkünfte aus Kapitalvermögen gem. § 20 Abs. 1 Nr. 4 EStG.

Umsatzsteuer
Die typisch stille Gesellschaft ist nicht Unternehmer i.S.d. § 2 UStG.

Gewerbesteuer
Der Gewinnanteil des Stillen ist bei dem beteiligten Unternehmen bei der Ermittlung des Gewerbeertrages dem Gewinn hinzurechnen (§ 8 Nr. 3 GewStG), wenn sie beim Stillen nicht zur Gewerbeertragssteuer heranzuziehen ist.

Atypisch stille Gesellschaft
Einkommensteuer
Der Stille ist Mitunternehmer und bezieht Einkünfte aus Gewerbebetrieb. Der Gewinnanteil ist daher nicht als Betriebsausgabe bei dem beteiligten Unternehmen abzuziehen. Es wird eine einheitliche und gesonderte Feststellung gem. §§ 179, 180 Abs. 1 Nr. 2a AO durchgeführt.

Umsatzsteuer
Auch die atypisch stille Gesellschaft wird nicht als Unternehmer i. S. d. § 2 UStG angesehen.

Gewerbesteuer
Eine Hinzurechnung zum Gewerbeertrag des beteiligten Unternehmens entfällt, da der Anteil des Stillen im Gewinn oder Verlust des Betriebsvermögens bereits enthalten ist.

Exkurs:

Die Unterbeteiligungsgesellschaft

Literatur: Weigl, Stille Gesellschaft und Unterbeteiligung (Becksche Musterverträge, Band 33), München 1998

Definition

Die Unterbeteiligungsgesellschaft ist als Institution im Gesetz nicht geregelt und kann aufgrund der Vertragsfreiheit begründet werden. Sie ist eine GbR gem. §§ 705 ff. BGB in Form einer Innengesellschaft (BGHZ 50, 316).

Von einer Unterbeteiligungsgesellschaft spricht man, wenn ein Gesellschafter einer Personen- oder Kapitalgesellschaft (Hauptgesellschafter bzw. Hauptgesellschaft genannt) einen Dritten (Unterbeteiligter genannt) eine Beteiligung an seiner Gesellschafterstellung einräumt.

Skizze

A B C -oHG (Hauptgesellschaft)
|
| Unterbeteiligungs-
| gesellschaft
|
D (Unterbeteiligter)

Der Unterbeteiligung kommt in der Praxis eine wesentliche Bedeutung zu, da sie ähnlich wie bei der stillen Gesellschaft eine Beteiligung an einer Gesellschaft ermöglicht, ohne selbst Gesellschafter zu werden.

Motive

Die Gründe für eine Unterbeteiligung können unterschiedlicher Natur sein: z.B. Kapitalbedarf des Hauptgesellschafters, Familienangehörige sollen in die Hauptgesellschaft „eingebunden" werden, Unterbeteiligter will als Kapitalgeber anonym bleiben.

Unterbeteiligungen finden sich häufig bei oHG- und KG-Anteilen. Sie können jedoch auch an Anteilen einer BGB-Gesellschaft oder AG begründet werden.

Unterschied zur stillen Gesellschaft

Der Unterbeteiligte beteiligt sich an einem Gesellschaftsanteil, während sich der Stille an einem Handelsgewerbe (Einzelunternehmen oder Gesellschaft) beteiligt. Es gibt keine Unterbeteiligung an einem Einzelunternehmen (h.M., a.A. Durchlaub DB 1978, S. 873).

Zustandekommen

Die Unterbeteiligung kommt durch Abschluß eines Gesellschaftsvertrages zwischen Hauptgesellschafter und Unterbeteiligtem zustande. Eine bestimmte Form ist nicht vorgeschrieben, jedoch empfiehlt sich aus praktischen Gründen die Schriftform. Notarielle Beurkundung ist u.a. dann erforderlich, wenn die Unterbeteiligung unentgeltlich begründet wird (str., so aber BGHZ 7, 174, 197). Der Beitritt zu einer

Innengesellschaft (anders bei Außengesellschaft) stellt keinen Vollzug der Schenkung gem. § 518 Abs. 2 BGB dar (Literatur lehnt diese Differenzierung ab, siehe Münch-Komm-Ulmer, § 705 Amn. 31).
Die übrigen Gesellschafter der Hauptgesellschaft müssen nicht mitwirken oder zustimmen. Enthält der Gesellschaftsvertrag der Hauptgesellschaft ein Verbot von Unterbeteiligungen, so greift § 137 BGB (Unzulässigkeit des rechtsgeschäftlich begründeten Verfügungsverbotes) nicht ein, weil die Gründung einer Unterbeteiligungsgesellschaft nicht eine Verfügung über einen Gesellschäftsanteil i. S. d. § 717 BGB enthält, sondern nur die Schaffung einer bloß schuldrechtlichen Mitberechtigung des Unterbeteiligten hieran. Die entgegen diesem Verbot abgeschlossene Unterbeteiligungsgesellschaft ist zwar wirksam, kann aber im Gesellschaftsvertrag der Hauptgesellschaft entsprechende Sanktionen für diesen Fall auslösen und im äußersten Fall bis zum Ausschluß des Hauptgesellschafters führen.

Rechtsstellung der Beteiligten:
Hauptgesellschafter
Der Hauptgesellschafter hat eine Doppelfunktion. Er ist zugleich Gesellschafter der Hauptgesellschaft und der Unterbeteiligungsgesellschaft. Er steht damit im Schnittpunkt zweier Gesellschaften, deren Rechtsverhältnisse grundsätzlich auseinandergehalten werden müssen. Bei Interessenkollisionen (z.b. Informationsrechte des Unterbeteiligten) greift der Vorrang der Hauptgesellschaft ein, d.h. der Hauptgesellschaftsvertrag bestimmt den Unterbeteiligungsvertrag, weil der Hauptgesellschaftsanteil die Grundlage der Unterbeteiligungsgesellschaft bildet. Der Unterbeteiligungsvertrag sollte daher dem Hauptgesellschaftsvertrag angepaßt werden, um Vertragslücken zu vermeiden.

Unterbeteiligter
Der Unterbeteiligte kann seine Rechte nur dem Hauptgesellschafter gegenüber geltend machen. Nur zu diesem steht er in unmittelbarer Rechtsbeziehung, nicht zur Gesellschaft oder Dritten (z.b. Gläubigern der Hauptgesellschaft). Der Unterbeteiligte ist nicht dinglich am Gesellschaftsvermögen der Hauptgesellschaft beteiligt.
Mangels vertraglicher Vereinbarungen richtet sich die Gewinnbeteiligung nach § 231 Abs. 1 HGB (nicht § 711 Abs. 1 BGB, so h.M.) und der Anspruch auf Rechnungslegung, Information und Kontrolle nach § 338 HGB (nicht § 716 Abs. 1 BGB, so h.M.). Der Anspruch auf Gewinn, Rechnungslegung etc. bezieht sich nur auf den Anteil an der Hauptgesellschaft. Aus diesem Grunde ist der Hauptgesellschafter nicht verpflichtet und berechtigt, dem Unterbeteiligten die Bilanzen und die Gewinn- und Verlustrechnung der Hauptgesellschaft mitzuteilen.

Auflösung und Auseinandersetzung
Die Unterbeteiligung kann sich, soweit vertraglich nichts anderes vereinbart ist, durch Zeitablauf, Kündigung und Ausscheiden des Hauptgesellschafters aus der Hauptgesellschaft (Gesellschaftszweck wird unmöglich, § 726 BGB), Beendigung der Hauptgesellschaft, Tod des Hauptbeteiligten (bestr., a.A. Münch-Komm-Ulmer, vor § 705 Anm. 59), Insolvenz des Hauptgesellschafters oder des Unterbeteiligten auflösen. Für die Kündigung gelten die Fristen des § 234 Abs. 1 HGB i.V.m. §§ 132,135 HGB. Die Unterbeteiligungsgesellschaft endet im Zweifel nicht mit dem

Tod des Unterbeteiligten. Die Grundsätze über die Nachfolge in Gesellschaftsanteile finden Anwendung.

Nach Auflösung gilt für die Auseinandersetzung § 235 HGB.

Arten der Unterbeteiligungen

Wie bei der stillen Gesellschaft wird zwischen **typischer** und **atypischer Unterbeteiligung** unterschieden. Diese Unterscheidung hat für das Steuerrecht Bedeutung. Ist der Unterbeteiligte intern an den Wertschwankungen des Gesellschaftsanteils des Hauptgesellschafters beteiligt und vielleicht sogar in der Geschäftsführung der Hauptgesellschaft tätig, so liegt eine atypische Unterbeteiligung vor.

Steuerrecht

Die einkommensteuerrechtliche Behandlung der Unterbeteiligung hängt davon ab, ob der Unterbeteiligte die Rechtsstellung eines stillen Gesellschafters (Unterbeteiligter: Einkünfte aus Kapitalvermögen gem. § 20 Abs. 1 Nr. 4 EStG; Hauptgesellschafter: Sonderbetriebsausgaben) oder eines Mitunternehmers (Unterbeteiligter: Einkünfte aus Gewerbebetrieb gem. § 15 Abs. 1 Nr. 2 EStG) innehat.

Beachte:

Der Unterbeteiligte kann nur dann Mitunternehmer sein, wenn es der Hauptbeteiligte ist. Bei der Unterbeteiligung an einem GmbH-Anteil, z.B. kann kein Mitunternehmerverhältnis zwischen Hauptgesellschafter und Unterbeteiligten begründet werden.

Nach dem BFH-Beschluß vom 5.11.1974 (BStBl. 11 1974, S. 414) muß über die Fragen, ob eine atypische stille Unterbeteiligung (Innengesellschaft) an dem Anteil des Gesellschafters an einer Personengesellschaft (Hauptgesellschaft) besteht und wie hoch der Anteil des Unterbeteiligten ist, in einem besonderen Gewinnfeststellungsverfahren für die Innengesellschaft entschieden werden. Für jede Mitunternehmerschaft (Hauptgesellschaft sowie Unterbeteiligungsgesellschaft) sind daher die Einkünfte einheitlich und gesondert festzustellen.

Ausnahmsweise kann es auch vorkommen, daß der Unterbeteiligte als Mitunternehmer der Hauptgesellschaft anzusehen ist (BFH BStBl. II 1974, S. 480).

Teil III: Die Kapitalgesellschaften

Vorbemerkungen (Grundlagen)

Bedeutung der Kapitalgesellschaften

Zwar spielen Personengesellschaften – insbesondere in der Rechtsform der GmbH & Co KG und der GbR – im Wirtschaftsleben noch immer eine nicht unbedeutende Rolle, doch haben sich die **Kapitalgesellschaften zur weitaus bedeutsamsten Organisationsform für Unternehmen** entwickelt. So waren bereits im Jahre 1982 von den 100 größten Wirtschaftsunternehmen der Bundesrepublik 88 in der Rechtsform der Kapitalgesellschaft organisiert, nur 8 wählten die Konstruktion der Personengesellschaft.

Die Entwicklung im Recht der Kapitalgesellschaft schreitet – vergleicht man die einzelnen Gesellschaftsformen – mit sehr unterschiedlicher Dynamik voran. Erneut hat sich das AktG im Hinblick auf § 23 Abs. 5 Aktiengesetz – von den gesetzlichen Neuregelungen abgesehen – als weitgehend statische Materie erwiesen, so daß Neuerungen allenfalls partiell zu verbuchen sind. Allerdings hat sich der Gesetzgeber zum Ende der Legislaturperiode 1998 – vermittels des Gesetzes zur Kontrolle und Transparenz im Unternehmensbereich vom 27.4.1998 (KonTraG – BGBl. I 786) und des Dritten Finanzmarktförderungsgesetzes vom 24.3.1998 (BGBl. I S. 529) – bemüht, zumindest die „börsennotierte Aktiengesellschaft" (vgl. § 3 Abs. 2 AktG) verstärkt am Konzept des „shareholder value" auszurichten und damit den Bedürfnissen der internationalen Kapitalmärkte zu öffnen. Zudem hat die Umstellung auf den Euro einige notwendige Änderungen mit sich gebracht (vgl. das Euro-Einführungsgesetz – EuroEG vom 9.6.1998, BGBl. I S. 1242). Demgegenüber weist das GmbH-Recht, richtet man das Augenmerk auf die vom Gesetzgeber bewußt offen gelassene Problematik der Unternehmensverbindungen, eine geradezu stürmische Veränderung auf. Hier zeichnet sich mittlerweile das Bild eines ausdifferenzierten und – trotz mancher dogmatischer Unklarheiten – in sich konsistenten GmbH-Konzernrechts ab. Ob dies seinerseits auch Rückwirkungen im Aktienrecht zeitigt, wird abzuwarten sein.

Mittlerweile zeichnet sich auch weiterhin eine deutliche Zunahme der Zahl der Kapitalgesellschaften und zwar sowohl der Aktiengesellschaften als vor allem der GmbH ab. Erstere hat sich von Anfang der achtziger Jahre bis Mitte 1999 von ca. 2300 auf über 4500 Unternehmen dieser Rechtsform fast verdoppelt. Zunehmend werden größere Gesellschaften in der Form der GmbH in Aktiengesellschaften umgewandelt, um somit den Beteiligten den Zugang zum Kapitalmarkt zu erschließen (going public). Der Gesetzgeber hat diese Entwicklung durch eine – vorsichtige – Modifikation des AktG begünstigt. Dies betrifft zunächst das Gesetz über die „Kleine Aktiengesellschaft" vom 2.8.1994 (BGBl. I S. 1961), welches insbesondere die Möglichkeit der Einmann – Gründung auch für die AG (vgl. § 2 AktG) eröffnet hat. Das Gesetz hat allerdings keine „Sonderrechtsform" geschaffen, sondern wurde als integraler Bestandteil in das AktG eingearbeitet. Erhebliche Veränderungen sind darüber hinaus mit dem bereits erwähnten KonTraG, welches vor allem die Verantwortung von Vorstand und Aufsichtsrat neu „abgestimmt" hat, sowie mit der Ein-

führung der Stückaktien (Stückaktiengesetz - Stück AG vom 25.3.1998, BGBl. I 590) verbunden.
Die Zahl der Gesellschaften mit beschränkter Haftung liegt derzeit bei über 900.000 Gesellschaften. Die „Millionengrenze" dürfte alsbald überschritten sein. Insbesondere die hohe innere Flexibilität der GmbH macht diese fast zur idealen Rechtsform. Einengungen drohen hier eher von Seiten der Rechtsprechung vermittels der zunehmenden „Ausdehnung" der haftungsrechtlichen Einstandspflicht der Geschäftsführer und Gesellschafter. Durch das Kapitalaufnahmeerleichterungsgesetz (Kap-AEG v.13. 2.1998, BGBl. I 707) sind Gesellschafter, deren Beteiligung 10% nicht übersteigt, von den „Verstrickungsregelungen" hinsichtlich eigenkapitalersetzender Gesellschafterdarlehen befreit werden. Dies dürfte zwar für die Beteiligten den Zugang zur GmbH erleichtern, dennoch erscheint fraglich, ob sich die Regelung nach Sinn und Zweck konsistent in das bestehende Regelungsmodell einfügt.

Typisierung

Berücksichtigt man die Bedeutung von AG und GmbH für die Wirtschaftspraxis, so ergibt sich zwangsläufig die Notwendigkeit einer vertieften Beschäftigung mit dem Recht der Kapitalgesellschaften. Wenn im folgenden wesentliche Strukturmerkmale - im Unterschied zu den erörterten Personengesellschaften - überblicksartig skizziert werden, so muß stets bedacht werden, daß es sich hierbei um eine **idealtypische** Betrachtungsweise handelt. Da bei der Ausgestaltung von Gesellschaftsverträgen - jedenfalls hinsichtlich der Binnenstruktur (Innenverhältnis) - weitgehend Vertragsfreiheit herrscht (hierzu §§ 109, 163 HGB, § 45 Abs. 2 GmbHG einerseits - aber § 23 Abs. 5 AktG! anderseits), lassen sich die jeweiligen gesellschaftsrechtlichen Grundtypen - innerhalb gewisser Grenzen - einander annähern (vgl. die Ausführungen zur Grundtypenvermischung unten V 1).

Körperschaft

Abstrahiert man von dieser Gestaltungsmöglichkeit, so weisen die Kapitalgesellschaften - aber auch die Genossenschaft - typischerweise eine **körperschaftliche** Struktur auf, sie sind somit - im Gegensatz zum Rechtstypus der Personengesellschaft (hierzu: § 727 BGB) - in ihrem Bestand weitgehend unabhängig von den hinter ihr stehenden Gesellschaftern (siehe jetzt aber auch § 131 Abs.3 HGB in der Fassung durch das HRefG). Körperschaften, als besondere Ausprägung des wirtschaftlichen Vereins (§ 22 BGB), sind vielmehr auf den Wechsel ihres Mitgliederbestands angelegt, wenn sich auch zwischen AG und eG - als paradigmatischen Publikumsgesellschaften - einerseits und der GmbH - als „personalistischer Kapitalgesellschaft" - anderseits deutliche Unterschiede ergeben. Theoretisch - wenn auch kaum praktisch und eher „funktionwidrig" - ist zumindest die „Keinmann-GmbH" - ohne Gesellschafter - vorstellbar.

Juristische Person

Die „Perpetuierung" der Kapitalgesellschaft als Unternehmensträger wird noch verstärkt durch deren Anerkennung als **juristische Person,** als „Gesellschaft mit eigener Rechtspersönlichkeit" (so § 1 Abs. 1 Satz 1 AktG, siehe auch § 13 Abs. 1 GmbHG). Sie wird dadurch eigenständiges Zuordnungssubjekt von Rechten und Pflichten. Allerdings ist die Rechtssubjektivität - wie § 124 HGB zeigt - nicht auf juristische Personen beschränkt, sondern erfaßt auch die Personengesellschaften des Handelsrechts (oHG, KG) sowie - richtigerweise - die mitunternehmerische GbR

Teil III: Kapitalgesellschaften

(vgl. oben I 2.Kapitel 4). Erhebliche Unterschiede bestehen demgegenüber hinsichtlich des „Haftungsmodells":

Aus Rechtsgeschäften der – durch ihre Organe handelnden – Kapitalgesellschaft wird nur diese verpflichtet, eine darüber hinausgehende Schuldenhaftung der Gesellschafter (siehe z.B. § 128 HGB für die handelsrechtlichen Personengesellschaften oHG und KG) findet regelmäßig nicht statt (vgl. § 1 Abs. 1 S. 2 AktG, § 13 Abs. 2 GmbHG).

Erwerb der Haftungsbeschränkung

Exkurs: Die Verleihung der Haftungsbeschränkung

Für die Erlangung der Haftungsbeschränkung privatrechtlicher Organisationsformen haben sich im Laufe der Rechtsentwicklung drei verschiedene Lösungsmodelle herausgebildet:

a) Die eigene Rechtspersönlichkeit des Personenverbandes kann bereits aus dem rechtsgeschäftlichen Grundakt, dem Abschluß des Gesellschaftsvertrages, resultieren. Die Bildung der **juristischen Person** liegt dann in der Hand ihrer Gründer – **System der freien Körperschaftsbildung.**

b) Die Eigenschaft einer juristischen Person kann andererseits durch begünstigenden (statusbegündenden) Verwaltungsakt von staatlicher Seite verliehen werden – Konzessionssystem. Dieser Lösungsansatz liegt der Regelung des § 22 BGB zugrunde. Ein Verein, dessen Zweck auf einen wirtschaftlichen Geschäftsbetrieb gerichtet ist, erlangt die Rechtsfähigkeit durch **staatliche Verleihung.**

c) Der Gesetzgeber kann die Rechtspersönlichkeit einer Gesellschaft von bestimmten, normierten Voraussetzungen abhängig machen, deren Vorliegen durch eine Verwaltungsbehörde (hier: Registergericht) zu prüfen ist. Sind die Anforderungen erfüllt, so besteht ein **Rechtsanspruch** auf Eintragung in ein **öffentliches Register,** mit der Eintragung entsteht die juristische Person – **System der Normativbedingungen oder Normativbestimmungen.**

Der Gesetzgeber hat sich im Gesellschaftsrecht für den letzten Weg entschieden (§ 41 Abs. 1 AktG, § 11 Abs. 1 GmbHG, § 13 GenG , für den Idealverein siehe § 21 BGB), Aktiengesellschaft und Gesellschaft mit beschränkter Haftung sowie die Genossenschaft erlangen eigene Rechtspersönlichkeit mit der Eintragung in das bei den Amtsgerichten (§ 8 HGB, 125 Abs.1 FGG) geführte Handels- bzw. Genossenschaftsregister. Zwar erlangt der „wirtschaftliche" Verein (s.o.) seine Rechtsfähigkeit nach wie vor durch staatlichen Verleihungsakt (§ 22 BGB), doch findet dies seine Rechtfertigung in den fehlenden Bestimmungen eines normativen Gläubigerschutzes. Es ist den Initiatoren des Zusammenschlusses daher im Regelfall zuzumuten, sich als Unternehmensträger der „Sonderformen" des wirtschaftlichen Vereins zu bedienen, die – insbesondere im Rahmen der Kapitalaufbringung und -erhaltung – institutionalisierte Regelungen zum Schutze der Vertragspartner aufweisen: die Kapitalgesellschaften (AG, KGa.A, GmbH) und Genossenschaften. Die Gründung eines wirtschaftlichen Vereins kommt somit nur ausnahmsweise in Betracht, soweit sich ein Rückgriff auf die Organisationsformen des Gesellschaftsrechts als nicht zumutbar erweist (vgl. BVerwGE 58, S. 26 ff, 33 ff – „Funktaxizentrale" = NJW 1979, S. 2261).

Kapitalistische Struktur

Die Binnenordnung der Kapitalgesellschaft ist – im Gegensatz zum Idealtypus der Personengesellschaft – weitgehend kapitalistisch strukturiert und weist weniger ausgeprägte personale Bezüge auf. **Abstimmungen** im Entscheidungsprozeß der Gesellschafter **erfolgen nach Kapitalanteilen** (§ 134 Abs. 1 AktG, § 47 Abs. 2 GmbHG), nicht nach Köpfen (so aber: §§ 709 Abs. 2 BGB, 119 Abs. 2 HGB). Allerdings sollte dieses Unterscheidungsmerkmal auch nicht überbewertet werden. So wird in Personengesellschaften, die ein kaufmännisches Unternehmen zum Gegenstand haben (dies ist bei oHG und KG stets der Fall, § 105 Abs. 1 und 2 HGB!), regelmäßig eine Abstimmung nach Kapitalanteilen vereinbart. Zudem weist zumindest die GmbH – ihrem Zweck nach auf den Zusammenschluß weniger Unternehmensgesellschafter zugeschnitten – ausgeprägt personalistische Züge auf, sie konstituiert den Typus der **personalistischen Kapitalgesellschaft.**

Treuepflichten

Was die Ausbildung von „gesellschaftsrechtlichen Treuepflichten" im Verhältnis der Gesellschafter untereinander betrifft, so ist seit längerer Zeit anerkannt, daß deren Existenz nicht auf personengesellschaftsrechtliche Zusammenschlüsse beschränkt werden kann. Hier mag es im einzelnen Abstufungen geben, jedenfalls im Recht der GmbH wird deren Vorliegen kaum geleugnet (BGHZ 65, S. 15 ff, 18; BGHZ 98, S. 276 ff, 279).

Zudem hat die Rechtsprechung nunmehr auch im Aktienrecht entsprechende Bindungen anerkannt – und zwar sowohl für Mehrheitsgesellschafter (BGHZ 103, S. 184 ff) als auch für Minderheitsgesellschafter (BGHZ 129, S. 136 ff, 142 – „Girmes"). Allerdings weist die „Ausprägung" der Treuebindung – je nach Gesellschaftsform – durchaus Unterschiede auf. Gründet diese bei den Personengesellschaften vor allem in der gemeinsamen „Arbeits- und Haftungsgemeinschaft" der Gesellschafter – also im Aspekt des Risikoverbundes –, so obliegt der Treuepflicht im Rahmen des AktG vor allem die ausgleichende Machtkontrolle gegenüber dem herrschenden Gesellschafter sowie der Schutz vor dem funktionswidrigen Mißbrauch von Minderheitsrechten.

Haftungsfonds

Die eigene Rechtssubjektivität der Kapitalgesellschaft, die Nichthaftung der Gesellschafter, bedarf auf der anderen Seite ihres risikobegrenzenden Korrelats: Der Schutz der jeweiligen Kontrahenten der Gesellschaft und damit die Kreditgrundlage der Gesellschaft muß gewährleistet sein. Diese Funktion übernimmt bei den Kapitalgesellschaften der zwingend vorgeschriebene und gesondert gesicherte **Haftungsfonds,** das Grund- bzw. Stammkapital des Unternehmens (hierzu: §§ 7 AktG, 5 GmbHG). Zwar ist dessen Bestand gegen eventuelle Betriebsverluste im Laufe der Unternehmensentwicklung nicht geschützt, doch wird zumindest die **Kapitalaufbringung** im Zeitpunkt der Unternehmensgründung durch entsprechende gesetzliche Vorschriften gewährleistet, die auch die Rückzahlung des Haftungsfonds (Garantiekapitals) an die Gesellschafter verhindern **(Grundsatz der Kapitalerhaltung).**

Fremdorganschaft

Die Unternehmensleitung der Kapitalgesellschaft liegt regelmäßig – in der GmbH gilt dies wegen ihres stärker ausgeprägten personalistischen Charakters nur eingeschränkt – in der Hand bezahlter **Manager** in Organstellung. Es gilt folglich – anders als bei den Personengesellschaften und – angesichts des „Förderauftrags" – der Genossenschaften (vgl. § 9 Abs.1 GenG) – das Prinzip der **Dritt- oder Fremdorganschaft.** Die Organwalter können, müssen jedoch nicht Gesellschafter sein.

Teil III: Kapitalgesellschaften

Für das Handeln ihrer Organe hat die Körperschaft gem. § 31 BGB ohne Entlastungsmöglichkeit einzustehen. Dies gilt sowohl im Bereich der vertraglichen wie in dem der deliktischen Haftung.

Synopse

	Personengesellschaften	Kapitalgesellschaften
Auftreten im Rechtsverkehr	Handelt im Grundtypus (BGB-Gesellschaft) **unter dem Namen aller Gesellschafter**	delt unter eigenem, den Verbandszweck angebenden **Namen**
Geschäftsführung und Vertretung	Geschäftsführung und Vertretung erfolgen grundsätzlich durch die Gesellschafter. Es gilt das Prinzip der **Selbstorganschaft**.	Geschäftsführung und Vertretung erfolgen durch spezielle „Organe". Die Mitglieder der Organe müssen **nicht** Gesellschafter sein. Es gilt das Prinzip der **Fremdorganschaft**.
Perpetuierung	Der Verband ist gem der (dispositiven) Regelung des Gesetzgebers in seiner Existenz **abhängig** vom ursprünglichen Mitgliederbestand. Die Mitgliedschaft ist **prinzipiell nicht übertragbar**.	Der Verband ist in seiner Existenz **unabhängig** vom jeweiligen Mitgliederbestand. Die Mitgliedschaft ist **übertragbar**.
Vermögensordnung	Das Gesellschaftsvermögen unterliegt einer gesamthänderischen Bindung	Der Verband (die Körperschaft) ist Trägerin des Gesellschaftsvermögens.
Haftungsordnung	Die Gesellschafter haften persönlich für die Gesellschaftsschulden als Gesamtschuldner.	Für die Gesellschaftsschulden haftet regelmäßig nur das Gesellschaftsvermögen.

1. Kapitel: Die Aktiengesellschaft

1.1 Wirtschaftliche Bedeutung und Funktion der Aktiengesellschaft

Kapitalsammelstelle

Die Aktiengesellschaft ist die typische Organisationsform des Großunternehmens in der Marktwirtschaft. Zwar wird sie an gesamtwirtschaftlicher Bedeutung mittlerweile durch die GmbH übertroffen, dominiert jedoch eindeutig die Gruppe der wirtschaftsstärksten Unternehmen. Die Bedeutung dieser Rechtsform liegt vorwiegend darin begründet, daß die **Kapitalsammelstelle** Aktiengesellschaft sich überall dort als funktionsgerechte Organisationsform anbietet, wo dem Faktor (Eigen-)Kapital eine bedeutende Rolle zukommt, wo folglich hohe Beträge an Risikokapital für den Unternehmenszweck unerläßlich sind. Diese **Kapitalbeschaffung** ermöglicht die Aktiengesellschaft durch eine nur ihr eigene Funktion: der Transformation **kurzfristigen Anlagekapitals** seitens der Gesellschafter (Aktionäre) in **langfristiges Eigenkapital** des Aktienunternehmens. Durch die aktienspezifische Ausgestaltung der Mitgliedschaftsrechte (und damit der Gesellschafterstellung), sowie deren (noch) regelmäßige Verbriefung (vgl. jetzt aber § 10 Abs. 5 AktG), in – nach den Regeln der §§ 929 ff. BGB übertragbare – Inhaberpapiere (Aktien), ist es dem einzelnen Gesellschafter möglich (Einschränkungen ergeben sich aus dem marktwirtschaftlichen Prinzip von „Angebot und Nachfrage"), sich jederzeit von seiner Kapitalanlage im Wege des Veäußerung an einen neuen Anleger, der nun an seiner Stelle die Gesellschafterstellung einnimmt, zu trennen. Dieser Veräußerungsvorgang läßt die Eigenkapitalbasis der Gesellschaft völlig unberührt, die einmal geleistete Einlage bleibt – von Maßnahmen der Kapitalherabsetzung abgesehen – dem Unternehmenszweck **auf Dauer gewidmet (vgl. § 57 AktG).** Ihr Wert läßt sich für den Inhaber nur durch Veräußerung an einen Dritten realisieren.

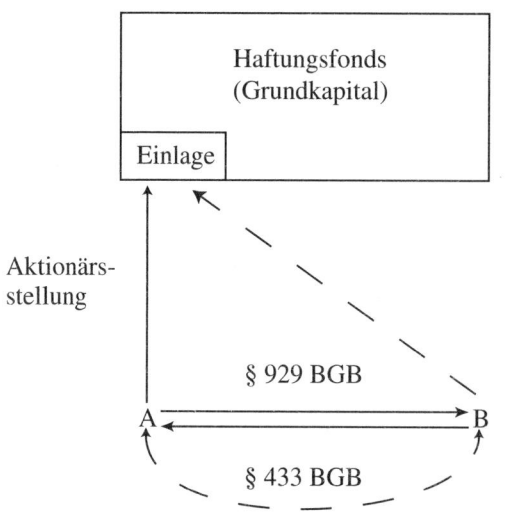

```
                    ┌─────────────────────┐
                    │   Haftungsfonds     │
                    │   (Grundkapital)    │
            ┌───────┤                     │
            │Einlage│                     │
            └───────┴─────────────────────┘
                ↑  ↖
                │    ╲
Aktionärs-      │      ╲
stellung        │        ╲
                │          ╲
                │   § 929 BGB╲
                │              ╲
                A ←─────────────→ B
                ↑               ↑
                ╲   § 433 BGB  ╱
                  ╲ _ _ _ _ _ ╱
```

Die durch A erbrachte Einlage bleibt dem Unternehmenszweck auf Dauer gewidmet. Sie ist nicht rückzahlbar. Den (Kurs-)Wert seiner Einlage kann A jederzeit dadurch realisieren, daß er diese an B veräußert, der nun an Stelle des A Gesellschafter (Aktionär) wird.

Realisierung des (Kurs-)Wertes durch Übertragung einer Inhaberaktie

Diese freie Veräußerlichkeit der Mitgliedschaftsrechte unterscheidet die Aktiengesellschaft wesentlich von der GmbH (hierzu: § 15 Abs. 3, 4, 5 GmbHG), deren nicht verbriefte Anteilsrechte die Bildung eines freien Beteiligungsmarktes nicht zulassen und somit dem Gesellschafter die Liquidierung seiner Einlage erschweren. Gerade die hier zutage tretende Bindung der Gesellschafter bestimmt entscheidend den **„personalistischen" Charakter der GmbH.** Die Bemühungen, auch der GmbH den Zugang zum Kapitalmarkt zu eröffnen, sind bisher ohne Erfolg geblieben. Der Gesetzgeber hat sich mit dem Gesetz über die „Kleine Aktiengesellschaft" für den gegenteiligen Weg einer vorsichtigen (und durchweg unzureichenden) Liberalisierung des Aktienrechts entscheiden.

Erscheinungsform der Aktiengesellschaft
Rechtstatsächlich, also nach ihrer Erscheinungsform im Wirtschaftsleben, unterscheidet man heute drei unterschiedliche Typen von Aktiengesellschaften.
a) Die dem Leitbild der gesetzlichen Regelung entsprechende **Publikumsgesellschaft:** Ihr Grundkapital verteilt sich auf eine Vielzahl anonymer (Klein-)Aktionäre, die in ihrer individuellen Stellung keinen entscheidenden Einfluß auf die Geschicke der Gesellschaft ausüben können (Beispiel: die drei Großbanken, Deutsche Bank, Dresdner Bank und Commerzbank). Da sich die Möglichkeiten der

Aktionäre hier auf die reine Vermögensanlage reduzieren, entsprechen diese dem Typus des **Anlagegesellschafters**, auf **Portfolio-Investitionen** beschränkt.

b) Die durch einen oder mehrere Mehrheitsaktionäre dominierte, **beherrschte Gesellschaft:** Hier werden die Operationen des Unternehmens weitgehend durch den herrschenden Aktionär in seiner Rolle als **Unternehmensgesellschafter** (bei mehreren herrschenden Aktionären: Mitunternehmer) bestimmt (Beispiel: Einmanngesellschaften, Familiengesellschaften). Die Anlage des Mehrheitsaktionärs ist ihrem Erscheinungsbild nach eine **Direkt-Investition**.

c) Als besonderer Typus, dem sowohl rechtlich als auch wirtschaftlich große Bedeutung zukommt, hat sich aus der Gruppe der durch Mehrheitsaktionäre dominierten Unternehmen diejenige Teilgruppe herausdifferenziert, bei der dem Mehrheitsgesellschafter seinerseits **Unternehmenseigenschaft** zukommt, er also auch außerhalb der beherrschten Gesellschaft unternehmerische Aufgaben wahrnimmt. Dem hieraus drohenden Interessenkonflikt mit eventuell verbleibenden **Minderheitsaktionären** und **außenstehenden Gläubigern** hat das Deutsche Aktienrecht durch die Ausbildung eines eigenen Konzernrechts (§§ 15 ff., 291 ff. AktG) Rechnung getragen.

Den unter b) und c) aufgeführten Grundtypen des Aktienunternehmens dürften heute etwa 90 % aller Gesellschaften entsprechen. Dem wird – von der Regelung des Konzernrechts abgesehen – das gesetzliche Leitbild der Aktiengesellschaft nicht mehr überall gerecht.

Bedeutung der Erscheinungsform

Der hier vorgenommenen Unterteilung der Aktiengesellschaften, je nach ihrer Erscheinungsform, kommt nicht lediglich rechtssystematisches Interesse zu. Vielmehr wird das Funktionieren des aktienrechtlichen Instrumentariums weitgehend von diesen wirtschaftlichen Gegebenheiten vorbestimmt. So wird durch die – mit der Zersplitterung des Grundkapitals in der Publikumsgesellschaft verbundene – Entmachtung der Hauptversammlung die Stellung der Verwaltung (Vorstand, Aufsichtsrat) entscheidend gestärkt. Dies führt zu dem – vor allem in der angelsächsischen Literatur – **vielbeschriebenen Auseinanderfallen von Eigentümerstellung und Leitungsmacht** im Unternehmen (split between ownership and control).

Andererseits wird in der beherrschten Gesellschaft – entgegen dem Leitbild des § 76 AktG – die führende Stellung des Vorstandes in der Aktiengesellschaft faktisch erheblich eingeschränkt. Zumindest im Vertragskonzern (§§ 291, 308 ff. AktG) entspricht dieser faktischen Begrenzung vorstandlicher Leitungsmacht auch eine rechtliche Weisungsbefugnis des Mehrheitsgesellschafters (§ 308 Abs. 1 AktG). Es gilt somit, die Praktikabilität aktienrechtlicher Normen stets vor dem Hintergrund der jeweiligen Erscheinungsform der Aktiengesellschaft zu sehen.

1.2 Verfassung und Grundstruktur der Aktiengesellschaft

Gestaltungsfreiheit

Im Gegensatz zum Recht der Personengesellschaften (§§ 109, 163 HGB), aber auch – und dies ist als Unterscheidungskriterium von wesentlicher Bedeutung – zum Recht der GmbH (§ 45 GmbHG)!, ist die Ausgestaltung der aktienrechtlichen Binnenstruktur (Innenverhältnis) weitgehend **zwingender Natur:** § 23 Abs. 5 AktG –

lesen! Der hier zu Tage tretende Grundsatz der „**formellen Satzungsstrenge**" ist von zentraler Bedeutung für das Verständnis des Aktienrechts. Gerade die mangelnde „Flexibilität" bei der internen Ausgestaltung der aktienrechtlichen „corporate governance" begründet einen mitunter entscheidenden Nachteil gegenüber der Anpassungsfähigkeit der US-amerikanischen „business corporation" und dem englischen „company law".

Da die Leitungsstrukturen der AG weit deutlicher ausgeprägt sind, als dies im Recht der GmbH der Fall ist, ist ihr Verständnis überdies Grundvoraussetzung für die Beschäftigung mit der – in vielen Punkten als Alternative zur AG konzipierten – GmbH.

Die Aufgaben innerhalb der Gesellschaft werden hierbei durch die Satzung, die – obwohl gleichzeitig Gesellschafts**vertrag** der Gründer – entsprechend ihrer quasinormativen Funktion zum **Schutz der künftigen Aktionäre** objektiv auszulegen ist (RGZ 159, 321 ff, 326; BGHZ 36, S. 296 ff), auf drei Handlungsebenen (Organe) verteilt: den Vorstand (§§ 76 ff. AktG), den Aufsichtsrat (§§ 95 ff. AktG) und die Hauptversammlung (§ 118 ff. AktG).

Organe der Aktiengesellschaft

Dabei erweist sich der **Vorstand** als das eigentliche Leitungsorgan des Unternehmens (§ 76 Abs. 1 AktG lesen!).

Dem **Aufsichtsrat** unterliegt neben seiner **Kontrollfunktion** (§ 111 Abs. 1 AktG – lesen!) die **Bestimmung der Personalpolitik** auf der organschaftlichen Führungsebene (§ 84 Abs. 1 AktG).

Demgegenüber bleibt die Funktion der **Hauptversammlung** – von Beschlüssen über die Entlastung der Organmitglieder (§ 120 AktG), die Gewinnverteilung (§ 174 Abs. 1 AktG) und der Wahl (jedenfalls eines Teils) der Aufsichtsratsmitglieder abgesehen (§ 101 AktG) – im wesentlichen auf **Grundlagenentscheidungen** (Satzungsänderungen, Unternehmensverträge) beschränkt (§§ 119 Abs. 1, 293 AktG).

Inwiefern diese grundlegende Aufgabenteilung in **Leitungs-, Kontroll- und Grundlagenorgan** im Einzelfall durchbrochen wird, ist zusammen mit der jeweiligen Innenstruktur des Organs und dessen Funktionsbeschreibung gesondert zu erörtern.

„board-system"

Dieses „Drei-Stufen-Modell" aktienrechtlicher Aufgabendifferenzierung ist nicht zwingend und steht im Gegensatz zu dem im angelsächsischen Rechtskreis anzutreffenden „board-system", welches nur zwischen einem Leitungsorgan – „**board of directors**" – und der Gesellschafterversammlung (shareholder's meeting) unterscheidet. Allerdings besteht auch innerhalb des board-Systems eine funktionale Aufgabenteilung zwischen unternehmensleitenden **inside-directors** (im englischen Recht: executive-directors) und überwiegend mit Überwachungsaufgaben betrauten **outside-directors** (non-executive-directors). Die eigentliche Unternehmensleitung liegt hierbei meist in den Händen von leitenden Angestellten (**executive officers**), vor allem des „chief executive officers" (CEO). Bei den inside-directors handelt es sich um Vorstandsmitglieder, die gleichzeitig als officers in einem Anstellungsverhältnis zur Gesellschaft stehen. Der Vorteil des deutschen Sytems liegt in einer strengen Trennung von Überwachungs- und Leitungsfunktion (**two-tier-board**), der des anglo-amerikanischen Modells in dem eher gleichgewichtigen Informationsstand aller board-Mitglieder (**one-tier-board**).

Grundstruktur der Aktiengesellschaft

Vorstand:
Leitungs- und Vertretungsorgan
Aufsichtsrat:
Kontroll- und Personalorgan
Hauptversammlung:
Grundlagenorgan, Wahlorgan des Aufsichtsrates

Handelsgesellschaft

Die Aktiengesellschaft ist ihrem rechtlichen Erscheinungsbild nach eine **juristische Person** (§ 1 Abs. 1 AktG). Sie erweist sich aufgrund ihrer Struktur als Prototyp der **Kapitalgesellschaft** und gilt auch dann als **Handelsgesellschaft,** wenn der Gegenstand des Unternehmens nicht im Betrieb eines Handelsgewerbes besteht (§ 3 AktG). Sie ist somit stets Kaufmann (§ 6 Abs. 2 HGB).

Folglich findet das Sonderprivatrecht des Handelsgesetzbuches auf die Aktiengesellschaft Anwendung. Kaufmannseigenschaft kommt hierbei alleine **der Gesellschaft** zu, Mitglieder des Exekutivorgans (Vorstand) sind keine Kaufleute, sie können jedoch gemäß § 109 GVG zum **Handelsrichter** ernannt werden.

Aktie

Die Aktiengesellschaft verfügt über ein in **Aktien** zerlegtes Grundkapital (§ 1 Abs. 2 AktG), den zwingend vorgeschriebenen **Haftungsfonds** des Unternehmens.

Hierbei ist zu beachten, daß der Begriff der Aktie im Gesetz keinen einheitlichen Gebrauch findet. So versteht der Gesetzgeber in § 1 Abs. 2 AktG die Bezeichnung als **Teil des Grundkapitals.** Andererseits wird mit dem Begriff der Aktie auch die **mitgliedschaftliche Stellung des Aktionärs** in ihrer komplexen Ausgestaltung verstanden.

Zudem umfaßt die Bezeichnung die das Mitgliedschaftsrecht verbriefende **Urkunde** (vgl. § 10 AktG). Es ist daher hinsichtlich des Sprachgebrauchs des Gesetzes genau zu differenzieren.

Grundkapital der Gesellschaft und Nennbetrag der Aktien müssen auf einen Betrag in Euro lauten (§ 6 AktG). Hierbei beträgt der Mindestnennbetrag des Grundkapitals 50.000 Euro (§ 7 AktG), der Mindestnennbetrag der Aktien ist auf 1 Euro festgelegt (§ 8 Abs.2 AktG). Die Umstellung eines bisher in DM ausgewiesenen Grundkapitals bestimmt sich nach Maßgabe von § 4 EGAktG.

Darüber hinaus ist nunmehr auch die Ausgabe von Stückaktien ohne Nennwert zulässig (vgl. § 8 Abs.1 AktG) und dürfte sich – insbesondere im Zusammenhang mit der Euro-Umstellung – als Regelform durchsetzen. Zwar verkörpern auch Stückaktien einen Anteil am Grundkapital der Gesellschaft, doch lauten diese nicht auf einen Nennbetrag. Dies erleichtert insbesondere die Umstellung auf den Euro, da eine Anpassung der (krummen) Nennwerte nicht erforderlich ist. Die Errechnung eines „fiktiven" Nennbetrags ergibt sich durch die Division des Grundkapitals durch die Anzahl der ausgegebenen Aktien. Folglich verbrieft jede Aktie den gleichen Anteil am Grundkapital (§§ 8 Abs.3, 16 Abs.2 AktG) und gewährt eine Stimme in der Hauptversammlung (§ 134 Abs.1 S.1 AktG).

Inhaberaktien und Namensaktien

Zwar handelte es sich bei den in der Vergangenheit ausgegebenen Aktien meist um Inhaberpapiere, doch machen deutsche Aktiengesellschaften zunehmend von der Möglichkeit zur Ausgabe von Namensaktien Gebrauch (vgl. §§ 67 ff AktG). Zwar ist deren Übertragung erschwert (vgl. § 68 AktG), doch ermöglichen elektronische Register eine rasche Abwicklung der Transaktion. Als entscheidender Vorteil erweist sich aus Sicht der Gesellschaft, daß die Kenntnis von Name und Anschrift der Aktionäre die Möglichkeit einer individuellen Ansprache der Anleger seitens der Verwaltung eröffnet und die Durchführung „feindlicher Übernahmen" erschwert (vgl. Noack, DB 1999, S. 1306 ff).

Firma

Als juristische Person des Handelsrechts tritt die Aktiengesellschaft im Rechtsverkehr unter ihrer **Firma** (§ 17 HGB) in Erscheinung. Nach der Neuregelung durch das Handelsrechtsreformgesetz ist die ursprüngliche Bindung an eine Sachfirma entfallen. Die Firma kann folglich auch als Personenfirma oder mit (unterscheidungskräftigen) Phantasiebezeichnungen gebildet werden. Sie muß in allen Fällen die Bezeichnung Aktiengesellschaft oder eine verständliche Abkürzung (AG) enthalten.

1.3 Die Organe der Aktiengesellschaft

1.3.1 Der Vorstand

1.3.1.1 Die Geschäftsführungsautonomie

Literatur: Feddersen/Hommelhoff/Schneider (Hrsg.), Corporate Governance, 1996
Keßler, Leitungskompetenz und Leitungsverantwortung im deutschen, US-amerikanischen und japanischen Aktienrecht, RiW 1998, S. 602 ff;
Kübler, Shareholder Value: Eine Herausforderung für das Deutsche Recht?, FS Zöllner, 1998, Bd.I, S. 321 ff;
Martens, Der Grundsatz gemeinsamer Vorstandsverantwortung, FS Fleck, 1988, S. 191 ff;
Mülbert, Shareholder Value aus rechtlicher Sicht, ZGR 1997, S. 129.

Der Vorstand ist das eigentliche **Leitungsorgan** des Unternehmens. Ihm obliegen Geschäftsführung (§§ 76 Abs. 1, 77, 82 Abs. 2 AktG) und **Vertretung** im (rechtsgeschäftlichen) Handeln nach außen (§§ 78, 82 Abs. 1 AktG, siehe aber auch § 112 AktG!).

Organhaftung

Handlungen des Vorstandes „in Ausführung der ihm zustehenden Verrichtungen" stellen sich als solche der Aktiengesellschaft dar (§ 31 BGB). Damit trägt der Gesetzgeber dem Umstand Rechnung, daß die AG als juristische Person zur Gewährleistung ihrer rechtlichen und tatsächlichen Handlungsfähigkeit notwendig der „Vermittlung" seitens ihrer Organe bedarf. Dies hat zur Folge, daß entsprechend § 31 BGB die AG für schädigende Handlungen und Unterlassungen ihrer Vorstandsmitglieder sowohl im vertraglichen wie im außervertraglichen Bereich ohne Entlastungsmöglichkeit einzustehen hat. Eine mögliche (deliktische) Eigenhaftung des Organmitglieds bleibt hiervon unberührt. AG und Organwalter haften gegebenenfalls als Gesamtschuldner (§§ 830, 840, 421 ff BGB).

In seiner Eigenschaft als Führungsorgan ist der Vorstand weitgehend autonom und **grundsätzlich an Weisungen nicht gebunden** (§ 76 Abs. 1 AktG). Dies unterscheidet seine Stellung deutlich von der GmbH-Geschäftsführung, die im Einzelfall dem Weisungsrecht der Gesellschafterversammlung oder des Alleingesellschafters untergeordnet ist (§ 37 Abs. 1 GmbHG). Die hier zu Tage tretende Leitungsautonomie ermöglicht es dem Vorstand, in flexibler und rascher Weise die Unternehmenspolitik an veränderte Marktverhältnisse anzupassen, ohne an die – mitunter verzögernde – Mitwirkung anderer Organe gebunden zu sein.

Zustimmungsvorbehalt des AR

So ist es denn konsequent, wenn das Gesetz an anderer Stelle die singuläre Stellung des Vorstandes bei der Leitung der Aktiengesellschaft noch unterstreicht: Gemäß § 111 Abs. 4 Satz 1 AktG können dem **Aufsichtsrat** Maßnahmen der Geschäftsführung **nicht** übertragen werden. Lediglich im **Einzelfall** (niemals im Rahmen einer umfassenden Regelung) können die Satzung oder der Aufsichtsrat **bestimmte Arten** von in ihrer Bedeutung herausgehobenen Geschäften von seiner vorherigen Zustimmung abhängig machen (§ 111 Abs. 4 Satz 2 AktG) und diese somit einer **ex ante Kontrolle** unterwerfen. Im übrigen bleibt der Aufsichtsrat, abgesehen von vorbeugenden Kontrollmaßnahmen (hierzu 1.3.2.1), auf nachträgliche – **ex post** – Reaktionen hinsichtlich der Personalpolitik beschränkt (vgl. aber zum Gegenstand der Überwachung alsbald unten). Zudem kann auch im Falle des aufsichtsratsrechtlichen Zustimmungsvorbehalts der Vorstand jederzeit eine Entscheidung der Hauptversammlung herbeiführen (§ 111 Abs. 4 Satz 3 AktG). Diese kann mit 3/4-Mehrheit ihrerseits den Aufsichtsratsbeschluß zugunsten des Vorstandes korrigieren (§ 111 Abs. 4 Satz 4 AktG).

Keinesfalls darf durch eine Überdehnung des Zustimmungsvorbehalts gemäß § 111 Abs. 4 Satz 2 AktG die grundsätzliche Wertentscheidung des Gesetzgebers bezüglich der Leitungsautonomie des Vorstandes (§ 76 Abs. 1 AktG) konterkariert werden. Zum Ermessen des Aufsichtsrats bei § 111 Abs. 4 Satz 2 AktG, siehe auch BGHZ 124, 111 ff.

Beispiele
Die in der Praxis üblichen Vorbehalte bezüglich Grundstücksgeschäften, Beteiligungserwerb, Anstellung leitender Mitarbeiter und Gründung von Tochtergesellschaften erscheinen unter diesem Gesichtspunkt weitgehend unbedenklich.

Wirksamkeit im Außenverhältnis
Allerdings gilt es zu beachten (Klausurproblem!), daß auch ohne bzw. gegen die Zustimmung des Aufsichtsrates getätigte Rechtsgeschäfte **wirksam** sind (§ 82 Abs. 1 AktG) – die limitierende Funktion des Zustimmungsvorbehaltes erstreckt sich lediglich auf das Innenverhältnis (Geschäftsführung) und bleibt im Außenverhältnis ohne Wirkung (vgl.: § 82 Abs. 1 AktG einer- § 82 Abs. 2 AktG andererseits!). Etwas anderes kann sich lediglich unter dem Gesichtspunkt des **Mißbrauchs der Vertretungsmacht** ergeben (hierzu: BGHZ 50, 112 ff. – siehe auch 3.2.1), wenn die

Überschreitung der Vertretungsmacht aus Sicht des Vertragspartners erkennbar ist oder dieser gar in arglistiger Weise mit dem Vorstandsmitglied zusammenwirkt (Kollusion).

Handelt der Vorstand entgegen den vom Aufsichtsrat gesetzten Schranken, so ergeben sich im Schadensfall Ersatzansprüche **der Gesellschaft** gemäß § 93 Abs. 2 AktG (hierzu näher unten). Gegebenenfalls kommt auch eine strafrechtliche Verantwortung der Vorstandsmitglieder gemäß § 266 StGB (Untreue – Mißbrauchstatbestand!) in Betracht.

Zustimmung der HV
Der **Hauptversammlung** können Geschäftsführungsaufgaben nur **auf Verlangen des Vorstands** zur Entscheidung übertragen werden (§ 119 Abs. 2 AktG). Hiervon wird in der Praxis jedoch kaum Gebrauch gemacht. Zwar handelt es sich insofern um eine von Zweckmäßigkeitserwägungen getragene Ermessensentscheidung des Vorstandes, doch kann sich dieses Ermessen (ähnlich der Konstellation im Verwaltungsrecht) **in Ausnahmefällen auf Null reduzieren** (BGHZ 83, 122 ff. = DB 82, 795 ff. – „Holzmüller").

Beispiel
Im Beispielsfall hatte der Vorstand einen wesentlichen Teil der Aktivitäten der Aktiengesellschaft auf eine zuvor gegründete Tochtergesellschaft übertragen, ohne die Hauptversammlung an dieser Entscheidung zu beteiligen. Zwar lagen die Voraussetzungen des § 361 AktG a.F. – vgl. nunmehr: § 179a AktG (Vermögensübertragung) nicht vor, doch sah es der BGH – wegen des **Grundlagencharakters** der Maßnahme – als zwingendes Erfordernis an, die Aktionäre gemäß § 119 Abs. 2 AktG an der Entscheidung zu beteiligen.

Die Geschäftsführungsautonomie des Aktienvorstandes

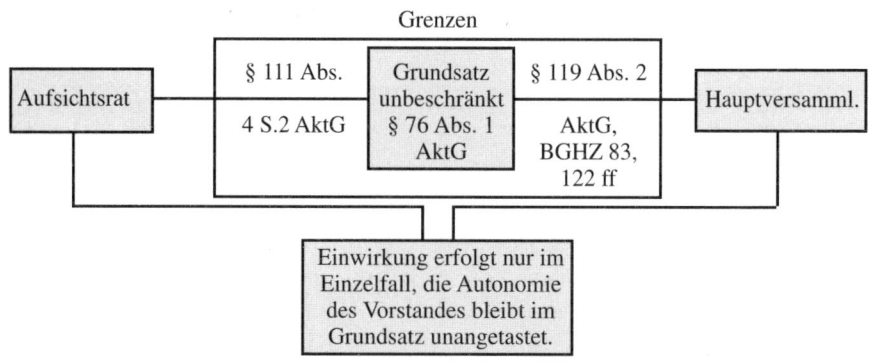

	Grenzen		
Aufsichtsrat	§ 111 Abs. 4 S.2 AktG	Grundsatz unbeschränkt § 76 Abs. 1 AktG	§ 119 Abs. 2 AktG, BGHZ 83, 122 ff	Hauptversamml.

Einwirkung erfolgt nur im Einzelfall, die Autonomie des Vorstandes bleibt im Grundsatz unangetastet.

Haftung des Vorstands
Die weitgehende Leitungsautonomie des Aktienvorstandes wird durch eine entsprechende, haftungsrechtliche Verantwortlichkeit (§ 93 AktG) gegengewichtig ausbalanciert.

Unternehmensinteresse
Der Haftungsmaßstab ist dabei ausschließlich am Unternehmensinteresse orientiert. Dabei kommt dem Interesse der Anleger an einer angemessenen Kapitalrendite und der Mehrung ihres „**shareholder value**" eine maßgebliche Bedeutung zu. Aller-

dings ist dies keine ausschließliche Orientierungsgröße. Das Unternehmensinteresse stellt vielmehr eine Resultante dar, deren Richtung auch durch die Intentionen der Arbeitnehmer und der Allgemeinheit (Unternehmensumwelt) bestimmt wird (**stakeholder value**). Die Abwägung der hierbei konfligierenden Gesichtspunkte unterliegt in weiten Grenzen der Entscheidungsprärogative des Vorstands. Gewinnverzicht hinsichtlich angemessener Sozialmaßnahmen sowie unter Berücksichtigung der Belange des Umweltschutzes stellt somit regelmäßig keine Pflichtverletzung des Leitungsgremiums dar. Allerdings bleibt es den Anteilseignern unbenommen, auf eine veränderte Besetzung des Aufsichtsrats und dabei – mittelbar – des Vorstands hinzuwirken.

Keine Erfolgshaftung

Der Haftungsmaßstab des § 93 AktG konkretisiert sich hierbei auf die „Sorgfalt eines ordentlichen und gewissenhaften Geschäftsleiters" (Vorstandes), wobei hinsichtlich des **Verschuldens und der Pflichtwidrigkeit** die **Beweislast** zuungunsten der Vorstandsmitglieder **umgekehrt** wird (§ 93 Abs. 2 AktG). Allerdings gilt es im Rahmen der Konkretisierung des Pflichtenstandards zu bedenken, daß die Mitglieder des Vorstands keine „Erfolgshaftung" trifft. Unternehmerisches Handeln ist unvermeidlich und notwendig mit der Übernahme marktbezogener Risiken verbunden. Eine „Übersteigerung" des Haftungsmaßstabs, welche die Bereitschaft der Organwalter, neue Marktchancen zu nutzen, beeinträchtigt, wäre letztlich aus Sicht der Anteilseigner dysfunktional. Die maßgeblichen Anknüpfungspunkte des Haftungstatbestands können folglich nur den Prozeß der Entscheidungsvorbereitung, insbesondere die sorgfältige Analyse der Marktdaten sowie die risikoorientierte Abwägung der Entscheidungsalternativen, betreffen (vgl. nunmehr auch § 91 Abs. 2 AktG). Der „unternehmerische Kern" des Entscheidungsinhalts – beispielsweise zugunsten einer bestimmten Investition – unterliegt nur in engen Grenzen einer rechtlichen (Mißbrauchs-) Kontrolle seitens der Rechtsprechung (**business judgement rule** – BGHZ 135, S. 244 ff). Hier gilt es zu verhindern, daß die ex-post Entscheidung des Richters die ex ante und damit notwendig unter der Bedingung der Unsicherheit getroffene Entscheidung der Organmitglieder konterkariert.

Im übrigen gilt es zu beachten, daß der entstehende Schadensersatzanspruch grundsätzlich **der Gesellschaft** zusteht und insofern durch **den Aufsichtsrat** geltend zu machen ist (§ 112 AktG). Dieser ist regelmäßig verpflichtet, bestehende Schadensersatzansprüche gegenüber Vorstandsmitgliedern alsbald geltend zu machen. Ein Entscheidungsermessen kommt den Mitgliedern des Überwachungsorgans diesbezüglich nicht zu (BGHZ 135, S. 244 ff – „ARAG/Garmenbeck"). Verabsäumen sie die Durchsetzung bestehender Ansprüche und erleidet die AG hierdurch einen Rechtsverlust – beispielsweise durch Verjährung – so haften hierfür die Angehörigen des Aufsichtsrats (BGH a.a.O.) gem. § 116 AktG persönlich.

Minderheitenschutz

Im übrigen sind Schadensersatzansprüche gegen Organmitglieder gem. § 147 Abs. 1 AktG auch geltend zu machen, wenn die Hauptversammlung dies beschließt oder eine Minderheit von zehn Prozent des Grundkapitals dies verlangt. Die gleiche Minderheit oder Aktionäre, die insgesamt einen Anteil von 1 Million Euro erreichen, können zudem einen „besonderen Vertreter" zur Geltendmachung von Ersatzansprüchen gegen die Organwalter bestellen (vgl. im einzelnen § 147 Abs. 2 und 3 AktG). Insgesamt erweisen sich diese Regelungen noch immer als zu restriktiv. Die

Verletzung des Aktionärsinteresse seitens der Mitglieder des Vorstands bleibt mangels einer ausreichenden verfahrensrechtlichen Sicherung somit im Regelfall ohne Sanktion.

Eine gewisse Erweiterung der **zukunftsbezogenen „Planungspflichten"** des Vorstands bringt nun § 91 Abs. 2 AktG in der Fassung des KonTraG. Danach hat der Vorstand „geeignete Maßnahmen zu treffen, insbesondere ein Überwachungssytem einzurichten, damit den Fortbestand der Gesellschaft gefährdende Entwicklungen früh erkannt werden". Allerdings ist das so neu nicht. Nach zutreffender Auffassung gehörten entsprechende Vorsorgemaßnahmen bereits bisher zu den „Grundsätzen ordnungsmäßiger Unternehmensführung". Ist die Gesellschaft „börsennotiert" (§ 3 Abs. 2 AktG), so ist im Rahmen der Abschlußprüfung zudem zu beurteilen, „ob der Vorstand die ihm nach § 91 Abs. 2 des Aktiengesetzes obliegenden Maßnahmen in einer geeigneten Form getroffen hat und ob das danach einzurichtende Überwachungssystem seine Aufgaben erfüllen kann" (§317 Abs. 4 HGB). Unklar bleibt, weshalb der Gesetzgeber die Prüfung des Überwachungssytems auf börsennotierte Gesellschaften beschränkt hat. Zwar unterliegt die Erfüllung der vorstandsbezogenen Planungspflichten generell der Kontrolle seitens des Aufsichtsrats (§ 111 Abs. 1 AktG), doch ist dieser angesichts der Komplexität der Aufgabe mit der funktionalen Prüfung des „**Frühwarnsystems**" regelmäßig überfordert. Schon zur Vermeidung eigener Haftungsrisiken (§§ 93, 116 AktG) ist dem Aufsichtsrat bei der Konkretisierung des Prüfungsauftrags (§ 111 Abs. 2 S. 3 AktG) anzuraten, diesen regelmäßig auf die Prüfung des „Risikomanangements" zu erstrecken, auch wenn dies gesetzlich nicht vorgeschrieben ist.

Anspruch der Gläubiger

Unter den Voraussetzungen des § 93 Abs. 5 AktG (lesen!) kann der Anspruch auch von **Gesellschaftsgläubigern** geltend gemacht werden.

Anspruch der Aktionäre

Ob aus einer Verletzung des § 93 AktG auch Schadensersatzansprüche **einzelner Aktionäre** (Gesellschafter) resultieren, bleibt auch nach der neueren Entwicklung, die die Leitungsautonomie des Vorstandes zugunsten der Aktionärsrechte stärker begrenzt (hierzu BGHZ 83, 122 ff. und die vorstehenden Ausführungen zu § 119 Abs. 2 AktG) offen.

Doppelhaftung des Vorstandes

Eine gewisse Klarstellung zum Umfang der Schadensersatzpflicht von Vorstandsmitgliedern gemäß § 93 AktG bringt die Entscheidung des BGH zur sog. „**Doppelhaftung**" (WM 1987, 13 ff.; vgl. hierzu: Baums, ZGR 1987, 55 ff.): Im Regelfall führt die schädigende Handlung eines Organs (Vorstands- oder Aufsichtsratsmitglieds) nicht nur zu einer Vemögenseinbuße der Gesellschaft, sonden schlägt sich **mittelbar** auch in **einer Entwertung der Aktien** und damit in einem Schaden der Aktionäre nieder. Hier stellt sich die Frage, inwieweit den betroffenen Gesellschaftern ein eigenständiger Ersatzanspruch zukommt. Nun läßt es das **Kompensationsprinzip** des geltenden Schadensersatzrechts kaum zu, den Schädiger zum doppelten Ersatz des gleichen Schadens – also gegenüber Gesellschaft und Gesellschafter – zu verpflichten. Eine ausschließliche Ersatzpflicht gegenüber dem geschädigten Aktionär ist jedoch mit den **zwingenden Kapitalerhaltungsregeln** des Aktienrechts nicht zu vereinbaren: Soweit sich der Schaden im Vermögen der Gesellschaft niederschlägt, hat der Ausgleich **primär** dort zu erfolgen. Zu Recht lehnt der BGH daher den Ersatz des „Doppelschadens" gegenüber dem Aktionär ab. Dabei bleibt allerdings offen, inwiefern dem Geschädigten ein gegebenenfalls im Wege der **actio pro socio** geltend zu machender Anspruch auf Leistung an die Gesellschaft zusteht (siehe hierzu: Zöllner, ZGR 1988, 392 ff.).

1.3.1.2 Die Binnenstruktur des Vorstandes
Gleichberechtigung der Vorstandsmitglieder
Der Vorstand besteht regelmäßig (für einen Teil der mitbestimmten Gesellschaften ist dies gemäß § 33 MitbstG, § 13 Montan-MitbstG wegen des dort **zwingend** vorgeschriebenen **Arbeitsdirektors** obligatorisch) aus mehreren **gleichberechtigten!** Mitgliedern. Zwar wird häufig ein Mitglied des Leitungsgremiums zu dessen Vorsitzenden (bzw. Sprecher) ernannt, doch kann nicht bestimmt werden, „daß (dieser) Meinungsverschiedenheiten im Vorstand gegen die Mehrheit seiner Mitglieder entscheidet" (§ 77 Abs. 1 Satz 2 AktG). Zulässig ist allerdings, dem Vorsitzenden – im Falle der Stimmengleichheit – einen **Stichentscheid (casting vote)** zuzubilligen.

Regelmäßig besteht Gesamtgeschäftsführungs- (§ 77 Abs. 1 Satz 1 AktG) und Vertretungsbefugnis (§ 78 Abs. 2 Satz 1 AktG), doch sind abweichende Regelungen zulässig. Ist eine Willenserklärung abzugeben, so genügt Zugang (§ 130 Abs. 1 BGB) gegenüber einem Vorstandsmitglied (§ 78 Abs. 2 Satz 2 AktG).

Organisation
Was die Aufgabenverteilung unter den einzelnen Vorstandsmitgliedern betrifft, so haben sich im Rahmen der **betriebswirtschaftlichen Organisationslehre** zwei unterschiedliche Lösungsmodelle entwickelt, die häufig auch in Kombination miteinander auftreten: Die **funktionale** und die **Spartenorganisation**. Während im ersten Fall die Aufgabenteilung anhand für das gesamte Unternehmen notwendiger Leitungsbereiche erfolgt, z.B.: Technik, Vertrieb, Rechnungswesen, Finanzierung, Personal (Arbeitsdirektor!), werden im zweiten Fall einzelne Unternehmensbereiche als selbständige Wirtschaftsbereiche (profit center) unter der Leitung eines Vorstandsmitglieds organisatorisch verselbständigt. Bei gemäß § 33 MitbstG, § 13 Montan-MitbstG mitbestimmten Unternehmen ist jedoch stets zu beachten, daß dem erforderlichen **Arbeitsdirektor** ein Grundbestand **eigener Zuständigkeit im Personalbereich** verbleibt (so ausdrücklich: LG Frankfurt/M. DB 84, 1388).

Besondere Verantwortungsbereiche
Die Organisationspflichten des Vorstands betreffen insbesondere die Rechnungslegung (§ 91 Abs.1 AktG). Die Organwalter sind folglich– ungeachtet einer möglichen Ressortverantwortung oder der arbeitsvertraglichen oder rechtsgeschäftlichen Betrauung Dritter – unabdingbar für die Führung der Bücher einschließlich der **Aufstellung des Jahresabschlusses** nebst Anhang (§§ 242, 264 HGB) sowie des **Konzernabschlusses** (§ 290 HGB) nach den Grundsätzen ordnungsmäßiger Buchführung (§ 243 HGB) gemeinschaftlich verantwortlich. Demgegenüber liegt die **Feststellung des Jahresabschlusses** in der gemeinsamen Verantwortung von Vorstand und Aufsichtsrat (§ 172 Abs.1 AktG), soweit nicht beide Organe beschließen, diese der Hauptversammlung zu überlassen (siehe hierzu § 173 AktG). Mit der – rechtsgeschäftlichen (BGHZ 124, S. 111 ff, 116 = NJW 1994, S. 520 ff) – Feststellung des Jahresabschlusses durch Beschluß des Aufsichtsrats wird dieser für die

Gesellschaftsorgane, die Aktionäre und die Inhaber sonstiger gewinnabhängiger Rechte (Gewinnschuldverschreibungen, Genußrechte etc.), verbindlich. Dies betrifft insbesondere die Bewertungsansätze und die Einstellung und Auflösung von Rücklagen. Der festgestellte Jahresabschluß ist von sämtlichen Vorstandsmitgliedern zu unterzeichen (§ 245 S.1 HGB, § 91 AktG). Die Hauptversammlung ist im Rahmen ihres **Gewinnverwendungsbeschlusses** (§ 174 AktG) an den festgestellten Jahresabschluß gebunden (§ 174 Abs.1 S.2 AktG).

Die Verantwortung des Vorstands betrifft auch das interne Rechnungswesen. Er hat zudem ein „risikoorientiertes Frühwarnsytem" einzurichten (§ 91 Abs. 2, vgl. oben). Ergibt sich bei der Aufstellung der Jahres- oder einer Zwischenbilanz oder ist sonst nach pflichtgemäßem Ermessen anzunehmen, daß ein Verlust in Höhe der Hälfte des Grundkapitals besteht, so hat der Vorstand unverzüglich eine Hauptversammlung einzuberufen (§ 92 Abs. 1 AktG). Wird die Gesellschaft zahlungsunfähig (§ 17 Abs. 2 InsO) oder besteht Überschuldung (§ 19 Abs. 2 InsO), so haben die Organwalter binnen einer Frist von drei Wochen die Eröffnung des Insolvenzverfahrens zu beantragen (§ 92 Abs. 2 AktG). § 92 Abs. 2 AktG ist ein Schutzgesetz gem. § 823 Abs. 2 BGB zugunsten der durch die Insolvenz beeinträchtigten Gläubiger der Gesellschaft (siehe zuletzt: BGHZ 126, S. 181 ff., 190 f = NJW 1994, S. 2220 – zur GmbH). Die schuldhafte Verletzung der Insolvenzantragspflicht führt folglich zur persönlichen Haftung und Strafbarkeit (§ 401 Abs. 1 Nr. 2 AktG) der Vorstandsmitglieder (vgl. ausführlich die Erörterung zur GmbH 3.5).

Die organisatorische Zuordnung bestimmter Verantwortungsbereiche ist für die Organwalter grundsätzlich von haftungsrechtlicher Bedeutung. Allerdings bleibt auch bei einer Ressortaufteilung ein unabdingbarer Bereich vorstandsbezogener „Gesamtverantwortung" bestehen. Die Organwalter haben sich somit wechselseitig über die Angelegenheiten ihrer Ressorts zu unterrichten und erkannte Mißstände in gemeinsamer Verantwortung abzustellen. Insbesondere im Vorfeld der Inslovenz, bei sich abzeichnender Liquiditätskrise, lebt die Gesamtverantwortung des Vorstands wieder auf (vgl. Keßler in Daumke/Keßler, Der GmbH-Geschäftsführer, 1999, S. 184 ff.). Die Verpflichtung zu Stellung des Insolvenzantrags (vgl. oben) trifft grundsätzlich jedes Vorstandsmitglied unabhängig von internen Absprachen und Zuständigkeiten.

Drittorganschaft
Vorstandsmitglied kann jede **natürliche,** unbeschränkt geschäftsfähige (§§ 106, 2 BGB) Person sein. Gleichzeitige Aktionärseigenschaft ist unschädlich, aber **nicht** Voraussetzung. Insofern gilt – im Gegensatz zu den Personengesellschaften oder der Genossenschaft – das Prinzip der **Dritt- oder Fremdorganschaft.** Aufsichtsratsmitglieder dürfen dem Vorstand **nicht** angehören (§ 105 Abs. 1 AktG), § 105 Abs. 2 AktG enthält insofern eine engbegrenzte Ausnahmeregelung (hinsichtlich des Ausschlusses einschlägig vorbestrafter Personen siehe: § 76 Abs. 3 Satz 3 AktG).

1.3.1.3 Bestellung und Anstellung von Vorstandsmitgliedern
Literatur: Federsen, Aktienoptionsprogramme für Führungskräfte aus kapitalmarktrechtlicher und steuerlicher Sicht, ZHR 161 (1997), S. 269 ff.
Hüffer, Aktienbezugsrechte als Bestandteil der Vergütung von Vorstandsmitgliedern und Mitarbeitern, ZHR 161 (1997), S. 214 ff.

Kühnberger/Keßler, Stock option incentives – betriebswirtschaftliche und rechtliche Probleme eines anreizkompatiblen Vergütungssystems, AG 1999, S. 453 ff.

Trennungstheorie

Im Verhältnis der Vorstandsmitglieder zur Gesellschaft ist streng zwischen der organrechtlichen **Bestellung** und dem dienstrechtlichen **Anstellungsvertrag** zu unterscheiden. Die dieser Differenzierung zugrunde liegende **Trennungstheorie** hat im Aktiengesetz von 1965 deutlich Anklang gefunden (siehe § 84 Abs. 1 Satz 1 AktG einer- sowie § 84 Abs. 1 Satz 5 AktG andererseits!). Handelt es sich bei der Bestellung um den **körperschaftlichen Akt** der Verleihung von **Organkompetenz**, so richtet sich der **schuldrechtliche** Anstellungsvertrag weitgehend nach Dienstvertragsrecht (§ 611 ff. BGB). Im wesentlichen entspricht die Trennung beider Rechtsverhältnisse der für das allgemeine Zivilrecht bedeutsamen Unterscheidung zwischen **Auftrag** (§ 662 ff. BGB) und Vollmacht (§§ 167 Abs. 2 ff. BGB). Gestaltet der Anstellungsvertrag **das Innenverhältnis** zwischen Vorstandsmitglied und Gesellschaft, so ist die Wirksamkeit von Organhandlungen im **Außenverhältnis** (§ 82 Abs. 1 AktG!) von einem rechtsgültigen Bestellungsakt abhängig, sofern sich nicht aus den §§ 15 Abs. 3 HGB, 81 AktG – unter dem Gesichtspunkt der **Rechtsscheinhaftung** – etwas anderes ergibt.

Bestellung

Zuständig für die Bestellung ist der Aufsichtsrat in seiner **Gesamtheit**. Die Aufgabe darf – im Gegensatz zur Entscheidung über den Anstellungsvertrag – **nicht** einem Ausschuß übertragen werden (§ 107 Abs. 3 Satz 2 AktG, der zwar auf § 84 Abs. 1 Satz 1 und 3, nicht jedoch auf § 84 Abs. 1 Satz 5 AktG verweist! – nachlesen!). Die Bestellung der Vorstandsmitglieder erfolgt dabei durch **einfachen Mehrheitsbeschluß**. Fehlt ein durch Gesetz oder Satzung zwingend vorgeschriebenes Vorstandsmitglied oder hat die Gesellschaft keinen Vorstand, so kommt auf Antrag eine Notbestellung durch das Registergericht in Betracht (§ 85 AktG). Antragsberechtigt sind die vorhandenen Organmitglieder aber auch Aktionäre, Gläubiger oder Verwaltungsbehörden, die ein berechtigtes Interesse an der ordnungsmäßigen Vertretung der AG haben.

Exkurs: Das Wahlverfahren in der mitbestimmten Aktiengesellschaft

Eine Besonderheit gilt insofern bei der mitbestimmten Aktiengesellschaft (nicht Kommanditgesellschaft auf Aktien, siehe § 31 Abs. 1 Satz 2 MitbstG). Das Wahlverfahren wird hier durch 31 Abs. 3 und 4 MitbstG in Abänderung des aktienrechtlichen Verfahrens geregelt: Finden in einem ersten Wahlgang die Bewerber nicht eine Mehrheit von 2/3 der Aufsichtsratmitglieder, so tritt der – gemäß § 27 Abs. 3 MitbstG paritätisch aus Vertretern der Anteilseigner und der Arbeitnehmer – gebildete Ausschuß zusammen. Dieser hat innerhalb eines Monats – vom Zeitpunkt der ersten Abstimmung gerechnet – dem Aufsichtsrat einen Vorschlag für die Bestellung zu machen, was jedoch weitere Vorschläge nicht ausschließt. In einem erneuten Wahlgang genügt nun die einfache Mehrheit der Stimmen. Führt auch dieser zu keinem Ergebnis, so gibt in einem dritten Wahlgang **der Stichentscheid des Aufsichtsratsvorsitzenden** den Ausschlag.

Anstellung

Nach Abschluß des körperschaftlichen Bestellungsverfahrens folgt regelmäßig der Abschluß des das Innenverhältnis bestimmenden Anstellungsvertrages. Es handelt sich dem Typus nach um einen Geschäftsbesorgungsvertrag (§ 675 BGB) in der Form des **Dienstvertrages** (§ 611 BGB). Ein Arbeitsverhältnis liegt – mangels Weisungsgebundenheit (§ 76 Abs. 1 AktG) der Vorstandsmitglieder – nicht vor. Doch schließt dies nicht aus, einzelne Institute des Arbeitsrechts (vorsichtig!) auf das bestehende Rechtsverhältnis anzuwenden. Dies gilt insbesondere für die Lehre vom fehlerhaften (faktischen) Arbeitsverhältnis.

Fehlerhaftes Vorstandsverhältnis

Beispiel (BGHZ 41, S. 283 ff., 286 f.): Der Vorsitzende des Aufsichtsrates hatte mit dem in Aussicht genommenen Vorstandsmitglied einen Anstellungsvertrag geschlossen. Dieser Vertrag war – mangels der erforderlichen **Vertretungsmacht** (§ 164 BGB, § 112 AktG) – unwirksam. Zwar kann die Entscheidung über die **Ausgestaltung** des Dienstverhältnisses einem Aufsichtsratsausschuß übertragen werden (§ 107 Abs. 3 AktG), nicht jedoch einem einzelnen Aufsichtsratmitglied. Zudem steht die erforderliche Vertretungsmacht zum **Abschluß** des Anstellungsvertrages nur dem Aufsichtsrat in seiner Gesamtheit zu. Dieser kann einzelne seiner Mitglieder zum Vertragsschluß **bevollmächtigen** (§ 167 Abs. 1 BGB); dies war hier jedoch nicht erfolgt. Der Aufsichtsratsvorsitzende handelte somit als Vertreter ohne Vertretungsmacht (§ 177 ff. BGB). Eine Genehmigung des Vertragsschlusses seitens des Gesamtaufsichtsrates durch einen **ausdrücklichen Beschluß** war nicht erfolgt. **Konkludente Beschlüsse** werden vom Gesetz **nicht** zugelassen (hierzu weiter unten). Dennoch war das Vorstandsmitglied über Jahre hinweg für das Unternehmen tätig. Hier wäre es **unbillig** gewesen, **vertragliche** Entgeltansprüche aufgrund des Dienstvertrages zu verneinen. Ansprüche aus **ungerechtfertigter Bereicherung** stellen – insbesondere wegen der Regelung des § 818 Abs. 3 BGB – nur einen unzureichenden Ausgleich dar. Demgemäß behandelt der BGH das „faktische" Vorstandsverhältnis für die Zeit seiner Durchführung als **voll wirksam**. Das Verhältnis kann jedoch beiderseits mit sofortiger Wirkung gelöst werden. Dem Vorstandsmitglied standen somit Ansprüche gemäß § 611 Abs. 1 BGB in Höhe der vereinbarten Vergütung zu.

Amtszeit

Sowohl Bestellung (§ 84 Abs. 1 Satz 1 AktG) als auch Anstellung der Vorstandsmitglieder (§ 84 Abs. 1 Satz 5 AktG) erfolgen auf höchstens fünf Jahre. Diese Regelung ist **zwingend** (§ 23 Abs. 5 AktG). Ihr Sinn besteht darin – zumindest im Fünf-Jahres-Rhythmus – den Aufsichtsrat zu einer grundlegenden Überprüfung der Geschäftsführung zu veranlassen: Hält er eine Trennung von dem Vorstandsmitglied für erforderlich, so bedarf dies keiner (komplizierten) Begründung. Eine **wiederholte Bestellung** durch (ausdrücklichen) Beschluß bleibt möglich.

Besoldung

Die Festlegung der Besoldung der Vorstandsmitglieder erfolgt durch den Aufsichtsrat im Rahmen des Anstellungsvertrags. Sie bestimmt sich nach den Rahmenvorgaben der §§ 86 und 87 AktG. An die Stelle der früher üblichen Gewinnbeteiligung (vgl. § 86) tritt zur Förderung des „shareholder value" zunehmend die Gewährung von „stock options" (Bezugsrechten). Durch die Koppelung der Vorstandsbesoldung mit der Entwicklung des Börsenkurses gilt es sicherzustellen, daß zwischen den Interessen der Anteilseigner und der Vorstandsmitglieder ein weitgehender „Gleichklang" besteht.

Teil III: Kapitalgesellschaften 133

Abberufung, Amtsniederlegung
Auch vor Ablauf seiner Amtszeit kann ein Vorstandsmitglied gemäß § 84 Abs. 3 AktG jederzeit abberufen werden, wenn ein wichtiger Grund vorliegt. Diese Regelung betrifft ihrerseits lediglich die organschaftliche Bestellung; ob auch der Dienstvertrag aus wichtigem Grund gekündigt werden kann, richtet sich nach § 626 BGB. Vorstandsmitglieder können ihrerseits durch einseitige Erklärung gegenüber dem Ausichtsrat jederzeit ihr Amt niederlegen. Die Amtsniederlegung ist auch dann wirksam, wenn kein rechtfertigender Grund zur (fristlosen) Kündigung des Anstellungsvertrags besteht. Allerdings macht sich der Organwalter in diesem Falle gegenüber der Gesellschaft ersatzpflichtig.

Kündigung
Dabei ist zu beachten, daß nicht jeder wichtige Grund im Sinne des § 84 Abs. 3 AktG, auch eine fristlose Kündigung des Dienstvertrages seitens der Gesellschaft rechtfertigt: Steht im ersten Fall das Interesse der Gesellschaft im Blickpunkt (dies wird insbesondere deutlich bei Vertrauensentzug durch die Hauptversammlung – § 84 Abs. 3 S. 2 AktG), so verdient hinsichtlich des Anstellungsvertrages das Bestandschutzinteresse des Vorstandsmitglieds eine verstärkte Berücksichtigung. Dies kann in letzter Konsequenz dazu führen, daß der Betroffene seine Organkompetenz verliert, jedoch – mangels der Voraussetzungen des § 626 BGB – bis zum Auslaufen des Anstellungsvertrages weiterhin seine Vorstandsbezüge erhält. Im übrigen gilt es hinsichtlich der Kündigung des Anstellungsvertrags die strenge Bindung an die Künigungserwägungsfrist des § 626 Abs. 2 BGB zu beachten. Danach muß die Kündigungserkärung innerhalb einer Frist von zwei Wochen dem Vorstandsmitglied zugehen. Allerdings beginnt die Frist noch nicht mit der „privaten" Kenntnis der Aufsichtsratsmitglieder vom Kündigungsgrund. Maßgebend für ihren Beginn ist vielmehr alleine der Zusammentritt des Aufsichtsrates zur Behandlung der „Vorstandsangelegenheit" (BGH BB 1998, S. 1808 ff = DB 1998, S. 1608 ff, 1609 mit Anm. Riegger). Etwas anderes gilt nur, sofern die Einberufung der Aufsichtsratssitzung unzumutbar verzögert wurde.

Rangfolge
Wie aus der Konzeption des Gesetzgebers erkennbar, liegt der Entscheidungsschwerpunkt in dem vom **Gesamtaufsichtsrat** vorzunehmenden **Bestellungsakt**. Daher darf der – regelmäßig in inhaltlicher Gestaltung und rechtsgeschäftlichem Abschluß einem Aufsichtsratsausschuß (Personalausschuß) übertragene Anstellungsvertrag – die Grundlagenentscheidung über das **ob** der Bestellung nicht antizipieren. Es ist daher unzulässig, einen Anstellungsvertrag abzuschließen bzw. diesen zu kündigen, bevor über die zugrunde liegende Bestellung (Abberufung) endgültig entschieden ist (siehe zuletzt: BGH, DB 81, 308 ff. – Fall Poullain). Entsprechend kann eine automatische Verlängerung des Anstellungsvertrages über die Höchstgrenze von fünf Jahren hinaus nur für den Fall einer entsprechenden erneuten Wiederbestellung vorgesehen werden (BGH, WM 73, 506).

Die Rechtsstellung des Vorstandes

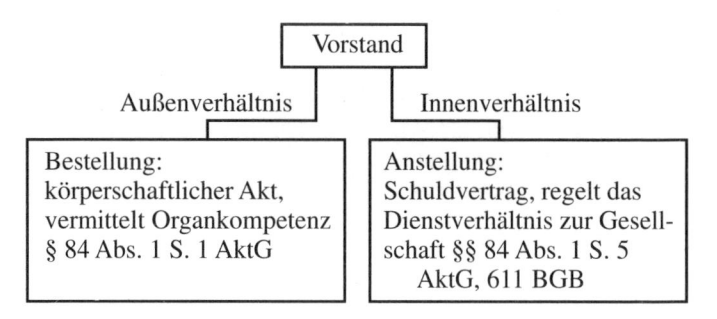

	Vorstand	
Außenverhältnis		Innenverhältnis
Bestellung: körperschaftlicher Akt, vermittelt Organkompetenz § 84 Abs. 1 S. 1 AktG		Anstellung: Schuldvertrag, regelt das Dienstverhältnis zur Gesellschaft §§ 84 Abs. 1 S. 5 AktG, 611 BGB

1.3.2 Der Aufsichtsrat

Literatur: Boujong, Rechtliche Mindestanforderungen an eine ordnungsgemäße Vorstandskontrolle und Beratung, AG 1995, S. 203 ff.
Dreher, Die Qualifikation der Aufsichtsratsmitglieder, FS Boujong, 1996, S. 71 ff.
Horn, Die Haftung des Vorstands nach § 93 AktG und die Pflichten des Aufsichtsrats, ZIP 1997, S. 1129 ff.
Lutter, Defizite für eine effiziente Aufsichtsratstätigkeit und gesetzliche Möglichkeiten der Verbesserung, ZHR 159 (1995), S. 287 ff.

1.3.2.1 Funktion und Wirkungsmechanismen
Einfluß des Aufsichtsrats

Im dreistufigen Gliederungsmodell der Aktiengesellschaft (hierzu: 1.2) nimmt der obligatorisch zu bildende Aufsichtsrat im wesentlichen zwei Funktionen wahr: Er ist ständiges **Kontrollorgan und bestellt das eigentliche Leitungsgremium,** den Vorstand. Aufgaben der Geschäftsführung können ihm **nicht** übertragen werden (§ 111 Abs. 4 Satz 1 AktG); nur in Ausnahmefällen greift er mittels „Zustimmungsvorbehalt" **ex ante** in die **Entscheidungskompetenz** des Vorstandes ein (§ 111 Abs. 4 Satz 2 AktG sowie die Ausführungen 1.3.1.1). Im übrigen bleibt er auf die mittelbare (jedoch nicht zu unterschätzende) **Prozeßsteuerung über die Personalpolitik** der Gesellschaft beschränkt: Wer sich über den manifesten Willen des Aufsichtsrats hinwegsetzt, dessen erneute Bestellung bleibt ungewiß, im Einzelfall bleibt der sofortige Widerruf (§ 84 Abs. 3 AktG). Lediglich Vorstandsmitgliedern gegenüber, insbesondere beim Abschluß des Anstellungsvertrages oder der Geltendmachung von Schadensersatzansprüchen, vertritt der Aufsichtsrat die Gesellschaft (§ 112 AktG).

Informationspflicht

Wesentliche Funktionsbedingung für die Wahrnehmung der aufsichtsratsspezifischen Kontrollaufgabe ist die Ausbildung eines stetigen Informationsflusses zwischen Vorstand und Aufsichtsrat. Zwar ist es dem Kontrollgremium gestattet, die Bücher der Gesellschaft einzusehen sowie die Gesellschaftskasse und andere Bestände des Unternehmens zu prüfen (§ 111 Abs. 2 AktG), doch genügt dies kaum, die Überwachungsfunktion zu erfüllen. Das Gesetz konstatiert daher umfangreiche **Berichtspflichten des Vorstandes** gegenüber dem Aufsichtsrat (§ 90 AktG – lesen!).

Gem. § 90 Abs. 1 Nr. 1 AktG in der Fassung des KonTraG erstreckt sich die Berichterstattung des Vorstands auch „auf die beabsichtigte Geschäftspolitik und andere grundsätzliche Fragen der Unternehmensplanung (insbesondere die Finanz-, Investitions- und Personalplanung). Die Ausrichtung der Berichtspflicht an der Unternehmensplanung verdeutlicht, daß sich die Funktion des Aufsichtsrats nicht auf die nachträgliche Überwachung und Bewertung des Vorstandshandelns beschränkt, sondern weitergehend eine „zeitgleiche" Kontrolle des Vorstands und eine „Einbindung" in den Planungsprozeß zum Gegenstand hat. Neben den thematisch und im Berichtsturnus fixierten Informationspflichten steht es dem Aufsichtsrat zu, jederzeit ergänzende **Auskunft** zu verlangen (§ 90 Abs. 3 AktG). Dies betrifft auch wesentliche Angelegenheiten verbundener Unternehmen (vgl. § 90 Abs. 1 S. 2 AktG).

Die Haftung von Aufsichtsratsmitgliedern (§ 116 AktG) richtet sich in Voraussetzung und Umfang durchweg nach der für Vorstandsmitglieder geltenden Bestimmung (§ 93 AktG). Darüber hinaus kommt, sofern ein Aufsichtsratsmitglied zum Schaden der Gesellschaft auf den Vorstand einwirkt, eine Ersatzpflicht gemäß § 117 AktG in Betracht (BGHZ 94 55 ff. = BGH WM 1985, 717 ff. = NJW I985, 1777 ff.). Gemäß § 117 Abs. 1 S. 2 kommt eine ergänzende Haftung gegenüber einzelnen Aktionären hinsichtlich des durch die Aktienentwertung bedingten **mittelbaren Schadens** nicht in Betracht. Hier gilt das oben zum Umfang der Haftung gemäß § 93 AktG Ausgeführte. Hat ein Gesellschafter der AG aufgrund seiner Gesellschafterstellung jedoch ein Aktionärsdarlehen gewährt und ist die Gesellschaft aufgrund des **Einflußmißbrauchs** durch das Aufsichtsratsmitglied zur Rückzahlung außerstande, so ist hier der Organwalter gemäß § 117 AktG zum Schadensersatz verpflichtet.

Begriff der Geschäftsführung

Die Überwachungspflicht des Aufsichtsrats erstreckt sich – ebenso wie die damit korrespondierende Berichtspflicht des Vorstandes – auf die gesamte Geschäftsführung im **materiellen Sinne,** bleibt somit nicht auf die Entscheidungsebene des Vorstandes (Geschäftsführung im **formellen Sinne**) beschränkt. Die Überwachung erfaßt auch die Einrichtung und Funtionalität des risikoorientierten „Frühwarnsytems" gem. § 91 Abs. 2 AktG. Der Kontrollmechanismus kann somit nicht durch Verlagerung (Ausgliederung) von Entscheidungskompetenzen auf eine untere Ebene umgangen werden. Adressat des Überwachungsverlangens seitens des Aufsichtsrats sind dabei stets und ausschließlich die Mitglieder des Vorstands. Mitarbeiter der AG oder Geschäftsführer verbundener Unternehmen sind weder berechtigt noch verpflichtet, Auskunftsersuchen des Aufsichtsrats ohne entsprechende Zustimmung seitens des Vorstands nachzukommen. Insofern nimmt ausschließlich der Vorstand die Funktion des „Prinzipals" und damit das Weisungsrecht des Arbeitgebers war. Er vertritt als Organ der Gesellschaft diese gegenüber Beteiligungsunternehmen und übt somit die Anteilsrechte aus.

Schweigepflicht

Zur Sicherstellung der Unternehmensfunktionen kompensiert das Gesetz die umfangreichen Informationsrechte durch eine entsprechende Schweige- und Sorgfaltspflicht der Aufsichtsratsmitglieder (§§ 116, 93 AktG) sowie – mit deren Verletzung verbundenen – Schadensersatzansprüchen der Gesellschaft. Maßstab hinsichtlich des Umfangs der geforderten Verschwiegenheit ist allein das – nicht mit dem Willen der Anteilseigner kongruente – Unternehmensinteresse (hierzu 1.3.1.1). Der Umfang der Schweigepflicht bestimmt sich nach dem objektivierten Gesellschaftsinteresse und kann auch durch entsprechende Satzungsbestimmungen **nicht** willkürlich erweitert werden (§ 23 Abs. 5 AktG; BGHZ 64, 325); jedoch sind lediglich Vertreter der öffentlichen Hand im Verhältnis zu der entsprechenden Gebietskörperschaft von ihr entbunden (§ 394 AktG).

Vertretung der AG
Zwar obliegt die Vertretung der Aktiengesellschaft im Außenverhältnis regelmäßig dem Vorstand (§ 78 Abs. 1 AktG), doch gilt dies nicht im **Verhältnis der Gesellschaft zu den Vorstandsmitgliedern** (§ 112 AktG) (vgl. Werner, ZGR 1989, 369). Hier kommt die Vertretungsbefugnis dem Aufsichtsrat in seiner Gesamtheit zu. Dies gilt auch gegenüber ausgeschiedenen Vorstandsmitgliedern, wenn in einem Rechtsstreit ein Vorstandsmitglied nach Widerruf seiner Stellung und fristloser Kündigung des Anstellungsvertrages die Unwirksamkeit der Kündigung geltend macht (BGHZ 130, S. 108 ff, 111; BGH WM 1997, S. 1210).

1.3.2.2 Die Binnenstruktur des Aufsichtsrates
Persönliche Voraussetzung
Aufsichtsratmitglied kann jede **natürliche** und **unbeschränkt geschäftsfähige** Person sein (§ 100 Abs. 1 AktG), soweit die Satzung für Vertreter der Anteilseigener keine weiteren, persönlichen Voraussetzungen aufstellt. Allerdings ist die Zahl der Aufsichtsratsmandate – im Interesse einer sachgerechten Wahrnehmung der Kontrollfunktion – regelmäßig auf 10 Mitgliedschaften **limitiert,** wobei hinsichtlich Konzernunternehmen eine Sonderregelung gilt (siehe hier: § 100 Abs. 2 und 3 AktG). Das Amt des Aufsichtsratsvorsitzenden wird bei der Berechnung der Höchstzahl doppelt gewertet (§ 100 Abs.2 S.3 AktG).

Inkompatibilität
Wichtig ist die **Inkompatibilitätsregelung** des § 105 Abs. 1 AktG: Mit dem Aufsichtsratmandat ist die gleichzeitige Mitgliedschaft im Vorstand des Unternehmens (bzw. eine Tätigkeit als Prokurist oder Generalbevollmächtigter) nicht zu vereinbaren; dies würde zu einer unüberbrückbaren **Interessenkollision** führen (vgl. auch § 100 Abs. 2 Nr. 2, 3 AktG). Lediglich vorübergehend (höchstens für ein Jahr) kann der Aufsichtsrat einzelne seiner Mitglieder zu Stellvertretern von fehlenden Vorstandsmitgliedern bestellen. Während dieser Zeit besteht die Aufsichtsratsmitgliedschaft fort, doch können Rechte aus dem Aufsichtsratsmandat nicht wahrgenommen werden (§ 105 Abs. 2 AktG).

Wahl der Mandatsträger
Die Wahl der Aufsichtsratsmitglieder (diese Regelung gilt in der mitbestimmten Aktiengesellschaft nur für die Vertreter der Anteilseigner – hierzu 1.3.3) erfolgt regelmäßig durch Mehrheitsbeschluß der Hauptversammlung (§ 101 Abs. 1 AktG), sofern nicht bestimmten Aktionären (oder den Inhabern bestimmter Aktien) das Recht zugestanden wird, Vertreter in das Kontrollorgan zu entsenden (§ 101 Abs. 2 AktG). Ein solches Entsendungsrecht kann höchstens für 1/3 der Anteilseignervertreter eingeräumt werden (§ 101 Abs. 2 Satz 4 AktG).

Entsprechend der Konstellation hinsichtlich des Vorstandes ist auch hier zwischen der **organschaftlichen Bestellung** und dem – dem Innenverhältnis zur Gesellschaft zugrunde liegenden – **Schuldvertrag** zu unterscheiden. Es handelt sich hierbei entweder um einen unentgeltlichen Auftrag – mit der daraus resultierenden Pflicht zum Aufwendungsersatz (§ 670 BGB) seitens der Gesellschaft – oder einen entgeltlichen (siehe auch § 113 AktG) Geschäftsbesorgungsvertrag (§ 675 BGB). Allerdings bedarf es regelmäßig keiner gesonderten Begründung des Schuldverhältnisses. Mit der Wahl zum Mitglied des Aufsichtsrats ist vielmehr notwendig die Begründung eines „gesetzlichen Schuldverhältnisses" verbunden. Die Festsetzung der Vergütung ergibt sich entweder aus der Satzung oder einem entsprechenden Beschluß der Hauptversammlung. Der Vorstand ist – im Interesse der Gewährleistung der unabhängigen Kontrollfunktion der Organwalter – zu einer entsprechenden Regelung nicht befugt.

Amtszeit

Entsprechend der Regelung des § 102 AktG beträgt die Amtszeit der Aufsichtsratsmitglieder höchstens fünf! Jahre. Vorzeitige Abberufung ist unter den Voraussetzungen des § 103 AktG möglich; eines wichtigen Grundes bedarf es – von der Regelung des § 103 Abs. 3 AktG abgesehen – hierfür nicht.

Beschlußfassung

Die Entscheidungen des Aufsichtsrates ergehen durch Beschluß. Dieser kann, wie sich bereits aus der zwingenden Protokollierungspflicht ergibt (§ 107 Abs. 2 AktG), nur **ausdrücklich**, keinesfalls konkludent gefaßt werden. Allerdings ist die Protokollierung keine Wirksamkeitsvoraussetzung (§ 107 Abs.2 S. 3 AktG). Im übrigen findet auf die Stimmabgabe der einzelnen Aufsichtsratsmitglieder die Regelung über Willenserklärungen grundsätzlich Anwendung (zur Rechtsnatur des Beschlusses siehe auch: 1.3.4.6). Dabei ist die einzelne Stimmabgabe **vertretungsfeindlich**, kann jedoch **schriftlich** durch Boten! bzw. durch Vermittlung anderer Aufsichtsratsmitglieder oder teilnahmeberechtigter Personen erfolgen. In ihren Entscheidungen sind die Aufsichtsratsmitglieder – ähnlich der Stellung von Abgeordneten (vgl. Artikel 38 Abs. 1 Satz 2 GG) – nicht weisungsgebunden und nur dem Unternehmensinteresse verpflichtet.

Mitgliederzahl

Die Zahl der Aufsichtsratsmitglieder ist abhängig von der jeweiligen Unternehmensgröße und der anzuwendenden Mitbestimmungsregulung. § 95 AktG legt die Mindestzahl der Aufsichtsratsmitglieder auf drei fest (siehe im übrigen: §§ 95 Abs. 1 AktG, 7 Abs. 1 MitbstG, 4 Abs. 1, 9 Montan-MitbstG, 5 MitbstErgG). Insbesondere die Vorgaben der Mitbestimmungsregelungen führen dazu, daß die Besetzung deutscher Aufsichtsräte weitgehend überdimensioniert ist. Bedenkt man, daß an Sitzungen des Aufsichtsrats regelmäßig auch die Mitglieder des Vorstands nebst Assistenten und Protokollanten teilnehmen, so wird bei großen Gesellschaften rasch eine Zahl von 30 bis 40 Sitzungsteilnehmers erreicht. Eine effiziente Arbeit ist somit im Plenum kaum möglich. Die eigentlichen Funktionen verlagern sich somit mehr und mehr in die Ausschüsse. Der Versuch des Gesetzgebers, vermittels des KonTraG die Zahl der Aufsichtsratsmitglieder stärker zu begrenzen, ist am – wenig sinnvollen – Widerstand der Gewerkschaften gescheitert.

Fehlerhafte Aufsichtsratsbeschlüsse

Auf fehlerhafte Aufsichtsratsbeschlüsse sind die Anfechtungsvorschriften der §§ 241 ff. AktG nicht entsprechend anzuwenden (BGHZ 122, 342 ff.). Gesetzes- oder satzungswidrige Aufsichtsratsbeschlüsse sind vielmehr per se nichtig. Die Geltendmachung der Nichtigkeit erfolgt somit im Rahmen der „allgemeinen Festellungsklage" gem. § 256 ZPO (vgl. BGHZ 135, S. 244 ff.). Aufsichtsratsbeschlüsse können unter bestimmten Umständen gemäß § 139 BGB auch teilunwirksam (bzw. nichtig) sein (BGHZ 124, 111 ff.).

Tagungsrhythmus
Der Aufsichtsrat tagt in der Regel vierteljährlich, muß jedoch mindestens einmal im Kalenderhalbjahr zusammentreten (§ 110 Abs. 3 AktG). Bei börsennotierten Gesellschaften (§ 3 Abs.2 AktG) muß der Aufsichtsrat nach der Novelle des KonTraG zweimal im Kalenderhalbjahr zusammentreten (§ 110 Abs.3 AktG). Zudem kann jedes Aufsichtsratsmitglied, ebenso wie der Vorstand, unter Angabe des Zwecks und der Gründe die Einberufung des Aufsichtsrats verlangen (§ 110 Abs. 1 Satz 1 AktG). Wird diesem Verlangen, wenn es von mindestens zwei Aufsichtsratsmitgliedern oder dem Vorstand geäußert wird, nicht entsprochen, so können die Antragsteller den Aufsichtsrat selbst einberufen (§ 110 Abs. 2 AktG).

Aufsichtsratsausschüsse
Der Aufsichtsrat kann **einzelne** Aufgaben an aus seiner Mitte gebildete **Aufsichtsratsausschüsse** delegieren (§ 107 Abs. 3 AktG). Dies gilt sowohl hinsichtlich der **Vorbereitung** von Entscheidungen des Gesamtaufsichtsrates, als auch bezüglich der eigentlichen **Beschlußfassung.** Hierbei ist jedoch zu beachten, daß entsprechend der gesetzlichen Regelung (§ 107 Abs. 3 Satz 2 AktG), einzelne Funktionen von der Delegation an Ausschüsse **ausgeschlossen** sind. Dies gilt insbesondere hinsichtlich der Entscheidung über die **Bestellung** von Organmitgliedern. Sofern einem Ausschuß beschließende Funktionen übertragen werden, muß er aus mindestens drei Mitgliedern bestehen (BGHZ 65, 192 ff). Besondere Komplikationen ergeben sich hinsichtlich der Aufsichtsratsausschüsse der mitgestimmten Aktiengesellschaft (siehe hierzu unten: 1.3.3.2).

1.3.3 Der Aufsichtsrat als Organ der Unternehmensmitbestimmung
1.3.3.1 Die Mitbestimmungsmodelle
Wirkungsweise der Mitbestimmung
Sieht man von der singulären Stellung des Arbeitsdirektors im Recht der Montan-Mitbestimmung (§ 13 Abs. 1 Satz 2 Montan-MitbestG) ab, so ist eigentlicher Anknüpfungspunkt der unterschiedlichen Mitbestimmungsmodelle das Kontroll- und Personalorgan Aufsichtsrat. Die Arbeitnehmer des Unternehmens nehmen nicht **unmittelbar** an der Willensbildung der Exekutive (des Vorstandes) teil, wirken aber – über die Partizipation am Bestellungsorgan Aufsichtsrat – auf die Zusammensetzung des Leitungsgremiums ein und üben somit **mittelbaren** Einfluß auf dessen Unternehmenspolitik aus. Neben die **ökonomische** tritt somit die **soziale Legitimation** der Unternehmensleitung (zur allgemeinen Legitimation und verfassungsrechtlichen Zulässigkeit der Unternehmensmitbestimmung siehe das Mitbestimmungsurteil des BVerfG – BVerfGE 50, 290 ff.). Zudem wird durch die Mitgliedschaft von Arbeitnehmervertretern im Aufsichtsrat die **Transparenz** unternehmensinterner Entscheidungsprozesse beträchtlich erhöht.

Gesetzliche Regelung
Die Regelung der Unternehmensmitbestimmung (im Unterschied zur **betrieblichen** Mitbestimmung des BetrVG von 1972, die sich allenfalls durch das Setzen von Rahmendaten auf die Unternehmenspolitik auswirkt, siehe insbesondere dort: §§

87, 99, 102, aber auch §§ 111 f.!) ist insofern komplizierter Natur, als sie zur Zeit auf vier unterschiedlichen, normativen Lösungsmodellen beruht: Dem Betriebsverfassungsges. 1952, dem Montan-Mitbestimmungsgesetz von 1951, dem Mitbestimmungsergänzungsgesetz von 1956 und dem Mitbestimmungsgesetz von 1976. Diese – stark ausgeprägte – Differenzierung ist sachlich kaum gerechtfertigt und gibt weitgehend den Stand des (politischen) Interessenkonflikts zur Zeit der Entstehung der unterschiedlichen Regelung wieder. Sie ist somit überwiegend **historisch begründet** und im Lichte einer effizienten Unternehmensorganisation eher dysfunktional. Dabei reichen die Regelungen hinsichtlich der Unternehmensmitbestimmung weit über das Aktienrecht hinaus und prägen insofern auch die Leitungsstruktur der GmbH sowie der e.G. Soweit Unternehmen dieser Rechtsform in den Anwendungsbereich eines Mitbestimmungsstatuts fallen, sind sie verpflichtet, einen nach Maßgabe der jeweils geltenden Regelung besetzten Aufsichtsrat zu bilden. Dabei divergiert die unternehmensinterne Funktion und Zuständigkeit des GmbH-Aufsichtsrats, je nach dem, welche Mitbestimmungsregelung zur Anwendung gelangt.

Rechtliche Grundlagen der Unternehmensmitbestimmung

Gesetzliche Regelung	Rechtsform	Beschäftigtenzahl	Unternehmenszweck
Mitbestimmungs-gesetz 1976	AG, KGaA GmbH Genossenschaft GmbH (AG) & Co KG	In der Regel mehr als 2000	Beliebig, siehe aber § 1 Abs. 4 MitbestG (Tendenz-unternehmen)
Montanmitbestimmungsgesetz 1951	AG, GmbH	In der Regel mehr als 1000	Bergbau, Eisen- und Stahlerzeugung
Mitbestimmungs-ergänzungsgesetz	AG, GmbH	–	Entsprechend der Montanregelung 1956
Betriebsverfassungs-gesetz 1952	AG, KGaA, GmbH, vVaG, Genossenschaft	Mehr als 500	Beliebig, siehe aber § 81 BetrVerfG 1952 (Tendenz-unternehmen)

1.3.3.1.1 Das Betriebsverfassungsgesetz von 1952
Betriebsverfassungsgesetz von 1952

Das Betriebsverfassungsgesetz von 1952 findet auf alle Unternehmen in der Rechtsform der Aktiengesellschaft, KGaA, GmbH, e.G. und VVAG, die regelmäßig mehr als 500 Arbeitnehmer beschäftigen (§ 76 Abs. 6 BetrVG von 1952), Anwendung, sofern kein spezielleres Mitbestimmungsstatut (Montanmitbestimmungsgesetz, Mitbestimmungs-Ergänzungsgesetz, Mitbestimmungsgesetz von 1976) eingreift (vgl. zum mitbestimmungsrechtlichen „Bestandschutz" für „Alt-AG" § 76 Abs.6 BetrVerfG 1952). Es enthält – im Gegensatz zu den drei übrigen Modellen – keine eigentliche Mitbestimmungsregelung. Die Anzahl der Arbeitnehmervertreter am Gesamtaufsichtsrat bleibt vielmehr auf ein Drittel der Mitgliederzahl begrenzt. Der Aufsichtsrat muß somit notwendig aus drei Organwaltern bestehen. Zwar kommt es durch die Mitwirkung im Aufsichtsrat zur Ausbildung eines **institutionalisierten Kommunikationsprozesses** zwischen den Vertetern der Anteilseigner und denen der Arbeitnehmer, doch bleibt – angesichts der unterparitätischen Ausgestaltung – der Einfluß der Arbeitnehmer auf die bloße **Mitwirkung** beschränkt, eine Mitbestimmung im Entscheidungsprozeß findet nicht statt (zu Einzelheiten des Wahlverfahrens bezüglich der Arbeitnehmervertreter siehe § 76 Abs. 2 und 3 BetrVG von 1952).

1.3.3.1.2 Die Montanmitbestimmung
Montanmitbestimmung

Das Montanmitbestimmungsgesetz von 1951 – die weitestgehende Mitbestimmungsregelung – begrenzt seinen Anwendungsbereich auf Unternehmen der **Montanindustrie,** d. h. des Bergbaues sowie der **eisen- und stahlerzeugenden** Industrie (zur Definition siehe § 1 Abs. 1 Montan-MitbstG), mit regelmäßig mehr als 1.000 Beschäftigten. Liegen die Voraussetzungen vor, so ist zunächst ein **paritätisch besetzter Aufsichtsrat** zu bilden (zum Wahlverfahren siehe § 6 Montan-MitbstG). Besteht der Aufsichtsrat aus 11 Mitgliedern (Abweichungen sind gemäß § 9 Montan-MitbstG möglich), so stehen jeder Interessengruppe vier Mandatsträger sowie ein weiteres Mitglied zu. Dieses weitere Mitglied, welches nicht in einem engen Abhängigkeitsverhältnis zu der – von ihm repräsentierten – Gruppe stehen darf, führt – seiner Funktion entsprechend – zu einer mittelbaren Vertretung des **öffentlichen Interesses** innerhalb des Kontrollorgans. Beide Fraktionen bestimmen im Anschluß an ihre Wahl über die Person des elften – „**neutralen**" **Mandatsträgers** (§ 8 Montan-MitbstG). Dessen Aufgabe besteht vorwiegend darin, mit Hilfe des ihm zustehenden Stichentscheids **Pattsituationen** aufzulösen. Von dieser Möglichkeit wird in der Praxis kaum Gebrauch gemacht. Aufsichtsratsbeschlüsse ergehen – nach vorangegangener Diskussion – zumeist einstimmig. Kampfabstimmungen sind – zumindest im Montanbereich – äußerst selten.

Arbeitsdirektor

Ein wesentlicher Unterschied der Montanmitbestimmung gegenüber den anderen Regelungsmodellen liegt im – institutionell abgesicherten – Einfluß der Arbeitnehmer auf das **Exekutivorgan,** den Vorstand. Gemäß § 13 Abs. 1 Satz 2 Montan-MitbstG kann der – im wesentlichen für den Personal- und Sozialbereich zuständige Arbeitsdirektor – **nicht gegen die Stimmen der Arbeitnehmervertreter** gewählt werden.

1.3.3.1.3 Das Mitbestimmungsergänzungsgesetz
Mitbestimmungsergänzungsgesetz

Bereits kurze Zeit nach Inkrafttreten der montanrechtlichen Regelung gingen einige Unternehmen dazu über, Unternehmensaktivitäten, die dem Anwendungsbereich des Gesetzes unterfielen, auf zuvor ausgegliederte Tochterunternehmen zu verlagern, während die herrschende Gesellschaft als mitbestimmungsfreie „**Holding**" weitergeführt wurde. Der Gesetzgeber versuchte diese Maßnahme zu konterkarieren, indem er die paritätische Mitbestimmung auch auf das herrschende Konzernunternehmen ausdehnte (siehe wegen der Einzelheiten die Regelungen des Mitbestimmungsergänzungsgesetzes 1956). Auf die, durch das Wahlverfahren abgesicherte, Sonderstellung des Arbeitsdirektors wurde hierbei – im Gegensatz zur Montan-Mitbestimmung – verzichtet (§ 13 MitbstErgG).

Als weiteres „Mitbestimmungssicherungsgesetz" stellt sich die – durch starken gewerkschaftlichen Druck herbeigeführte (und teilweise verfassungswidrige – BVerfG NJW 1999, S. 1535 ff) gesetzgeberische Reaktion auf die Umstrukturierungen des Mannesmann-Konzerns dar: Gemäß § 1 Abs. 3 Montan-MitbstG gilt nach Verlust der Montaneigenschaft (oder eines Herabsinkens der Beschäftigtenzahl unter 1 000

Arbeitnehmer) eine Auslauffrist von 6 Jahren, bis zu diesem Zeitpunkt bleibt das Montan-Mitbestimmungsstatut anwendbar (Zur verfassungsrechtlichen Begrenzung dieser Regelung siehe jetzt BVerfG ZIP 1999, S. 410 ff.).

Bedeutung der Montanmitbestimmung
Beiden Regelungen des Montanbereichs kommt heute keine allzu große Bedeutung zu: Unterfielen anfangs noch 36 Unternehmen der Stahlindustrie und 71 Bergbauunternehmen dem Montan-MitbstG, so sind es jetzt lediglich 22 bzw. 11 Wirtschaftseinheiten des jeweiligen Industriebereichs. Die (bundeseigene) Salzgitter-AG unterliegt als letztes von ursprünglich 8 herrschenden Konzernunternehmen dem Mitbestimmungsergänzungsstatut von 1956.

1.3.3.1.4 Das Mitbestimmungsgesetz von 1976
Voraussetzung
Zur bedeutsamsten Form der Unternehmensmitbestimmung hat sich – der gesetzgeberischen Konzeption entsprechend – das **Mitbestimmungsgesetz von 1976** entwickelt. Gemäß § 1 Abs. 1 MitbstG unterliegen diesem Statut (neben GmbH sowie den Erwerbs- und Wirtschaftsgenossenschaften) alle **Aktiengesellschaften und Kommanditgesellschaften auf Aktien, die regelmäßig mehr als 2000 Arbeitnehmer beschäftigen** und nicht dem **Negativkatalog** des § 1 Abs. 4 MitbstG unterfallen (zu diesen sogenannten Tendenzunternehmen: Siehe auch BetrVG 1972, § 118).

Bedeutung
Insgesamt waren Ende 1980 282 deutsche Aktiengesellschaften (sowie 178 Unternehmen in der Rechtsform der **GmbH** und GmbH & Co. KG, also insgesamt 460 Gesellschaften) der Regelung des Mitbestimmungsgesetzes unterworfen (hierzu: Theisen, Unternehmensgröße und Unternehmensrecht, DB 1980, S. 1877 ff.).

Zusammensetzung des Aufsichtsrates
Gemäß § 7 Mitbestimmungsges. setzt sich der Aufsichtsrat des mitbestimmten Unternehmens (die Gesamtmitgliederzahl variiert je nach Beschäftigtenanzahl) je **zur Hälfte** aus Vertretern der **Anteilseigner** und der **Arbeitnehmer** zusammen (§ 7 Abs. 1 MitbstG). Die Arbeitnehmervertreter werden in einem komplizierten Wahlverfahren (zu den Einzelheiten siehe: §§ 10 ff., 18 ff. MitbstG), in Unternehmen mit 8.000 oder weniger Beschäftigten durch unmittelbare Wahl, in größeren Wirtschaftseinheiten durch Wahlmänner, gewählt (§ 9 MitbstG). Die unterschiedlichen Gruppen abhängig Beschäftigter (§ 3 MitbstG) genießen dabei einen **normativ abgesicherten Minderheitenschutz:** Gemäß § 15 Abs. 2 MitbstG müssen sich unter den zu wählenden Mitgliedern des Aufsichtsrates – in dem Arbeiter und Angestellte regelmäßig entsprechend ihres zahlenmäßigen Verhältnisses im Betrieb vertreten sind – mindestens ein **Arbeiter,** ein **Angestellter** und ein **leitender Angestellter** befinden.

Leitende Angestellte
Gerade die Verankerung der **leitenden Angestellten** als Mitglieder der „Arbeitnehmer" im Aufsichtsrat ist auf vehementen Widerspruch der Gewerkschaften gestoßen: Die angesprochene Personengruppe sei aufgrund ihrer **Funktion innerhalb des Unternehmens**, wie übrigens auch die Definition des § 5 Abs.3 Betr.VG 1972 zeige, eher der Anteilseignerseite zuzurechnen, da das mittlere und höhere **Management** typischerweise **Arbeitgeberfunktionen** wahrnehme.

Demgegenüber sehen die Befürworter der angesprochenen Regelung die Repräsentanz der „Leitenden" als unerläßlich an: Die soziale Einheit Unternehmen werde nicht nur durch die **Faktoren Arbeit und Kapital,** sondern, ebenso entscheidend, durch den Faktor **„Leitung"** (das Management) bestimmt.

Die Zusammensetzung des Aufsichtsrates nach dem **Mitbestimmungsgesetz 1976.**

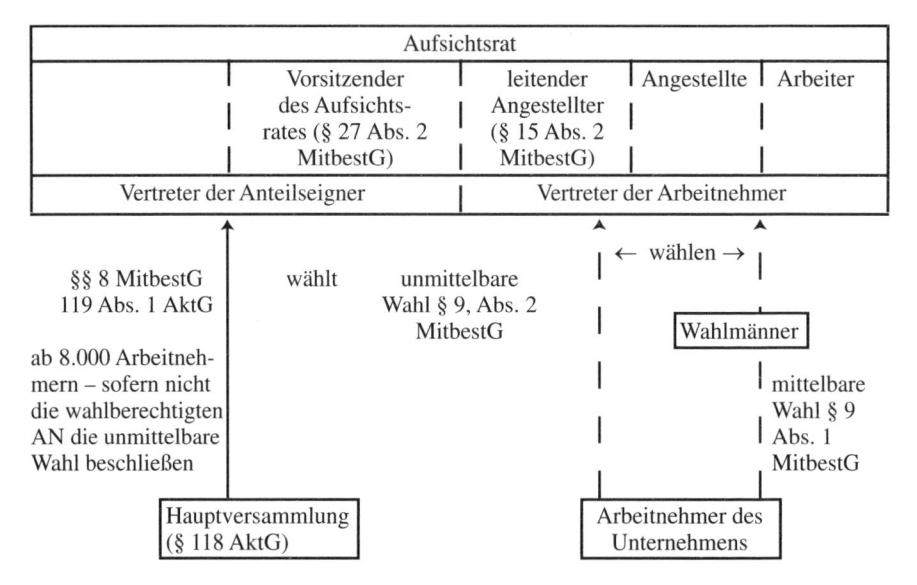

Aufsichtsrat			
Vorsitzender des Aufsichtsrates (§ 27 Abs. 2 MitbestG)	leitender Angestellter (§ 15 Abs. 2 MitbestG)	Angestellte	Arbeiter
Vertreter der Anteilseigner	Vertreter der Arbeitnehmer		

§§ 8 MitbestG 119 Abs. 1 AktG	wählt	unmittelbare Wahl § 9, Abs. 2 MitbestG	← wählen →
			Wahlmänner
ab 8.000 Arbeitnehmern – sofern nicht die wahlberechtigten AN die unmittelbare Wahl beschließen			mittelbare Wahl § 9 Abs. 1 MitbestG
Hauptversammlung (§ 118 AktG)		Arbeitnehmer des Unternehmens	

Parität

Trotz der – sieht man von der umstrittenen Zurechnung der leitenden Angestellten ab – formell paritätischen Besetzung des Aufsichtsrates durch Vertreter beider Interessengruppen erweist sich die Mitbestimmungsregelung nicht als gleichwertig konstituiertes Partizipationsmodell: Entsprechend der Absicht des Gesetzgebers sichern institutionelle Regelungen ein **(leichtes) Übergewicht der Anteilseignerseite** im maßgeblichen Entscheidungsprozeß.

Wahl des Aufsichtsratsvorsitzenden

In der konstituierenden Sitzung wählt der Aufsichtsrat mit einer **Mehrheit** von zwei Drittel seiner Mitglieder den Aufsichtsratsvorsitzenden sowie dessen Stellvertreter (§ 27 Abs. 1 MitbstG). Wird die erforderliche Mehrheit nicht erreicht, **so wählen die Vertreter der Anteilseigner den Vorsitzenden, die Arbeitnehmervertreter den stellvertretenden Vorsitzenden des Aufsichtsrates (§ 27 Abs. 2 MitbstG).**

Entscheidungsstruktur des Aufsichtsrates

Dieses Lösungsmodell zeitigt – hinsichtlich der Entscheidungsstrukturen des Aufsichtsrates – weitreichende Konsequenzen: Ergibt eine Abstimmung innerhalb des Gremiums Stimmengleichheit, so findet ein zweites Votum statt. Ergibt sich erneut eine Pattsituation, so steht dem **Aufsichtsratsvorsitzenden –** nicht seinem Stellvertreter! – eine zweite Stimme zu (§ 29 Abs. 2 MitbstG). Hieraus folgt, **daß Entscheidungen letztlich nicht gegen die (einheitliche!) Stimmabgabe der Anteilseignervertreter ergehen können,** diesen verbleibt der **Letztentscheid.** Dies gilt – in modifizierter Form – auch für die Bestellung der Organmitglieder des Vorstandes (siehe §§ 31, 27 Abs. 3 MitbstG, sowie oben 1.3.1.3).

1.3.3.2 Die Umgehungsproblematik
Umwandlung

Bereits kurze Zeit nach Inkrafttreten des allgemeinen Mitbestimmungsmodells 1976 setzten, trotz der unterparitätischen Mitwirkung der Arbeitnehmer am Entscheidungsprozeß, vereinzelte Versuche ein, dem Anwendungsbereich des Mitbestimmungsstatus zu entgehen oder doch die Auswirkungen der Regelungen möglichst gering zu halten. Dies ist einmal möglich durch **Umwandlung** des Aktienunternehmens in eine **Personengesellschaft,** die, mit Ausnahme der ihrer Struktur nach den Kapitalgesellschaften angenäherten GmbH- bzw. AG & Co. KG (hierzu: § 4 MitbstG), aus dem Anwendungsbereich aller Mitbestimmungsregelungen ausgenommen ist – eine (problematische!) Auswirkung des gesellschaftsrechtlichen Grundsatzes der **Einheit von Herrschaft und Haftung.** Ein allgemeiner **Rechtsformzwang** für Großunternehmen besteht im deutschen Recht nicht. Hieraus folgt gleichzeitig, daß eine solche Umwandlung regelmäßig zulässig ist. Lediglich im Falle der (schwer nachweisbaren) **Umgehungsabsicht,** wenn keine wirtschaftlich-rationalen Gründe, mit Ausnahme des Grundes, die Mitbestimmung zu umgehen, für die Umwandlung ersichtlich sind, erweist sich diese als **rechtsmißbräuchlich (§ 242 BGB)** und damit unzulässig.

Dies gilt im übrigen auch hinsichtlich der Umwandlung des Aktienunternehmens in eine GmbH. Zwar finden auf diese die Mitbestimmungsregelungen Anwendung (§ 1 Abs. 1 Nr. 1 MitbstG), doch ist wegen des Weisungsrechts der Gesellschafterversammlung der Einfluß des Aufsichtsrates begrenzt (hierzu unten 3.2.1.).

Beschlußfähigkeit

Als eigentliches Konfliktpotential zwischen den Interessengruppen haben sich Regelungen hinsichtlich der **Binnenstruktur des Aufsichtsrates** erwiesen. Insbesondere Gestaltungsmöglichkeiten bezüglich der **Beschlußfähigkeit** des Kontrollgremiums (zur Ausgangssituation siehe: §§ 28 MitbstG, 108 Abs. 2 Satz 4 AktG) sowie bezüglich der **Geschäftsordnung** und der **Besetzung von Aufsichtsratsausschüssen** (§ 107 Abs. 3 AktG) gaben Anlaß zu Rechtsstreitigkeiten.

Beispiel
So hatte die Satzung eines Unternehmens die Beschlußfähigkeit des Aufsichtsrates – in der Modifikation zu § 28 MitbstG – davon abhängig gemacht, daß mindestens die **Hälfte der Vertreter der Anteilseigner** anwesend war und sich unter diesen der **Aufsichtsratsvorsitzende** befand. Es galt – auch für Ausnahmesituationen –, das Übergewicht der Anteilseigner mittels des Zweitstimmrechtes der Aufsichtsratsvorsitzenden zu konsolidieren. Hier war zunächst fraglich, ob § 28 MitbstG eine **abschließende Regelung** darstellt (ablehnend: OLG Hamburg, BB 84, 1763 mit Anm. Oetker), Modifikationen somit ausschließt. Diese Frage konnte letztlich offenbleiben, zumindest lag ein Verstoß gegen den Grundsatz vor, „daß alle **Mitglieder des Aufsichtsrats, wenn sie erst einmal, gleichviel von welcher Seite, in dieses Amt berufen sind, die gleichen Rechte und Pflichten haben"** – **Gleichbehandlungsgrundsatz** – **(BGH DB 1982, S. 747 f.).** Durch die angesprochene Regelung waren die Vertreter der Anteilseigner deutlich privilegiert.

Gleichbehandlungsgrundsatz

Der aufsichtsratsspezifische **Gleichbehandlungsgrundsatz** (bezüglich der Mandatsträger) erweist sich somit als tragendes Prinzip des Mitstimmungsrechts: Der Gesetzgeber hat sich bei Erlaß der Mitbestimmungsregelung eindeutig gegen ein **Bänkeprinzip** (BGH-DB 1982, 742 ff., 743) ausgesprochen, welches in Rechten und Pflichten unterschiedlich ausgestaltete Fraktionen (nämlich der Anteilseigner- und Arbeitnehmervertreter) innerhalb des **einheitlichen** Gremiums Aufsichtsrat konstituiert. Die Mandatsträger sind als Organmitglieder dem Unternehmenszweck verpflichtet und an **Partikularinteressen nicht** gebunden. Sie sind folglich in ihrer Stellung einander völlig gleichwertig. **Eine Differenzierung hinsichtlich der Gruppenzugehörigkeit der Aufsichtsratsmitglieder ist stets unzulässig.**

Zahlreiche Entscheidungen befassen sich mit der Kompetenzverteilung im Aufsichtsrat. Dabei betont der BGH (WM 1987, 206 ff.) erneut den **zwingenden Gleichbehandlungsgrundsatz** hinsichtlich der Rechtsstellung von Aufsichtsratsmitgliedern. Zwar kann die Abberufung von Aufsichtsratsmitgliedern der Anteilseigner – abweichend von der gesetzlichen Regelung (§ 103 Abs. 1 AktG) – bei Vorliegen einer entsprechenden Satzungsbestimmung auch durch einfachen Mehrheitsbeschluß erfolgen, jedoch darf hierbei **nicht** zwischen den eigentlichen Mandatsträgern und Ersatzmitgliedern unterschieden werden. Stets ist die Abberufung von den gleichen Voraussetzungen abhängig zu machen.

Alle Aufsichtsratsmitglieder sind im **gleichen Umfange** Träger individueller Rechte und Pflichten (BGH, WM 1988, S. 377 ff.).

Organklage

Eine erhebliche Bedeutung kommt der Entscheidung des Bundesgerichtshofs vom 28. November 1988 zu (BGHZ 106, S. 54 ff – „Opel" = NJW 1989, S. 710 ff.): Die Arbeitnehmervertreter im Aufsichtsrat eines Automobilherstellers wandten sich mit ihrer Klage gegen eine organisatorische Maßnahme des Vorstands, nachdem der Gesamtaufsichtsrat zuvor mit den Stimmen der Anteilseigner eine Mißbilligung der Umstrukturierung abgelehnt hatte. Der BGH hat die Klage als unzulässig zurückgewiesen. Ein Überwachungsrecht bezüglich der Vorstandstätigkeit stehe gemäß § 111 Abs. 1 AktG lediglich dem **Aufsichtsrat** als **Kollegialorgan** zu. Da der Gesamtaufsichtsrat mithin Träger des Überwachungsrechts sei, könne auch nur er sich auf ein Abwehrrecht gegen Maßnahmen des Vorstandes berufen, die geeignet seien, seine insoweit gesetzlich geschützte Kompetenz zu beschneiden. Ein **individuelles Abwehrrecht** einzelner Aufsichtsratsmitglieder lasse sich auch nicht unter dem Gesichtspunkt einer actio pro socio begründen (hierzu: Bork, ZGR 1989, 1 ff.). Wenn überhaupt eine solche Klagebefugnis anzuerkennen sei, so könne dies allenfalls unter der Voraussetzung geschehen, daß die klagewilligen Aufsichtsratsmitglieder zuvor den **Aufsichtsratsbeschluß** im Wege der Feststellungsklage erfolgreich angegriffen hätten (vgl. auch OLG Celle NJW 1990, S. 582 ff, 583 – „Pelikan"). Der Entscheidung des Bundesgerichtshofs ist im Interesse einer klaren Kompetenzabgrenzung zwischen den Organen der Aktiengesellschaft durchweg zuzustimmen. Die Situation liegt insofern anders als im Falle der „Holzmüller"-Entscheidung (BGHZ 83, 122 ff. – vergl. oben). Während das normative Leitbild des Aktiengesetzes hinsichtlich der Gesellschafter (Aktionäre) durchaus Individualrechte anerkennt (vergl. § 131 AG), trifft dies für Aufsichtsrat und Vorstand nicht zu. Leitungs- und Überwachungskompetenz werden dem jeweiligen Organ – nicht einzelnen seiner Mitglieder – zugeordnet. Im übrigen bleibt für eine **actio pro socio** (vergl. jetzt auch: Raiser, ZHR 1989, 1 ff.) schon aus systematischen Gründen kein Raum: Die Definition des Gesellschaftsinteresses obliegt weitgehend den Organen der juristischen Person und nicht einzelnen Organträgern. Zudem bleibt es den überstimmten Aufsichtsratsmitgliedern unbenommen, den inkriminierten Beschluß „ihres Organs" unmittelbar anzugreifen. Dies ist auch im Wege der einstweiligen Verfügung möglich (vergl. zuletzt OLG Stuttgart, WM 1985, S. 600 ff.). Eine entsprechende Klage ist dabei gegen **die Gesellschaft** und nicht gegen das Organ „Aufsichtsrat" zu richten.

Im übrigen wirkt der Gleichbehandlungsgrundsatz auch zu Lasten der Arbeitnehmervertreter. Ihre haftungsrechtliche Verantwortlichkeit entspricht der der anderen Mandatsträger (§§ 116, 93 AktG, hierzu 1.3.2.1). Die Weitergabe geheimhaltungsbedürftiger Interna an Gewerkschaften bzw. Betriebsrats- oder Belegschaftsmitglieder ist unzulässig.

Umstritten ist, ob eine Streikteilnahme der Arbeitnehmervertreter der organrechtlichen Pflichtenbindung widerspricht, doch wird man ihnen zumindest eine **passive** Teilnahme nicht verwehren können. Ein (aktives) Aufrufen zum Arbeitskampf bzw. die Beteiligung als Streikposten bleibt jedoch problematisch.

Der Gleichbehandlungsgrundsatz wirkt sich unmittelbar auch auf die personelle Ausgestaltung von Aufsichtsratsausschüssen aus:

Aufsichtsratsausschüsse

Da das Gesetz es – innerhalb gewisser Grenzen – zuläßt, Aufgaben aus dem Gesamtgremium abzuziehen und an die, wegen der geringeren Mitgliederzahl und der notwendigen Spezialisierung effektiver arbeitenden Aufsichtsratsausschüsse zu verweisen (§ 107 Abs. 3 AktG), gingen vereinzelt Unternehmen dazu über, durch Satzungsregelungen auf die Zusammensetzung dieser Gremien Einfluß zu nehmen und sie **abweichend vom Paritätsprinzip** zu besetzen. Dies betraf insbesondere den – für die Behandlung von Anstellungsverträgen zuständigen – **Personalausschuß**, sowie das (ebenfalls als Ausschuß tätige) **Aufsichtsratspräsidium**.

Beispiel
Im Beispielfall (BGHZ 83, S. 106 ff., 115 – „Siemens" = NJW 1982, S. 1525) hatte die Hauptversammlung eine Satzungsbestimmung beschlossen, die unmittelbar Einfluß auf die Zusammensetzung des Ausschusses gemäß § 27 Abs. 3 MitbstG nahm:

Entgegen der Regelung des Gesetzes wurde bestimmt, daß der weitere, von den Vertretern der Anteilseigner zu wählende Repräsentant im Wahlvorschlagsorgan seinerseits **aus den Reihen der Anteilseignervertreter kommen müsse** (eine solche Regelung enthält § 27 Abs. 3 MitbstG gerade nicht – lesen!).

Der Bundesgerichtshof hat in seiner Entscheidung ausdrücklich festgestellt, daß es der Hauptversammlung (als Repräsentationsorgan der Anteilseigner) verwehrt ist, über Satzungsbestimmungen Einfluß auf die **Bildung und Zusammensetzung** von Aufsichtsratsausschüssen zu nehmen. Diese bleibt stets der **Geschäftsordnungsautonomie** des Gesamtaufsichtsrates vorbehalten (siehe auch: BGHZ 122, S. 342 ff, 355 = NJW 1993, S. 2307). Allerdings sind Satzungsklauseln, die das **Verfahren** in Ausschüssen generell in einer bestimmten Weise regeln, zulässig, soweit die Entscheidungsfreiheit des Aufsichtsrates nicht unbillig eingeengt wird (BGHZ 83, S. 106 ff, 115). So ist es zulässig, analog der Regelung des § 29 Abs. 2 MitbstG, dem jeweiligen Ausschußvorsitzenden in Pattsituationen ein Zweitstimmrecht zuzubilligen.

Im übrigen neigt der Bundesgerichtshof dazu, normative Strukturprinzipien des Aufsichtsrats auch auf die von diesem gebildeten Ausschüsse zu übertragen. So stellt er nunmehr (BGH, NJW 1989, S. 1928 f = WM 1989, 215 ff.) klar, daß auch die Beschlußfassung in Aufsichtsratsausschüssen nur ausdrücklich erfolgen kann (siehe auch die Rechtsprechung zum Mitbestimmungsgesetz, Überblick bei: Theisen, AG 1987, 137 ff.).

Geschäftsordnungsautonomie
Erweist sich somit die personelle Binnenstruktur der Ausschüsse als **Prärogative des Kontrollorgans,** so bleibt dennoch zu fragen, ob gegebenenfalls über das gemäß § 29 Abs. 2 MitbstG dem Aufsichtsratsvorsitzenden zustehende Zweitstimmrecht die Anteilseignerseite die Ausschußstruktur **frei** bestimmen kann. Läßt man dies zu, so ist es den Repräsentanten der Hauptversammlung jederzeit möglich, Vertreter der Arbeitnehmer den Ausschüssen völlig fernzuhalten (diese entschieden dann z.B. im Personalausschuß in alleiniger Kompetenz über die Ausgestaltung des Anstellungsvertrages).

Angesichts des zwingenden Gleichbehandlungsgrundsatzes komm eine „sachwidrige" **Differenzierung nach der Gruppenzugehörigkeit** der Aufsichtsratsmitglieder nicht in Betracht. Andererseits besteht keine Verpflichtung, auch Aufsichtsratsausschüsse paritätisch zu besetzen (sog. „Spiegelbildtheorie"). Zulässig ist vielmehr eine Unterscheidung nach der jeweiligen Funktion des Ausschusses und der fachlichen und persönlichen Eignung potentieller Mitglieder (BGHZ 122, S. 342 ff., 355 ff. = NJW 1993, S. 2307 ff.; OLG München AG 1995, S. 466 ff., 467). Legt man dies zugrunde, so müssen im Personalausschuß regelmäßig beide Seiten vertreten sein (BGH a.a.O., S. 358 f.).

1.3.4 Die Hauptversammlung
Literatur: v.Rechenberg, Die Hauptversammlung als oberstes Organ der Aktiengesellschaft, 1986.

1.3.4.1 Funktion und Wirkungsmechanismen
Grundlagenkompetenz
Im System aktienrechtlicher Aufgabendifferenzierung fällt der Hauptversammlung die Funktion eines **Grundlagenorgans** zu.

a) Sie entscheidet demgemäß über **Satzungsänderungen** (§§ 119, Abs. 1 Nr. 5, 179 AktG), Maßnahmen zu der **Kapitalbeschaffung** und der **Kapitalherabsetzung** (§§ 119 Abs. 1 Nr. 6 AktG) sowie Maßnahmen, die die korporative **Grundstruktur** der Gesellschaft berühren, wie die **Auflösung** – (§ 119 Abs. 1 Nr. 8 AktG), die **Umwandlung** (vgl. §§ 13, 64 UmwG) und die Vermögensübertragung (§ 179a AktG). Ebenso bedürfen **Unternehmensverträge** (§§ 293 f. AktG) sowie die **Eingliederung** (§ 319 f. AktG) der Zustimmung der Hauptversammlung.

Erweiterung der Hauptversammlung
Darüber hinaus ist durch die neuere Rechtsprechung anerkannt (BGHZ 83, 122 ff – „Holzmüller" = DB 1982, 795 ff.; siehe hierzu auch: 1.3.1.1.), daß auch andere **Grundlagenbeschlüsse,** außerhalb des enumerativen Katalogs des Aktiengesetzes,

der Zustimmung des Basisorgans bedürfen, wenn diese in den „Kernbereich" der Unternehmensstruktur eingreifen (hierzu auch BGHZ 122, 211 ff in Bezug auf Unternehmensverträge). Insofern ist der Vorstand – entgegen dem Wortlaut des § 119 Abs. 2 AktG – verpflichtet, anstehende Geschäftsführungsmaßnahmen der Hauptversammlung zur Entscheidung vorzulegen, sofern diesen **grundlegende Bedeutung** zukommt. Die Geschäftsführungsautonomie des Leitungsorgans erfährt somit im Ausnahmefall eine partielle Einschränkung zugunsten der Entscheidungsgewalt der – die Gesellschafter repräsentierenden – Hauptversammlung. Allerdings gilt es zu beachten, daß sich die Mitwirkung der Hauptversammlung bei der Konkretisierung der Unternehmenspolitik einzig auf strukturelle Grundlagenentscheidungen beschränkt, die in ihrer Bedeutung der gesetzlichen Aufgabenzuweisung zugunsten der Anteileigner zumindest annähernd entsprechen. Die „Holzmüller"-Doktrin des BGH bietet foglich keine Rechtfertigung, das System der aktienrechtlichen „corporate governance" und damit der Leitungsautonomie des Vorstands im Grundsatz zu durchbrechen. Die Verlagerung von Geschäftsführungsangelegenheiten in die Kompetenz der Hauptversammlung ist kaum geeignet, die „Marktnähe" und „Effizienz" der AG zu erhöhen.

Personalkompetenzen

b) Entsprechend ihrer oben beschriebenen Funktion ist die Zuständigkeit der Hauptversammlung hinsichtlich der **unternehmensbezogenen Personalpolitik** auf wenige, gesetzlich normierte Bereiche begrenzt. Gemäß § 119 Abs. 1 Nr. 1 AktG fällt die Wahl der **Vertreter der Anteilseigner** im Aufsichtsrat in ihren ausschließlichen Zuständigkeitsbereich, sofern kein Entsendungsrecht **gemäß** § 101 Abs. 2 AktG besteht. Dies gilt spiegelbildlich für eine eventuelle Abberufung von Aufsichtsratsmitgliedern (§ 103 AktG).
Ebenso wie die Arbeitnehmer partizipieren die Anteilseigner nur **mittelbar** über ihre Mandatsträger im Kontroll- und Personalorgan Aufsichtsrat an der Unternehmensleitung. Der aktuelle Einfluß der Hauptversammlung ist dabei abhängig von dem rechtstatsächlichen Erscheinungsbild der Gesellschaft und der mehr oder weniger homogenen Zusammensetzung des Aktionärsgremiums: Je heterogener die personelle Struktur der Hauptversammlung, umso weitgehender erweist sich die Unabhängigkeit der Verwaltung (Vorstand und Aufsichtsrat). In **Publikumsgesellschaften** degeneriert die Hauptversammlung häufig zum reinen Akklamationsorgan; die Zuwahl neuer Aufsichtsratsmitglieder erfolgt faktisch durch **Kooptation** innerhalb des Aufsichtsrats. Im übrigen richtet sich die Auswahl neuer Mandatsträger nach den Grundsätzen des **Mehrheitswahlrechts:** Eine Aufsichtsratsrepräsentanz der Minderheit findet – von (eher seltenen) Kulanzzugeständnissen der Mehrheit abgesehen – **nicht** statt! Etwas anderes gilt nach der (fragwürdigen) Auffassung des OLG Hamm (NJW 1987, S. 1030 ff, 1031 f) im Falle einer drohenden „faktischen" Konzernierung. Hier sei die (Hauptversammlungs-) Mehrheit gegebenenfalls verpflichtet, zur institutionellen Gewährleistung eines „Konzerneingangsschutzes" zumindest einige „unabhängige" Repräsentanten – beispielsweise „Bankenvertreter" (sic.!) – zu Aufsichtsratsmitgliedern zu wählen.

Gewinnverwendung

c) Die Hauptversammlung entscheidet weiterhin über die **Verwendung des Bilanzgewinns** (§§ 119 Abs. 1 Nr. 2, 58 Abs. 3, 174 AktG).

Diese Einflußnahme hinsichtlich der unternehmensspezifischen **Ausschüttungspolitik** ist in ihrer Bedeutung eher marginaler Natur. In ihrem Votum bleibt die Hauptversammlung gemäß § 174 Abs.1 S. 1 AktG an den von Vorstand und Aufsichtsrat (§ 172 AktG) **festgestellten Jahresabschluß** gebunden. Lediglich für den, praktisch kaum relevanten Fall, daß beide Verwaltungsorgane der Aktionärsversammlung die Feststellung des Jahresabschlusses zuweisen (§ 172 S.1 AktG), kommt dieser ein entscheidender Gestaltungsspielraum bezüglich der Anteilsdividende zu.

Entlastung

d) Der Entscheidungsbereich der Hauptversammlung erstreckt sich darüber hinaus auf die **Entlastung** von Mitgliedern des **Vorstandes** und des **Aufsichtsrates** (§ 119 Abs. 1 Nr. 3 AktG).

Zwar liegt im Entlastungsbeschluß regelmäßig die **Billigung** der Geschäftspolitik der Verwaltungsorgane in der Vergangenheit ebenso wie ein **Vertrauensbeweis** für die Zukunft durch die Aktionärsmehrheit, doch zeitigt ein entsprechendes Votum keine (haftungs-) rechtlichen Konsequenzen. Entsprechend § 120 Abs. 2 Satz 2 AktG beinhaltet die Entlastung – anders als bei der GmbH und der e.G. – **keinen Verzicht** auf Ersatzansprüche. Eine solche Freistellung kann den Ersatzpflichtigen erst drei Jahre nach der Entstehung des Anspruchs gewährt werden (siehe hierzu: § 93 Abs. 4 Satz 3 AktG).

Dennoch ist die **faktische Bedeutung** des Entlastungsbeschlusses nicht zu unterschätzen. Sie gibt ein getreues – und für die übrigen Organe nicht zu übersehendes – Stimmungsbild der Kapitalgeber wieder und findet auch in der Wirtschaftspresse entsprechende Beachtung. In der Verweigerung der Entlastung liegt zudem ein „Vertrauensentzug" durch die Hauptversammlung, welcher den Aufsichtsrat regelmäßig berechtigt, die Bestellung zum Vorstandsmitglied vorzeitig zu widerrufen (§ 84 Abs. 3 Satz 2 AktG).

Über die Entlastung von Vorstand und Aufsichtsrat ist stets getrennt abzustimmen. Dabei gilt es dem Stimmverbot des § 136 AktG Rechnung zu tragen (vgl. unten 1.3.4.5). Innerhalb der einzelnen Organe erfolgt die Entscheidung regelmäßig durch „Gesamtentlastung", soweit die Hauptversammlung nichts anderes beschließt. Auf Antrag einer Minderheit von 10% des Grundkapitals oder eines Betrags von 1.000.000 Euro ist über die Entlastung eines einzelnen Organmitglieds getrennt abzustimmen.

Wahl der Abschlußprüfer

e) Als, in seiner praktischen Bedeutung nicht zu überschätzender, Entscheidungsbereich bleibt der Hauptversammlung schließlich die **Wahl (Bestellung) der Abschlußprüfer** zugewiesen (§ 119 Abs. 1 Nr. 4 AktG, § 318 Abs. 1 HGB). Gem. § 316 Abs. 1 S. 1 HGB sind der Jahresabschluß und der Lagebericht mittlerer und großer Kapitalgesellschaften (vgl. § 267 Abs. 1 HGB) durch einen Abschlußprüfer zu prüfen. Fehlt es hieran, so kann der Jahresabschluß nicht festgestellt werden (§ 316 Abs. 1 S. 2 HGB). Die Prüfungspflicht umfaßt auch den Konzernabschluß und den Konzernlagebericht (§ 316 Abs. 2 HGB). Als Abschlußprüfer von Aktiengesellschaften kommen nur Wirtschaftsprüfer und Wirtschaftsprüfungsgesellschaften in Betracht (§ 319 Abs. 1 S. 1 HGB), soweit diese nicht nach § 319 Abs. 2 und 3 HGB vom Amt des Abschlußprüfers ausgeschlossen sind. Dies betrifft insbesondere den Fall, daß der Prüfer gem. § 319 Abs. 2 Nr. 5 AktG „bei der Führung der Bücher oder der Aufstellung des zu prüfenden Jahres-

Teil III: Kapitalgesellschaften 149

abschluß...mitgewirkt hat". Nach der – allerdings umstrittenen – Auffassung des BGH (BGH WM 1997, 1385 ff.) ist der Ausschlußtatbestand noch nicht verwirklicht, wenn der Abschlußprüfer die Gesellschaft in wirtschaftlichen und steuerlichen Fragen berät. Von der **Bestellung** des Prüfers gilt es die rechtsgeschäftliche **Erteilung und Konkretisierung des Prüfungsauftrags** zu unterscheiden. Dies ist eine Frage der Vertretungsbefugnis im Rahmen der Gesellschaft. Nach der insofern erfolgten Änderung seitens des KonTraG liegt diese nicht mehr in den Händen des Vorstands (§ 78 AktG) sondern in denjenigen des Aufsichtsrats (§ 111 Abs. 3 S. 3 AktG). Der Gesetzgeber wollte damit verdeutlichen, daß der Abschlußprüfer in erster Linie „Hilfsorgan" des Aufsichtsrats bei der Erfüllung von dessen Kontrollaufgabe ist. Entsprechend ist der Prüfungsbericht unmittelbar dem Aufsichtsrat zuzuleiten (§ 321 Abs. 5 S. 2 HGB). Allerdings ist dem Vorstand zuvor „Gelegenheit zur Stellungnahme" zu geben.

1.3.4.2 Die Durchführung der Hauptversammlung

Literatur: Schaaf, Die Praxis der Hauftversammlung, 2.A. 1999

Quack, Beschränkungen der Redezeit und des Auskunftsrechts der Aktionäre, AG 1985, S. 145 ff.

Siepelt, Das Rederecht des Aktionärs und dessen Beschränkung, AG 1995, S. 254 ff.

Einberufung der Hauptversammlung

Abgesehen von den durch Gesetz oder Satzung bestimmten Fällen ist die Hauptversammlung stets einzuberufen, wenn das Wohl der Gesellschaft dies erfordert (§ 121 Abs. 1 AktG). Für die Einberufung zuständiges Organ ist der Vorstand, der darüber mit einfacher Mehrheit entscheidet (§ 121 Abs. 2 AktG). Hierbei ist jedoch zu beachten, daß die regelmäßige **Jahreshauptversammlung** (ordentliche Hauptversammlung) innerhalb der ersten acht Monate des Geschäftsjahres stattfinden hat (§§ 120, 175 AktG).

Sofern es das Wohl der Gesellschaft erfordert, ist auch der Aufsichtsrat zur Einberufung einer (außerordentlichen) Hauptversammlung verpflichtet (§ 111 Abs. 3 Satz 1 AktG). Darüber hinaus besteht unter den Voraussetzungen des § 122 AktG ein Berufungsrecht einer Minderheit von 5% des Grundkapitals (vgl. unten).

Form

Da sich die Mitwirkungskompetenz der Gesellschafter (Aktionäre) auf die Teilnahme an Hauptversammlungen beschränkt, bedürfen die Anteilseigner – zur sachgerechten Wahrnehmung der ihnen zugewiesenen Funktion und zur Verfolgung ihrer Kapitalinteressen – der **umfassenden Information** über die jeweils zur Entscheidung anstehenden Beschlüsse. Das Gesetz trägt dem durch die Konstituierung detaillierter **Formvorschriften** Rechnung. Entsprechend § 121 Abs. 3 AktG ist die Einberufung in den Gesellschaftsblättern bekanntzumachen (vgl. hierzu: § 23 Abs. 4 AktG). Dabei sind die Firma, der Sitz der Gesellschaft, Zeit und Ort der Hauptversammlung sowie die Bedingungen anzugeben, von denen die Teilnahme an der Hauptversammlung und die Ausübung des Stimmrechtes abhängen (§ 123 Abs. 2, 3 und 4 AktG). Stets ist eine Einberufungsfrist von mindestens einem Monat zu wahren (§ 123 Abs. 1 AktG). Mit der Einberufung ist die anstehende Tagesordnung bekanntzugeben (zu den Einzelheiten, insbesondere bezüglich des Inhalts der Tagesordnung, siehe § 124 AktG). Über Gegenstände der Tagesordnung, die nicht ordnungsgemäß bekanntgemacht sind, dürfen **keine** Beschlüsse gefaßt werden (§ 124 Abs. 4 AktG), dennoch gefaßte Beschlüsse unterliegen der Anfechtung gem. § 243 AktG (vgl. unten). Etwas anderes gilt nur im seltenen Falle einer „Vollversammlung", wenn sämtliche Aktionäre erschienen sind und sich trotz des Einladungsmangels mit der Abstimmung einverstanden erklären. (hinsichtlich weitergehender Mitwirkungspflichten bzw. der Behandlung von Aktionärsanträgen zur Tagesordnung siehe die §§ 125 ff. AktG – lesen).

Leitung der Hauptversammlung

Abgesehen von der Einberufungsregelung enthält das Aktienrecht keine Vorschriften, die das Procedere der Hauptversammlung regeln. In der Praxis wird die **Leitung der Hauptversammlung durch die Satzung** regelmäßig dem **Vorsitzenden des Aufsichtsrats** übertragen. Fehlt es an einer Satzungsregelung, so erfolgt die Wahl des Versammlungsleiters durch die Hauptversammlung. Vorstandsmitglieder kommen insoweit nicht in Betracht. Dem Versammlungsleiter stehen alle Rechte zu, deren er zur funktionsgerechten Erfüllung seiner Aufgabe bedarf. Er leitet die Abstimmung, erteilt den Rednern das Wort und stellt mit rechtlich bindender Wirkung (vgl. unten) das Abstimmungsergebnis fest. Die Leitungsbefugnis umfaßt auch die Einführung einer Begrenzung der Redezeit (OLG Stuttgart AG 1995, S. 234. Zur Verfassungsmäßigkeit von Redezeitbeschränkungen und Ordnungsmaßnahmen siehe BVerfG ZIP 1999, S. 1798 ff.). Allerdings darf die Ausübung des Fragerechts gem. § 131 AktG (vgl. unten) dabei nicht auf die Redezeit des Aktionärs angerechnet werden (OLG Stuttgart a.a.O) Darüber hinaus kommt dem Versammlungsleiter die **Ordnungsgewalt** bezüglich einer störungsfreien Abwicklung des Versammlungsgeschehens zu (BGHZ 44, 245 ff.):

Im Beispielsfall hatte ein Aktionär durch Dauerreden (Filibustern) den zeitgerechten Ablauf der Hauptversammlung beeinträchtigt und sich nicht an eine beschlossene Redezeitbegrenzung gehalten. Daraufhin wurde er durch den Versammlungsleiter, nach vorangegangenem Beschluß der Hauptversammlung, von der weiteren Teilnahme an der Versammlung ausgeschlossen.

Der Bundesgerichtshof hat das Verhalten des Versammlungsleiters ausdrücklich gebilligt: Wer den geordneten Ablauf der Hauptversammlung durch Störungen beeinträchtige, könne von der weiteren Teilnahme suspendiert werden. Eines ausdrücklichen Votums der versammelten Aktionäre bedürfe es hierfür nicht. Die entsprechende Befugnis des Versammlungsleiters sei bereits aus dessen Funktion, die Versammlung zu leiten und einen störungsfreien **Ablauf** zu garantieren, abzuleiten.

Allerdings ist bei Ordnungsmaßnahmen des Versammlungsleiters stets zu beachten, daß diese dem **Verhältnismäßigkeitsgrundsatz** entsprechen müssen. Gemäß der Wertentscheidung des § 118 Abs. 1 AktG – insbesondere im Hinblick auf die gemäß §§ 131, 134 AktG bestehenden Rechte der Aktionäre – gilt es zu berücksichtigen, daß die Mitwirkung der Gesellschafter (Aktionäre) auf die Partizipation am Hauptversammlungsgeschehen beschränkt bleibt. Ein Ausschluß von der Teilnahme stellt daher lediglich die **ultima ratio** der möglichen **Ordnungsmaßnahmen** dar. Sie kommt folglich nur in Betracht, soweit sich mildere Maßnahmen (Begrenzung der Redezeit, Wortentzug etc.) als ungenügend erweisen. Ordnungsmittel sind grundsätzlich zunächst anzudrohen.

Teil III: Kapitalgesellschaften 151

1.3.4.3 Das Auskunftsrecht des Aktionärs

Literatur: Franken/Heinsius, Das Spannungsverhältnis der allgemeinen Publizität zum Auskunftsrecht des Aktionärs, FS Budde, 1995, S. 214 ff.
Groß, Informations- und Auskunftsrecht des Aktionärs, AG 1997, S. 97 ff.
Joussen, Das Auskunftsrecht des Vorstands nach § 131 AktG und das Insiderrecht, DB 1994, S. 2485 ff.

Funktion

Zur sachgerechten Fundierung seiner Stimmabgabe in der Hauptversammlung bedarf der Aktionär **umfassender Information** bezüglich des Unternehmensgeschehens (siehe hierzu bereits: 1.3.4.2). Eine der essentiellen Funktionsvoraussetzungen des hauptversammlungsinternen Entscheidungsprozesses ist daher das Auskunftsrecht der Aktionäre gemäß § 131 AktG. Dieser – als **Individualrecht** ausgestaltete – Anspruch liefert dem Gesellschafter die Entscheidungsgrundlage hinsichtlich seiner Einwirkung auf die unternehmerische Willensbildung.

Materielle Ausgestaltung

Die funktionale Orientierung des Auskunftsrechtes bestimmt gleichzeitig dessen Grenzen. Es sind daher stets die – aber auch nur die – Auskünfte zu erteilen, die zur sachgemäßen **Beurteilung** eines **Gegenstandes der Tagesordnung** erforderlich sind (§ 131 Abs. 1 Satz 1 AktG). Allerdings erweist sich dieser „Filter" als von recht „grober" Natur. So gibt es hinsichtlich des Tagesordnungspunkt „Entlastung des Vorstandes" kaum Fragen, die nicht hiermit in einem irgendwie gearteten Zusammenhang stehen.

Dies umfaßt auch die Beziehungen zu einem verbundenen Unternehmen (§ 131 Abs. 1 Satz 2 AktG) und darüber hinaus auch das Bestehen von Minderheitsbeteiligungen, soweit diese mindestens 10% der Stimmrechte ausmachen (KG AG 1994, S. 83 ff; KG AG 1994, S. 469 ff) oder 10% des Grundkapitals übersteigen (KG AG 1994, S. 469 ff, 470). Gleiches gilt dort, wo die Beteiligung nach ihrer Bilanzrelation einen wesentlichen Betrag ausmacht (KG AG 1994, S. 83 ff, 84; KG AG 1996, S. 131 f; KG AG 1996, S. 135; BayObLGH AG 1996, S. 516 ff, 517 f). Hierbei werden, was die Sorgfalt der verlangten Auskünfte betrifft, hohe Anforderungen gestellt (§ 131 Abs. 2 AktG).

Anspruchsgegner ist in jedem Fall die Gesellschaft, vertreten durch den Vorstand. Dieser ist verpflichtet, die zur Beantwortung von Fragen erforderlichen **Unterlagen bereitzuhalten** bzw. das notwendige **Personal bereitzustellen,** um angeforderte Informationen rechtzeitig zu beschaffen. Lediglich wenn eine Frage zur sachgerechten Beantwortung länger währender Vorbereitung bedarf, kann der fragende Aktionär darauf verwiesen werden, dem Vorstand solche Fragen **vor der Hauptversammlung** bekanntzugeben (BGHZ 32, 159 = NJW 1960, S. 1150 ff.; OLG Düsseldorf WM 1991, S. 2148 ff., 2125).

Auskunftsverweigerung

Eine Verweigerung der Auskunft seitens des Aktienvorstands ist nur aus den in § 131 Abs. 3 AktG **abschließend** geregelten Gründen zulässig (§ 131 Abs. 3 Satz 2 AktG).

Die hier aufgezählten Verweigerungsgründe geben im jeweils angesprochenen Regelungskonflikt dem institutionellen Geheimhaltungsbedürfnis des Unternehmens Vorrang vor dem berechtigten Auskunftsinteresse der Aktionäre. Dies ist evident für § 131 Abs. 3 Nr. 1 AktG, während § 131 Abs. 3 Nr. 2 und 3 AktG dem Schutz des

Steuergeheimnisses bzw. der verdeckten Bildung stiller Reserven dienen (siehe hierzu BVerfG ZIP 1999, S. 1801 ff.).

Häufiger Steitpunkt zwischen Gesellschaft und Aktionären ist die Frage nach der Höhe der Bezüge einzelner Vorstandsmitglieder. Die Gesamtbezüge des Vorstands sowie des Aufsichtsrats ergeben sich bereits aus dem Anhang zur Bilanz (§ 285 Nr. 9 lit.a HGB). Gem. § 286 Abs.4 HGB können diese Angaben unterbleiben, „wenn sich anhand dieser Angaben die Bezüge eines Mitglieds dieser Organe feststellen lassen". Es erscheint nachvollziebar, dies auch als abschließende Regelung bezüglich des Auskunftsrechts anzusehen. Sicher ist dies keinesfalls: Die Bilanz und der Anhang betreffen (weitgehend) die „Außentransparenz" bezüglich des Kapitalmarktes und der Gläubiger; das Auskunftsrecht bezweckt die Binnentransparenz gegenüber den Anteilseignern als Grundlage der gesellschaftsinternen Willensbildung.

Zeitliche und personelle Begrenzung

Das angesprochene Auskunftsrecht steht nur den **Aktionären,** keinesfalls anderen Hauptversammlungsteilnehmern zu. Es kann nur innerhalb **der Hauptversammlung** ausgeübt werden. Der Vorstand ist nicht verpflichtet, Anfragen außerhalb des Hauptversammlungsplenums zu beantworten. Eine Ausnahme gilt insofern gemäß § 131 Abs. 4 AktG: Ist einem Aktionär wegen seiner Eigenschaft als Aktionär eine Auskunft außerhalb der Hauptversammlung gegeben worden, so ist sie **jedem anderen Aktionär** auf dessen Verlangen **in der Hauptversammlung** zu geben, auch wenn sie zur sachgemäßen Beurteilung des Gegenstandes der **Tagesordnung** nicht erforderlich ist. Ein Verweigerungsrecht besteht lediglich gemäß § 131 Abs. 3 Nr. 5 AktG.

Prozessuale Durchsetzung

Die sachgemäße Ausübung des Fragerechts bzw. das Vorliegen eines zulässigen Auskunftsverweigerungsgrundes steht **nicht** im **Beurteilungsspielraum** des auskunftspflichtigen Vorstandes, sondern unterliegt gemäß § 132 AktG der gerichtlichen Nachprüfung im Verfahren der **freiwilligen Gerichtsbarkeit.** Antragsberechtigt ist jeder Aktionär, dem die verlangte Auskunft nicht gegeben worden ist und, wenn über den Gegenstand der Tagesordnung, auf den sich die Auskunft bezog, Beschluß gefaßt wurde, jeder in der Hauptversammlung erschienene Aktionär, der Widerspruch zur Niederschrift erklärt hat. Der Antrag ist binnen zwei Wochen nach der Hauptversammlung zu stellen, in der die Auskunft abgelehnt worden ist (§ 132 Abs. 2 AktG). Hierbei gilt es zu berücksichtigen, daß die Gesellschaft im stattfindenden Auskunftsprozeß noch **Gründe nachschieben** kann, auf die sich der Vorstand bei Verweigerung der Auskunft nicht berufen hat (BGHZ 36, 121 ff.).

Wird dem Antrag stattgegeben, so ist die Auskunft auch **außerhalb der Hauptversammlung** zu geben (§ 132 Abs. 4 Satz 1 AktG – zum Verhältnis Auskunfts-Anfechtungsprozeß siehe unten 1.3.4.5).

1.3.4.4 Das Depotstimmrecht

Literatur: Henssler. Verhaltenspflichten bei der Ausübung von Aktienstimmrechten durch Bevollmächtigte, ZHR 157 (1993), S. 91 ff.

Kropff, Zur Vinkulierung, zum Vollmachtsstimmrecht und zur Unternehmensaufsicht im deutschen Recht, ZGR Sonderheft 12, 1994, S. 3 ff.

Teil III: Kapitalgesellschaften 153

Funktion

Für den einzelnen **Kleinaktionär** ist die Teilnahme an der jeweiligen Jahreshauptversammlung meist unökonomisch. Der Besitz weniger Aktien rechtfertigt selten den mit der Hauptversammlungsteilnahme verbundenen Zeit- und Geldaufwand. Das Depotstimmrecht gewährleistet eine hohe **Hauptversammlungspräsenz,** indem es eine Repräsentanz des den Kleinaktionären zugeordneten Grundkapitals in der Hauptversammlung seitens der Depotbanken ermöglicht.

Dennoch ist diese Konstruktion auf vielfältige Kritik gestoßen. Insbesondere die Funktion der Banken innerhalb des Lösungsmodells hat Widerspruch hervorgerufen. Diese verträten regelmäßig nicht nur die Depotstimmen ihrer Kunden (hierzu näher unten), sondern hielten auch in beträchtlichem Maße eigene Beteiligungen an Drittunternehmen. Die Kumulierung von eigenen – und Depotstimmen – verschaffe den Banken häufig eine dominierende Hauptversammlungsmehrheit. Zudem träten sie – in der Rolle der **Hausbank** – den von ihnen stimmrechtlich majorisierten Unternehmen auch als Kreditgeber gegenüber. Zwischen beiden Funktionen, der treuhänderischen Verwaltung der Depots sowie der eigennützigen Gläubigerrolle, bestünden erhebliche Interessenkonflikte: Seien die Aktionäre, im Sinne einer hohen Rendite der eingebrachten Kapitaleinlage, an einer großzügigen Dividendenpolitik interessiert, so bestünde das Interesse der Hausbank meist in einer Thesaurierung der anfallenden Gewinne, da dies die Solvenz des Kreditschuldners beträchtlich erhöhe.

Ausgestaltung

Das Depotstimmrecht hat in den §§ 125-128, 135 AktG eine dezidierte Ausgestaltung erfahren. Diese Regelungen hat der Gesetzgeber mit dem KonTraG einer partiellen Revision unterzogen, ohne daß er sich – wie von Kritikern angeregt – zu einer Abschaffung des Depotstimmrechts – etwa zugunsten eines „Aktionärstreuhänders" – durchringen konnte.

Das Kreditinstitut bedarf zur Ausübung seines Depotstimmrechts stets der schriftlichen (§ 126 BGB) Bevollmächtigung (§ 135 Abs. 1 Satz 1 AktG). Die Vollmacht ist stets einem **bestimmten** Kreditinstitut und nur für längstens 15 Monate zu erteilen. Sie ist jederzeit widerruflich. Auf der Grundlage dieser Vollmacht übt das Kreditinstitut die (rechtsgeschäftliche) Stimmabgabe regelmäßig „**im Namen dessen, den es angeht**", ohne Nennung des vertretenen Aktionärs, aus. Hierbei ist es an die **Weisungen** des Depotkunden gebunden (zu den Einzelheiten siehe § 135 AktG). Ist das Kreditinstitut an der Gesellschaft mit mehr als fünf Prozent des Grundkapitals unmittelbar oder mittelbar beteiligt, so darf es das Stimmrecht nur ausüben, soweit der Aktionär eine ausdrückliche Weisung zu einzelnen Punkten der Tagesordnung erteilt. Dies gilt allerdings nicht, wenn es das Stimmrecht bezüglich der eigenen Anteile bei der Abstimmung nicht ausübt und auch nicht durch Dritte ausüben läßt (§ 135 Abs. 1 S. 3 AktG). Soweit das Kreditinstitut sich zur Ausübung des Stimmrechts im Rahmen seines Dienstleistungsangbots erbietet, hat es zudem auf andere Vertretungsmöglichkeiten – beispielsweise durch Aktionärsvereinigungen – hinzuweisen (§ 135 Abs. 2 S. 6 AktG).

Informationspflichten

Die Aktiengesellschaft trifft gegenüber den in der letzten Hauptversammlung vertretenen Depotbanken gesteigerte Informationspflichten (§ 125 Abs. 1 AktG). Die Einberufung der Hauptversammlung, die Bekanntmachung der Tagesordnung und etwaige Anträge und Wahlvorschläge von Aktionären einschließlich des Namens des Aktionärs, der Begründung und einer eventuellen Stellungnahme der Verwaltung, sind dem Kreditinstitut mitzuteilen. Diese Mitteilungen sind seitens der Depotbanken gemäß § 128 Abs. 1 AktG **unverzüglich** (§ 121 BGB) an die Aktionäre weiterzugeben.

Hierbei hat das Kreditinstitut den Gesellschaftern eigene Vorschläge für die Ausübung des Stimmrechts zu den einzelnen Gegenständen der Tagesordnung mitzuteilen. Gleichzeitig hat es den Aktionär um Erteilung von Weisungen für die Ausübung des Stimmrechts zu bitten und darauf hinzuweisen, daß es, wenn der Aktionär nicht rechtzeitig eine andere Weisung erteilt, das Stimmrecht entsprechend seinen mitgeteilten Vorschlägen ausüben werde (§ 128 Abs. 2 AktG, siehe zu näheren Einzelheiten dort). Im übrigen hat das Institut ein Mitglied der Geschäftsleitung zu benennen, welches die Einhaltung der übernommenen Pflichten zu überwachen hat (§ 128 Abs. 2 S. 2 AktG).

Beachte:
Zwar führt ein Verstoß gegen die Weisung des Aktionärs **nicht** zur **Unwirksamkeit der Stimmabgabe** (§ 135 Abs. 6 AktG), doch werden gegebenenfalls **Schadensersatzansprüche des Depotkunden** (§ 128 Abs. 4 AktG) ausgelöst.

1.3.4.5 Der Hauptversammlungsbeschluß

Literatur: Vogel, Gesellschafterbeschluß und Gesellschafterversammlung, 2.A. 1986; Winnefeld, Stimmrecht, Stimmabgabe und Beschluß, ihre Rechtsnatur und Behandlung, DB 1972, S. 1053 ff.

Die Stimmabgabe

Durch seine Stimmabgabe in der Hauptversammlung wirkt der Aktionär gestaltend auf die Geschicke des Unternehmens ein. Dabei stellt die **individuelle Stimmabgabe** die Vornahme eines **Rechtsgeschäftes** dar: Die bürgerlich-rechtlichen Vorschriften über Willenserklärungen (§§ 104 ff., 116 ff. BGB) finden grundsätzlich Anwendung. Im übrigen ist, wie bereits das Beispiel des Depotstimmrechts (hierzu oben 1.3.1.4) zeigt, **Vertretung** zulässig (§§ 134 Abs. 3, 135 AktG).

Stimmrechtsbindung

Zudem kann das Stimmrecht des einzelnen Aktionärs selbst Gegenstand **des Rechtsverkehrs** sein. So sind Vereinbarungen zulässig, durch die sich ein Aktionär gegenüber Mitgesellschaftern bzw. Dritten verpflichtet, sein Stimmrecht in **einer bestimmten Richtung** auszuüben (hinsichtlich gesetzlicher Ausnahmen siehe §§ 136 Abs. 2, 405 Abs. 3 Nr. 6 und 7 AktG).

Entsprechende Verpflichtungen sind gemäß § 894 ZPO vollstreckbar (BGHZ 48, 163 ff.). Allerdings ist zu beachten, daß eine entsprechende Verpflichtung nur **schuldrechtliche** Wirkung entfaltet: Die von der vertraglichen Bindung abweichende Stimmabgabe ist **rechtsgültig**, löst jedoch im Innenverhältnis zwischen den Kontrahenten gegebenenfalls Schadensersatzansprüche aus. Hinsichtlich des Ausmaßes der Bindungswirkung gelten grundsätzlich die Gestaltungsgrenzen des § 138 BGB (siehe im übrigen die Ausführungen bezüglich der GmbH: 3.2.1).

Ausschluß des Stimmrechts

Gemäß § 136 Abs. 1 AktG ist das Stimmrecht des Aktionärs in bestimmten Fällen typisierter **Interessenkollision** ausgeschlossen. Niemand soll über die eigene **Entlastung, Befreiung von einer Verbindlichkeit** oder die **Geltendmachung eines Anspruchs** gegen sich selbst mitentscheiden.

Allerdings ist zu berücksichtigen, daß die hier ausgesprochenen Stimmverbote erheblich hinter der Regelung der §§ 34 BGB und 47 Abs. 4 GmbHG zurückbleiben: Eine ergänzende Anwendung dieser Regelungen auf die Aktiengesellschaft scheidet nach der eindeutigen Wertentscheidung des Gesetzgebers somit aus. Im übrigen kann das interessenbedingte Stimmverbot auch nicht durch Vertretungsregelungen umgangen werden (§ 136 Abs. 1 Satz 2 AktG).

Zudem ist es der Gesellschaft **grundsätzlich verwehrt,** das Stimmrecht für **eigene Aktien** in der Hauptversammlung des Unternehmens auszuüben (§ 71b AktG). Dem Vorstand wird es somit nicht möglich, die **aktienrechtliche Gewaltenteilung** mittels des Erwerbs eigener Anteile zu durchbrechen. Dies gilt auch hinsichtlich der Zwischenschaltung eines abhängigen Unternehmens (§ 136 Abs. 2 AktG).

Der Beschluß

Von der **individuellen Stimmabgabe** ist der **Kollektivakt Beschluß** deutlich zu unterscheiden: Die Unwirksamkeit (Nichtigkeit, Anfechtung) der einzelnen Willenserklärung wirkt sich nur dann auf den Bestand des Beschlusses aus, **wenn es gerade auf die individuelle Stimme ankommt,** wenn also – im Falle der Unwirksamkeit – der Beschluß am Zustandekommen der erforderlichen Mehrheit scheitert.

Berechnung der Mehrheit

Grundsätzlich genügt für das Zustandekommen von Hauptversammlungsbeschlüssen die einfache Mehrheit der abgegebenen Stimmen (§ 133 Abs. 1 AktG). Hierbei werden **ungültige Stimmen** und **Stimmenthaltungen** nicht mitgezählt (so zum letzten Fall jetzt ausdrücklich: BGHZ 129, S. 136 ff, 153 – „Girmes" = NJW 1995, S. 1739). Ergibt die Auszählung **Stimmengleichheit,** so ist der Antrag abgelehnt.

Demgegenüber wird für die oben aufgeführten **Grundlagenbeschlüsse** (vgl. 1.3.4.1) eine qualifizierte Mehrheit von **drei Viertel** des in der Abstimmung **vertretenen Grundkapitals** verlangt (§§ 179 Abs. 2, 182 Abs. 1, 193 Abs. 1, 202 Abs. 2, 207 Abs. 2, 222 Abs. 1, 229 Abs. 3, 237 Abs. 2, 262 Abs. 1 Nr. 2, 293, 294 AktG, 65 Abs. 1, 240 Abs. 1 UmwG). Weitergehend erfordert die Eingliederung (§ 319 AktG) im Regelfall einen einstimmigen Beschluß (zur Eingliederung durch Mehrheitsbeschluß siehe: § 320 Abs. 1 AktG). Werden **Sonderrechte** einer Aktionärsgruppe beeinträchtigt, so ist deren Zustimmung stets Wirksamkeitsvoraussetzung. Dies folgt bereits aus der – auch im Aktienrecht anwendbaren – Generalklausel des § 35 BGB.

Im übrigen gilt es zu beachten, daß Satzungsänderungen (§ 181 Abs.3 AktG) ebenso wie die Zustimmung zu Unternehmensverträgen (§ 294 Abs.2 AktG), zur Eingliederung (§ 320a AktG) oder zu Umwandlungsmaßnahmen (§§ 20, 202 UmwG) erst mit Eintragung im Handelsregister Wirksamkeit entfalten. Diese ist insofern konstitutiver Natur.

Maßgeblich für die rechtliche Bewertung des Beschlußergebnisses ist dessen (förmliche) Feststellung durch den Versammlungsleiter. Ist diese erfolgt, so kann aus Gründen der Rechtssicherheit das Beschlußergebnis – auch wenn es auf einer „falschen" Auszählung beruht – nur noch mittels Anfechtungsklage (§ 243 AktG – vgl. unten) beseitigt werden (BGHZ 104, S. 66 ff, 69 = NJW 1988, S. 1844).

Fehlerhafte Hauptversammlungsbeschlüsse
Literatur: Timm, Zur Sachkontrolle von Mehrheitsentscheidungen im Kapitalgesellschaftsrecht, ZGR 1987, S. 403 ff.

Unabhängig von der Nichtigkeit oder Anfechtbarkeit der zugrunde liegenden Stimmabgabe enthält das Aktienrecht Regelungen hinsichtlich der **Rechtsfolgen fehlerhafter Hauptversammlungsbeschlüsse** (§ 241 ff. AktG). Hierbei wird, ähnlich der Situation im allgemeinen Zivilrecht, zwischen **Nichtigkeit** und **Anfechtbarkeit** des körperschaftlichen Willensbildungsaktes unterschieden. Liegt ein gesetzlicher Nichtigkeitsgrund vor, so ist der betreffende Beschluß **per se unwirksam**. Im übrigen bedürfen fehlerhafte Beschlüsse zur Herbeiführung ihrer Nichtigkeit der **Anfechtung mittels Gestaltungsklage**.

Nichtigkeitsgründe

Die Gründe, die zur Nichtigkeit eines Hauptversammlungsbeschlusses führen, sind in § 241 AktG **abschließend** geregelt. Darüber hinaus besteht eine Sonderregelung hinsichtlich spezieller Beschlußgegenstände (siehe hierzu §§ 250, 253, 256 AktG – lesen!). So ist insbesondere ein Jahresabschluß nichtig, der nicht gem. § 316 HGB durch unabhängige Abschlußprüfer geprüft wurde (§ 256 Abs. 1 Nr.2 AktG).

Abgesehen von den Sonderfällen des § 241 Abs. 1 AktG ist ein Hauptversammlungsbeschluß demnach nichtig, wenn er

1. in einer Hauptversammlung gefaßt wurde, die nicht durch das **zuständige Organ einberufen bzw. ordnungsgemäß bekanntgemacht** worden war (§§ 241 Abs. 1, Nr. 1, 121 Abs. 2 und 3 AktG),
2. nicht entsprechend der Regelung des § 130 AktG **notariell beurkundet** worden ist (§§ 241 Abs. 1 Nr. 2, 130 Abs. 1, 2 und 4 AktG),
3. mit dem **Wesen der Aktiengesellschaft** nicht zu vereinbaren ist oder durch seinen Inhalt Vorschriften verletzt, die ausschließlich oder überwiegend zum **Schutz der Gläubiger** der Gesellschaft oder sonst im **öffentlichen Interesse** gegeben sind.

In der hier angesprochenen Generalklausel sind diejenigen Nichtigkeitsgründe verankert, denen in der Praxis die größte Bedeutung zukommt. Insbesondere der Verstoß gegen Vorschriften, die der **Sicherung des aktienrechtlichen Haftungsfonds** dienen (§ 57), führt stets zur Nichtigkeit des dahingehenden Hauptversammlungsbeschlusses, da die entsprechenden Normen sowohl den **Schutz der Gläubiger** als auch weitergehender **öffentlicher Interessen** bezwecken.

Nichtig sind weiterhin alle Maßnahmen (insbesondere Satzungsänderungen), die sich als **Verstoß gegen ein Mitbestimmungsgesetz** darstellen. Die Mitbestimmungsregelung sichert ihrerseits das **öffentliche Interesse** an einer ausreichenden Partizipation des Faktors Arbeit im unternehmerischen Leitungsprozeß (strittig – so wie hier aber jetzt: BGHZ 83, 106 ff. = DB 82, 742 ff.).

Über die oben ausgeführten Gründe hinaus stellt sich, wie sich bereits aus § 138 BGB ergibt, ein sittenwidriger Hauptversammlungsbeschluß stets als nichtig dar (§ 241 Nr. 4 AktG). Zum gleichen Ergebnis führt ein rechtskräftiges Urteil im aktienrechtlichen Anfechtungsprozeß bzw. eine Löschung des fehlerhaften Beschlusses gemäß § 144 Abs. 2 FGG (§ 241 Nr. 5 und 6 AktG).

Geltendmachung der Nichtigkeit

Ein nichtiger Hauptversammlungsbeschluß ist von Anfang an unwirksam. Die Berufung auf diese Unwirksamkeit ist für **Aktionäre, Organmitglieder und Dritte** jederzeit statthaft.

Nichtigkeitsklage

Zur Beseitigung der bei fehlerhaften Hauptversammlungsbeschlüssen auftretenden Rechtsunsicherheit sieht das Gesetz die Möglichkeit der **Nichtigkeitsklage** (§ 249 AktG) vor. Es handelt sich hierbei um einen Sonderfall der allgemeinen – zivilprozessualen – **Feststellungsklage** (§ 256 ZPO): Erstreben Aktionäre oder Mitglieder des Vorstandes bzw. des Aufsichtsrates ein entsprechendes Feststellungsurteil, so bedarf es **nicht** des Nachweises eines besonderen Feststellungsinteresses (§ 256 Abs. 1 ZPO). Zudem kommt der Entscheidung eine **erweiterte Rechtskraftwirkung** gemäß § 248 AktG zu. Hinsichtlich der Kostenregelung gilt die Sondervorschrift des § 247 AktG.

Heilung der Nichtigkeit

Unter der Voraussetzung des § 242 AktG kann die Nichtigkeit **geheilt** werden. So ersetzt die **Eintragung in das Handelsregister** die erforderliche Beurkundung gemäß § 130 Abs. 1, 2 und 4 AktG, § 242 Abs. 1 AktG). Zudem kann die Nichtigkeit eines Hauptversammlungsbeschlusses gemäß § 241 Nr. 1, 3 und 4 nicht mehr geltend gemacht werden, wenn der Beschluß in **das Handelsregister** eingetragen worden ist und seitdem **drei Jahre** verstrichen sind.

Anfechtungsgründe

Ein fehlerhafter Hauptversammlungsbeschluß, der nicht nichtig ist, unterliegt der Anfechtung mittels Gestaltungsklage. Diese ist stets gegeben, wenn der Beschluß gegen **das Gesetz** oder **die Satzung** der Aktiengesellschaft verstößt (§ 243 Abs. 1 AktG).

Hierbei ist jedoch zu beachten, daß ein Verstoß gegen die gemäß § 128 AktG den Kreditinstituten auferlegten Informationspflichten, die Anfechtbarkeit eines Hauptversammlungsbeschlusses **nicht** begründet (§ 243 Abs. 3 AktG).

Kausalzusammenhang

Entgegen dem Wortlaut des § 243 Abs. 1 AktG ist **Zulässigkeitsvoraussetzung** einer jeden Anfechtungsklage, daß zwischen dem inkriminierten Gesetzes- bzw. Satzungsverstoß und dem Zustandekommen des angefochtenen Beschlusses ein **kausaler Zusammmenhang besteht** (siehe aber ausdrücklich anders: § 243 Abs. 4 AktG). Allerdings dürfen an den Nachweis des jeweiligen Kausalzusammenhangs keine übertriebenen Anforderungen gestellt werden: Es genügt die **Möglichkeit**, daß der Beschluß auf dem vorangegangenen Verstoß beruht.

Einen Sonderfall stellt die Regelung des § 243 Abs. 2 AktG dar. In Ergänzung der Vorschrift des § 117 AktG (siehe insbesondere § 117 Abs. 7 Nr. 1 AktG), der die mißbräuchliche Ausnutzung des Stimmrechts in der Hauptversammlung gerade nicht erfaßt, gewährleistet sie im Falle des **Stimmrechtsmißbrauchs** (ohne angemessenen Schadensausgleich) ein Anfechtungsrecht der benachteiligten Aktionäre bzw. der betroffenen Gesellschaft.

Eine Verletzung des **Auskunftsanspruchs der Aktionäre** stellt, ohne Rücksicht auf einen gegebenen Ursachenzusammenhang, stets einen Anfechtungsgrund dar

(§ 243 Abs. 4 AktG). Es können dabei allerdings nur die Beschlüsse zu dem jeweiligen Tagesordnungspunkt angefochten werden (BGHZ 119, 1, 12).

Die Anfechtungsklage
Die Anfechtung ist mittels **Gestaltungsklage** im landgerichtlichen (§ 246 Abs. 3 AktG) Anfechtungsprozeß geltend zu machen.

Zur Anfechtung befugt ist jeder in der Hauptversammlung **erschienene Aktionär**, wenn er gegen den Beschluß **Widerspruch zur Niederschrift** erklärt hat (§ 245 Nr. 1 AktG). Dies gilt im übrigen auch für den nicht erschienenen Aktionär, wenn er zu der Hauptversammlung zu Unrecht nicht zugelassen worden ist bzw. die Einberufung Mängel aufweist (§ 245 Nr. 2 AktG). Wurde ein Aktionär zu Unrecht (Verhältnismäßigkeitsgrundsatz!) von der Hauptversammlung ausgeschlossen, so gilt die Regelung entsprechend.

Im Fall des § 243 Abs. 2 AktG (Stimmrechtsmißbrauch) steht das Anfechtungsrecht jedem Aktionär zu. Darüber hinaus ist gemäß § 245 Nr. 4 der Aktienvorstand und – unter den Voraussetzungen des § 245 Nr. 5 – jedes **Mitglied** des Vorstands und des Aufsichtsrates zur Anfechtung berechtigt.

Die Anfechtungsklage muß innerhalb eines Monats nach der Beschlußfassung erhoben werden (§ 246 Abs. 1 AktG) und ist gegen die Gesellschaft zu richten. Die Gründe, auf welche die Anfechtung eines Hauptversammlungsbeschlusses gestützt wird, müssen in ihrem wesentlichen Kern innerhalb der Ausschlußfrist des § 246 Abs. 1 AktG in den Prozeß eingeführt werden (BGHZ 120, 141 ff). Die Gesellschaft wird dabei von **Vorstand und Aufsichtsrat** vertreten (§ 246 Abs. 2 AktG).

Erweiterte Rechtskrafterstreckung
Gibt das Landgericht der Anfechtungsklage statt, so erklärt es den angefochtenen Beschluß für nichtig (§ 241 Nr. 5 AktG). Das Urteil wirkt, entsprechend der Regelung des § 248 AktG, nicht nur inter partes, sondern für und gegen die Mitglieder des Vorstands und des Aufsichtsrats sowie alle Aktionäre. Diese sind insoweit als notwendige Streitgenossen i.S.d. § 62 ZPO anzusehen (BGHZ 122, 211 ff.).

Konkurrenzen
Im übrigen ist wegen der häufig bestehenden Rechtsunsicherheit die Anfechtung eines **nichtigen** Hauptversammlungsbeschlusses zulässig. Nichtigkeits- und Anfechtungsklage können im Klageantrag verbunden werden. Das Gericht hat die Nichtigkeitsklage zuerst zu erörtern, da mit der Bejahung der Nichtigkeit der Beschlüsse sich deren Anfechtung erübrigen würde (BGH NJW 52, 98 ff.).

Probleme ergeben sich auch im Verhältnis von Auskunftsprozeß gem. § 132 AktG und Anfechtungsklage: Insbesondere die Vorgreiflichkeit des Auskunftserzwingungsverfahrens ist Gegenstand heftigen Streites.

Hier dürfte der neueren Rechtsprechung des Bundesgerichtshofs zu folgen sein (BGH DB 83, 273 ff.). Auch wenn ein entsprechender Antrag nach § 132 AktG formell rechtskräftig abgewiesen oder die Zweiwochenfrist hinsichtlich des Auskunftserzwingungsverfahrens abgelaufen ist, kann die Rechtswidrigkeit der Auskunftsverweigerung noch im **Anfechtungsprozeß** geltend gemacht werden. Es ist somit nicht erforderlich, zunächst im Verfahren gemäß § 132 AktG die Verpflichtung des Aktienvorstands zur Auskunftserteilung festzustellen, um daran anschließend, gestützt auf die rechtswidrige Auskunftsverweigerung (§ 243 Abs. 4 AktG), den Anfechtungsprozeß zu betreiben. Hier kann der inkriminierte Hauptversamm-

Teil III: Kapitalgesellschaften 159

lungsbeschluß **unmittelbar** angefochten werden. Das erkennende Gericht prüft incidenter die Begründetheit des Auskunftsanspruchs.

Bestätigung

Die Anfechtung kann nicht mehr geltend gemacht werden, wenn die Hauptversammlung den anfechtbaren Beschluß durch einen erneuten Willensbildungsakt bestätigt hat und dieser **erneute** Beschluß innerhalb der Anfechtungsfrist nicht angefochten bzw. die Anfechtung nicht rechtskräftig zurückgewiesen worden ist (siehe hierzu § 244 AktG).

Mißbrauch der Anfechtungsklage

Literatur: Boujong, Rechtsmißbräuchliche Aktionärsklagen vor dem Bunndesgerichtshof – Eine Zwischenbilanz, FS Kellermann, 1991, S. 1 ff.

Radu, Der Mißbrauch der Anfechtungsklage durch den Aktionär, ZIP 1992, S. 303 ff.

Wardenbach, Mißbrauch des Anfechtungsrechts und „nachträglicher" Aktienerwerb, ZGR 1992, S. 563 ff.

Verstößt ein Hauptversammlungsbeschluß gegen Gesetz oder Satzung, so ist jeder in der Hauptversammlung erscheinende Aktionär, wenn er gegen den Beschluß Widerspruch zur Niederschrift erklärt hat, zur Anfechtung befugt (§ 245 Nr. 1 AktG – vergl. oben). Seit einiger Zeit findet in der Rechtsprechung und Literatur eine lebhafte Diskussion über Umfang und **Grenzen** des **Anfechtungsrechts** statt (Martens, AG 1988, 118 ff.; Lutter in: 40 Jahre der Bertieb 1988, 193 ff.). Im Vordergrund steht dabei die Frage, ob und inwiefern die Ausübung der Anfechtungsbefugnis im Einzelfall dem Vorwurf des **Rechtsmißbrauchs** (hierzu ausführlich: BGHZ 107, S. 296 ff., 308 ff. – „Kochs Adler" = NJW 1989, S. 2689 ff.; BGHZ 112, S. 9 ff., 30; BGH NJW 1992, S. 569 – „Deutsche Bank") unterliegt. Äußerer Anlaß des hier zu Tage tretenden Disputs sind die sich häufenden Fälle, in denen anfechtungsberechtigte Aktionäre sich ihr Klagerecht durch die Gesellschaft „**abkaufen**" lassen. Hierbei werden durch die AG häufig erhebliche Beträge als Gegenleistung aufgebracht, die in keinem Verhältnis zum Wert des Anteilsbesitzes der jeweiligen Kläger stehen. Insbesondere in den Fällen, in denen die Aktien erst kurze Zeit vor Durchführung der Hauptversammlung erworben wurden, drängt sich der Gedanke rechtsmißbräuchlichen Handelns auf. Wird einem Aktionär für die Rücknahme seines Widerspruchs oder seiner Anfechtungsklage ein unverhältnismäßig hoher Betrag gezahlt, so verstößt dies nach zutreffender Auffassung gegen das zwingende Gleichbehandlungsgebot des Aktienrechts (§ 53a AktG). Zudem liegt – unabhängig von der Höhe der Gegenleistung – eine gemäß § 57 AktG **verbotene Kapitalrückzahlung** an die Anteilseigner (Aktionäre) vor. Im Gegensatz zur GmbH darf unter die Aktionäre während des Bestehens der Aktiengesellschaft nur der Bilanzgewinn verteilt werden (§ 57 Abs.3 AktG). Empfangen die Aktionäre dennoch verbotene Leistungen, so haben sie diese gemäß § 62 AktG der Gesellschaft zurückzugewähren (vergl. zum Ganzen LG Köln, WM 1988, S. 758). Darüber hinaus stellt das Verhalten der Anfechtungsberechtigten, sofern diese die Aktien lediglich zum Zwecke der kommerziellen Verwertung ihrer Anfechtungsbefugnis erworben haben, eine Verletzung der gesellschaftsrechtlichen Treuepflicht sowie eine zum **Schadensersatz** verpflichtende Handlung im Sinne der §§ 826, 823 Abs. 2 BGB i.V.m. 353 StGB dar (vergl. hierzu OLG Köln, WM 1988, 1021 ff.) und erfüllt regelmäßig den strafrechtlichen Tatbestand der Erpressung (§ 253 StGB).

1.4 Der Aktionär im System der Aktiengesellschaft

1.4.1 Die Rechtsstellung
Erwerb der Aktionärsstellung

Sieht man von der Teilnahme am aktienrechtlichen Gründungsvorgang ab (originärer Erwerb), so wird die Rechtsstellung eines Aktionärs regelmäßig durch **Rechtsgeschäft** erworben (derivativer Erwerb). Mit dem Eigentum an dem – das Mitgliedschaftsrecht verbriefenden – Wertpapier **Aktie,** erlangt der Erwerber gleichzeitig die Gesellschafterstellung bezüglich der AG.

Hinsichtlich der rechtlichen Voraussetzungen des **dinglichen Übertragungsaktes** ist je nach **Art der Aktien** zu differenzieren: Handelt es sich um **Inhaberaktien**, so finden die Vorschriften der §§ 929 ff BGB uneingeschränkt Anwendung. Die Übertragung erfolgt somit durch Einigung und Übergabe. Dies gilt auch bezüglich eines gutgläubigen Erwerbs abhanden gekommener Aktien (siehe hierzu die Sondervorschrift des § 935 Abs. 2 BGB, beachte aber für **Banken** § 367 HGB). Allerdings fehlt es – inbesondere bei jüngeren Gesellschaften – meist aus Kostengründen an der Verbriefung des Einzelrechts. Diese kann durch die Satzung ausgeschlossen oder eingeschränkt werden (§ 10 Abs. 5 AktG). Es bleibt dann bei einer „Verbriefung" mittels einer „Globalurkunde".

Demgegenüber tritt bei **Namensaktien** die **Indossierung** als Ergänzungsmerkmal des **dinglichen Begebungsvertrages** hinzu. Die Artikel 12, 13 und 16 des Wechselgesetzes finden entsprechende Anwendung (§ 68 Abs. 1 AktG). Zudem kann die Satzung die Übertragung von Namensaktien an die Zustimmung der Gesellschaft binden (§ 68 Abs. 2 AktG -Vinkulierung). Rechte gegenüber der Gesellschaft können **bei Namensaktien** nur nach vorangegangener Eintragung in das Aktienbuch der Gesellschaft geltend gemacht werden (§ 67 Abs. 2 AktG).

Im übrigen unterliegen Aktien der erbrechtlichen Universalsukzession (§ 1922 BGB).

Mit dem Erwerb der Aktionärsstellung sind bestimmte, normativ fixierte Rechte und Pflichten verbunden. Hierbei differenziert man aus systematischen Gründen zwischen **Verwaltungs-** und **Vermögensrechten:** Regeln erstere die Einflußmöglichkeiten des Gesellschafters im aktienrechtlichen Binnengefüge, so gibt die zweite Gruppe die vermögensrechtlichen Beziehungen des Aktionärs zum Unternehmen wieder.

Verwaltungsrechte

Zur Einflußnahme im System der Aktiengesellschaft stellt das aktienrechtliche Normengefüge dem Aktionär eine begrenzte Anzahl von **Individualrechten** zur Verfügung.

a) An erster Stelle steht hierbei das – sieht man von den Inhabern stimmrechtsloser Vorzugsaktien ab (§ 12 Abs. 1 Satz 2 AktG) – jedem Aktionär zukommende **Stimmrecht.** Dieses wird grundsätzlich nach Aktiennennbeträgen, bei Stückaktien nach deren Zahl ausgeübt (§ 134 Abs. 1 Satz 1 AktG). Es kann von der Mitgliedschaft in der AG und damit der Aktionärsstellung **nicht abgespalten** werden (BGH WM 1987, S. 70 ff.). Danach ist weder eine **Stimmrechtsermächtigung**, also die Ermächtigung eines Nichtgesellschafters zur Ausübung des Stimmrechts im eigenen Namen, noch eine „**verdrängende" Vollmacht**, also eine unwiderrufliche Bevollmächtigung eines Dritten, zulässig.

b) Neben dem Stimmrecht kommt dem **vorbereitenden Auskunftsrecht** des Aktionärs erhebliche Bedeutung zu (vgl. oben: 1.3.4.3). Dieses steht – ebenso wie das Teilnahmerecht – auch Inhabern stimmrechtsloser Vorzugsaktien oder solchen Aktionären zu, die gem. § 136 AktG wegen eines Interessenkonflikts vom Stimmrecht ausgeschlossen sind.

c) Da Aktionärsrechte grundsätzlich in der Hauptversammlung der Gesellschaft ausgeübt werden (§ 118 Abs. 1 AktG), besteht insofern ein uneingeschränktes **Teilnahmerecht** (siehe aber die vorstehenden Ausführungen zum Ausschlußrecht des Hauptversammlungsleiters – 1.3.4.2).

d) Erweist sich ein Hauptversammlungsbeschluß als fehlerhaft, so steht jedem Aktionär, unter den Voraussetzungen des § 245 AktG, ein entsprechendes **Anfechtungsrecht** zu (1.3. 4.5).

Vermögensrechte

a) Entsprechend der Funktion aktienrechtlicher Mitgliedschaft als **Kapitalanlage** seitens des Aktionärs stehen diesem entsprechende **Vermögensrechte** zu: So ergibt sich ein grundsätzlicher Anspruch der Gesellschafter auf den **Bilanzgewinn** (§ 58 Abs. 4 AktG – **Dividendenanspruch**). Dieser Anspruch besteht jedoch nur innerhalb der Grenzen des, regelmäßig von Vorstand und Aufsichtsrat festgestellt (§ 172 AktG), Jahresabschlusses. Der Wert des Vermögensrechtes wird daher weitgehend von der aktuellen **Bilanzpolitik** der Verwaltung bestimmt. Eine Rückgewähr bzw. Verzinsung der Vermögenseinlage des Aktionärs ist ausgeschlossen (§ 57 AktG).

b) Entsprechend der Regelung des § 271 AktG kommt dem Aktionär ein Anspruch auf das verbleibende Vermögen nach der Liquidation der Gesellschaft zu.

c) Von erheblicher (vermögensrechtlicher) Bedeutung ist das **Bezugsrecht bei Kapitalerhöhungen** (§ 186 Abs. 1 AktG). Es kann seinerseits **Gegenstand des Rechtsverkehrs** sein.

d) Zu beachten sind schließlich die Abfindungs- und Kompensationsansprüche der §§ 304, 305 und 320 b AktG.

Pflichten der Aktionäre

Der Pflichtenkreis der Aktionäre beschränkt sich regelmäßig auf die **Leistung der Einlage** im Falle des originären Erwerbs (§ 54 AktG) sowie des evtl. anfallenden Aufgeldes (Agio) – § 9 Abs. 2 AktG. Von der Einlagepflicht darf **keine Befreiung** erteilt werden (§ 66 Abs. 1 AktG), die **Aufrechnung ist ausgeschlossen.**

Die Konstituierung von Nebenleistungspflichten (§ 55 AktG) hat in der Praxis – von Zuckerrübengesellschaften abgesehen – keine Bedeutung gewonnen.

1.4.2 Der Minderheitenschutz

Literatur: Henn, Die Gleichbehandlung der Aktionäre in Theorie und Praxis, AG 1985, S. 240 ff.

Marsch-Barner, Treuepflichten zwischen Aktionären und Verhaltenspflichten bei der Stimmrechtsbündelung, ZHR 157 (1993), S. 172 ff.

Werner, Zur Treuepflicht des Kleinaktionärs, FS Semler, 1993, S. 419 ff.

Problemstellung

Zwar wird – insofern abweichend gegenüber der GmbH – eine aus **Treuepflichten** resultierende Bindung **der Gesellschafter untereinander** noch immer teilweise abgelehnt, doch ist man sich darüber einig, daß das aktienrechtliche Beziehungsgefüge eines **institutionalisierten Minderheitenschutzes** bedarf: Dies folgt bereits aus dem allgemeinen Rechtsgrundsatz, daß die Ausübung von Mehrheitsherrschaft stets des rechtlichen Korrelates in Gestalt eines Minderheitenschutzes bedarf, um den **Mißbrauch** eben dieser grundsätzlich gewährten Gestaltungsfreiheit zu verhindern.

Im Aktienrecht erfährt dieses Prinzip seine besondere, vermögensrechtliche Ausgestaltung: Wegen des grundsätzlich anerkannten Mehrheitsgrundsatzes ist es der Gesellschaftermehrheit möglich, ohne Tragung des vollen finanziellen Risikos, Entscheidungen zu fällen, die sich in ihrer wirtschaftlichen Konsequenz unmittelbar auf die Kapitalanlage der Minderheitsaktionäre auswirken. Ein Schutz der Minderheit ist daher unerläßlich.

Normative Ausprägungen

Der hier angesprochene Minderheitenschutz hat im geltenden System des Aktienrechts zumTeil normative Ausgestaltung erfahren.

So kann die Gesellschaft gemäß §§ 50, 53, 93 Abs. 4, 116, 117 Abs. 4 AktG auf Ersatzansprüche gegen die Gründer, Mitglieder der Verwaltung und einflußnehmende Dritte, nur verzichten, wenn die Hauptversammlung zustimmt und nicht eine Minderheit, deren Anteile zusammen den zehnten Teil des Grundkapitals erreichen, zur Niederschrift Widerspruch erhebt (siehe auch die entsprechende konzernrechtliche Regelung der §§ 309 Abs. 3, 310 Abs. 4, 317 Abs. 4, 318 Abs. 4, 323 Abs. 1 Satz 2 AktG). Folgerichtig sind Ersatzansprüche geltend zu machen, wenn es die Hauptversammlung mit einfacher Stimmenmehrheit beschließt oder es eine Minderheit verlangt, deren Anteile zusammen den zehnten Teil des Grundkapitals erreichen (§ 147 Abs. 1 Satz 1 AktG). Wird der Ersatzanspruch nach dieser Vorschrift nicht geltend gemacht, so hat das Gericht auf Antrag von Aktionären, deren Anteile zusammen wenigsten 5 % des Grundkapitals oder 500.000 Euro erreichen, einen besonderen Vertreter zur Geltendmachung des Schadensersatzanspruchs zu bestellen, wenn Tatsachen vorliegen, die den dringenden Verdacht rechtfertigen, daß der Gesellschaft durch Unredlichkeiten oder grobe Pflichtverletzung ein Schaden zugefügt wurde. Diese muß den Anspruch geltend machen, wenn hinreichende Aussicht auf Erfolg besteht.

Gemäß § 142 Abs. 2 AktG hat das Gericht auf Antrag von Aktionären, deren Anteile den zehnten Teil des Grundkapitals oder den Nennbetrag von 1.000.000 Euro erreichen, Sonderprüfer zu bestellen, wenn Tatsachen vorliegen, die den Verdacht rechtfertigen, daß bei Vorgängen anläßlich der Gründung oder der Geschäftsführung, namentlich auch bei Maßnahmen der Kapitalbeschaffung und Kapitalherabsetzung, Unredlichkeiten oder grobe Verletzungen des Gesetzes oder der Satzung vorgekommen sind (zur Sonderprüfung bei Unterbewertung oder Unvollständigkeit des Geschäftsberichtes siehe § 258 AktG; zur gerichtlichen Entscheidung über die abschließenden Feststellungen der Sonderprüfer siehe § 260 Abs. 1 AktG).

Die gleiche Minderheit kann im Wege des § 318 Abs. 2 HGB die Berufung eines anderen, als in der Hauptversammlung gewählten, Abschlußprüfers veranlassen. Zudem ist auf Verlangen von Aktionären, die 5% des Grundkapitals der Gesellschaft vertreten, die **Hauptversammlung einzuberufen,** wenn diese die Einberufung schriftlich und unter Angabe des Zwecks und der Gründe beantragen (§ 122 Abs. 1 AktG). In gleicher Weise können Aktionäre, deren Anteil zusammen die oben angegebene Größenordnung erreicht, verlangen, daß Gegenstände zur Beschlußfassung einer Hauptversammlung bekanntgemacht werden (§ 122 Abs. 2, 3 AktG).

Auf Verlangen einer Minderheit von 10% des Grundkapitals ist über die Entlastung von Verwaltungsmitgliedern getrennt abzustimmen (zur gerichtlichen Abberufung eines entsandten Aufsichtsratsmitglieds siehe § 103 Abs. 3 AktG). Schließlich kann eine Minderheit von 10% des Grundkapitals gegebenenfalls eine Abstimmung über aus ihren Reihen kommende Wahlvorschläge erzwingen.

Einflußmißbrauch

Eine Sonderstellung im System des **normativen Minderheitsschutzes** nimmt § 117 Abs. 1. AktG ein. Adressaten sind nicht nur **Mehrheitsgesellschafter,** sondern auch außenstehende Dritte. Die weitgehende Wirkungslosigkeit dieser Vorschrift beruht insbesondere darauf, daß die Haftung für den Mißbrauch der **wesentlichen Einflußmechanismen** gemäß § 117 Abs. 7 Nr. 1-3 AktG ausgeschlossen ist. Zudem sind die subjektiven Voraussetzungen (Vorsatz!) im Streitfall kaum nachweisbar.

Lediglich die Durchsetzung von Leitungsmacht im **faktischen Konzern** unterfällt gegebenenfalls dem Tatbestand des aktienrechtlichen Minderheitenschutzes: § 117 AktG wird durch §§ 311, 317 AktG – entgegen einer verbreiteten Ansicht – **nicht** verdrängt, dies würde zu einer ungerechtfertigten Vorzugsstellung des **herrschenden Unternehmens** führen.

Bedeutung

Der hier angesprochene gesetzliche Minderheitenschutz hat in der Praxis keine allzu große Bedeutung erlangt. Dies liegt vor allem daran, daß die normativen Voraussetzungen angesichts einer Mindestrepräsentanz von 5 % des unternehmerischen Grundkapitals (oder 1.000.000 Euro) entschieden zu hoch angesetzt sind.

Gleichbehandlungsgrundsatz

Im Innenverhältnis der Gesellschaft zu ihren Aktionären gilt der- nunmehr auch gesetzlich festgeschriebene – **Gleichbehandlungsgrundsatz** (§ 53a AktG). Ähnlich der Funktion des grundrechtlichen Gleichheitsprinzips (Art. 3 GG) erweist sich die aktienrechtliche Maxime im wesentlichen als **Willkürverbot:** Gleiches ist gleich, Ungleiches verschieden zu behandeln. Eine Differenzierung bezüglich der Gesellschafter bedarf zu ihrer Rechtmäßigkeit stets eines **sachlichen Grundes,** vgl. BGHZ 120, 141 ff. Erweist sich ein Hauptversammlungsbeschluß als willkürliche Diskriminierung der Minorität, so steht der überstimmten Minderheit die Anfechtung gemäß § 243 Abs. 1 AktG offen.

Eine erhebliche Bedeutung hat das Diskriminierungsverbot im Rahmen des Bezugsrechtsausschlusses gemäß § 186 Abs. 3 AktG gewonnen. Werden hierbei einzelne Aktionäre oder Aktionärsgruppen privilegiert, so sind hinsichtlich der sachlichen Rechtfertigung hohe Anforderungen zu stellen. Eine Differenzierung wird nur in Ausnahmefällen gerechtfertigt sein.

Treuepflichten

Was die Bedeutung der Treuepflicht unter den Anteilseignern der AG betrifft, so zeigt sich im Laufe der Entwicklung ein deutlicher Verständniswandel – sowohl hinsichtlich der Funktion der Treuebindung als auch bezüglich ihrer Tauglichkeit als

Maßstab der Beschluß- und Handlungskontrolle im System der Aktiengesellschaft. So hatte die Rechtsprechung (BGH WM 1976, 449 ff. = AG 1976, 218 ff.) eine wirksame Ausdehnung des Minderheitenschutzes durch die Begründung einer Treuebindung zwischen den Aktionären zunächst abgelehnt:

Beispiel
Im Beispielsfall schloß die VW-Aktiengesellschaft mit der von ihr beherrschten Audi-NSU-AG einen Beherrschungs- und Gewinnabführungsvertrag ab. Entsprechend der Regelung der §§ 304 ff. AktG war sie auf Verlangen von Minderheitsaktionären verpflichtet, deren Aktien gegen eine im Vertrag bestimmte angemessene Abfindung zu erwerben (§ 305 AktG). Demgemäß verpflichtete sich die VW-Aktiengesellschaft gegenüber den außenstehenden Audi-NSU-Aktionären, deren Aktien gegen Abgabe eigener Aktien dergestalt zu erwerben, daß für jeweils 2,5 Audi-NSU-Aktien eine VW-Aktie gleichen Nennbetrages geleistet wurde. Der klagende Minderheitsaktionär verkaufte seine Audi-NSU-Aktien am 26.10.1971 an der Börse für 145,- DM. Noch vor diesem Verkauf hatte die VW-AG Verhandlungen mit dem größten Minderheitsaktionär, der Israel-British-Bank, die sich in einem Anfechtungsprozeß gegen den Unternehmensvertrag wehrte, aufgenommen. Am 4.11.1971 erwarb die VW-Aktiengesellschaft das Aktienpaket der Israel-British-Bank zu einem Kurs von 226,- DM.

Aus diesen Vorgängen macht der klagende Aktionär **Schadensersatzansprüche** geltend: Die VW-Aktiengesellschaft habe als herrschende **Mitgesellschafterin,** die ihm gegenüber bestehende **gesellschaftsrechtliche Treuepflicht** verletzt, indem sie es unterlassen habe, ihn vor dem vorzeitigen Aktienverkauf zu warnen.

Sie habe ihm daher die Differenz zwischen dem von ihm erzielten Börsenverkaufspreis von DM 145,- und der später erfolgten Barübernahme in Höhe von DM 226,- zu ersetzen.

Der Bundesgerichtshof hat jeglichen Schadenersatzanspruch des außenstehenden Aktionärs gegenüber der Mehrheitsgesellschaft abgelehnt. Die angegriffene Verhaltensweise stellt keine **Treuepflichtsverletzung** dar. In der Aktiengesellschaft bestünden keine, über die allgemeinen Rechtsgrundsätze der §§ 226, 242, 826 BGB hinausgehenden Bindungen zwischen den Aktionären. Die gemeinsame Zugehörigkeit zu einer Aktiengesellschaft begründe für sich allein keine gegenseitigen Rechtsbeziehungen. Aus der beherrschenden Stellung der Beklagten als Mehrheitsaktionärin der Audi-NSU folge keine andere Beurteilung. Soweit sich aus dieser Stellung gesetzliche Pflichten gegenüber den Minderheitsaktionären ergäben, bezögen sie sich auf die Vermeidung oder den Ausgleich von Nachteilen, die dadurch entstünden, daß das herrschende Unternehmen seinen Einfluß auf die abhängige Gesellschaft zu deren Ungunsten ausnutze (§§ 311 ff., 317 AktG). Auf einen solchen Sachverhalt habe die Klägerin ihre Klage gerade nicht gestützt.

Bereits die pauschale Ablehnung von Treuepflichten seitens des BGH kann nicht völlig überzeugen. Vor allem die versäumte Kontrolle von **Mehrheitsmacht** zugunsten der individualrechtlichen Position **einzelner Minderheitsaktionäre** ist angesichts der Ausstrahlungen des aktienrechtlichen Gleichbehandlungsgrundsatzes (§ 53a AktG) kaum verständlich. Übt ein Mehrheitsgesellschafter kraft der ihm zustehenden Stimmrechtsmacht die faktische **Leitungsgewalt** innerhalb einer Aktiengesellschaft aus, so ist sein Handeln am allgemeinen Diskriminierungsverbot des § 53a AktG zu messen. Ein Schadensersatzanspruch des Minderheitsgesellschafters war demnach gegeben. Dem hat sich nunmehr auch der BGH angeschlossen. Nach der

Entscheidung Linotype (BGHZ 103, S 184 ff) besteht eine ausgeprägte Treuebindung des Mehrheitsaktionärs gegenüber den Minderheitsgesellschaftern. Mit seiner – heftig umstrittenen – (vgl. Flume, ZIP 1996, S. 161 ff) „Girmes" – Entscheidung (BGHZ 129, S. 136 ff, 142 ff) hat der BGH nunmehr das Bestehen von Treuepflichten auch hinsichtlich von Minderheitsaktionären bejaht: Auch diese dürfen bei der Ausübung ihres Stimmrechts nicht zum – erkennbaren – Schaden der Gesellschaft handeln.

1.4.3 Die Aktionärsklage

Literatur: Wellkamp, Die Gesellschafterklage im Spannungsfeld von Unternehmensführung und Mitgliederrechten, DZWiR, 1994, S. 221 ff.
Zöllner, Die sogenannten Gesellschafterklagen im Kapitalgesellschaftsrecht, ZGR 1988, S. 392 ff.

Ebenso wie hinsichtlich der Kontrolle von Mehrheitsmacht ist auch der **individualrechtliche Schutz** des Aktionärs gegenüber dem **Mißbrauch von Organgewalt**, nur unvollkommen ausgestaltet. Das bestehende Normensystem der §§ 117 Abs. 1 Satz 2, 310 in Verbindung mit 309 Abs. 4, 318 in Verbindung mit 317 Abs. 1 Satz 2, 323 Abs. 1 AktG erweist sich als weitgehend wirkungslos. Dennoch lehnt die Rechtsprechung eigenständige Unterlassungs- und Schadensersatzansprüche der Aktionäre gegen Handlungen des Vorstands bislang weitgehend ab.

Die Gewährleistung einer **Aktionärsklage** widerspreche der **immanenten Teleologie** des aktienrechtlichen Beziehungsgefüges. Billige man dem einzelnen Aktionär Unterlassungs- bzw. Schadenersatzansprüche gegenüber der Verwaltung zu, so gewinne er einen (unmittelbaren) Einfluß auf die Geschäftsführung des Unternehmens. Das Prinzip der **vorstandlichen Leitungsautonomie (§ 76 Abs. 1 AktG)** werde entgegen den Wertungen des Gesetzgebers durchbrochen. Zudem fehle es an jeglichen vertraglichen Beziehungen zwischen den Aktionären und den Verwaltungsmitgliedern.

Dennoch bahnt sich seit einigen Jahren eine – vorsichtige – Neubesinnung an. So hat der Bundesgerichtshof in der bereits erwähnten Entscheidung (1.3.1.1) BGHZ 83, 122 ff – „Holzmüller" **Unterlassungsansprüche** des Aktionärs gegenüber **dem Vorstand** ausdrücklich anerkannt. Überschreite das Leitungsorgan die ihm zustehende Geschäftsführungskompetenz zulasten des (durch die Judikative erweiterten – § 119 Abs. 2 AktG!) Zuständigkeitsbereichs der Hauptversammlung, so stünde **jedem Gesellschafter (Aktionär)** ein entsprechender Unterlassungs- und Schadenseratzanspruch zu.

Insofern der BGH die Einwirkungsmöglichkeiten der Aktionäre auf **Grundlagenentscheidungen** beschränkt, der Wertentscheidung des § 76 AktG somit Rechnung trägt, kann dem zugestimmt werden. Demnach stellt die Aktionärsklage eine wesentliche Erweiterung der **individuellen Gestaltungsmacht** auch des **Kleinaktionärs** dar. Das Risiko des **Anlageaktionärs** findet hierin seine adäquate Berücksichtigung.

1.5 Die Finanzverfassung der Aktiengesellschaft

1.5.1 Gründung und Kapitalaufbringung

Literatur: Henze, Zur Problematik der verdeckten Sacheinlagen im Aktien- und GmbH-Recht, ZHR 154 (1990), S. 105 ff.
Mertens, Satzungs- und Organisationsautonomie im Aktien- und Konzernrecht, ZGR 1994, S. 426 ff.
Wilhelm, Kapitalaufbringung und Handlungsfreiheit der Gesellschaft nach Aktien- und GmbH-Recht, ZHR 152 (1988), S. 333 ff.

Der Gründungsvorgang des Aktienunternehmens folgt in seinem Ablauf einem komplizierten, im normativen Regelungsprogramm dezidiert festgelegten Entwicklungsprozeß (§§ 23 ff. AktG). Hierbei ist zwischen zwei systematisch zu trennenden Abschnitten zu unterscheiden: Der **Errichtung** (§ 29 AktG) der AG und der Erlangung der **Eigenschaft einer juristischen Person** (§ 41 AktG – Entstehung).

Errichtung der AG

a) Zunächst schließen die Gründer bzw. der Gründer (seit dem Deregulierungsgesetz vom 10.8.1994 ist nur noch ein Gründer erforderlich) den Gesellschaftsvertrag in notarieller Form. Hierin liegt die vom Gesetz geforderte **Feststellung der Satzung** (§ 23 Abs. 1 AktG). Hinsichtlich der Ausgestaltung der Satzung ist den Anforderungen des § 23 Abs. 3 und 4 AktG (Mindestinhalt) Rechnung zu tragen. Dabei sind der privatautonomen Gestaltungsfreiheit der Gründer **enge Grenzen** gesetzt. Gemäß § 23 Abs. 5 AktG ist die normative Struktur der Aktiengesellschaft weitgehend **zwingend festgelegt (Grundsatz der „formellen Satzungsstrenge")**. Für Modifikationen bleibt folglich nur ein geringer Gestaltungsspielraum. Dies gilt – anders als im Recht der GmbH (§ 45 GmbHG) – auch hinsichtlich der Ausgestaltung des gesellschaftlichen Innenverhältnisses, insbesondere der Leitungsstruktur der AG (corporate governance).

b) An die Feststellung der Satzung schließt sich die Übernahme aller Aktien durch den oder die Gründer an. Hierin liegt die **Verpflichtung der Vertragsparteien,** die Gesellschaftsanteile in der vereinbarten Höhe zu übernehmen und die entsprechenden **Einlagen zu leisten.** Mit Abschluß des Verpflichtungsaktes ist die Gesellschaft **errichtet** (§ 29 AktG).

Entstehung der AG

c) Die Gründer bestellen nunmehr den ersten **Aufsichtsrat** der Gesellschaft, dem seinerseits die Bestellung des ersten **Vorstandes** obliegt (§ 30 AktG). Mit der Einsetzung ihrer Organe erlangt die Gesellschaft **Handlungsfähigkeit.**

d) Auf jede Aktie ist der gemäß § 36 Abs. 2 AktG eingeforderte **Betrag** ordnungsgemäß einzuzahlen. Soweit die Satzung keine abweichende Regelung enthält (vgl. unten zur Sachgründung) haben die Gesellschafter ihre Einlagen in gesetzlichen Zahlungsmitteln oder durch Gutschrift auf ein Konto der Gesellschaft zu erbringen (**Bargründung**), welches der freien Verfügung des Vorstands unterliegt (§ 54 Abs. 3 AktG). Bei Einpersonen-AG´s hat der Gründer zusätzlich für den Teil der Geldanlage, die den eingeforderten Betrag übersteigt, eine Sicherheit zu bestellen (§ 36 Abs. 2 S. 2 AktG). Dieser umfaßt bei **Bareinlagen mindestens ¼ des Nennbetrages** sowie den gemäß § 9 Abs. 2 AktG aufzubringenden höheren Ausgabebetrag (Agio – § 36a AktG). Eine **Befreiung** von der Einlagepflicht bzw. eine Aufrechnung seitens der Gründer ist unzulässig (§ 66 Abs. 1 AktG). Bei

Teil III: Kapitalgesellschaften 167

einer Kapitalerhöhung kann der Vorstand bereits vor Anmeldung der Durchführung der Kapitalerhöhung über den eingeforderten (und eingezahlten) Betrag verfügen (BGHZ 119, 177, zu § 36 AktG, 188 AktG).

e) Nach Erbringung der Mindesteinlage erstatten die Gründer den erforderlichen Gründungsbericht (§ 32 AktG), Vorstand und Aufsichtsrat prüfen den gesamten Gründungsvorgang. Sowohl die Gründer (§ 46 AktG) als auch Vorstand und Aufsichtsrat (§ 48 AktG) unterliegen im Interesse einer ordnungsmäßigen Kapitalaufbringung einer strengen Gründungshaftung.

f) Die Gesellschaft ist nunmehr **gemeinschaftlich** von allen Gründern, Vorstands- und Aufsichtsratsmitgliedern zur **Eintragung in das Handelsregister anzumelden** (§ 36 Abs. 1 AktG). Auch diese Anmeldung erfolgt im Namen der Gesellschaft (diese ist daher auch beschwerdebefugt nach § 20 Abs. 2 FGG und zwar vertreten durch den Vorstand BGHZ 117, 323 ff).

g) Das Registergericht prüft erneut die ordnungsgemäße Errichtung und Anmeldung der Gesellschaft. Weist der Gründungsvorgang Mängel auf, so ist die **Eintragung abzulehnen,** im übrigen hat sie zu erfolgen.

Mit der Eintragung **entsteht** die Aktiengesellschaft als **juristische Person.** Dem Eintragungsvorgang kommt insofern **konstitutive** Bedeutung zu.

Vor der Eintragung besteht die Aktiengesellschaft als solche nicht (§ 41 Abs.1 AktG). Allerdings wird die Bedeutung dieser Regelung meist verkannt und scheint in ihrem Wortlaut wenig gelungen. So ist die Eintragung keineswegs Wirksamkeitsvorsussetzung bezüglich des Gesellschaftsvertrags. Eine wirksame (Vor-) Gesellschaft besteht vielmehr vom Zeitpunkt der Beurkundung an. Nur ist diese – jedenfalls im Außenverhältnis, also gegenüber den Gläubigern – insofern noch keine „perfekte" AG, als es ihr noch an der Eigenschaft einer „juristischen Person" und damit der gesetzlichen Haftungsbeschränkung mangelt. § 1 Abs. 1 S. 2 AktG findet folglich bis zur Eintragung (noch) keine Anwendung. Die Gründer können sich vor der Eintragung auf die Haftungsbeschränkung nicht berufen (vgl. für die GmbH BGHZ 134, S. 333 ff. = BGH NJW 1997, S. 1507 ff.). Die fehlende Haftungsbeschränkung ist im übrigen streng von der Frage der Rechtsfähigkeit zu trennen. Die **Vorgesellschaft (Vor-AG)** kann bereits Trägerin von Rechten und Pflichten sein (BGHZ 80, S. 129 ff – für die Vor-GmbH)., sie ist aktiv und passiv parteifähig (vgl. BGH ZIP 1998, S. 109 ff.). Es handelt sich somit um ein rechtliches Gebilde „sui generis", auf welches die Vorschriften des Aktiengesetzes nur insoweit Anwendung finden, als deren Regelungen die Eintragung der Gesellschaft nicht voraussetzen. Wer vor der Eintragung der Gesellschaft in ihrem Namen handelt, haftet persönlich; handeln mehrere gemeinschaftlich, so haften sie als Gesamtschuldner (§ 41 Abs. 1 Satz 2 AktG). Dies betrifft insbesondere die Vorstandsmitglieder. Die rechtlichen Aspekte der Gründungsgesellschaft sind – von wenigen Ausnahmen abgesehen – nicht spezifisch aktienrechtlicher Natur, sondern betreffen die Gründung rechtsfähiger Körperschaften des Privatrechts im allgemeinen. Angesichts der überragenden praktischen Bedeutung erfolgt die Darstellung – insbesondere zur Haftungsordnung der Vorgesellschaft – im Zusammenhang mit der GmbH (unten: 3.4.2).

Qualifizierte Gründung

Besondere Probleme wirft die sogenannte **Sachgründung** auf. Erbringen die Aktionäre – etwa in Form von Wirtschaftgütern (Machinen, Grundstücke etc.) oder durch Einbringung von Forderungen – Einlagen, die nicht durch Einzahlung des Nennbetrags oder des höheren Ausgabebetrags der Aktien geleistet werden **(Sacheinlagen),** oder verpflichtet sich die Gesellschaft, vorhandene oder herzustellende Anlagen oder andere Vermögensgegenstände zu übernehmen (**Sachübernahmen**), so ergeben sich erhebliche **Bewertungsprobleme**: Im Falle der **Unterbewertung** erreicht der obligatorische **Haftungsfonds** nicht die **gesetzlich vorgeschriebene Größenordnung**. Dies führt zu einer weitgehenden Gefährdung künftiger Anleger und Gläubiger.

Der Gesetzgeber hat den hierdurch drohenden Gefahren ausführlich Rechnung getragen. Gemäß § 27 AktG müssen der Gegenstand der Sacheinlage (bzw. Sachübernahme), die Person, von der die Gesellschaft den Gegenstand erwirbt, und der Nennbetrag der bei der Sacheinlage zu gewährenden Aktien (oder die bei der Sachübernahme zu gewährende Vergütung) in der **Satzung** ausdrücklich festgesetzt werden. Der Zweck dieser Regelung besteht in der Gewährleistung von (Außen-) Transparenz des Gründungsvorgangs gegenüber dem Registergericht sowie den Gläubigern und potentiellen Anlegern. Sacheinlagen oder Sachübernahmen können darüber hinaus nur Vermögensgegenstände sein, deren wirtschaftlicher Wert **feststellbar** ist, Verpflichtungen zu Dienstleistungen können nicht eingebracht werden (§ 27 Abs. 2 AktG). Ist die erforderliche Festsetzung in der Satzung unterblieben, so sind die entsprechenden Verträge unwirksam: Der Sacheinleger (Inferent) hat seine Einlage in **bar** zu erbringen, im Falle der Unterbewertung erfolgt eine **Differenzhaftung** (zur Gründerhaftung siehe im übrigen: §§ 46 ff. AktG – lesen!). Der Anspruch auf Differenzhaftung unterliegt der fünfjährigen Verjährung analog § 9 Abs. 2 GmbHG (BGHZ 118, 83 ff).

Sacheinlagen sind vor der Anmeldung zum Handelsregister vollständig zu erbringen (§§ 36 Abs. 2, 36 a Abs. 2 Satz 1 AktG). Besteht die Sacheinlage in der Verpflichtung, einen Vermögensgegenstand auf die Gesellschaft zu übertragen, so muß diese Leistung innerhalb von fünf Jahren nach der Eintragung der Gesellschaft in das Handelsregister bewirkt sein (§ 36 a Abs. 2 Satz 2 AktG).

Verdeckte Sacheinlagen

Die komplizierten Regelungen und kostenaufwendigen Prüfungen bei Sacheinlagen lassen Bargründungen aus Sicht der Gründer auch dort vorzugswürdig erscheinen, wo eigentlich Sacheinlagen angestrebt werden. Dies begründet notwendig eine gewisse „Umgehungsgefahr". Aber auch ohne subjektive Umgehungsabsicht der Initiatoren tritt das mit den Reglungen zur Sachgründung für die Gläubiger und Anleger erfaßte „Gefährdungspotential" dort zu Tage, wo es in engem zeitlichem Zusammenhang mit der Aufbringung des Gründungskapitals zu Hin- und Herzahlungen oder „Verrechnungsabreden" zwischen der Gesellschaft und den Gründungsgesellschaftern kommt. Dies betrifft beispielsweise die Verwendung der Bareinlage zur Bezahlung des Erwerbspreises gegenüber dem Gesellschafter (BGHZ 110, S. 47 ff – „IBH/Lemmerz" = NJW 1990, S. 982 ff) oder die Rückführung eines seitens des Gesellschafters zur Finanzierung seiner Einlage aufgenommenen Kredits aus (Kredit-) Mitteln der Gesellschaft (BGHZ 118, S. 83 ff, 94 – „BuM" = NJW 1992, S. 2222 ff). In allen Fällen hat der Gesellschafter seiner Einlagepflicht (§ 54 Abs.1 AktG) nicht genüge getan. Diese besteht somit unverändert fort. Entscheidend ist insoweit, daß es nicht auf die „Werthaltigkeit" der „verschleierten" Sacheinlage ankommt. Die Bareinlagepflicht besteht folglich auch dort, wo der ohne satzungsrechtliche Ermächtigung eingebrachte Vermögensgegenstand bei angemessener Bewertung die Einlageforderung deckt. Zwar hat der Gesellschafter im Gegenzug einen (Bereicherungs-) Anspruch auf Rückgewähr des inferierten Wirtschaftsgutes oder der eingebrachten Forderung, doch kann er in der Insolvenz der Gesellschaft seinen Anspruch nur als – meist wertlose – Insolvenzforderung geltend machen. (vgl. ausführlich die Erörterungen zur GmbH 3.4.1 – dort auch zur „Heilung verdeckter Sacheinlagen").

Dingliche Einlageleistung

Die **dingliche** Abwicklung der Vermögensübertragung bei Erbringung der Einlage richtet sich hierbei nach der Art des Vermögensgegenstandes: Bewegliches Vermögen ist gemäß §§ 929 ff. BGB, Immobilien sind nach den Grundsätzen der §§ 873, 925 BGB, Forderungen und Rechte gemäß §§ 413, 398 BGB auf die Gesellschaft zu übertragen. Werden Sachgesamtheiten (Unternehmen) als Sacheinlage erbracht, so ist das sachenrechtliche **Spezialitätsprinzip** zu beachten.

Das aktienrechtliche Sicherungssystem hinsichtlich der Sachgründung wird durch eine zwingend vorgeschriebene Gründungsprüfung ergänzt (§ 33 Abs. 2 Nr. 4 AktG). Die Gründungsprüfer werden hierbei durch das Gericht nach Anhörung der Industrie- und Handelskammer bestellt (§ 33 Abs. 3 AktG). Es handelt sich insofern nicht um eine Vorbehaltsaufgabe für Wirtschaftsprüfer oder Wirtschaftsprüfungsgesellschaften. Die Gründungsprüfung erstreckt sich vor allem auf eine – den Prinzipien der kaufmännischen Vorsicht entsprechenden – Bewertung der Sacheinlagen (zu den Einzelheiten siehe: § 33 AktG; zur Verantwortlichkeit und Haftung der Gründungsprüfer : § 49 AktG i.V.m. § 323 Abs.1 bis 4 HGB).

Die hier angesprochenen Prinzipien der qualifizierten Gründung gelten auch für den Fall, daß einem einzelnen Aktionär oder einem Dritten besondere Vorteile bezüglich der Gesellschaft eingeräumt werden. Dies gilt auch, wenn einzelnen zulasten der Gesellschaft eine Entschädigung als Belohnung für den Gründungsaufwand gewährt wird. Siehe im einzelnen §§ 26, 33, 34 AktG.

Die hier angesprochene Gründungsproblematik hat sich, angesichts der Komplexität der aktienrechtlichen Gründungsordnung, zum entscheidenden Hemmnis hinsichtlich der wünschenswerten Verbreitung der Aktiengesellschaft entwickelt. Insbesondere das hoch differenzierte System der Sachgründung (Bargründungen kommt in der Praxis keine Bedeutung zu) hat, wegen des damit verbundenen Zeit- und Finanzaufwandes, die Zahl der aktienrechtlichen Neugründungen stagnieren lassen. Neue Aktiengesellschaften enstehen vorwiegend durch Umwandlung (Formwechsel) bisheriger GmbH's als – notwendige – Vorbereitung eines späteren Börsengangs (going public). Andererseits kommt dem unternehmerischen Finanzierungsinstrumentarium Aktie wegen ihrer volkswirtschaftlich erwünschten Funktion erhebliche Bedeutung zu. Angesichts der mitunter geringen **Eigenkapitalausstattung** bundesdeutscher Wirtschaftsunternehmen wäre es wünschenswert, wenn sich Großunternehmen verstärkt der Rechtsform der Aktiengesellschaft zur Lösung ihrer Finanzierungsprobleme bedienten. In diesem Zusammenhang wäre nicht zuletzt über eine Neuordnung des aktienrechtlichen Gründungsvorganges nachzudenken.

Nichtigkeit

Ergeben sich nach Abschluß des Gründungsvorganges und der Eintragung der Gesellschaft Mängel der Satzung, so können diese nur nach Maßgabe der §§ 275 ff. AktG geltend gemacht werden. Stets wirken Nichtigkeitsgründe **ex nunc** (vom Zeitpunkt der Geltendmachung). Die Geltendmachung der Nichtigkeit **ex tunc** (von Anfang an) ist ausgeschlossen (§ 277 AktG). Nach Eintragung **in das Handelsregi-**

ster kommt dem Bestandsschutz des Unternehmens, entsprechend der Wertentscheidung des Gesetzgebers, vorrangige Bedeutung zu.

1.5.2 Die Sicherung des Haftungsfonds

Literatur: Wilhelm, Die Vermögensbindung bei der Aktiengesellschaft und der GmbH und das Problem der Unterkapitalisierung, FS Flume, Bd. II 1978, S. 337 ff.

Vermögensbindung

Garantieren die Gründungsvorschriften des Aktiengesetzes einerseits die **Aufbringung des gesetzlichen Haftungsfonds** (Grundkapital), so sichert ein umfangreiches Normenprogramm andererseits die Erhaltung **dieses garantierten Kapitals:** Zwar ist die Haftungs- und Kreditgrundlage der Gesellschaft nicht gegen Verluste im **wirtschaftlichen Austauschprozeß** geschützt, doch ist die Rückzahlung **an die Kapitalgeber** (Aktionäre) ausgeschlossen. Dabei reicht die Kapitalbindung deutlich weiter als bezüglich der GmbH (vgl. § 30 GmbHG): Vor der Auflösung der Gesellschaft darf unter die Aktionäre **nur der Bilanzgewinn** verteilt werden (§ 57 Abs. 3 AktG). Eine Rückgewähr bzw. Verzinsung der Einlagen ist stets ausgeschlossen (§ 57 Abs.1 und 2). Der ausschüttungsfähige Gewinn ist hierbei im Rahmen der handelsrechtlichen Rechnungslegung zu ermitteln.

Im übrigen hat die Rechtsprechung – im Rahmen einer teleologischen Interpretation des § 57 AktG – das Gebot der **haftungsrechtlichen Substanzerhaltung** umfassend abgesichert: Es stellt sich als zwingendes Verbot jeglicher, den Bilanzgewinn übersteigender Substanzminderung zugunsten der Aktionäre dar und umfaßt beispielhaft auch die Gewährung einer **Dividendengarantie** seitens der Gesellschaft (RGZ 121, S. 106 ff.).

Verdeckte Gewinnausschüttung

Als besonders problematisch erweisen sich in diesem Zusammenhang **Austauschverträge** zwischen der **Gesellschaft** und **einzelnen Aktionären.** Übersteigt die Leistung der Gesellschaft gegenüber dem Anteilseigner den Betrag einer angemessenen Gegenleistung, so liegt regelmäßig eine verdeckte **Gewinnausschüttung** vor. Diese entspricht in ihrer Wirkung einer verschleierten Einlagenrückgewähr. Das abgeschlossene Rechtsgeschäft erweist sich gemäß § 134 BGB in Verbindung mit § 57 AktG als von Anfang an nichtig.

Rechtsfolgen

Entsprechend der Regelung des § 62 AktG haben die Aktionäre Leistungen der Gesellschaft, die sie entgegen den Vorschriften zur Sicherung des Haftungsfonds empfangen haben, zurückzugewähren. Dies betrifft im Regelfall auch Zahlungen im Zusammenhang mit dem „Abkauf" des Anfechtungsrechts bei mißbräuchichen Anfechtungsklagen (BGH NJW 1992, S. 2821 ff. – vgl. oben). Haben die Anteilsigner Beträge als Gewinnanteile oder Zinsen bezogen, so besteht die Verpflichtung nur, wenn sie wußten oder infolge Fahrlässigkeit nicht wußten, daß sie zum Bezug nicht berechtigt waren (§ 62 Abs. 1 Satz 2 AktG).

Im übrigen findet – wie bereits aufgezeigt – § 134 BGB uneingeschränkte Anwendung. Die Nichtigkeit ergreift hierbei regelmäßig das **schuldrechtliche** sowie das

dingliche Rechtsgeschäft: Neben (Bereicherungs-) Ansprüche (a.A. die wohl h.M.: § 62 ist lex specialis zu §§ 812 ff BGB, vgl. Joost ZHR 149 (1985), S. 419 ff, 423) der Gesellschaft gemäß § 812 Abs. 1 Satz 1 1. Alternative BGB (condictio indebiti) treten **Herausgabeansprüche** gemäß § 985 BGB. Trifft die Mitglieder der Verwaltung hinsichtlich der verbotenen Vermögensverschreibung ein zurechenbares Verschulden, so sind diese gemäß §§ 93 Abs. 3, 116 AktG der **Gesellschaft** zum Schadenersatz verpflichtet.

Erwerb eigener Aktien

Besondere Probleme ergeben sich hinsichtlich des Erwerbs eigener Aktien durch die Gesellschaft: Dieser erweist sich – im Lichte der traditionell am Gläubigerschutz orientierten Sichtweise des deutschen Aktienrechts – hinsichtlich seiner ökonomischen Konsequenzen als gemäß § 57 AktG verbotene **Einlagenrückgewähr**. Zudem treffen die Gesellschaft die Folgen einer Mißwirtschaft künftig doppelt: Da ein Teil des Aktivvermögens in eigenen Anteilsrechten besteht, potenziert sich jeder auftretende Verlust. Gleichzeitig führt der Erwerb eigener Aktien zu Friktionen im System **aktienrechtlicher Gewaltenteilung: Der Vorstand gewinnt potentiell eigene Stimmrechtsmacht im Grundlagenorgan Hauptversammlung.** Der Erwerb eigener Aktien seitens der Gesellschaft war daher bisher **grundsätzlich** untersagt, soweit das Gesetz ihn nicht ausdrücklich gestattete (§§ 57 Abs. 1 S. 2, 71 AktG).

Mittlerweile hat sich unter dem Einfluß des US-amerikanischen Unternehmens- und Kapitalmarktrecht die Auffassung durchgesetzt, daß der „Rückkauf" eigener Aktien seitens der Gesellschaft in bestimmten wirtschaftlichen Konstellationen ökonomisch sinnvoll sein kann, um die Aktionäre hierdurch unmittelbar an Kursteigerungen und somit am „shareholder value" zu beteiligen (Rückkaufprogramme). Das KonTraG hat daher nunmehr den Erwerb eigener Aktien in erweitertem Umfange über die bisherige Regelung des § 71 AktG hinaus zugelassen. Die Zulässigkeit ergibt sich nach § 71 Abs.1 Nr. 8 AktG in allgemeiner Forrm – d.h. ohne Zweckbindung – aufgrund einer Ermächtigung der Hauptversammlung, die den niedrigsten und höchsten Gegenwert und den Anteil am Grundkapital festlegt, soweit der von der Gesellschaft gehaltene Anteil am Grundkapital zehn Prozent nicht übersteigt. Der Handel mit eigenen Aktien ist allerdings ausgeschlossen (§ 71 Abs. 1 S. 2 AktG). Die Ermächigung kann dabei auch genutzt werden, um die erworbenen Anteilsrechte als „stock options" an Vorstands- oder Aufsichtsratsmitglieder anzudienen. In diesem Falle muß die Hauptversammlung gem. §§ 71 Abs. 1 S. 5, 186 Abs. 3. 193 Abs. 1 Nr. 4 AktG auch über den Bezugsrechtsausschluß der (übrigen) Aktionäre mit qualifizierter Mehrheit befinden (vgl. zum Bezugsrechtsausschluß alsbald unten). Der übliche Weg im Rahmen von „stock option-Programmen" wird daher über eine bedingte Kapitalerhöhung führen (§ 192 Abs. 1 Nr. 3 AktG – siehe unten).

Von den überkommenen Fallgestaltungen des § 71 AktG haben insbesondere Vorbereitungsmaßnahmen (§ 71 Abs. 1 Nr. 2 AktG) hinsichtlich der Ausgabe von **Belegschaftsaktien** sowie der **Abfindungserwerb im Rahmen von Konzernierungs- und Umwandlungsmaßnahmen** gemäß § 71 Abs. 1 Nr. 3 AktG Bedeutung gewonnen.

Rechtsfolgen

Ein Verstoß gegen die Regelung des § 71 AktG läßt die **dingliche Wirkung** der abgewickelten **Verfügungsgeschäfte** unberührt. Gemäß § 71c Abs. 1 AktG sind die erworbenen Aktien binnen Jahresfrist zu veräußern. Das zugrunde liegende schuldrechtliche **Kausalgeschäft** ist stets unwirksam (§ 71 Abs. 4 AktG), die Gesellschaft kann folglich die Zahlung **des Kaufpreises** gemäß § 821 BGB **verweigern.** Im übrigen stehen der Gesellschaft **keine Rechte** aus eigenen Aktien zu (§ 71 b). Dies betrifft insbesondere das **Stimmrecht**, gilt jedoch auch darüber hinaus, beispielsweise für den Gewinnbezug.

1.5.3. Die Kapitalbeschaffung und -herabsetzung der werbenden Gesellschaft
1.5.3.1 Die Finanzierungsinstrumentarien

Literatur: Lutter, Genußrechtsfragen, ZGR 1993, S. 291 ff.

Reuter, Welche Maßnahmen empfehlen sich, insbesondere im Gesellschafts- und Kapitalmarktrecht, um die Eigenkapitalausstattung der Unternehmen langfristig zu verbessern? Gutachten zum 55. Deutschen Juristentag, 1984.

Kapitalarten

Im System aktienrechtlicher Finanzierungsmaßnahmen ist deutlich zwischen der Beschaffung von **Eigenkapital** und der Aufnahme von **Fremdmitteln** zu unterscheiden. Bleibt ersteres, gesichert durch das Prinzip der Kapitalerhaltung, dem **Unternehmenszweck auf Dauer gewidmet** und von der Rückzahlung grundsätzlich ausgeschlossen (§ 57 AktG), so ist das Fremdkapital der Gesellschaft stets nur **auf Zeit überlassen.** Im Gegensatz zum Eigenkapital sind Fremdmittel zudem geeignet, eine Insolvenzforderung des Kreditgebers zu begründen.

Insbesondere die geringe Eigenkapitalausstattung deutscher Unternehmen (die Eigenkapitalquote liegt im Durchschnitt bei 20%) hat in den letzten Jahren zu zahlreichen Firmenzusammenbrüchen geführt. Der hohe Anteil an Fremdmitteln wirkt sich vor allen Dingen in Hochzinsphasen negativ auf die Ertragskraft zahlreicher Wirtschaftseinheiten aus.

Eigenkapital

Die Erhöhung des unternehmerischen Eigenkapitalbestandes erfolgt regelmäßig durch die Ausgabe neuer **Aktien** im Rahmen einer Kapitalerhöhung (hierzu 1.5.3.1). Das **Anlagekapital** der Aktionäre transformiert sich in **bleibendes Eigenkapital** des Unternehmens (siehe hierzu 1.1). Die Aktie stellt somit das spezifische Finanzierungsinstrumentarium hinsichtlich der Eigenkapitalbeschaffung in der Aktiengesellschaft dar.

Selbstfinanzierung

Dennoch hat die Aktie im System der unternehmerischen Kapitalbeschaffung nicht die eigentlich erhoffte Bedeutung erlangt. Das breite Puplikum steht der Vermögensanlage in Form von Aktien eher abwartend gegenüber. Mag dies ursprünglich in der steuerlichen Doppelbelastung mit Körperschaft- bzw. Einkommensteuer begründet gewesen sein, so ist diese Ursache mit der Körperschaftsteuerreform 1977 weitgehend entfallen. Dennoch werden obskure Anlagemöglichkeiten, wie Beteiligungen an offenen oder geschlossenen Immobilienfonds überwiegend in der Rechtsform der GmbH & Co. KG bzw. GbR vor allem aus steuerlichen Gründen (Verlustzuweisungen) teiweise vorgezogen. Untersucht man die Ursachen dieses Verhaltens näher, so scheint eine Kausa in der **Ausschüttungspolitik** vieler Aktiengesellschaften zu liegen. Die Unternehmen greifen weitgehend zum Mittel der **Selbstfinanzierung:** Erwirtschaftete Gewinne werden nicht über die Dividenden an die Gesellschafter weitergegeben, sondern bleiben in Form von Rücklagen und stillen Reserven im Unternehmen selbst erhalten. Diese falsche Dividendenpolitik mindert die Attraktivität der Aktie entscheidend und beraubt die Unternehmen eines wichtigen Finanzierungsinstrumentariums, neue Aktien sind häufig schwer am Markt zu plazieren. Hier böte es sich an, im Rahmen des **Schütt aus-Hol zurück**-Prinzips das Interesse an dieser Anlageform zu steigern.

Zudem waren die Vorstände deutscher Aktiengesellschaften in der Vergangenheit an der Steigerung des Kurserfolgs nur begrenzt interessiert. Hier bestand ein spürbarer Interessenkonflikt zwischen den Kapitalinteressen der – weitgehend einflußlosen – Anteileigner (principals) und dem Machterhaltungs- und Beharrungsinteresse der Gesellschaftsorgane (agents – „agent-principal-Konflikt"). Die nunmehr durch das KonTraG erfolgte deutlicherer Ausrichtung des deutschen Aktienrechts am Konzept des „shareholder value" sowie die hieraus folgende stärkere Orientierung der Vorstandsbesoldung an der Kursentwicklung („stock-option-Programme") einschließlich der numehr eröffneten Möglichkeit des Aktienrückkaufs, dürfte künftig zu einer stärkeren Harmonisierung der Interessengegensätze führen.

Erscheinungsform der Aktien
Hinsichtlich der Gattung der Aktien unterscheidet man grundsätzlich zwischen dem Grundtypus entsprechenden **Stammaktien** und **stimmrechtslosen Vorzugsaktien** (§ 12 Abs. 1 Satz 2 AktG), die zwar keinen Hauptversammlungseinfluß, dafür aber regelmäßig eine höhere Dividende garantieren. Aktien sind grundsätzlich Wertpapiere **im engeren Sinne:** Ihr Übertragungsvorgang ist weitgehend versachlicht (hierzu: 1.4.1). Je nach Ausgestaltung handelt es sich um **Inhaberpapiere** (Inhaberaktien) oder **Orderpapiere** (Namensaktien).

Fremdkapital
Scheidet die Finanzierung im Rahmen einer Kapitalerhöhung aus, so bleibt das Aktienunternehmen auf die Aufnahme von Fremdkapital angewiesen. Wie in anderen Bereichen, so steht auch hier die **Kreditaufnahme** deutlich im Vordergrund. Sie läßt sich infolge der regelmäßigen Repräsentanz der **Hausbank** im Aufsichtsrat des Unternehmens mit geringem Zeitaufwand durchführen und fällt zudem als **Geschäftsführungsmaßnahme** in die alleinige Kompetenz des Vorstandes. Ist die Hausbank ihrerseits Aktionärin der Gesellschaft und als solche Inhaberin einer Sperrminorität (25%), so finden im Insolvenzfall die bezüglich der GmbH entwickelten **Regelungen** hinsichtlich **kapitalersetzender Gesellschaftsdarlehen** entsprechende Anwendung (BGHZ 90, S. 381 ff, 390 f – „BuM/WestLB" = NJW 1984, S. 1893 ff. – vgl. im übrigen unten 3.5.2).

Inhaberschuldverschreibungen
Eine aktienspezifische Ausgestaltung hat die Beschaffung von Fremdkapital hinsichtlich der Ausgabe von Schuldverschreibungen erlangt. So besteht die Möglichkeit zur Ausgabe von verbrieften **Inhaberschuldverschreibungen** (§§ 793 ff BGB).

Diese können gegebenenfalls als **Gewinnschuldverschreibung** ausgestaltet sein (§ 221 Abs. 1 AktG). Sie gewähren dann neben dem Anspruch auf Rückzahlung des Nennbetrags zum Fälligkeitszeitpunkt – ähnlich den Aktien – eine Beteiligung am Gewinn, vermitteln jedoch **kein Mitgliedschaftsrecht**. Da sie andererseits den Gewinnanspruch der Aktionäre beeinträchtigen, bedarf ihre Ausgabe einer qualifizierten Beschlusses der Hauptversammlung (§ 221 Abs. 1 S. 2 AktG). Zudem kommt den Aktionären ein Bezugsrecht zu (§ 221 Abs. 4 AktG), welches nur unter den Voraussetzungen des § 186 AktG ausgeschlossen werden kann (vgl. unten).

Werden Obligationen als **Wandelschuldverschreibungen** (Wandelanleihen) ausgegeben, so steht dem jeweiligen Inhaber ein **Umtauschrecht auf Aktien zu**. Er hat folglich eine „Ersetzungsbefugnis" und kann durch Ausübung des Gestaltungsrechts seine bisherige Stellung als Gläubiger und Fremdkapitalgeber in diejenige eines Aktionärs und Eigenkapitalgebers umwandeln.

In der Praxis überwiegen demgegenüber „**Optionsanleihen**", welche dem Kapitalgeber **neben** dem Anspruch auf Rückzahlung des Nennbetrags nach Ablauf der vereinbarten Laufzeit und Verzinsung innerhalb eines bestimmten Zeitraums die „**Option**" (das Recht) zum Bezug einer bestimmten Anzahl von Aktien einräumen. Sowohl für die Ausgabe von Wandel- auch auch für die von Optionsanleihen bedarf es wie bezüglich der Gewinnschuldverschreibungen einer qualifizierten dreiviertel Mehrheit in der Hauptversammlung. Das Bezugsrecht der Aktionäre bestimmt sich nach §§ 221 Abs. 4, 186 AktG.

Genußrechte

In der Vergangenheit haben „**Genußrechte**" als Finanzierungsinstrumentarium eine zunehmende Bedeutung gewonnen (vgl §§ 160 Abs. 1 Nr. 6; 221 Abs. 3 und 4). Werden diese verbrieft, so spricht man von **Genußscheinen**. Das Gesetz selbst definiert den Inhalt des Genußrechts nicht. Insofern ist mangels normativer Vorgaben die Ausgestaltung in gewissem Umfang in das Ermessen der Gesellschaftsorgane gestellt. Handelt es sich dabei wie im Regelfall um vorformulierte Vertragsbedingungen, so unterliegen diese der Kontrolle durch das AGB-Gesetz (BGHZ 119, S. 305 ff., 312 ff. – „Klöckner" = NJW 1993, S. 57 ff.). § 23 Abs. 1 AGBG findet insofern keine Anwendung. Eine Vereinbarung auf dem „Gebiet des Gesellschaftsrecht" liegt mangels korporativer Stellung der Berechtigten gerade nicht vor. Üblicherweise unterscheidet man zwischen **gewinnorientierten** Genußrechten mit „**aktienähnlichem**" **Inhalt** und solchen mit **gewinnabhängiger** Verzinsung. Bei „aktienähnlichen" (gewinnorientierten) Genußrechten kommt dem Berechtigten regelmäßig eine Beteiligung am Bilanzgewinn sowie am Liquidationserlös zu. Die Genußrechte greifen somit in erheblichem Umfange in die Vermögensrechte der Aktionäre ein. Bei gewinnabhängigen Genußrechten besteht demgegenüber eine Festverzinsung, die im Falle eines Bilanzverlustes entfällt. Der Inhaber des Genußrechts partizipiert folglich an den Risiken der Unternehmensentwicklung, nicht jedoch am Unternehmenserfolg. In beiden Fällen bedarf die Ausgabe der Genußrechte eines qualifizierten Beschlusses der Hauptversammlung (§ 221 Abs. 3 – so zutreffend: BGHZ 120, S. 141 ff., 145 ff. – „Bremer Bankverein" = NJW 1993, S. 400 ff.). Allerdings besteht wegen der geringeren „Eingriffsintensität" bei Genußrechten mit „gewinnabhängiger" Verzinsung hinsichtlich des Bezugsrechtsausschlusses (§§ 221 Abs.4, 186 AktG) nicht das materielle Erfordernis einer „sachlichen Rechtfertigung" (BGH a.a.O.).

Sieht man hiervon ab, so ist die durch das Genußrecht vermittelte Berechtigung gegenüber der Gesellschaft ausschließlich **schuldrechtlicher Natur**. Eine mitgliedschaftliche Beteiligung kann nur durch Aktien, nicht jedoch durch andere Berechtigungen, wie Genußscheine oder Inhaberschuldverschreibungen, eingeräumt werden. Den Inhabern von Genußrechten können auch keine Rechte gewährt werden, die Ausfluß der mitgliedschaftlichen Stellung der Aktionäre sind. Dies betrifft insbesondere das Stimmrecht sowie die Befugnis zur Erhebung der Anfechtungsklage (BGHZ 119, 305.ff = NJW 1993, S. 57 ff). Möglich ist allenfalls die vertragliche Begründung eines Teilnahmerechts an der Hauptversammlung ohne Stimm- und Antragsrecht. Eine Aufhebung oder Inhaltsänderung des Genußrechts ist angesichts des schuldrechtlichen Charakters der Vereinbarung nur im Wege einer einvernehmlichen Vertragsänderung möglich (BGH a.a.O). Allerdings kann ein Änderungsvorbehalt – beispielsweise zugunsten der Hauptversammlung der Gesellschaft – vorab als Bestandteil der Genußrechtsbedingungen vereinbart werden (BGH a.a.O.).

1.5.3.2 Die Kapitalerhöhung
Kapitalerhöhung gegen Einlagen

Die Erhöhung des **satzungsgemäß fixierten** (§ 23 Abs. 3 Nr. 3 AktG) Grundkapitals setzt stets einen Grundlagenbeschluß der Hauptversammlung voraus (§§ 182, 192 – 201, 207 AktG). Wie im Falle der Gründung hat der Gesetzgeber besondere Sicherungen dort eingeführt, wo die Kapitalerhöhung gegen Sacheinlagen erfolgt (§ 183 AktG). Es bedarf insoweit aus Gründen der Transparenz stets einer ausdrücklichen Festsetzung in der Satzung (§ 183 Abs. 2 AktG). Zur Sicherstellung der „realen" Kapitalaufbringung gelten die Bestimmungen über die Gründungsprüfung entsprechend (§§ 183 Abs. 3, 33 Abs.3 bis. 5, 34 Abs. 2 und 3, 35 AktG). Gleiches gilt bezüglich der Rechtsprechung zu „verdeckten Sacheinlagen". Fehlt es an einer satzungsrechtlichen Ermächtigung zur Durchführung von Sacheinlagen, so findet § 183 Abs. 2 AktG entsprechende Anwendung.

Mit einer Mehrheit von mindestens drei Viertel des bei der Beschlußfassung vertretenen Grundkapitals kann die **Erhöhung des Haftungsfonds** gegen **Einlagen** beschlossen werden. Hierbei werden die **neuen (jungen) Aktien** regelmäßig von einem **Bankenkonsortium** – einer von den Banken gebildeten **Gesellschaft bürgerlichen Rechts** – übernommen und den Aktionären angeboten, denen gemäß § 186 AktG **ein Bezugsrecht** zukommt.

Das hier angesprochene Bezugsrecht ist von erheblicher Bedeutung. Es ist seinerseits **Gegenstand des Rechtsverkehrs** und durch Abtretung (§§ 413, 398 BGB) übertragbar. Das Bezugsrecht gilt über den Bereich der Kapitalerhöhung hinaus auch für die Ausgabe von Gewinn- und Wandelschuldverschreibungen sowie von Genußrechten (§ 221 Abs. 4 AktG).

Bezugsrechtsausschluß

Ein Auschluß des Bezugsrechts kommt angesichts des hiermit notwendig verbundenen Eingriffs in die Vermögens- und Verwaltungsrechte der Aktionäre nur unter Einschränkungen in Betracht. Dies betrifft nicht nur die vermögensrechtliche Bedeutung des Bezugsrechts selbst als Gegenstand des Rechtsverkehrs, sondern vor allem die mit dem Bezugsrechtsausschluß verbundene **„Verwässerung" des Beteiligungswerts** und die damit verbundene Schmälerung des Einflusses des Aktionärs im gesellschaftsrechtlichen Binnengefüge. Der Ausschluß der Bezugsberechtigung bedarf somit über die (qualifizierte) Beschlußfassung der Hauptversammlung hinaus (§ 186 Abs. 3 AktG) stets der **„materiellen (sachlichen) Rechtfertigung"** durch ein überwiegendes Interesse der Gesellschaft (BGHZ 71, S. 40 ff., 43 ff. – „Kali und Salz" = NJW 1978, S. 1316). Die Beinträchtigung des Aktionärsinteresses und der durch den Bezugsrechtsausschluß bewirkte Vorteil der Gerselfschaft dürfen **nicht außer Verhältnis stehen** (BGHZ 83, S. 319 ff., 321 = NJW 1982, S. 2444). Dies setzt insbesondere voraus, daß der seitens des Vorstands erstrebte Zweck (hier: Einführung der Aktien an einer ausländischen Börse) nicht durch ein Mittel erreicht werden kann, welches in weniger einschneidender Weise in die Befugnisse der Aktionäre eingreift (BGHZ 125, S. 239 ff., 244 = NJW 1994, S. 1410; jetzt aber einschränkend BGHZ 136, S. 133 ff.). Dabei ist dem zwingenden **Gleichbehandlungsgrundsatz** (§ 53a AktG) unter den Aktionären Rechnung zu tragen.

Das Bezugsrecht kann ganz oder zum Teil nur im Beschluß über die Erhöhung des Grundkapitals mit einer **qualifizierten Mehrheit** von drei Viertel des bei der Beschlußfassuung vertretenen Grundkapitals ausgeschlossen werden (§ 186 Abs. 3 Satz 1 AktG). Die Satzung kann lediglich eine größere Kapitalmehrheit oder weitere Erfordernisse bestimmen (§ 186 Abs. 3 S. 3 AktG). Ein Beschluß darf nur gefaßt werden, wenn die Ausschließung ausdrücklich und ordnungsgemäß (§ 124 Abs. 1 AktG) bekannt gemacht worden ist (§ 186 Abs. 4 Satz 1 AktG). Der Vorstand hat der Hauptversammlung einen schriftlichen **Bericht** über den Grund für den teilweisen oder vollständigen Ausschluß des Bezugsrechts vorzulegen; in dem Bericht ist der vorgeschlagene Ausgabebetrag zu begründen (§ 186 Abs. 4 Satz 2 AktG). Dabei besteht allerdings ein weiter Spielraum. Die Berichtspflicht ist insoweit eingeschränkt, als lediglich das Ziel der Ausgabe und der Rahmen für die Festsetzung des Ausgabekurses festgesetzt werden müssen (LG Bremen, WM 1991, S. 134; siehe auch: LG München I AG 1996, S. 138 ff, 139).

Die materiellen Anforderungen der Rechtsprechung an den Bezugsrechtsausschluß sind in der Praxis wegen der damit verbundenen Einschränkung der Gestaltungsbefugnis der Gesellschaft (und damit des Vorstands!) zum Teil auf erhebliche Kritik gestoßen. Der Gesetzgeber hat daher mit dem Deregulierungsgesetz vom 2.8.1994 (BGBl. I 1961) in § 186 Abs. 3 S. 4 AktG einen Bezugsrechtsausschluß generell für zulässig erkärt, „wenn die Kapitalerhöhung gegen Bareinlagen zehn vom Hundert des Grundkapitals nicht übersteigt und der Ausgabebetrag den Börsenpreis nicht wesentlich unterschreitet." Ziel des Gesetzgebers war es dabei vor allem, die Unternehmensfinanzierung durch Eigenkapitalaufnahme zu erleichtern. Ob dies gelingt, erscheint fragwürdig; zumal die Regelung mit ihren unbestimmten Rechtsbegriffen erhebliche Auslegungsschwierigkeiten aufwirft.

Die Regelung hinsichtlich des Bezugsrechts bindet auch die bei der Ausgabe neuer Aktien regelmäßig eingeschalteten Konsortialbanken (vgl. § 186 Abs. 5 AktG). Der zwischen Aktiengesellschaft und Konsortium bestehende Geschäftsbesorgungsvertrag (§ 675 BGB) entfaltet insofern Schutzwirkung gegenüber den Aktionären (§ 328 BGB, ferner Martens ZiP 1992, 1672).

Bedingte Kapitalerhöhung

Unter der Voraussetzung der §§ 192 ff. AktG kann die Kapitalerhöhung **bedingt** durchgeführt werden, soweit die jeweils (Bezugs-) Berechtigten von ihrem Bezugs- oder Umtauschrecht Gebrauch machen. Dies betrifft einerseits die Gewährung von Umtausch- und Bezugsrechten an die Gläubiger von Wandel- und Optionsanleihen (§ 192 Abs.1 Nr.1 AktG) und den Erwerb zur Vorbereitung einer Unternehmensfusion (§ 192 Abs.1 Nr.2 AktG) sowie die Ausgabe von „Belegschaftsaktien", erfaßt jedoch andererseits nach der Reform durch das KonTraG insbesondere die Gewährung von Bezugsrechten („stock options", „naked warrants") an die Mitglieder der „Geschäftsführung der Gesellschaft oder eines verbundenen Unternehmens" im Rahmen eines Aktienoptionsprogramms (AOP). Damit hat der Gesetzgeber die Ausgestaltung von AOP zur Steigerung des „shareholder value" ausdrücklich legitimiert (§ 186 Abs. 2 Nr. 3). Im Rahmen der AOP wird den Mitgliedern des Leitungsorgans und den sonstigen Angehörigen des Managements (leitende Angestellte) üblicherweise die Möglichkeit eröffnet, Bezugsrechte auf Aktien des Unternehmens oder der Muttergesellschaft in bestimmtem Umfange zu einem festgesetzten Preis zu erwerben, wenn innerhalb eines vorgesehenen Zeitraums eine überdurchschnittliche Entwicklung des Börsenkurses und damit des „shareholder value" zu verzeichnen ist. Ziel ist es, im Interesse der Aktionäre die häufig konfligierenden Interessen des Managements (Machterhalt, Markterweiterung) mit denen der Anteilseigner (Wertsteigerung des Aktienbesitzes) zu harmonisieren.

Allerdings betrifft § 186 Abs. 2 Nr. 3 AktG nur die Bereitstellung von Anteilsrechten für Mitglieder des Vorstands, nicht des Aufsichtsrats. Sollen auch diese in die Optionsprogramme einbezogen werden, so könn die benötigten Aktien nach § 71 Abs.1 Nr. 8 AktG durch Erwerb eigener Anteile bereitgestellt werden. Der aus Sicht der Verwaltung entscheidende Vorteil der bedingten Kapitalerhöhung gem. § 186 AktG gegenüber anderen Gestaltungsmöglichkeiten besteht im fehlenden Bezugsrecht der Aktionäre. Es bedarf folglich keines durch Anfechtungsklagen von Minderheitsaktionären gefährdeten Bezugsrechtsauschlusses (sic!). Allerdings obliegt es der Hauptversammlung durch qualifizierten Beschluß mit dreiviertel Mehrheit (§ 193 Abs.1 AktG) die „Aufteilung der Bezugsrechte auf die Mitglieder der Geschäftsführungen und Arbeitnehmer, Erfolgsziele, Erwerbs- und Ausübungszeiträume und Wartezeiten für die erstmalige Ausübung (mindestens zwei Jahre)" festzulegen. Dabei kommt insbesondere der sorgfältigen Formulierung der Erfolgsziele entscheidende Bedeutung zu. Hier gilt es zu vermeiden, daß „allgemeine Kurssteigerungen" während einer „Hausse" zu ungerechtfertigten und nicht leistungsbezogenen „windfall profits" der Organmitglieder führen. Entscheidend ist somit stets die „relative" Kursentwicklung im Verhältnis zur „performance"des Aktienmarktes (vgl. ausführlich: Kühnberger/Keßler, AG 1999, S. 453 ff.).

Genehmigtes Kapital

Eine Besonderheit stellt die Institutionalisierung eines **genehmigten Kapitals** dar: Gemäß §§ 202, 203 AktG kann die Satzung den Vorstand für höchstens fünf Jahre nach Einführung der Satzungsbestimmungen ermächtigen, das Grundkapital bis zu einem bestimmten Nennbetrag (genehmigtes Kapital) durch Ausgabe neuer Aktien gegen Einlagen zu erhöhen.

Der Sinn dieser Regelung besteht darin, die Anpassungsflexibilität des schwerfälligen Finanzierungsmechanismus Kapitalerhöhung an die jeweiligen Kapitalmarktgegebenheiten zu optimieren. Der Vorstand soll – gegebenenfalls im Rahmen einer Geschäftsführungsmaßnahme – den günstigsten Zeitpunkt für eine marktgerechte Plazierung der Emission bestimmen.

Diese weitgehende Gestaltungsfreiheit des Aktienvorstandes kompensiert das Gesetz durch die zeitliche Limitierung des genehmigten Kapitals (§ 202 Abs. 1 AktG). Darüber hinaus müssen sich im Zeitpunkt des, das genehmigte Kapital konstituierenden Hauptversammlungsbeschlusses **konkrete Anhaltspunkte** hinsichtlich der Notwendigkeit einer späteren Kapitalerhöhung ergeben (BGHZ 83, 319 ff.). Das Bezugsrecht der Aktionäre bleibt auch im Falle des genehmigten Kapitals grundsätzlich bestehen (§ 203 AktG).

Kapitalerhöhung aus Gesellschaftsmitteln
Abgesehen von der (effektiven) Kapitalerhöhung durch die Ausgabe frischer Aktien, sieht das Aktiengesetz die **Kapitalerhöhung aus Gesellschaftsmitteln** vor (§§ 207 ff. AktG). Es handelt sich hierbei lediglich um eine **Umschichtung** innerhalb des Kapitalbestandes der Gesellschaft: Entsprechend der Regelung des § 207 Abs. 1 AktG werden **offene Rücklagen** (hierzu § 208 AktG) in auf Dauer gebundenes **Grundkapital** umgewandelt. Die Kapitalerhöhung ist somit lediglich **nomineller Natur**. Die neuen Aktien stehen den (ursprünglichen) Aktionären im Verhältnis ihrer Anteile am bisherigen Grundkapital zu. Ein entgegenstehender Beschluß der Hauptversammlung ist nichtig (§ 212 AktG).

Die transformierende Kapitalerhöhung verstärkt somit lediglich die **Ausschüttungssperre** hinsichtlich der umgewandelten Kapitalerträge. Eine tatsächliche Zufuhr neuer Ressourcen ist für das Unternehmen damit nicht verbunden: Zwar ändert sich gegebenenfalls die Kreditwürdigkeit der Gesellschaft, eine weitergehende Steigerung der ökonomischen Potenz findet jedoch nicht statt.

1.5.3.3 Die Kapitalherabsetzung
Ebenso wie die Erhöhung des gesetzlich vorgeschriebenen Grundkapitals sieht das Aktienrecht Maßnahmen der Kapitalherabsetzung vor. Hierbei ist entsprechend der Kapitalbeschaffung zwischen **effektiver** und **nomineller Kapitalherabsetzung** zu unterscheiden: Führt der erste Fall zur Rückzahlung **von Grundkapital** an die Aktionäre, so wird in der Alternative der bilanzielle Rechnungsposten Grundkapital der faktischen Vermögenslage der Gesellschaft angepaßt. Hinsichtlich der Einzelheiten siehe die Regelung der §§ 222 ff AktG.

Sanierung
Beiden Regelungsmodellen kommt in der Praxis keine allzu große Bedeutung zu. Lediglich in Kombination mit einer gleichzeitigen **effektiven Kapitalerhöhung** hat die **nominelle Kapitalherabsetzung** eine gewisse Bedeutung erlangt.

Erfolgen beide Maßnahmen synchron, so bezeichnet man sie als **Unternehmenssanierung**. Diese erweist sich gegenüber einer isolierten Kapitalerhöhung als vorzugswürdig, da sie, durch die gleichzeitige Herabsetzung des Grundkapitals, eine bestehende Ausschüttungssperre beseitigt und somit eine attraktive Dividendenpolitik zuläßt.

1.6 Die Aktiengesellschaft im Unternehmensverbund

Literatur: Bälz, Verbundene Unternehmen, AG 1992, S. 277 ff.
    Laussen, Verbundene Unternehmen im Bilanz- und Gesellschaftsrecht, ZGR 1996, S. 300 ff.

1.6.1 Funktion und Wirkungsmechanismen des Konzernrechts
Ursachen der Unternehmenskonzentration
Die dem Leitbild des Aktiengesetzes entsprechende, autonom handelnde Aktiengesellschaft, ist heute weitgehend durch die Erscheinungsform des abhängigen, d.h. von dritter Seite dominierten Unternehmens, verdrängt. Nicht der eigenverantwortlich handelnde Aktienvorstand (§ 76 Abs. 1 AktG) bestimmt – entsprechend der

Wertung des Gesetzes – die Geschicke des Unternehmens, die **faktische Unternehmensleitung** liegt meist in den Händen des (beherrschenden) Mehrheitsaktionärs. Die Rolle des Mehrheitsgesellschafters wird hierbei regelmäßig durch **Unternehmen** wahrgenommen. Durch Ausübung der diesen zustehenden Mehrheitsmacht ist es möglich, die (marktbezogenen) Aktivitäten beider Wirtschaftseinheiten zu koordinieren.

Die Ursachen dieses Konzentrationsprozesses sind vielfältiger Natur: Einerseits bietet die Zusammenfassung bisher selbständiger Unternehmen zu einer größeren Einheit gewisse **Rationalisierungsvorteile** (economies of scale), dies jedenfalls dann, wenn die bisher unabhängigen Unternehmen der gleichen Produktsparte angehören.

Andererseits bietet die Zusammenfassung produktfremder Unternehmen zu einer wirtschaftlichen Einheit den Vorteil einer **breiten Risikostreuung** (Diversifikation).

Vorteile des externen Wachstums

Die hier angesprochenen Größenvorteile ließen sich selbstverständlich auch durch Produktionsausweitungen seitens des herrschenden Unternehmens erreichen (internes Wachstum). Hier bietet der Erwerb von Anteilsrechten an Drittunternehmen allerdings entscheidende Vorteile: Zum Erwerb von Herrschaftsgewalt bezüglich der zu dominierenden Aktiengesellschaft genügt der Erwerb einer **Hauptversammlungsmehrheit**. Da selten mehr als 80 % des Grundkapitals einer Gesellschaft in der Hauptversammlung des Unternehmens vertreten sind, genügt bereits ein 40 % übersteigender Betrag der Anteile regelmäßig zur Majorisierung des Hauptversammlungsplenums. Zumindest ein (knapp) über 50 % liegender Anteilsbesitz gewährleistet eine sichere Herrschaft im erworbenen Unternehmen. Das (externe) Wachstum ist somit erheblich kostengünstiger.

Darüber hinaus bietet die Konzernierung eine entscheidende Begrenzung des unternehmerischen Risikopotentials: Da die **wirtschaftlich abhängigen Einheiten** ihre **rechtliche Selbständigkeit** behalten, bleibt das Risiko des Erwerbers regelmäßig auf den Anteilsbesitz beschränkt.

Organschaft

Im übrigen haben **steuerrechtliche Gestaltungsmöglichkeiten** entscheidend zur Unternehmenskonzentration beigetragen. Insbesondere die Bildung von **Organschaften** (§§ 14 ff. KStG von 1976) bietet erhebliche Vorteile: Unter der Voraussetzung der **finanziellen, wirtschaftlichen und organisatorischen Eingliederung** der abhängigen Kapitalgesellschaft (Organgesellschaft) in ein anderes Unternehmen (Organträger) findet ein steuerrechtlicher Gewinn- und Verlustausgleich innerhalb des Konzerns statt. Dies führt im Ergebnis zu einer einheitlichen Besteuerung des Konzerns, dieser wird faktisch zum eigentlichen Steuersubjekt.

Regelungsprobleme

Der oben skizzierte Konzentrationsprozeß wirft zahlreiche Regelungsprobleme auf. Eine wesentliche Funktion konzernrechtlicher Konfliktsregelung liegt in der Gewährleistung eines effektiven **Minderheitenschutzes**. Die bereits angesprochenen Schutzvorschriften des Aktienrechts (siehe hierzu oben: 1.4.3) werden der Problematik des abhängigen Unternehmens kaum gerecht. Angesichts der faktischen Verfügungsgewalt des Mehrheitsaktionärs über die abhängige Gesellschaft und damit über den Anteilsbesitz der Minderheit bedarf diese des normativen Schutzes.

Dies ist vor allem dann von Bedeutung, wenn es sich bei dem Mehrheitsgesellschafter um ein **Unternehmen** handelt. Hier gilt es zu vermeiden, daß die Interessen der abhängigen Gesellschaft denen des herrschenden Unternehmens geopfert werden. Der Interessenwiderspruch ist erheblich ausgeprägter, als wenn es sich bei dem Mehrheitsgesellschafter um einen – sonst nicht unternehmerisch tätigen – **Privataktionär** handelte.

Gleiche Bedeutung nimmt innerhalb der konzernrechtlichen Regelungsthematik der Gesichtspunkt des **Gläubigerschutzes** ein. Hier gilt es zu verhindern, daß das abhängige Unternehmen im Wege der Gewinnverlagerung bzw. der konzerninternen Verrechnungspreise zugunsten des herrschenden Aktionärs seines haftenden Vermögens entzogen wird.

Zu beachten sind im übrigen die Schutzinteressen der **beherrschten Gesellschaft**. Innerhalb dieses Bewertungsgesichtspunktes finden nicht zuletzt die Interessen der **Arbeitnehmer der abhängigen Gesellschaft** angemessene Berücksichtigung.

Finden die oben angesprochenen Gesichtspunkte im geltenden Konzernrecht ihren Niederschag, so hat es der Gesetzgeber offensichtlich übersehen, den Interessen der Aktionäre des herrschenden Unternehmens eine angemessene Berücksichtigung zukommen zu lassen. Hier gibt es inzwischen erste Ansätze seitens der Rechtsprechung, die entstandene Regelungslücke zu schließen (siehe im einzelnen: 1.7.3.3).

Fusionskontrolle
Sieht man von der angesprochenen Schutzrechtproblematik ab, so stellt jegliche Form der Unternehmenskonzentration, dies gilt insbesondere hinsichtlich des Anteilserwerbs bisher selbständiger Gesellschaften seitens finanzstarker Großunternehmen, eine volkswirtschaftlich unerwünschte Erscheinung dar. Das mikroökonomische **Steuerungsinstrumentarium Wettbewerb** setzt zu seinem Funktionieren die Existenz einer Vielzahl selbständiger Wirtschaftseinheiten voraus. Die Regulation (insbesondere die Verhinderung) des externen Wachstums ist jedoch nicht Regelungsgegenstand des Konzernrechts. Durch Einführung einer **Fusionskontrolle** innerhalb des Gesetzes gegen Wettbewerbsbeschränkungen (GWB) hat der Gesetzgeber diesen Problembereich einer eigenständigen, öffentlich-rechtlichen Problemlösung zugeführt (§§ 35 ff. GWB; vgl. auch die Regelungen der EG-Fusionskontrollverordnung).

1.6.2 Grundprinzipien des formellen Konzernrechts
Literatur: Kropff, Zur Anwendung des Rechts verbundener Unternehmen auf den Bund, ZHR 144 (1980), S. 74 ff.
Mertens, Verpflichtung der Volkswagen-AG, einen Bericht gemäß § 112 AktG über ihre Beziehungen zum Land Niedersachsen zu erstatten?, AG 1996, S. 241 ff.

Anwendungsbereich
Die Systematik des Konzernrechts innerhalb des Aktiengesetzes erscheint teilweise unübersichtlich: So enthalten die §§ 15 ff. AktG überwiegend Begriffsbestimmungen (siehe aber §§ 20 ff. AktG), normieren somit das **formelle Konzernrecht,** während die **materiell-rechtlichen Regelungen** hinsichtlich der verbundenen Unternehmen im 3. Buch des Aktiengesetzes enthalten sind (§§ 291 ff. AktG). Dem

unterschiedlichen systematischen Standort entspricht ein unterschiedlicher Anwendungsbereich der Regelungstatbestände: Während die §§ 15-19 AktG auf Unternehmen jeglicher Rechtsform Anwendung finden, ist der Anwendungsbereich des materiellen Konzernrechts auf den Schutz der **abhängigen Aktiengesellschaft** beschränkt. Unberührt bleibt hiervon die Rechtsform des **herrschenden Unternehmens**, maßgebend ist lediglich dessen Unternehmenseigenschaft. Die Vorgaben der §§ 15 bis 19 enhalten somit die normativen Grundlagen eines allgemeinen, rechtformübergreifenden Konzernrechts.

Konzernrechtlicher Unternehmensbegriff

Regelungsgegenstand des Konzernrechts ist keineswegs – wie die überkommene Bezeichnung zunächst vermuten läßt – ausschließlich die Bildung von Konzernen. Die Thematik des Gesetzes umfaßt vielmehr, entsprechend der Definition des § 15 AktG, das Recht **der verbundenen Unternehmen.**

Den an der Unternehmensverbindung beteiligten Wirtschaftseinheiten muß somit **Unternehmenseigenschaft** zukommen. Dabei ist keineswegs von einem, in der Rechtsordnung vorgegebenen einheitlichen Unternehmensbegriff auszugehen, dieser ist vielmehr im Sinne der Regelungsfunktion des Konzernrechts anhand teleologischer Kriterien zu bestimmen.

Zwar gebraucht die Rechtsordnung den Begriff des Unternehmens in zahlreichen Kodifikationen (siehe beispielhaft: § 2 HGB; §§ 1, 19, 35 GWB), doch liegt dem keinesfalls ein einheitliches Begriffsverständnis zugrunde. Der Sinngehalt des Unternehmensbegriffs ist je nach Regelungszweck und sytematischem Kontext unterschiedlich zu interpretieren.

Entscheidende Bedeutung hinsichtlich der Konkretisierung des konzernrechtlichen Unternehmensbegriffs kommt hierbei den zu regelnden Interessenkonflikten zu. Überall dort, wo die Interessen des Mehrheitsaktionärs bei typisierender Betragsweise mit den Schutzzwecken des Konzernrechts kollidieren, ist die Unternehmenseigenschaft des herrschenden Gesellschafters (herrschendes Unternehmen) zu bejahen: Dies ist insbesonders dort der Fall, wo marktstrategische Interessen **außerhalb** der zu abhängigen (Aktien-) Gesellschaft verfolgt werden (BGHZ 69, S. 334 ff., 336 ff. – „VEBA/Gelsenberg = NJW 1978, S. 104 ff.; BGHZ 95, S. 330 ff., 337 – „Autokran" = NJW 1986, S. 188 ff.; BGHZ 135, S. 107 ff.; BGH NJW 1997, S. 1855 ff. – „VW/Niedersachsen").

Somit unterfällt nicht jeder **Privataktionär** der Pflichtenbindung des Konzernrechts, mag er auch über einen dominanten Einfluß innerhalb der Hauptversammlung verfügen. Erst, wenn **außerhalb** dieses Anteilsbesitzes weitere, unternehmensbezogene Aktivitäten hinzukommen, wenn der Großaktionär beispielsweise an einer **anderen** Gesellschaft **maßgeblich beteiligt ist** oder **eigene** unternehmerische Aktivitäten entfaltet, wird seine Unternehmenseigenschaft im Sinne des Konzernrechts zu bejahen sein (BGHZ 95, S. 330 ff., 337 – „Autokran"). Dem konzernrechtlichen Unternehmensbegriff liegt somit eine materielle, auf die Schutzzwecke des Konzernrechts bezogenen Betrachtungsweise zugrunde. Demgegenüber treten formale Aspekte zurück. Es bedarf folglich auch dort einer interessenorientierten Prüfung der Unternehmenseigenschaft, wo es sich bei dem Mehrheitsgesellschafter um einen **Formkaufmann** (§ 6 HGB) handelt.

Teil III: Kapitalgesellschaften

Gebietskörperschaften

Als umstritten und problematisch hat sich die Unternehmenseigenschaft der **öffentlichen Hand** erwiesen. Überall dort, wo **Bund, Länder und Gemeinden** sich im Rahmen ihrer Betätigung – sei es erwerbswirtschaftlich, sei es im Rahmen der öffentlichen Daseinsvorsorge – der Organisationsform der Kapitalgesellschaft bedienen bzw. zur Kapitalanlage Anteile im maßgeblichen Umfang erwerben, stellt sich die Frage nach der Anwendbarkeit des Konzernrechts bezüglich der Gebietskörperschaft.

Dies wird anhand des bereits dargestellten Interessenkonflikts besonders deutlich: Besteht doch die Gefahr, daß die Durchsetzung öffentlicher Interessen innerhalb privatrechtlicher Organisationsformen (siehe hierzu: § 65 Abs. 1 BHO) den Interessen verbliebener Minderheitsaktionäre bzw. der Unternehmensgläubiger zuwiderläuft. Die Erfüllung öffentlicher Aufgaben, beispielsweise im Rahmen der Strukturpolitik (Sicherung von Arbeitsplätzen, infrastrukturelle Erwägungen), widerspricht häufig dem auf Gewinnmaximierung ausgerichteten Interesse der übrigen Beteiligten. Die Anwendung des Konzernrechts auf Gebietskörperschaften bzw. Sondervermögen der öffentlichen Hand wird daher heute weitgehend bejaht. Dem hat sich auch die Rechtssprechung – frühzeitig -angeschlossen (BGHZ 69, S. 334 ff, 336 – „VEBA/Gelsenberg" = NJW 1978, S. 104 ff):

Beispiele

Im Beispielsfall hatte die Hauptversammlung der Veba AG, an der die Bundesrepublik Deutschland zu 43,7% beteiligt war, beschlossen, die Gelsenberg AG, deren Anteile ihrerseits zu 96% im Besitze der Veba standen, entsprechend § 320 AktG einzugliedern. Gegen diesen Beschluß erhoben die freien Aktionäre (Minderheitsaktionäre) mit der Begründung **Anfechtungsklage** (§ 243 Abs. 1 AktG) die Unternehmenseigenschaft der Bundesrepublik Deutschland gebiete, entgegen der vorgesehenen Abfindung durch Aktien der Veba AG (§ 320 b Abs. 1 Satz 2 AktG), eine **Barabfindung** (§ 320 Abs. 1 Satz 3 AktG). Der Bundesgerichtshof hat der Klage stattgegeben: Der Schutzzweck des Konzernrechts verlange es, im Sinne eines effizienten Minderheitenschutzes, den konzernrechtlichen Unternehmensbegriff auf die (herrschende) Aktionärsstellung der öffentlichen Hand anzuwenden.

Diese zutreffende Rechtssprechung hat sich mittlerweile verfestigt (OLG Köln AG 1978, 171 ff.):

Die Bundesrepublik Deuschland war zu 62,2% an der Wirtschaftsprüfungsgesellschaft Treuarbeit AG beteiligt. Diese war unter anderem beauftragt, den Jahresabschluß der Deutschen Lufthansa AG, die zu 74,3% im Besitz des Bundes stand, zu prüfen. Das OLG Köln sah hierin einen Verstoß gegen § 164 Abs. 3 Nr. 1 AktG aF (jetzt § 319 Abs. 2 HGB): Da sowohl die Prüfungsgesellschaft als auch das zu prüfende Unternehmen von der Bundesrepublik beherrscht würden, sei die in § 164 AktG postulierte **Unabhängigkeit der Wirtschaftsprüfer** nicht gewährleistet. In seiner neueren Rechtsprechung hat der BGH die hier zutage tretende stringente Sichtweise bekräftigt und weiter verschärft (BGZ 135, S. 107 ff. – „VW/Niedersachsen = NJW 1997, S. 1855 ff.): Sei der herrschende Gesellschafter eine (Gebiets-) Körperschaft des öffentlichen Rechts, so sei er bereits dann als „Unternehmen" im konzernrechtlichen Sinne anzusehen, wenn er an **nur einer Gesellschaft** privater Rechtsform beteiligt ist, da man zum Schutze der Minderheitsgesellschafter und der Gläubiger der abhängigen Gesellschaft davon ausgehen müsse, daß er sich auch von solchen Zielsetzungen leiten lasse, die in seiner öffentlich-rechtlichen Aufgabenstellung gründeten. Der BGH hat folgerichtig die VW-Aktiengesellschaft als verpflichtet angesehen, einen Abhängigkeitsbericht (§ 312 AktG – vgl. unten) hinsichtlich ihrer Beziehung zum Land Niedersachsen zu erstellen.

Abhängigkeit

Die Unternehmensverbindungen der §§ 15 ff. AktG werden vor allem dadurch charakterisiert, daß die so verbundenen Unternehmen ihre **rechtliche Selbständigkeit** behalten, mögen sie auch **wirtschaftlich** eine Einheit bilden.

Innerhalb der Tatbestände des formellen Konzernrechts nimmt daher der Begriff der (wirtschaftlichen) **Abhängigkeit** eine zentrale Stellung ein. Abhängige Unternehmen sind rechtlich selbständige Unternehmen, auf die ein anderes Unternehmen (das herrschende Unternehmen) unmittelbar oder mittelbar einen beherrschenden Einfluß ausüben **kann** (§ 17 Abs. 1 AktG). Dabei handelt es sich nach dem eindeutigen Willen des Gesetzgebers um einen „Gefährdungstatbestand": Es kommt folglich **nicht** darauf an, ob das herrschende Unternehmen von der ihm gegebenen Einflußmöglichkeit auch tatsächlich **Gebrauch macht.**

Grundlagen der Abhängigkeit

Die Einflußmöglichkeit des herrschenden (Mutter-) Unternehmens wird hierbei regelmäßig auf dem mehrheitlichen Anteilsbesitz an der beherrschten Gesellschaft oder der mehrheitlichen Stimmrechtsmacht beruhen (vgl. § 16 AktG): Von einem in Mehrheitsbesitz stehenden Unternehmen wird foglich vermutet, daß es von dem an ihm mit Mehrheit beteiligten Unternehmen abhängig ist (§ 17 Abs. 2 AktG). Diese Vermutung ist durch das herrschende Unternehmen **widerlegbar,** doch sind hinsichtlich der Beweisführung hohe Anforderungen zu stellen, die der **Präventivfunktion** des § 17 Abs. 1 AktG gerecht werden. Dies gilt insbesondere hinsichtlich des Abschlusses eines „**Entherrschungsvertrags**" zwischen dem Mehrheitsgesellschafter und Beteiligungsgesellschaft, in welchem sich der erstere verpflichtet, von seinem Mehrheitsstimmrecht keinen Gebrauch zu machen. Dies betrifft hinsichtlich der anhängigen AG vor allem die Besetzung des Aufsichtsrats. Solche Verträge sind grundsätzlich zulässig (OLG Köln AG 1993, S. 86 ff., 87 – „Winterthur/Nordstern"; LG Mainz AG 1991, S. 30 ff., 32 – „Massa/Asko"). Sie bedürfen jedoch notwendig der Schriftform und finden nur insoweit Anerkennung, wie sie – angesicht der Amtszeit der Aufsichtsratsmitglieder (vgl. § 102 AktG) – auf mindestens fünf Jahre geschlossen werden.

Allerdings setzt der Tatbestand des beherrschenden Einflusses den **Mehrheitsbesitz des herrschenden Gesellschafters nicht zwingend voraus**; § 17 Abs. 2 AktG ist – wie bereits der Wortlaut zeigt – keineswegs abschließender Natur. Je nach Hauptversammlungsrepräsentanz kann die herrschende Stellung eines Mehrheitsaktionärs bereits bei einem Anteilsbesitz von unter 50 % gegeben sein (BGHZ 69, 334 ff.). So hat der BGH in seiner Entscheidung VW/Niedersachsen (BGHZ 135, S. 107 ff. = NJW 1997, S. 1855 ff.) die beherrschende Stellung des Landes Niedersachsens gegenüber der VW-AG aufgrund der spezifischen Besonderheiten der Gesellschaft und der hierdurch bedingten geringen Hauptversammlungsrepräsentanz schon bei einem Anteilsbesitz von 20 % bejaht.

Teil III: Kapitalgesellschaften

Umstritten ist, ob eine aus Austauschbeziehungen – beispielsweise Kredit- oder Lieferverträgen – resultierende Abhängigkeit den Tatbestand des § 17 Abs. 1 AktG erfüllt. Nach herrschender Meinung sind die Pflichtenbindungen des Konzernrechts hier nicht anwendbar. Abhängigkeitsverhältnisse dieser Art unterfallen ausschließlich der Regelung der §§ 19, 20 GWB (so ausdrücklich: BGHZ 90, S. 381 ff., 395 f. = NJW 1984, S. 1893 ff.). Das Abhängigkeitsverhältnis muß folglich stets gesellschaftsrechtlich vermittelt sein.

Mehrfache Abhängigkeit
Ein Abhängigkeitsverhältnis kann gegenüber mehreren Unternehmen gleichzeitig gegeben sein. Als paradigmatisch erweist sich das paritätisch gebildete Gemeinschaftsunternehmen (50/50-Gemeinschaftsunternehmen): Zwei Muttergesellschaften gründen ein gemeinschaftliches Tochterunternehmen, wobei die Anteile des Tochterunternehmens je zur Hälfte von den Gründungsgesellschaftern gehalten werden. Umstritten ist, ob diese Konstellation per se zu einem Abhängigkeitsverhältnis bezüglich beider Mutterunternehmen führt.

So verlangt der BGH über die Beteiligungsverhältnisse hinaus zur Bejahung des Abhängigkeitstatbestandes das Vorliegen weiterer Ergänzungsmerkmale, die „für die Ausübung gemeinsamer Herrschaft eine ausreichend sichere Grundlage" bilden (BGHZ 74, S. 359 ff., 363 – „WAZ" = NJW 1979, S. 2401 ff.). Dem kann nicht gefolgt werden. Im Gegensatz zur Ansicht des BGH erweisen sich im Falle **bipolarer Abhängigkeit** die Beteiligungsverhältnisse als ausreichend sichere Grundlage zur Bejahung des Abhängigkeitstatbestandes gemäß § 17 AktG:

Da aufgrund der paritätischen Beteiligung kein Gesellschafter ohne Mitwirkung des anderen in der Lage ist, seine Herrschaftsinteressen durchzusetzen, bedarf es stets eines **koordinierten Zusammenwirkens** im Sinne einer einheitlichen Ausübung von Leitungsmacht. Eine Abhängigkeit zu beiden Muttergesellschaften ist daher gegeben (siehe hierzu: Säcker, NJW 1980, 801 ff.).

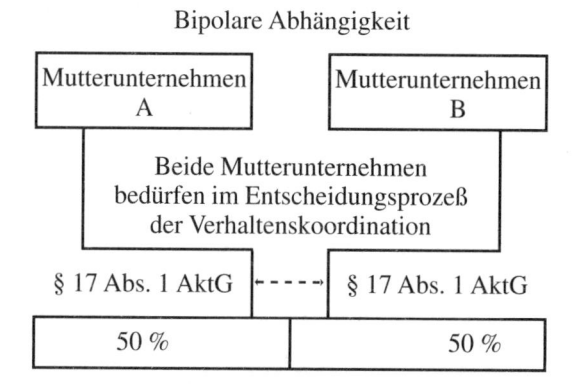

Bipolare Abhängigkeit

Mutterunternehmen A	Mutterunternehmen B
Beide Mutterunternehmen bedürfen im Entscheidungsprozeß der Verhaltenskoordination	
§ 17 Abs. 1 AktG	§ 17 Abs. 1 AktG
50 %	50 %

Das paritätische Gemeinschaftsunternehmen ist von jeder der „Mütter" abhängig. Sieht man von dem erörterten Fall paritätisch gebildeter Gemeinschaftsunternehmen ab, so ergeben sich **mehrfache Abhängigkeitsverhältnisse** auch im Falle mehrstufiger Unternehmensgliederung: Beherrscht eine Muttergesellschaft ein Tochterunternehmen und kontrolliert dieses seinerseits eine dritte Gesellschaft, so steht dieses Enkelunternehmen in einem Abhängigkeitsverhältnis sowohl zur Tochter als auch zur Muttergesellschaft: Entprechend dem Wortlaut des § 17 AktG genügt insoweit ein **mittelbarer Einfluß** des Mutterunternehmens.

Mehrstufige Abhängigkeit (Unterordnungskonzern)

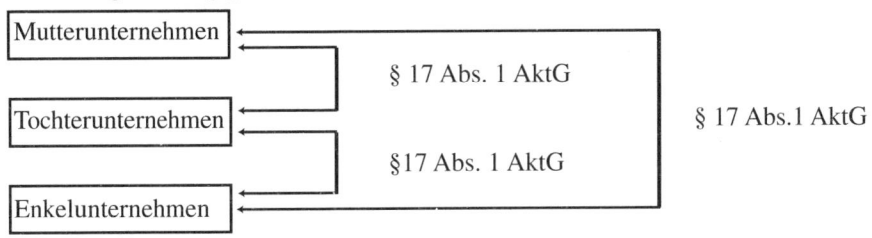

```
Mutterunternehmen  ←─────────────┐
                     § 17 Abs. 1 AktG
Tochterunternehmen ←──────┐      │      § 17 Abs.1 AktG
                     §17 Abs. 1 AktG
Enkelunternehmen   ←──────┘
```

Konzern

Sind ein herrschendes und ein oder mehrere abhängige Unternehmen unter der einheitlichen Leitung des herrschenden Unternehmens zusammengefaßt, so bilden sie einen Konzern; die einzelnen Unternehmen sind Konzernunternehmen (§ 18 Abs. 1 Satz 1 AktG). Hierbei kommt es, entgegen der Ausgestaltung des § 17 AktG, der die **Möglichkeit** eines beherrschenden Einflusses genügen läßt, stets auf die **tatsächliche Ausübung** der Leitungsmacht an. Der hier zutage tretende „aktienrechtliche" Konzernbegriff unterscheidet sich insoweit deutlich vom „handelsrechtlichen" Konzernbegriff im Rahmen der Konzernrechnungslegung (§§ 290 ff HGB) als Ausfluß der Konzernrechnungslegungs-Richtlinie der EU. Nach dem in § 290 Abs.3 HGB verankerten „Control-Konzept" kommt es gerade nicht darauf an, ob das Mutterunternehmen von seinen Leitungsrechten gegenüber der Tochtergesellschaft Gebrauch macht. Der handelsrechtlicher Konzerntatbestand entspricht insofern eher dem aktienrechtlichen Abhängigkeitsbegriff.

Vermutung

Besteht zwischen herrschendem und abhängigem Unternehmen ein Beherrschungsvertrag (§ 291 AktG) oder ist das eine Unternehmen in das andere eingegliedert (§ 319 AktG), so wird das Vorliegen des Konzerntatbestandes (**unwiderlegbar**) vermutet. Von einem abhängigen Unternehmen wird (**widerlegbar**) vermutet, daß es mit dem herrschenden Unternehmen einen Konzern bildet (§ 18 Abs. 1 AktG).

Unterordnungs- und Gleichordnungskonzern

Rechtssystematisch unterscheidet man den **Unterordnungs-** (§ 18 Abs. 1 AktG) sowie den **Gleichordnungskonzern** (§ 18 Abs. 2 AktG). Zeigt das erste Modell aufgrund seiner Gliederung in Mutter- und Tochterunternehmen eine hierarchische Struktur, so handelt es sich im zweiten Fall um eine umfassende Koordination zweier Wirtschaftseinheiten **ohne** Begründung eines **Abhängigkeitsverhältnisses.**

Im Gegensatz zum Regeltypus des Unterordnungskonzerns kommt dem Gleichordnungskonzern in der Praxis nur geringe Bedeutung zu: Die darin liegende Gleichschaltung bisher selbständiger Unternehmen wird häufig an § 1 GWB (Kartellverbot) scheitern.

Wechselseitige Beteiligung

Die besonders problematische wechselseitige Durchdringung mehrerer Gesellschaften durch gegenseitigen Erwerb von Kapitalanteilen hat das Gesetz einer eigenständigen Regelung unterworfen (§ 19 AktG).

Problematik

Eine solche wechselseitige Beteiligung durchbricht das ausdifferenzierte System aktienrechtlicher Gewaltenteilung und führt letztlich zu einer erheblichen Gefährdung von Gläubigerinteressen: Besteht das Vermögen der Gesellschaft im wesentlichen aus Aktien eines anderen Unternehmens, welches seinerseits die Anteile der ersten Gesellschaft hält, so potenzieren sich eventuell auftretende Verluste. Das Haftungssubstrat der Gesellschaft wird ausgehöhlt.

Definition

Wechselseitig beteiligte Unternehmen sind Unternehmen mit Sitz im Inland in der Rechtsform einer Kapitalgesellschaft, die dadurch verbunden sind, daß jedem Unternehmen mehr als der vierte Teil der Anteile des anderen Unternehmens gehört (§ 19 Abs. 1 Satz 1 AktG).

Rechtsfolgen

Gehört einem wechselseitig beteiligten Unternehmen an dem anderen Unternehmen eine Mehrheitsbeteiligung oder kann das eine auf das andere Unternehmen unmittelbar oder mittelbar einen beherrschenden Einfluß ausüben, so ist das eine als herrschendes, das andere als abhängiges Unternehmen anzusehen (§ 19 Abs. 2 AktG). Diese Regelung geht insofern über § 17 AktG hinaus, als die Abhängigkeitsvermutung im Falle der Mehrheitsbeteiligung **unwiderlegbar** ist. Sind beide Unternehmen im entsprechenden Umfang gegenseitig beteiligt, so gelten beide Unternehmen als herrschend und als abhängig (§ 19 Abs. 3 AktG).

Mitteilungspflichten

Zur Sicherstellung der konzernrechtlichen Schutzfunktion sowie der Gewährleistung eines Mindestmaßes an Verflechtungstransparenz konstituiert das Aktiengesetz umfangreiche Mitteilungspflichten (§§ 20, 21 AktG): Gehört einem Unternehmen mehr als der vierte Teil der Aktien einer Aktiengesellschaft mit Sitz im Inland, so hat es dies der Gesellschaft unverzüglich mitzuteilen (§ 20 Abs. 1 Satz 1 AktG). Wird eine Mehrheitsbeteiligung erworben bzw. der ursprüngliche Anteilsbesitz auf eine Mehrheitsbeteiligung aufgestockt, so gilt die Informationspflicht entsprechend (§ 20 Abs. 4 AktG – siehe darüber hinaus: § 20 Abs. 3, 5 AktG). Die Gesellschaft hat das Bestehen einer Beteiligung, die ihr mitgeteilt worden ist, unverzüglich in den Gesellschaftsblättern bekanntzumachen; dabei ist das Unternehmen anzugeben, dem die Beteiligung gehört (§ 20 Abs. 6 AktG).

Die Durchsetzung der so konstituierten Informationspflichten wird seitens des Gesetzes durch ein Stimmverbot gesichert. Kommt das beteiligte Unternehmen seinen Offenlegungspflichten nicht nach, so können Rechte aus dem Aktienbesitz nicht ausgeübt werden (§§ 20 Abs. 7, 21 Abs.4 AktG). Im übrigen treffen die Gesellschaft entsprechende Mitteilungspflichten, wenn sie im vorstehenden Ausmaß Anteile einer anderen Kapitalgesellschaft erwirbt bzw. abgibt (§ 21 AktG). Die Regelungen der §§ 20 und 21 AktG finden keine Anwendung auf börsennotierte Gesellschaften im Sinne von § 21 Abs. 2 des Wertpapierhandelsgesetzes (WpHG). Mit dem Dritten Finanzmarktförderungsgesetz vom 24.3.1998 (BGBL. I 529) hat der Gesetzgeber den Miteilungspflichten der §§ 21 ff WpHG als kapitalmarktorientierte Sonderregelungen für börsennotierte Gesellschaften den Vorrang vor den Bestimmungen der 20 ff AktG zugewiesen. Letztere finden nur noch soweit Anwendung, wie keine Börsennotierung besteht.

1.6.3 Grundprinzipien des materiellen Konzernrechts
1.6.3.1 Der Vertragskonzern
Unternehmensverträge

Das Aktienrecht stellt mit den §§ 291, 292 AktG eine Reihe typischer Vertragsmechanismen zur strukturellen Verflechtung rechtlich selbständiger Unternehmen zur Verfügung (**Unternehmensverträge**). Üblicherweise unterscheidet man in dogmatischer Sicht zwischen „**Organisationverträgen**" (Beherrschungsvertrag, Gewinnabführungsvertrag), die in die Struktur und damit in das normative „Leitungsgefüge" der abhängigen Gesellschaft eingreifen und „schuldrechtlichen" Vereinbarungen. Diese Unterscheidung ist keineswegs ausschließlich „akademischer" Natur. Der Eingriff in das Leitungsgefüge sowie Kapitalstruktur der abhängigen AG bedingt im Interesse der Minderheitsaktionäre und der Gesellschaftsgläubiger spezifische Sicherungsmaßnahmen, denen das materielle Konzernrecht Rechnung zu tragen hat:

Beherrschungsvertrag
1. Als entscheidendes **rechtliches Instrumentarium** zur Koordinierung selbständiger Wirtschaftseinheiten erweist sich der **Beherrschungsvertrages**. Mit Abschluß des Unternehmensvertrages wird die Leitung der abhängigen Gesellschaft dem Direktionsrecht des herrschenden Unternehmens unterworfen (§§ 291 Abs. 1, 308 AktG). Dies führt im Ergebnis zu einer strukturellen Durchbrechung des aktienrechtlichen Binnengefüges: Die **institutionell abgesicherte** Leitungsautonomie des Vorstandes (§§ 76 Abs. 1, 111 Abs. 4 Satz 1, 119 Abs. 2 AktG) wird zugunsten **übergreifender Leitungsmacht** des herrschenden Unternehmens konterkariert (§ 308 Abs. 1 AktG). Das Leitungsrecht des herrschenden Unternehmens umfaßt hierbei auch Weisungen, die sich für die (beherrschte) Gesellschaft **nachteilig** auswirken. Der Vorstand der Aktiengesellschaft ist somit verpflichtet, die Weisungen des herrschenden Unternehmens zu befolgen (§ 308 Abs. 2 AktG). Er ist nicht berechtigt, die Befolgung einer Weisung zu verweigern, es sei denn, daß diese **offensichtlich** weder den Interessen des herrschenden Unternehmens noch den Interessen einer mit diesem oder der Gesellschaft konzernverbundenen Unternehmen dient.

    Eine Besonderheit gilt insofern hinsichtlich des Zustimmungsvorbehalts des Aufsichtsrates (§ 111 Abs. 4 Satz 2 AktG). Verweigert das Kontrollorgan der abhängigen Gesellschaft seine Zustimmung, so ist im Rahmen einer erneuten Weisung des herrschenden Unternehmens eine Zustimmung des Aufsichtsrats nicht mehr erforderlich. Verfügt der Mehrheitsgesellschafter seinerseits über einen Aufsichtsrat, so kann die wiederholte Weisung nur mit dessen Zustimmung erfolgen (§ 308 Abs. 3 AktG).

    Zwar besteht die haftungsrechtliche Verantwortlichkeit des Aktienvorstandes (§ 93 AktG) auch nach Abschluß des Beherrschungsvertrages grundsätzlich weiter (§ 310 Abs. 1 AktG), doch löst ein Handeln im Rahmen der Weisungsbefugnis des herrschenden Unternehmens (§ 308 Abs. 1 und 2 AktG) keine Ersatzpflicht der Vorstandsmitglieder aus. Stattdessen ergibt sich eine Verantwortlichkeit der Leitungsorgane des herrschenden Unternehmen (§ 309 AktG).

Gewinnabführungsvertrag
2. In der Praxis wird der Beherrschungsvertrag regelmäßig durch die Verpflichtung der abhängigen Gesellschaft ergänzt, ihren ganzen Gewinn an das herrschende Unternehmen abzuführen (§ 291 Abs. 1 AktG – Gewinnabführungsvertrag). Die

Ursache für die Kombination zweier Unternehmensverträge ist steuerrechtlicher Natur: Die Anerkennung einer **körperschaftsteuerrechtlichen Organschaft** und damit die (steuerrechtliche) Zulässigkeit eines konzerninternen **Gewinn- und Verlustausgleichs** setzt regelmäßig den Abschluß beider Verträge voraus (§ 14 KStG).

Sowohl der Beherrschungs- als auch der Gewinnabführungsvertrag beeinträchtigen regelmäßig die stringenten Regelungen der Kapitalbindung im Aktienrecht. § 291 Abs. 3 AktG erklärt folglich die Bestimmungen der §§ 57, 58, 60 AktG im Geltungsbereich der Organisationsverträge für unanwendbar. Die Belange des Gläubiger- und Minderheitenschutzes finden demgegenüber ihre Berücksichtigung in den spezifischen Ausgleichsmechanismen der §§ 300 ff, 304 ff AktG (vgl. unten).

Schuldrechtliche Unternehmensverträge

3. Greifen Beherrschungs- und Gewinnabführungsvertrag aufgrund seiner **organisationsrechtlichen Struktur** entscheidend in das aktienrechtliche Binnengefüge ein, so sind die in § 292 AktG normierten Unternehmensverträge durchweg **schuldrechtlicher Natur:** Die Verantwortungsstrukturen des Aktienrechts bleiben unberührt. Entsprechend differenziert die gesetzliche Regelung bezüglich des Umfangs konzernrechtlicher Pflichtbindung: Zwar finden die **verfahrensrechtlichen Vorschriften** der §§ 293 ff. AktG hinsichtlich aller Unternehmensverträge Anwendung (Beherrschungsvertrag, Gewinnabführungsvertrag einerseits, Gewinngemeinschaft, Teilgewinnabführungsvertrag, Betriebspachtvertrag und Betriebsüberlassungsvertrag andererseits), doch werden die schuldrechtlichen Gestaltungsformen des § 292 AktG dem normativen **Gläubiger- und Minderheitenschutz** (§§ 300 ff., 304 ff. AktG) im wesentlichen entzogen (siehe aber § 302 Abs. 2 AktG).

Formerfordernisse

Der Abschluß von Unternehmensverträgen ist der Geschäftsführungs- und Vertretungskompetenz des Aktienvorstandes grundsätzlich entzogen und unabdingbar dem Entscheidungsbereich der Hauptversammlung zugewiesen (§ 293 Abs. 1 AktG). Der Beschluß bedarf, wegen seiner grundlegenden Bedeutung, einer Mehrheit, die mindestens drei Viertel des bei der Beschlußfassung vertretenen Grundkapitals umfaßt (§ 293 Abs. 1 Satz 2 AktG).

Handelt es sich um einen Beherrschungs- oder Gewinnabführungsvertrag und wird das herrschende Unternehmen seinerseits in der Rechtsform der Aktiengesellschaft oder Kommanditgesellschaft auf Aktien betrieben, so ist im Lichte der bestehenden Ausgleichs- und Einstandspflichten des herrschenden Unternehmens (vgl.unten) und des damit verbundenen Eingriffs in die Vermögensrechte der Anteilseigner auch ein entsprechendes Hauptversammlungsvotum dieser Gesellschaft erforderlich (§ 293 Abs. 2 AktG).

Zur Gewährleistung eines rationalen Entscheidungsprozesses innerhalb der beschließenden Hauptversammlung konstituiert das Gesetz umfassende Informationspflichten der Gesellschaft gegenüber den Aktionären (§ 293 a AktG). Der Vorstand hat folglich einen ausführlichen schriftlichen Bericht zu erstatten (§ 293a Abs. 1 AktG). Darüber hinaus besteht ein eingehendes Auskunftsrecht der betroffenen Aktionäre (§ 293 g Abs. 3 AktG)."

Unternehmensverträge bedürfen grundsätzlich der **Schriftform** (§§ 293 Abs. 3 AktG, 126 BGB). Sie werden – wie Satzungsänderungen – erst wirksam, wenn ihr Bestehen in das Handelsregister des Sitzes der Gesellschaft eingetragen worden ist (§ 294 Abs. 2 AktG). Die Eintragung kommt somit **konstitutive** (rechtsbegründende) Wirkung zu. Ferner ist der Unternehmensvertrag für jede vertragsschließende Aktiengesellschaft durch sachverständige Prüfer (sog. Vertragsprüfer) zu prüfen, § 293 b AktG (Ausnahme alle Aktien der abhängigen Gesellschaft befinden sich in der Hand der herrschenden AG).

Die hier angesprochenen Grundprinzipien gelten mit Ausnahme der § 293 a-293 g AktG, entsprechend für eine eventuelle Änderung der Unternehmensverträge (§ 295 Abs. 1 AktG). Hinsichtlich der Aufhebung und Kündigung von Unternehmensverträgen siehe §§ 296, 297 AktG.

Gläubigerschutz

Der Abschluß eines Beherrschungs- bzw. Gewinnabführungsvertrages birgt erhebliche Gefahren für die Gläubiger der abhängigen Gesellschaft: Durch die Verlagerung des anfallenden Gewinns auf das herrschende Unternehmen – dies ist, aufgrund des umfassenden Weisungsrechts gemäß § 308 Abs. 1 AktG, auch ohne korrespondierende Gewinnabführungspflicht möglich – wird das (haftende) Vermögen der Gesellschaft entscheidend gemindert. Zudem findet die gesetzliche Kapitalbindung gemäß §§ 57, 58 und 60 AktG entsprechend § 291 Abs. 3 AktG keine Anwendung. Das Aktiengesetz sichert folglich in den §§ 300 ff. AktG durch **vertragsspezifische Ausgleichsmechanismen** den Erhalt des gläubigersichernden Haftungssubstrats: Besteht ein Beherrschungs- oder ein Gewinnabführungsvertrag, so hat das herrschende Unternehmen jeden während der Vertragsdauer entstehenden Jahresfehlbetrag auszugleichen (§ 302 Abs. 1 AktG; zur Fälligkeit des Anspruchs vgl. BGH ZIP 1999, S. 1965 ff.). Der vertraglich legitimierten Gewinnabschöpfung korrespondiert somit unabdingbar die **Verpflichtung zur Verlustübernahme**. Eine Ausnahme gilt nur insofern, als der entstehende Jahresfehlbetrag durch freie Rücklagen ausgeglichen werden kann, die während der Dauer des Unternehmensvertrags gebildet wurden (§ 302 Abs. 1 AktG – zur Bildung gesetzlicher Rücklagen siehe § 300 AktG).

Endet der Beherrschungs- oder Gewinnabführungsvertrag, so hat das herrschende Unternehmen den Gläubigern der abhängigen Gesellschaft hinsichtlich solcher Forderungen **Sicherheit zu leisten** (§§ 232 ff. BGB) oder sich ihnen gegenüber zu verbürgen (§ 303 Abs. 3 AktG), die vor der Eintragung der Beendigung des Vertrags im Handelsregister begründet wurden (§ 303 Abs.1 AktG). Voraussetzung ist, daß sich die Berechtigten innerhalb eines Zeitraums von sechs Monaten – gerechnet vom Zeitpunkt der Bekanntmachung im Handelsregister an– zu diesem Zweck bei dem herrschenden Unternehmen melden. In der Bekanntmachung sind die Gläubiger auf dieses Recht hinzuweisen (§ 303 Abs. 1 S. 2 AktG). Mit dieser Bestimmung trägt der Gesetzgeber dem Umstand Rechnung, daß abhängige Unternehmen nach ihrer „Entlassung" aus dem Konzernverbund aufgrund der vorangegangenen „Fremdsteuerung" häufig wirtschaftlich kaum überlebensfähig sind. Das „herrschende" Unternehmen soll sich seiner Verantwortung gegenüber den Gläubigern der abhängigen Gesellschaft nicht dadurch entziehen können, daß es den Beherrschungsvertrag beendet und die Gesellschaft in die – meist masselose – Insolvenz entläßt. Die Verpflichtung besteht daher unabhängig von dem Umstand, ob das herrschende Unternehmen zuvor seiner Verlustausgleichspflicht nachgekommen ist.

Minderheitenschutz

Beherrschungs- und Gewinnabführungsvertrag greifen zudem tief in die Rechte der außenstehenden, d.h. nicht dem herrschenden Unternehmen zuzuordnenden Aktionäre ein. Dies gilt insbesondere hinsichtlich der Vermögensrechte. Die regelmäßg stattfindende Gewinnverlagerung zugunsten des herrschenden Gesellschafters führt zu einer Aushöhlung des dem einzelnen Aktionär zustehenden Gewinnanspruchs (§ 58 Abs. 4 AktG).

Ausgleichspflicht

Dem trägt das Gesetz durch die Konstituierung entsprechender Ausgleichspflichten Rechnung: ein Gewinnabführungsvertrag muß einen angemessenen Ausgleich für die außenstehenden Aktionäre durch eine auf die Aktiennennbeträge bezogene wiederkehrende Geldleistung (Ausgleichszahlung) vorsehen.

Ein Beherrschungsvertrag muß, wenn die Gesellschaft nicht auch zur Abführung ihres ganzen Gewinns verpflichtet ist, den außenstehenden Aktionären als angemessenen Ausgleich einen bestimmten jährlichen Gewinnanteil nach der für die Ausgleichszahlung bestimmten Höhe garantieren (§ 304 Abs. 1 AktG). Beide Maßnahmen führen letztlich zu einer **Dividendengarantie** hinsichtlich der Minderheitsgesellschafter (zur Berechnung der Kompensationsleistungen siehe: § 304 Abs. 2 AktG).

Enthält ein Unternehmensvertrag im Sinne des § 291 AktG keine Bestimmung bezüglich der anfallenden Ausgleichsleistung, so ist er **nichtig** (§ 304 Abs. 3 Satz 1 AktG). Dagegen kann der dem Unternehmensvertrag zugrunde liegende Hauptversammlungsbeschluß nicht mit der Begründung angefochten werden, der herrschende Aktionär habe sich einen Sondervorteil verschafft (§ 243 Abs. 2 AktG) bzw. die vertragliche Ausgleichsleistung sei unangemessen (§ 304 Abs. 3 Satz 2 AktG). Hier obliegt vielmehr dem Gericht die Festsetzung einer angemessenen Kompensationsleistung (§§ 304 Abs. 3, 4, 5, 306 AktG).

Abfindungspflicht

Die gesetzliche Regelung des Vertragskonzerns ist jedoch nicht auf die Konstituierung von Ausgleichsleistungen beschränkt: Außer der Verpflichtung zum Ausgleich nach § 304 AktG muß ein Beherrschungs- oder ein Gewinnabführungsvertrag die Verpflichtung des anderen Vertragsteils (herrschenden Unternehmens) enthalten, auf Verlangen eines außenstehenden Aktionärs dessen Aktien gegen eine im Vertrag bestimmte angemessene Abfindung zu erwerben (§ 305 Abs. 1 AktG).

Die hier begründete Übernahme- und Abfindungspflicht erweist sich als wesentliche Ergänzung der konzernrechtlichen Ausgleichstatbestände (§ 304 AktG). Mit der Begründung des Abhängigkeitsverhältnisses wird das autonome Interesse der (beherrschten) Aktiengesellschaft der Konzernstrategie des herrschenden Unternehmens untergeordnet, die zu betreibende Unternehmenspolitik extern vorbestimmt. Der – ohnehin marginale – Einfluß des Kleinaktionärs in der Hauptversammlung wird seiner Funktion, gestaltend auf den internen Willensbildungsprozeß der Gesellschaft einzuwirken, völlig beraubt: Die wesentlichen Determinanten der Geschäftspolitik sind seitens des herrschenden Gesellschafters von außen vorgegeben.

Handelt es sich bei dem herrschenden Unternehmen um eine nicht abhängige und nicht im Mehrheitsbesitz stehende Aktiengesellschaft oder Kommanditgesellschaft auf Aktien mit Sitz im Inland, so ist die Abfindung durch die Gewährung eigener Aktien dieser Gesellschaft vorzunehmen (§ 305 Abs. 2 Nr. 1 AktG). Steht die –

herrschende – Aktiengesellschaft ihrerseits in einem Abhängigkeitsverhältnis, so ist den außenstehenden Aktionären der beherrschten Aktiengesellschaft **wahlweise** die Gewährung von Aktien des herrschenden Unternehmens oder eine **Barabfindung** anzubieten (§ 305 Abs. 2 Nr. 2 AktG).

In allen anderen Fällen kommt lediglich eine Barabfindung in Betracht (§ 305 Abs. 2 Nr. 3 AktG – zur Berechnung der Abfindung siehe § 305 Abs. 3 AktG zu §§ 305, 306 AktG, vgl. ferner BGHZ 112, 382 ff).

Entsprechend der Regelung des § 304 Abs. 4 AktG kann der dem Unternehmensvertrag zugrunde liegende Hauptversammlungsbeschluß nicht mit der Begründung angefochten werden, die vertraglich vorgesehene Abfindung sei unangemessen (§ 305 Abs. 5 AktG), die benachteiligten Aktionäre sind vielmehr auf das Festsetzungsverfahren des § 306 AktG verwiesen.

1.6.3.2 Der „faktische" Konzern

Literatur: Altmeppen, Zur Vermögensbindung in der faktisch abhängigen AG, ZIP 1996, S. 693 ff.

Hommelhoff, Praktische Erfahrungen mit dem Abhängigkeitsbericht, ZHR 156 (1992), S. 295 ff.

IDW Zur Aufstellung und Prüfung des Bersichts über Beziehungen zu verbundenen Unternehmen (Abhängigkeitsbericht nach § 312 AltG), Stellungnahme HFA 3/19991 = WPg 1992, S. 91 ff.

K.Schmidt, Abhängigkeit und faktischer Konzern als Aufgaben der Rechtspolitik, JZ 1992, S. 856 ff.

Bedeutung

Trotz der mit der Begründung einer körperschaftssteuerrechtlichen Organschaft verbundenen Privilegien, hat sich das System des Vertragskonzerns in der Unternehmenspraxis nicht durchgesetzt: Die Mehrheitsgesellschafter verzichten regelmäßig auf die **vertragliche Legitimation** ihrer Leitungsmacht. Zur Durchsetzung von Konzerninteressen innerhalb der beherrschten Gesellschaft genügt grundsätzlich das **tatsächliche** Innehaben einer Hauptversammlungsmehrheit, das **rechtliche** Instrumentarium Beherrschungsvertrag erweist sich somit als entbehrlich.

Der angesprochenen Problematik trägt das Gesetz (§§ 311 ff. AktG) mittels der Regelungen bezüglich des **faktischen Konzerns** (unzureichend) Rechnung. Auszugehen ist von der Grundlagennorm des § 311 AktG: Besteht **kein** Beherrschungsvertrag, so darf ein herrschendes Unternehmen seinen Einfluß nicht dazu benutzen, eine abhängige Aktiengesellschaft oder Kommanditgesellschaft auf Aktien zu veranlassen, ein **für sie nachteiliges** Rechtsgeschäft vorzunehmen oder Maßnahmen zu ihrem Nachteil zu treffen oder zu unterlassen; es sei denn, daß die Nachteile **ausgeglichen** werden.

Auslegungsprobleme des § 311 AktG

Die der Norm zugrunde liegende Wertentscheidung des Gesetzgebers bleibt unklar und ist zum Gegenstand heftigen Streits geworden. So läßt sich § 311 AktG dahingehend interpretieren, daß nachteilige Weisungen des herrschenden Unternehmens grundsätzlich unzulässig sind und gegebenenfalls Kompensationsansprüche der geschädigten Gesellschaft auslösen. Andererseits kann in dem vorgesehenen Nachteilsausgleich (§§ 311 Abs. 1, 317 Abs. 1 Satz 1 AktG) die grundsätzliche Legitimation externer Leitungsmacht zu sehen sein. Insofern wird nicht deutlich, ob das Aktienrecht mit der Normierung des faktischen Konzerns ein dem Vertragskonzern äquivalentes System der Unternehmensorganisation zur Verfügung stellt. Legt man eine eher „pragmatische" Betrachtungsweise zugrunde, so ist im Ergebnis davon auszugehen, daß der Gesetzgeber das Bestehen „faktischer" Konzernverbindungen als unabänderlichen Bestandteil der Unternehmenswirklichkeit „faktisch" hingenommen hat. Die damit eröffnete Möglichkeit der Ausübung von Leitungsmacht steht grundsätzlich in Übereinstimmung mit der Rechtsordnung, soweit die Interessen der abhängigen Gesellschaft in ihrem Kernbesstand angemessen berücksichtigt und die aus dem Abhängigkeitsverhältnis fließenden Nachteile ausgeglichen werden (vgl. alsbald unten). Andererseits besteht **keine** Verpflichtung des Vorstands des abhängigen Unternehmens, die empfangene Weisung zu befolgen. § 76 AktG bleibt – anders als bei Bestehen eines Beherrschungsvertrags – unberührt.

Kompensationsansprüche

Gemäß § 311 Abs. 1 AktG hat das herrschende Unternehmen die aus der Ausübung der (faktischen) Weisungsbefugnis resultierenden Nachteile für die abhängige Gesellschaft auszugleichen. Erfolgt der Ausgleich nicht während des laufenden Geschäftsjahres, so muß spätestens am Ende des Geschäftsjahres, in dem der abhängigen Gesellschaft der Nachteil zugefügt worden ist, dieser **in vertraglicher Weise** ein Rechtsanspruch hinsichtlich der Kompensation eingeräumt werden (§ 311 Abs. 2 AktG). Erfolgt der Nachteilsausgleich nicht in der oben vorgegebenen Form, so steht der **abhängigen Gesellschaft** ein Schadensersatzanspruch gegen das herrschende Unternehmen (§ 317 Abs. 1 Satz 1 AktG) zu. Darüber hinaus ergeben sich Schadensersatzansprüche **einzelner Aktionäre**, wenn diesen ein weitergehender Schaden (Kursverluste!) entstanden ist. Neben dem herrschenden Unternehmen haften dessen gesetzliche Vertreter gesamtschuldnerisch (§ 317 Abs. 3 AktG).

Als problematisch erweist sich der Haftungsmaßstab des § 317 Abs. 2 AktG – lesen! Im Falle konzerninterner Verrechnungspreise wird sich häufig kaum ermitteln lassen, ob der zum Vertragsschluß bestimmten (abhängigen!) Gesellschaft ein entsprechendes Äquivalent für ihre Leistung gewährt werden.

Konkurrenzen

Die hier angesprochene Schadenersatzpflicht des § 317 Abs. 1 AktG tritt grundsätzlich **neben** eine Ersatzpflicht gemäß § 117 AktG. Insofern besteht Anspruchskonkurrenz: Die Ausschlußklausel des § 117 Abs. 7 Nr. 2 AktG ist, entsprechend ihrem eindeutigen Wortlaut, auf die Durchsetzung von Leitungsmacht im Rahmen eines **Beherrschungsvertrages** beschränkt. Entsprechend der Wertung des Gesetzgebers besteht insofern **keine Gleichwertigkeit** zwischen Vertrags- und faktischem Konzern (sehr strittig).

Die Verantwortlichkeit des herrschenden Unternehmens und dessen gesetzlichen Vertretern wird durch eine entsprechende Einstandspflicht der Verwaltungsmitglieder der beherrschten Gesellschaft ergänzt (hierzu: § 318 AktG). Alle Ersatzansprüche können gemäß §§ 317 Abs. 4, 318 Abs. 4, 309 Abs. 4 AktG von jedem einzelnen Aktionär geltend gemacht werden. Dieser kann jedoch nur Leistung **an die Gesellschaft** fordern.

Abhängigkeitsbericht

Zum Zwecke der Offenlegung konzerninterner Binnenbeziehungen im faktischen Konzern hat der Vorstand der abhängigen Gesellschaft in den ersten drei Monaten des Geschäftsjahres einen Bericht über die Beziehung der Gesellschaft zu verbundenen Unternehmen aufzustellen (zum Inhalt dieses Abhängigkeitsberichtes siehe: § 312 Abs. 1 AktG). Zweck dieser gesetzlichen Berichtspflicht ist es, Äquivalenzstörungen in konzerninternen Austauschbeziehungen aufzuzeigen und somit die Grundlage für die oben dargestellten Kompensationsansprüche der abhängigen Gesellschaft zu bilden. Demgemäß hat der Aktienvorstand im Abhängigkeitsbericht die getroffenen Maßnahmen bzw. vorgenommenen Rechtsgeschäfte dahingehend zu erläutern, ob der Gesellschaft hieraus Nachteile entstanden sind bzw. ob diese ausgeglichen wurden (§ 312 Abs. 3 AktG).

Prüfung des Abhängigkeitsberichts

Der Abhängigkeitsbericht unterliegt, entsprechend der Regelung des § 313 AktG gemeinsam mit dem Jahresabschluß und dem Lagebericht, einer Prüfung durch Abschlußprüfer. Gemäß der Regelung bezüglich des Jahresabschlusses (§ 170 AktG) ist der Abhängigkeitsbericht gemeinsam mit dem Prüfungsgutachten der Abschlußprüfer dem Aufsichtsrat vorzulegen (§ 314 Abs. 1 AktG). Der Aufsichtsrat hat den Bericht über die Beziehung zu verbundenen Unternehmen zu prüfen und in seinem Bericht an die Hauptversammlung (§ 171 Abs. 2 AktG) über das Ergebnis der Prüfung zu berichten (§ 314 Abs. 2 AktG). Somit ist ein Mindestmaß an (mittelbarer) Verflechtungstransparenz seitens der Minderheitsaktionäre gewährleistet. Diese kann ihrerseits als Grundlage zur Geltendmachung von Ersatzansprüchen dienen.

Regelungslücken

Die normative Ausgestaltung des faktischen Konzerns weist erhebliche **Regelungslücken** auf. So fehlt es, verglichen mit der Regelung des Vertragskonzerns, an entsprechenden **Ausgleichs-** (§ 304 AktG) und **Abfindungsansprüchen** (§ 305 AktG). Nach der Systematik des Gesetzes ist eine analoge Anwendung dieser Vorschrift bei Fehlen des Beherrschungsvertrages ausgeschlossen, doch wird teilweise angenommen, daß die **faktische Ausübung** konzerninterner Leitungsmacht den Abschluß eines Beherrschungsvertrags fingiere. Dies erscheint angesichts der gesetzlichen Systematik und der bestehenden Formvorschriften (§§ 293 ff. AktG) als äußerst problematisch und ist daher abzulehnen. De lege lata bleibt die Stellung des Minderheitsgesellschafters im faktischen Konzern angesichts der lückenhaften Ausgestaltung nur unzureichend gesichert.

Unter Berücksichtigung der Schutzprinzipien des Konzernrechts verbietet sich demgegenüber jegliche Anwendung von, das herrschende Unternehmen des **Vertragskonzerns** priviligierenden, Ausnahmevorschriften. Die Durchbrechung der durch §§ 57, 58 und 60 AktG gewährleisteten Kapitalbindung im Regelungsbereich der §§ 291 Abs. 3, 292 Abs. 3 AktG findet im **faktischen Konzern** keine Anwendung (strittig).

Der „qualifizierte" faktische Konzern

Das Ausgleichsytem der §§ 311 ff AktG bedingt notwendig, daß sich einzelne nachteilige Einflußnahmen des herrschenden Unternehmens gegenüber der abhängigen Gesellschaft „isolieren" und hinsichtlich des hierdurch bedingten wirtschaftlichen Nachteils betragsmäßig „quantifizieren" lassen. Hieran fehlt es, wenn die

„Fremdsteuerung" seitens des Mehrheitsgesellschafters eine solche Intensität erreicht, daß sie die beherrschte Gesellschaft umfassend in ihr Unternehmenskonzept einbindet und diese unter weitgehender „Negation" ihrer rechtlichen Selbständigkeit **"wie eine unselbständige Betriebsabteilung"** führt (vgl. BGHZ 95, S. 330 ff, 339 – „Autokran" = NJW 1986, S. 188 ff). Anders als die „einfache" faktische Konzernierung gem. §§ 311 ff AktG ist die hierin liegende Begründung eines „qualifizierten" Abhängigkeitsverhältnisses im Lichte eines funktionalen Gläubiger- und Minderheitenschutzes **unzulässig**. Ein umfassendes Weisungsrechts des herrschenden Unternehmens kann im Lichte der §§ 76, 57 AktG und der – beschränkten – Wirksamkeit der §§ 311 ff AktG nur im Rahmen eines Vertragskonzerns in rechtlich wirksamer Weise begründet werden. Führt der herrschende Gesellschafter entgegen den Vorgaben der Rechtsordnung die vollständige Unterstellung der abhängigen Gesellschaft unter seine Leitungsbefugnis herbei, ohne hierzu durch einen Beherrschungsvertrag legitimiert zu sein, so kann er folglich nicht besser stehen, als er bei rechtskonformem Verhalten stünde. Ihn trifft – wie im Vertragskonzern – die Pflicht zur **Verlustübernahme** (§ 302 AktG). Endet das Abhängigkeitsverhältnis, so bleibt er entsprechend § 303 AktG den Gläubigern der – ehemaligen – Tochtergesellschaft zur **Sicherheitsleistung** verpflichtet. Ist die Gesellschaft aufgrund ihrer Vermögenslosigkeit bereits untergegangen, so tritt an die Stelle der Verpflichtung zur Sicherheitsleistung die **umittelbare Zahlungspflicht** des herrschenden Unternehmens (BGH a.a.O.; BGHZ 115, S. 187 ff., 200 – „Video" = NJW 1991, S. 3142 ff.; BGHZ 116, S. 37 ff., 42 f. – „Stromlieferung" = NJW 1992, S. 505 ff.). Insofern ist es zutreffend, von einer **"Konzernaußenhaftung"** im „qualifizierten faktischen Konzern" zu sprechen. Zwar hat die Rechtsprechung ihre Doktrin zum „qualifizierten faktischen Konzern" am Beispiel der GmbH entwickelt, doch gelten die Ergebnisse – cum grano salis – auch für die abhängige AG. Angesichts der überwiegenden praktischen Bedeutung der Lehre für den Bereich der GmbH wird im weiteren auf die dortige Darstellung verwiesen (unten 3.7).

1.6.3.3 Organisationsformunabhängige Probleme des Konzernrechts
Konzernhaftung
Sieht man von der Verpflichtung zur **Verlustübernahme** (§ 302 AktG) im Vertragskonzern sowie dem **Ausgleichsanspruch** (§ 311 AktG) und dem ergänzenden **Schadensersatzanspruch** (§ 317 AktG) im faktischen Konzern sowie der Rechtsprechung zum **"qualifizierten faktischen Konzern** (vgl. vorstehend) ab, so ist im deutschen Recht eine allgemeine Einstandspflicht des herrschenden Unternehmens für Verbindlichkeiten der abhängigen Tochtergesellschaft unbekannt. Eine Ausnahme gilt insofern lediglich bezüglich der hier nicht näher behandelten **Eingliederung** (§ 322 AktG): Vom Zeitpunkt der Eingliederung an haftet die Hauptgesellschaft gesamtschuldnerisch für die Verbindlichkeiten der eingegliederten Gesellschaft. Im übrigen stellt die **rechtliche Selbständigkeit** konzernverbundener Unternehmen eine – von der Rechtsordnung zu respektierende – **Haftungsschranke** dar. Durchbrechungen dieser Grundprinzipien können sich allerdings nach **außerkonzernrechtlichen** Grundsätzen ergeben: So kommt, wie bereits dargestellt, im faktischen Konzern eine Haftung des herrschenden Unternehmens gemäß § 117 AktG in Betracht (hierzu 1.4.2), wenn sich die Ausübung von Leitungsmacht zum Schaden der Gesellschaft auswirkt. Darüber hinaus bleiben die allgemeinen Prinzipien der **Durchgriffshaftung** bei juristischen Personen anwendbar (siehe hierzu die Ausführungen zur GmbH unten: 3.6).

Weitergehende Einstandspflichten des herrschenden Unternehmens ergeben sich nach allgemeinen Grundsätzen aus dem Vorliegen eines **rechtsgeschäftlichen Verpflichtungstatbestandes:** Insbesondere bei Abgabe von Bürgschafts- und Garantieerklärungen seitens des herrschenden Unternehmens gegenüber Gläubigern der abhängigen Gesellschaft finden die allgemeinen Regeln des Bürgerlichen Rechts Anwendung. Darüber hinaus hat die Rechtspraxis mit der konzernrechtlichen (harten) **Patronatserklärung,** deren Rechtsnatur – je nach inhaltlicher Ausgestaltung – unterschiedlich zu beurteilen ist, einen spezifischen Haftungstatbestand geschaffen (hierzu: Möser, DB 1979, 1469 ff.).

Konzernmitbestimmung

Die Unternehmensmitbestimmung innerhalb konzernrechtlicher Organisationsformen zeigt besondere Probleme auf: Wegen der regelmäßigen Außensteuerung der abhängigen Gesellschaft seitens des herrschenden Unternehmens kommt der Partizipation der Artbeitnehmer im Aufsichtsrat der beherrschten Gesellschaft lediglich marginale Bedeutung zu, sie läuft weitgehend leer. Dem trägt das Mitbestimmungsgesetz von 1976 im Ansatz Rechnung: Ist ein in § 1 Abs. 1 Nr. 1 MitbstG bezeichnetes Unternehmen herrschendes Unternehmen eines Konzerns, so gelten die Arbeitnehmer der (abhängigen) Konzernunternehmen als Arbeitnehmer des herrschenden Unternehmens und partizipieren an der Aufsichtsratswahl der Konzernmutter (§ 5 Abs. 1 MitbstG).

Mehrstufige Mitbestimmung

Dies schließt die Mitbestimmung der Arbeitnehmer in dem (als eigentlicher) Arbeitgeber fungierenden Tochterunternehmen nicht aus, so daß es gegebenenfalls zu einer **mehrstufigen Mitbestimmung** kommt: Die Arbeitnehmer sind sowohl hinsichtlich des herrschenden, als auch des Tochterunternehmens wahlberechtigt – eine durchaus überzeugende Regelung, da der Geschäftsführung des Tochterunternehmens ein gewisser Entscheidungsspielraum verbleibt.

Eine Potenzierung der Stimmrechtsmacht seitens der Arbeitnehmervertreter durch die hier dargestellte mehrstufige Beteiligung ist ausgeschlossen: Gemäß § 32 MitbstG bleibt die Ausübung von Anteilsrechten hinsichtlich der abhängigen Unternehmen den Aufsichtsratsmitgliedern der Anteilseigner vorbehalten.

Unterfällt die Muttergesellschaft nicht dem Mitbestimmungsstatut – handelt es sich bei dieser um eine Personengesellschaft bzw. um ein im Ausland gelegenes Unternehmen –, so findet die Mitwirkung der Arbeitnehmervertreter in der, der Unternehmensleitung am nächsten gelegenen, **Kapitalgesellschaft** statt (§ 5 Abs. 3 MitbstG).

Aktionärsschutz der herrschenden Gesellschaft

Eine besondere, im geltenden Konzernrecht nicht berücksichtigte Problematik, stellt der Schutz der Aktionäre der **herrschenden Gesellschaft** dar: Da die Gründung von Tochtergesellschaften grundsätzlich der Leitungsautonomie des Aktienvorstandes unterfällt (§ 76 Abs. 1 AktG), ist es diesem möglich, durch Veränderung der Organisationsstruktur seinen autonomen Entscheidungsbereich erheblich zu erweitern. So bedürfen Maßnahmen der Kapitalbeschaffung bzw. Kapitalherabsetzung innerhalb der Muttergesellschaft der Zustimmung der Hauptversammlung (§§ 182, 192, 202, 207, 222, 237 AktG). Doch gilt dies nach dem Wortlaut des Gesetzes nicht für die Durchführung entsprechender Finanzierungsvorhaben bezüglich der Tochtergesellschaft. Werden wesentliche Aktivitäten aus dem Bereich der Hauptgesellschaft ausgegliedert und auf zuvor gegründete Tochterunternehmen übertragen, so ist es insbesondere möglich, das bei Kapitalerhöhungen der Hauptgesellschaft grundsätzlich bestehende Bezugsrecht der Aktionäre (§ 186 AktG) auszuschließen. Lediglich die Übertragung des Vermögens der Aktiengesellschaft im ganzen auf einen anderen Rechtsträger (§ 179a AktG) sowie die Durchführung von Ausgliederungsmaßnahmen nach dem UmwG (§§ 125, 65 UmwG) setzt die Zustimmung der Hauptversammlung voraus. Dies gilt jedoch nicht für Umstrukturierungsmaßnahmen im Wege der Sachgründung von Tochtergesellschaften durch Einzelrechtsübertragung. Wegen der mit Ausgliederungsmaßnahmen verbundenen Entmachtung der Aktionäre der Hauptgesellschaft seitens des Aktienvorstandes hat der Bundesgerichtshof (BGHZ 83, 122 ff., 128 – „Holzmüller" = NJW 1982, S. 1703 ff.) den Entscheidungsspielraum der Hauptversammlung entscheidend erweitert:

Über den Anwendungsbereich des UmwG hinaus bedürfe die Verlagerung wesentlicher Unternehmensaktivitäten auf einen selbständigen Rechtsträger der **Zustimmung der Hauptversammlung.** Zudem erfordern strukturelle Grundlagenmaßnahmen bezüglich der Tochtergesellschaft ein entsprechendes Hauptversammlungsvotum der Konzernmutter. Dies gilt insbesondere für eine evtl. Kapitalerhöhung sowie einen damit verbundenen Bezugsrechtsausschluß. Der Entmachtung der Hauptversammlung durch organisationsrechtliche Maßnahmen seitens des Vorstandes der Gesellschaft sind somit entscheidende Grenzen gesetzt.

Konzernbildungskontrolle

Die Bestimmungen des Aktienkonzernrechts (§§ 15 ff., 291 ff. AktG) enthalten keine Regelungen, welche die **Begründung** einer **Unternehmensverbindung** einer normativen (Konzerneingangs-) Kontrolle unterziehen. Das Aktiengesetz steht – im Gegensatz zur öffentlich-rechtlichen Fusionskontrolle (vergl. §§ 35 ff. GWB) – einer Konzernierung prima facie neutral gegenüber. Hier nimmt das OLG Hamm (NJW 1987, S. 1030 ff., 1031 f. = AG 1987, 38 ff. – rechtskräftig – mit Anm. Mertens) eine entscheidende Weiterung vor: Eine **qualifizierte faktische** Konzernverbindung, die das herrschende Unternehmen einer dauernden und umfassenden Einflußnahme unterwerfe, sei unzulässig (vgl. bereits oben). Hierfür stünde ausschließlich der Vertragskonzern zu Verfügung. Um einen Mißbrauch der faktischen Konzernierung zu verhindern, sei es dem herrschenden Unternehmen folglich verwehrt, den Aufsichtsrat der beherrschten AG **ausschließlich** mit Personen zu besetzen, die nach ihrer sonstigen Funktion oder Herkunft ganz auf die Interessen der Muttergesellschaft ausgerichtet seien. Zumindest ein Mitglied müsse gegenüber dem herrschenden Unternehmen **relativ neutral** sein.

Teil III: Kapitalgesellschaften

1.7 Die Beendigung der Aktiengesellschaft

Grundstruktur

Unter den Voraussetzungen des § 262 AktG (lesen!) wird die Aktiengesellschaft aufgelöst. Die Liquididation der Gesellschaft erfolgt hierbei in mehreren Schritten: Mit Vorliegen eines Auflösungsaktes ändert sich der **Gesellschaftszweck,** es gelten nicht mehr die Zielprojektionen der Unternehmenssatzung, der Zweck der Gesellschaft ist nunmehr auf die Liquidation ausgerichtet. Entsprechend ist die Abwicklung in das Handelsregister einzutragen und im Rechtsverkehr hervorzuheben (§ 269 Abs. 6 AktG). Am Abschluß des Liquidationsprozesses steht die Löschung der Gesellschaft im Handelsregister, die Aktiengesellschaft ist damit beendet (§ 273 AktG).

Auflösungsgründe

Die Auflösung der AG setzt stets das Vorliegen eines, gesetzlich abschließend geregelten, Auflösungsgrundes voraus. Neben den enumerativen Katalog des § 262 AktG treten hierbei das Auflösungsurteil gemäß § 396 AktG, das behördliche Verbot gemäß § 17 Vereinsgesetz sowie die Löschung gemäß § 2 Löschungsgesetz. Keinesfalls führt die Einstellung der werbenden Tätigkeit als solche bereits zur Auflösung des Unternehmens.

Die Durchführung der Abwicklung (Liquidation) obliegt den Vorstandsmitgliedern in ihrer Funktion als Abwickler § 265 AktG. Diesen kommt daher Vertretungsmacht bezüglich der Abwicklungsgesellschaft zu (§ 269 AktG). Das Abwicklungsverfahren richtet sich – sofern nicht über das Vermögen der Gesellschaft das Konkursverfahren eröffnet ist – nach den Bestimmungen der §§ 264 ff. AktG.

2. Kapitel: Die Kommanditgesellschaft auf Aktien

Literatur: Baumann/Kusch, Die Kapitalgesellschaft & CO KG auf Aktien – Faktizität und Recht, FS Boujong, 1996, S. 3 ff.

Bedeutung

Die wirtschaftliche Bedeutung der Kommanditgesellschaft auf Aktien ist eher marginaler Natur. Im Jahre 1990 wurden 27 KGaA registriert (Statistisches Jahrbuch 1990, S. 126). Zwischenzeitlich hat sich die Zahl der Gesellschaften nur unwesentlich erhöht, doch dürfte aufgrund der Entwicklung in der neueren Rechtsprechung (vgl. alsbald unten) die Rechtsform der KGaA aus Sicht der Unternehmen künftig erheblich an Attraktivität gewinnen.

Regelungsstruktur

Die KGaA hat im zweiten Buch des Aktienrechts (§§ 278 ff.) eine (fragmentarische) Regelung erfahren. Zwar finden die Vorschriften über die Aktiengesellschaft ergänzende Anwendung (§ 278 Abs. 3), doch richtet sich das Rechtsverhältnis der persönlich haftenden Gesellschafter (Komplementäre) untereinander und gegenüber der Gesamtheit der (Kommandit-) Aktionäre sowie gegenüber Dritten, namentlich die

Befugnis der persönlich haftenden Gesellschafter zur Geschäftsführung und Vertretung der Gesellschaft, nach den handelsrechtlichen Vorschriften bezüglich der Kommanditgesellschaft (§§ 278 Abs. 2 AktG, 161 ff. HGB).

Insbesondere die Binnenstruktur der KGaA weicht in wesentlichen Punkten von der internen Organisation der Aktiengesellschaft ab: Die Komplementäre sind die **geborenen Vorstände** der Kommanditgesellschaft auf Aktien. Eine Wahl des Leitungsorgans durch den Aufsichtsrat findet folglich in der KGaA nicht statt. Dies gilt auch für **mitbestimmte** Gesellschaften, so daß die Partizipation der Arbeitnehmer im Aufsichtsrat der KGaA nur geringe Wirkung zeigt. Dieser ist im wesentlichen auf seine Funktion als **Kontrollorgan** beschränkt (siehe aber § 111 Abs. 4 Satz 2 AktG). Eine Ausweitung des Aufgabenbereichs ergibt sich allerdings gemäß § 287 AktG: Der Aufsichtsrat führt die Beschlüsse der Kommanditaktionäre aus und vertritt in Rechtsstreitigkeiten die Gesamtheit der Kommanditaktionäre gegen die persönlich haftenden Gesellschafter. Letztere können aus diesem Grund nicht Mitglieder des Aufsichtsrates sein (§ 287 Abs. 3 AktG).

Problem

Umstritten ist, ob **juristische Personen** die Stellung eines Komplementärs in der KGaA einnehmen können. Da § 76 Abs. 3 AktG hier entsprechend anwendbar ist (§ 278 Abs. 3 AktG), ging die bisher vorherrschende Auffassung davon aus, daß Komplementär einer KGaA nur eine natürliche Person sein könne. Dem hat der BGH nunmehr ausdrücklich widersprochen (BGHZ 134, S. 392 ff = NJW 1997, S. 1923 ff.). Mangels entgegenstehender gesetzlicher Bestimmungen komme als Komplementär auch eine juristische Person – beispielsweise eine GmbH – in Betracht. Der GmbH & CO KGaA dürfte daher künftig eine gesteigerte Bedeutung zukommen.

Hauptversammlung

Die Hauptversammlung erweist sich als ausschließliches Repräsentationsorgan der Kommanditaktionäre (§ 285 AktG). Doch findet sich eine wesentliche Einschränkung gegenüber den in der Aktiengesellschaft bestehenden Aktionärsrechten: Die Beschlüsse der Hauptversammlung bedürfen der Zustimmung der persönlich haftenden Gesellschafter (Komplementäre), soweit sie Angelegenheiten betreffen, für die bei einer Kommanditgesellschaft das Einverständnis der Komplementäre und der Kommanditisten erforderlich ist (§ 285 Abs. 2 Satz 1 AktG (vgl. oben: II 3.3)).

3. Kapitel: Die Gesellschaft mit beschränkter Haftung

3.1 Funktion und Grundstruktur der GmbH

Funktion der GmbH

Erweist sich die Aktiengesellschaft als typische Organisationsform kapitalintensiver Großunternehmen, so stellt die Rechtsordnung mit dem Regelungsmodell der GmbH eine, auch **kleineren Wirtschaftseinheiten zugängliche,** Konstruktion der **Kapitalgesellschaft** zur Verfügung. Entsprechend ihrer auf den Zusammenschluß mehrerer **Unternehmergesellschafter** zugeschnittenen Funktion verfügt die GmbH im Gegensatz zur **Kapitalsammelstelle** Aktiengesellschaft nicht über fungibel ausgestaltete, verbriefte Anteilsrechte. Dem gesetzgeberischen Regelungskonzept entsprechend wird die Bildung eines **freien Beteiligungsmarktes vielmehr** deutlich erschwert (§ 15 Abs. 3 und 4 GmbHG). Dies ermöglicht gleichzeitig den Verzicht auf einen der Aktiengesellschaft entsprechenden umfassenden Anlegerschutz: Das gesellschaftsrechtliche **Binnengefüge (Innenverhältnis)** ist daher weitgehend **dispositiver Natur** (§ 45 Abs. 1 GmbHG).

Erscheinungsform der GmbH

Diese privatautonome Gestaltungsfreiheit hinsichtlich des Innenverhältnisses der GmbH ermöglicht es, die Gesellschaft unterschiedlichen Regelungszwecken anzupassen. So ist das Erscheinungsbild der GmbH weit differenzierter als das der weniger flexiblen (§ 23 Abs. 5 AktG) Aktiengesellschaft. Es reicht von dem (idealtypischen) Zusammenschluß mehrerer Mitunternehmer über das „einzelkaufmännische Unternehmen mit beschränkter Haftung" (Einmann-GmbH) bis zum Gemeinschaftsunternehmen (joint venture) mehrerer Muttergesellschaften und der Konzernholding. Im übrigen ist die Rechtsform der GmbH nicht auf **unternehmerische** Zusammenschlüsse beschränkt, sondern steht auch **ideellen** (§ 1 GmbHG) **Zwecken** zur Verfügung (siehe z.B.: Berliner Festspiele GmbH).

Leitungsstrukturen

Die normative Aufgabendifferenzierung im Recht der GmbH führt zur Bildung zweier, zwingend vorgeschriebener, Gesellschaftsorgane: der **Geschäftsführung** (§ 6 GmbHG) und der **Gesellschafterversammlung bzw. dem Alleingesellschafter** (§ 48 GmbHG); jedoch sind die Kompetenzbereiche beider Entscheidungsebenen weniger deutlich als im Aktienrecht voneinander abgegrenzt (siehe hierzu unten: 2.2.1). Die Bildung eines **Aufsichtsrats** bleibt **fakultativ** (§ 52 GmbHG) und lediglich der **mitbestimmten GmbH** (§§ 1 Abs. 1 MitbestG, 3 Montan-MitbestG, 1 MitbestErgG, 77 BetrVG 1952) gesetzlich vorgegeben.

Juristische Person

Die GmbH ist als **juristische Person** und **Handelsgesellschaft** kraft Rechtsform eigenständiges Zuordnungssubjekt von Rechten und Pflichten sowie Kaufmann im Sinne des Handelsgesetzbuchs (§§ 13 GmbHG, 6 HGB). **Für die Verbindlichkeiten der Gesellschaft haftet den Gläubigern derselben nur das Gesellschaftsvermögen (§ 13 Abs. 2 GmbHG).**

Trennungsgrundsatz

Der hier zum Ausdruck kommende Trennungsgrundsatz zwischen den Verbindlichkeiten der Gesellschaft und der – grundsätzlich fehlenden – Einstandspflicht der Gesellschafter und Organe, d.h. die „Haftungsbeschränkung" auf das Gesellschaftsvermögen, hat entscheidend zum Erfolg der GmbH beigetragen. Hierin kulminiert gleichzeitig die Kritik und der – mitunter feststellbare – Reputationsverlust der GmbH. So läßt sich kaum leugnen, daß einerseits ein anerkennenswertes Bedürfnis der Initiatoren und Organwalter besteht, die Sphäre privater Lebensgestaltung – auch im Interesse ihrer Familien – haftungsrechtlich von den Risiken beruflicher Entfaltung zu sondern. Andererseits zeigt die Erfahrung, daß hiermit – fast zwangsläufig – ein nicht zu unterschätzendes Mißbrauchsrisiko zu Lasten der Gläubiger verbunden ist. Dies erklärt die unterschiedlichen dogmatischen Ansätze in der Rechtsprechung des BGH, unter bestimmten Voraussetzungen vereinzelt den haftungsrechtlichen Zugriff auf das Privatvermögen der Gesellschafter oder Organwalter zu eröffnen.

Haftungsfonds

Als notwendiges Korrelat zur fehlenden persönlichen Haftung der Gesellschafter ordnet das Gesetz die obligatorische Bildung eines **Haftungsfonds** an: Das **Stammkapital** der Gesellschaft muß mindestens **25.000 Euro** betragen (§ 5 Abs. 1 GmbHG). Dies entspricht der Summe der seitens der Gesellschafter zu erbringenden Stammeinlagen, d.h. jenes Betrages, mit dem sich die Anteilseigner kapitalmäßig an der Gründung der GmbH beteiligen. Die Stammeinlage jedes Gesellschafters muß mindestens **100 Euro** betragen.

Altgesellschaften

Allerdings ist für Altgesellschaften keine sofortige Umstellung auf den Euro geboten. Bis zum 31.12.2001 können Neugründungen vielmehr wahlweise in Euro oder DM erfolgen. Für die nach dem 31.12.1998 in DM gegründeten Gesellschaften gelten allerdings bezüglich des Stammkapitals und der Stammeinlagen bereits die geänderten Vorgaben des § 5 Abs.1 GmbHG nF. Die dort vorgegebenen Euro-Beträge sind – sofern die Gründung in DM erfolgt – zu dem am 31.12.1999 festgelegten Kurs (1 Euro = 1,95583 DM) in DM umzurechnen, auch wenn sich hierbei zunächst krumme Kapitalbeträge ergeben. Eine Rundung ist nicht erforderlich. Mit dem Ablauf der Übergangsfrist am 31.12.2001 wandeln sich diese Beträge automatisch in glatte Euro-Beträge um.

Demgegenüber genießen „Altgesellschaften", die vor dem 1.1.1999 gegründet wurden unter Umständen einen unbegrenzten Bestandsschutz. Sie dürfen ihr Stammkapital in DM auf Dauer behalten, ohne eine Überleitung auf den Euro durchzuführen (§ 86 Abs.1 GmbHG). Der Bestandsschutz entfällt, sofern nach dem 31.12.2001 eine Änderung des Stammkapitals erfolgt. Eine Eintragung der Änderung im Handelsregister erfolgt nur dann, wenn gleichzeitig eine Umstellung auf den Euro erfolgt. Bis zur Vornahme der Umstellung besteht eine zwingende Registersperre.

Firma

Als mit eigener Rechtspersönlichkeit ausgestatteter, kaufmännischer Personenverband tritt die GmbH im Rechtsverkehr unter ihrer **Firma** (§ 17 HGB) in Erscheinung. Nach der Änderung seitens des HRefG besteht keine Verpflichtung mehr, die Firma als Sach- oder Personenfirma auszugestalten. Zulässig sind somit auch reine Phantasiebezeichnungen, sofern diese Unterscheidungskraft besitzen (§ 18 Abs.1 HGB) und nicht irreführend sind (§ 18 Abs.2 HGB). Die Firma muß dabei in allen Fällen die zusätzliche Bezeichnung „**mit beschränkter Haftung**" **oder eine allgemein verständliche Abkürzung (mbH)** enthalten (§ 4 GmbHG). Aus Gründen der Haftungstransparenz gilt es, die Haftungsbeschränkung gegenüber (potentiellen) Vertragspartnern zu offenbaren (vgl. auch zu den Angaben auf Geschäftsbriefen § 35a GmbHG). Der GmbH-Zusatz ist auch im Falle des **abgeleiteten Firmenerwerbs** (§ 22 HGB) obligatorisch, doch kann der ursprüngliche **Firmenkern** unverändert weitergeführt werden.

Teil III: Kapitalgesellschaften

Rechtsscheinhaftung
Fehlt ein Hinweis bezüglich der körperschaftlichen Haftungsbeschränkung, so haften diejenigen natürlichen Personen, die dem gutgläubigen Vertragspartner als Unternehmensträger erscheinen, nach **Rechtsscheingrundsätzen** (BGHZ 64, 11 ff), sofern ihnen der geschaffene Vertrauenstatbestand zurechenbar ist. Daneben tritt eine Haftung der Vertreter – seien diese Geschäftsführer oder Angestellte -, wenn diese durch den fehlenden Hinweis gemäß § 4 GmbHG, den Anschein erweckten, Inhaber der Gesellschaft sei eine unbeschränkt haftende, natürliche Person (BGH NJW 1981, 2569 f; BGH NJW 1991, S. 2627 ff mit. Anm. Canaris.). Dies gilt selbst bei Verwendung einer Sachfirma ohne Hinweis auf bestimmte Personen (BGH a.a.O.). Allerdings kommt die Rechtsscheinhaftung grundsätzlich nur bei schriftlichen Erklärungen – beispielsweise auf Geschäftsbriefen oder Bestellscheinen – zur Anwendung. Nach der Rechtsprechung des BGH (ZIP 1996, S. 1511 f) sind mündliche Erklärungen regelmäßig nicht geeignet, eine entsprechende Einstandspflicht zu begründen.

Bedeutung der GmbH
Aufgrund der beschriebenen Anpassungsflexibilität hinsichtlich der Ausgestaltung der Gesellschaftssatzung, des übersichtlich strukturierten Binnengefüges und des Vorteils der beschränkten Haftung hat sich die GmbH zur wirtschaftlich bedeutendsten Unternehmensform entwickelt. Ende 1992 bestanden 549.659 Gesellschaften mit einem Stammkapital von insgesamt 246,1 Mrd. DM (pro GmbH 448.000,- DM; einschließlich neue Bundesländer). 91 % des Stammkapitals entfielen auf die alten Bundesländer, 9 % auf die neuen Bundesländer. Nach einer Schätzung bestanden Anfang 1995 mehr als 650.000 GmbH´s (Quelle: Hansen, GmbH-Rundschau 1995, S. 507).

Die Zahl der Gesellschaften in der Rechtsform der GmbH hat auch in den letzten Jahren **kontinuierlich zugenommen** (siehe hierzu: Hansen, GmbHR 1998, 15 ff.). Sie dürfte gegenwärtig bei ca. 900.000 liegen. Rund 60.000 dieser Gesellschaften sind reine Komplementär-GmbHs, beschränken sich also darauf, die Funktion des persönlich haftenden Gesellschafters innerhalb einer GmbH & Co. KG wahrzunehmen.

Die hohe Anpassungsflexibilität und die geringe Regelungsdichte des GmbH-Rechts, das – sieht man von der Novelle des Jahres 1980 und dem Bilanzrichtliniengesetz von 1985 ab – noch in wesentlichen Teilen der Ausgangsfassung vom 20.4.1892 entspricht, haben die Ausdifferenzierung und materielle Anpassung der normativen Vorgaben im wesentlichen der **Rechtsprechung** zugeordnet (vgl. hierzu: Rieser, ZHR 1987, 422). So nimmt es kaum wunder, daß seit der Erstauflage zahlreiche Entscheidungen zu berücksichtigen sind. Im Vordergrund stehen hierbei die weitere Abstimmung der Finanzierungs- und Kapitalerhaltungsregeln sowie die Ausbildung eines eigenständigen GmbH-Konzernrechts. Hinzu tritt die zunehmende Verschärfung der normativen Anforderungen an die Sorgfaltspflicht und Leitungsverantwortung der Geschäftsführer. Dabei sind die Bemühungen des Bundesgerichtshofs, insbesondere des – für das Gesellschaftsrecht zuständigen – II. Zivilsenats, durchweg von der Intention getragen, dem Mißbrauch der gesellschaftsimmanenten Haftungsbeschränkung zu Lasten der außenstehenden Gläubiger normative Schranken zu setzen.

Synopse

	Aktiengesellschaften	GmbH
Binnenstruktur	kapitalistisch	weitgehend personalistisch zwischen den Gesellschaftern bestehen ausgeprägte Treuepflichten
Leitungsstruktur	institutionelle Leitungsautonomie des Aktienvorstandes (§ 76 AktG)	Weisungsgebundenheit der Geschäftsführung (§ 37 Abs. 1 GmbHG)
Befugnisse der Anteilseigner	keine Geschäftsführungsbefugnis (§ 119 Abs. 2 AktG) der Hauptversammlung	Die Gesellschafterversammlung ist Geschäftsführungsorgan (§ 37 Abs. 1 GmbHG)
Anteilsrechte	fungibel ausgestaltet, Übertragung gem. §§ 929 ff BGB	keine Fungibilität (§ 15 Abs. 3 GmbHG) Übertrag. gem. §§ 398 ff BGB
Rechnungslegung	Prüfungs- (§§ 316 ff HGB) und Publizitätspflicht (§§ 325 ff HGB außer bei kleinen Gesellschaften (§ 267 Abs. 1 HGB)	dito
Haftung	Beschränkt auf Kapitaleinlage	Ausfallhaftung! bezügl. der Mitgesellschafter (§ 24 GmbHG), im übrigen Beschränkung auf Kapitaleinlage

3.2 Die Organe der GmbH

3.2.1 Die Geschäftsführer

Literatur: Daumke/Keßler, Der GmbH-Geschäftsführer, 1999

Geschäftsführung

Die Geschäftsführer bilden das zwingend vorgeschriebene **Geschäftsführungs-** und **Vertretungsorgan** der Gesellschaft (§§ 6, 35, 37 GmbHG). Diese ist nur vermittels ihrer Organwalter handlungsfähig. Deren Handlungen und Unterlassungen sind somit der Gesellschaft als eigene zuzurechnen. Die GmbH hat daher gem. § 31 BGB sowohl im vertraglichen wie auch im außervertraglichen Bereich für zum Schadensersatz verpflichtende Handlungen ihrer Geschäftsführer ohne Entlastungmöglichkeit einzustehen. Eine mögliche deliktische Eigenhaftung der Organwalter neben der Gesellschaft bleibt hiervon unberührt. Geschäftsführer und Gesellschaft haften insoweit als Gesamtschuldner (§§ 830, 840 BGB).

Der Geschäftsführer ist als zwingendes Handlungsorgan der Gesellschaft unverzichtbar. Fehlt ein Organwalter und sind die Gesellschafter nicht in der Lage, Abhilfe zu schaffen, so kommt gem. § 29 BGB die Bestellung eines „**Notgeschäftsführers**" in Betracht. Antragsberechtigt sind neben den Gesellschaftern auch Gläubiger der Gesellschaft und Verwaltungsbehörden. Soweit lediglich die Vertretung der

Gesellschaft in einem Rechtsstreit in Frage steht, kommt auch die Bestellung eines Prozeßpflegers durch den Vorsitzenden des Prozeßgerichts in Betracht (§ 57 ZPO).

Im Gegensatz zum Vorstand der Aktiengesellschaft (§ 76 Abs. 1 AktG) kommt dem Geschäftsführer **kein** institutionell abgesicherter Bereich **eigener Leitungsautonomie** zu. Die Geschäftsführer sind vielmehr im **Innenverhältnis** dem **Weisungsrecht der Gesellschafterversammlung** unterworfen (§ 37 Abs. 1 GmbHG), soweit der Gesellschaftsvertrag (die Satzung) keine abweichende Regelung vorsieht. Lediglich im Bereich des zwingenden Gläubigerschutzes (Kapitalerhaltung, Insolvenzantragspflicht) sowie bei der Erfüllung öffentlich-rechtlicher (Buchführungs-) und steuerlicher Pflichten verbleibt ein unantastbarer und weisungsfreier Restbestand eigenständiger Entscheidungsbefugnis der Geschäftsführer (siehe hierzu: §§ 30 Abs. 1, 33, 41, 64, 78 GmbHG).

Vertretung

Neben der Geschäftsführung im Innenverhältnis obliegt den Geschäftsführern die organschaftliche Vertretung der GmbH gegenüber Dritten im Rechts- und Prozeßverkehr (§ 35 Abs.1 GmbHG). Die **Vertretungsbefugnis** der Organwalter ist grundsätzlich **unbeschränkt und unbeschränkbar** (§ 37 Abs. 2 Satz 1 GmbHG). Dem Weisungsrecht der Gesellschafterversammlung oder des Alleingesellschafters kommt insofern keine Außenwirkung zu (§ 37 Abs.2 GmbHG).

Ausnahmen ergeben sich nur unter dem Gesichtspunkt des **Mißbrauchs der Vertretungsmacht** (siehe hierzu bereits: 1.3.1.1). Insbesondere im Falle der **Kollusion**, d.h. des arglistigen Zusammenwirkens von Geschäftsführern und Dritten zum Nachteil der Gesellschaft, erweist sich die Berufung auf die grundsätzlich unbegrenzte Vertretungsmacht des Organwalters als rechtsmißbräuchlich (siehe darüber hinaus: BGHZ 50, 112 ff, 114 = NJW 1968, S. 1379 ff). Dieser handelt insofern als Vertreter ohne Vertretungsmacht. Allerdings ist hinsichtlich der Annahme des Mißbrauchstatbestands Zurückhaltung geboten. So trägt nach der Wertung des § 37 Abs.2 GmbHG grundsätzlich die Gesellschaft das Risiko, daß ihr Geschäftsführer seine Befugnis überschreitet. Eine Verlagerung des Schadensrisikos auf den Vertragspartner kommt folglich nur dort in Betracht, wo die Überschreitung aufgrund konkreter Verdachtsmomente offensichtlich ist (BGH NJW 1994, S. 2082 ff, 2083).

Selbstkontrahieren

Darüber hinaus enthält § 181 BGB eine generelle Einschränkung der (organschaftlichen) Vertretungsmacht: Dem bürgerlichen Recht entsprechend sind den Geschäftsführern **Selbstkontrahieren,** d.h. der Abschluß von Rechtsgeschäften zwischen Geschäftsführer und der GmbH, sowie **Mehrfachvertretungen,** d.h. der Abschluß von Rechtsgeschäften zwischen der GmbH und Dritten, die ihrerseits durch den Geschäftsführer vertreten werden, angesichts des evidenten **Interessenkonflikts** untersagt.

Hier hatte die Rechtsprechung – im Wege der teleologischer Restriktion von § 181 BGB – einen Ausnahmetatbestand entwickelt: Handele es sich bei dem **Alleingeschäftsführer** der Gesellschaft gleichzeitig um den einzigen **Gesellschafter,** seien Geschäftsführer und Gesellschaft somit **wirtschaftlich identisch,** so fände § 181 BGB – mangels **einer materiellen** Interessenkollision – keine Anwendung (BGHZ 56, 97). Dieser Auffassung hat sich der Gesetzgeber anläßlich der GmbH-Novelle 1980 nicht angeschlossen: Gemäß § 35 Abs. 4 GmbHG findet § 181 BGB auch auf den **alleingeschäftsführenden Alleingesellschafter** Anwendung, sofern die **Satzung nicht ausdrücklich** eine abweichende Regelung vorsieht. Die Befreiung vom

Verbot des Selbstkontrahierens ist zudem in das Handelsregister der Gesellschaft einzutragen (BGHZ 87, S. 59 ff., 61).

Binnenstruktur der Geschäftsführung

Das GmbH-Recht enthält keine Regelung bezüglich der Anzahl der notwendigen (§ 6 GmbHG) Geschäftsführer. Zwar genügt grundsätzlich ein einziger Organverwalter, doch ist im Falle der mitbestimmten GmbH, wegen des zwingend erforderlichen Arbeitsdirektors (§ 33 MitbestG 1976, § 13 Montan-MitbestG), die Bildung eines Kollektivorgans obligatorisch. Besteht die Geschäftsführung aus mehreren Personen, so kommt diesen – soweit die Satzung keine abweichende Regelung vorsieht – **Gesamtgeschäftsführungs- und Vertretungsmacht** zu. Ist der Gesellschaft gegenüber eine Willenserklärung abzugeben, genügt jedoch grundsätzlich der Zugang gegenüber einem Organwalter (§ 35 Abs.2 S. 3 GmbHG).

Persönliche Anforderungen

Geschäftsführer kann jede natürliche, unbeschränkt geschäftsfähige Person sein, die nicht unter Betreuungsvorbehalt steht (§ 6 Abs. 2 Satz 1 GmbHG). Die Satzung kann darüber hinaus weitere Erfordernisse aufstellen (zum Ausschluß vorbestrafter Personen siehe § 6 Abs. 2 Satz 3 und 4 GmbHG; zur Bestellung von Ausländern vgl. OLG Hamm ZIP 1999, S. 1919 ff.).

Fremdorganschaft

Ebenso wie bei der Aktiengesellschaft gilt hinsichtlich der Organstruktur der GmbH das Prinzip der **Fremd- oder Drittorganschaft** (§ 6 Abs. 3 GmbHG): Zu Geschäftsführern können folglich Gesellschafter oder **andere Personen** bestellt werden. Angesichts der überwiegend personalistischen Struktur der GmbH, d.h. der (regelmäßig) geringen Zahl von Unternehmergesellschaftern wird von den Möglichkeiten, gesellschaftsfremde Dritte (Manager) in die Geschäftsführung einer Gesellschaft zu berufen, nur selten Gebrauch gemacht. Insofern unterscheidet sich die rechtstatsächliche Zusammensetzung der GmbH-Geschäftsführung wesentlich vom Erscheinungsbild des Aktienvorstandes.

Jede Änderung in der Person der Geschäftsführer sowie die Beendigung der Vertretungsbefugnis eines Geschäftsführers ist zur Eintragung in das Handelsregister anzumelden (§ 39 Abs. 1 GmbHG).

Bestellung

Entsprechend der Regelungsstruktur des Aktienrechts (siehe hierzu 1.3.1.3) ist im Verhältnis der Geschäftsführer zur GmbH zwischen **organrechtlicher Bestellung** und **dienstrechtlichem Anstellungsvertrag** zu unterscheiden. Die **Bestellungskompetenz** kommt, entsprechend der gesetzlichen Regelung (§ 46 Nr. 5 GmbHG), regelmäßig der **Gesellschafterversammlung** zu, doch kann sie durch die Satzung einem anderen Organ (Aufsichtsrat, Beirat) oder einem einzelnen Gesellschafter übertragen werden. Nach zutreffender Auffassung (Beuthien/Gätsch ZHR 1993, S. 483 ff.) kommt auch die Verlagerung auf nicht unmittelbar beteiligte Dritte in Betracht. Ein entsprechendes Bedürfnis besteht insbesondere bei Konzerntöchtern oder bei (kommunalen) Unternehmen der öffentlichen Hand. Lediglich im Falle der (paritätisch) mitbestimmten GmbH ist die Bestellung **zwingend** dem **Aufsichtsrat** zugewiesen (§§ 6, 31 MitbestG 1976, 3 Montan-MitbestG in Verbindung mit § 84 Abs. 1 AktG – siehe aber § 77 BetrVG 1952).

Der Bestellungsakt erfolgt entweder im **Gesellschaftsvertrag** oder durch selbständigen **Mehrheitsbeschluß** der Gesellschafterversammlung (§ 47 Abs. 1 GmbHG – zum Wahlverfahren der mitbestimmten GmbH siehe: 1.3.1.3). Der zu bestellende Organwalter selbst ist hierbei vom Stimmrecht nicht ausgeschlossen. § 47 Abs.4 GmbH findet auf Akte der körperschaftlichen Willensbildung regelmäßig keine Anwendung. Etwas anderes gilt nur bezüglich der Abberufung aus wichtigem Grund (vgl. unten). Die Bestellung wird wirksam, sobald der Organwalter sein Amt annimmt. Dies kann auch konkludent durch Aufnahme der Geschäfte geschehen. Auf die Eintragung im Handelsregister kommt es demgegenüber nicht an. Diese ist lediglich deklaratorischer Natur.

Widerruf der Bestellung

Der Bestellungsakt ist – mangels einer entgegenstehenden Regelung der Satzung – **jederzeit** durch einseitige empfangsbedürftige Willenserklärung widerruflich (§ 38 GmbHG). Der Widerruf wird wirksam, sobald er dem Geschäftsführer zugeht. Auf die Eintragung im Handelsregister kommt es ebensowenig wie bei der Bestellung an. Der Schutz Dritter bestimmt sich insoweit nach § 15 Abs.1 HGB (negative Publizität). Anders als im Recht der AG (vgl. § 84 Abs.3 AktG) bedarf der Widerruf weder eines Grundes noch der Angabe einer Begründung. Die Satzung kann den Widerruf allerdings auf das Vorliegen eines wichtigen Grundes beschränken (§ 38 Abs.2 GmbHG). Bei der mitbestimmten GmbH kommt im Rahmen des MontanMitbestG und des MitbestG ohnedies nur die Abberufung aus wichtigem Grund in Betracht (§84 Abs. 3 AktG). Diese Befugnis kann – auch durch den Gesellschaftsvertrag – weder ausgeschlossen noch beschränkt werden (BGHZ 86, S. 177 ff., 179 = ZIP 1983, S. 155 ff.). Erfolgt die Abberufung **aus wichtigem Grund**, so kommt dem Gesellschafter-Geschäftsführer – anders als im Rahmen der ordentlichen Abberufung – **kein** Stimmrecht zu (§ 47 Abs.4 GmbHG – BGH a.a.O.). Dies ist unmittelbar einsichtig: Sonst könnte der Mehrheitsgesellschafter auch bei erheblicher Beeinträchtigung der Gesellschaftsinteressen jederzeit seine Abberufung verhindern.

Anstellungsvertrag

Der schuldrechtliche Anstellungsvertrag ist **Geschäftsbesorgungsvertrag** (§ 675 BGB) mit Dienstvertragscharakter (§§ 611 BGB). Aufgrund der organschaftlichen Stellung des Geschäftsführers stellt er **keinen Arbeitsvertrag** dar (BGHZ 49, 30 ff.; a.A. mit zweifelhafter Begründung BAG NJW 1999, S. 3731 ff.). Dies gilt auch bezüglich des Fremdgeschäftsführers.

Diese Ablehnung arbeitsrechtlichen Sozialschutzes erweist sich bei genauerem Hinsehen als diskussionswürdig: Mangels einer – § 76 AktG entsprechenden – Leitungsautonomie und angesichts der weitgehenden Weisungsbefugnis der Gesellschafterversammlung, ist die Stellung des GmbH-Geschäftsführers in mancher Hinsicht einem Arbeitsverhältnis angenähert. Dies trifft vor allem auf den nicht an der Gesellschaft beteiligten **Fremdgeschäftsführer** zu, gilt jedoch ebenso für den mit Organkompetenz ausgestatteten Minderheitsgesellschafter. Dabei kommt es entscheidend darauf an, ob der Organwalter aufgrund seines Stimmrechts oder seines Gesellschaftsanteils in der Lage ist, maßgeblichen Einfluß auf die Unternehmenspolitik der Gesellschaft auszuüben (BSG NJW 1974, S. 207). Allerdings bedarf die angemessene Berücksichtigung sozialer Schutzbelange zugunsten des Organwalters nicht der pauschalen Unterstellung des Geschäftsführervertrags unter die Ägide des Arbeitsrechts. Eine solche Vorgehensweise verkennt die in vieler Hinsicht deutlich abweichende wirtschaftliche Funktion und rechtliche Gestaltungsbefugnis, wie sie aus der Organstellung des Geschäftsführers fließt. Hier genügt es im Regelfall, zur Konfliktlösung **einzelne** Schutznormen des Arbeitsrechts entsprechend anzuwenden. Dies gilt einerseits hinsichtlich der Lehre vom fehlerhaften Arbeitsverhältnis (hierzu oben: 1.3.1.3), doch weist die Wertungsanalogie des GmbH-Rechts darüber deutlich hinaus: Entsprechend ihrer Schutzfunktion findet bezüglich der ordentlichen Kündigung die Fristenregelung des Arbeitsrechts Anwendung (§ 622 Abs. 1 BGB); die allgemeine Regelung des § 621 BGB wird verdrängt (BGHZ 79, S. 291 ff; BGHZ 91, S. 291 ff) und zwar auch insoweit, wie sich die Fristen aufgrund der Dauer der Geschäftsführertätigkeit verlängern (§ 622 Abs.2 BGB). Dem GmbH-Geschäftsführer kommt ein angemessener Urlaubsanspruch zu (BGH WM 75, 761 ff.); im Krankheitsfall findet die Regelung des § 616 BGB Anwendung. Dabei kann die Sechs-Wochen-Frist des Entgeltfortzahlungsgesetzes (EFZG) als „Orientierungsgröße" herangezogen werden. Im übrigen hat das BSG die Sozialversicherungspflicht des **abhängigen GmbH-Geschäftsführers ausdrücklich** anerkannt (BSG GmbH-Rdsch 1975, 36 ff; siehe auch ausführlich Daumke in: Daumke /Keßler a.a.O., S. 290 ff).

Anstellungskompetenz

Der Abschluß des **Anstellungsvertrages** fällt ebenso wie der organrechtliche Bestellungsakt in den Kompetenzbereich der Gesellschafterversammlung (§ 46 Nr. 5 GmbHG). Allerdings ist es zulässig, den Anstellungsvertrag nicht mit der GmbH sondern mit einem Dritten zu schließen. Dies betrifft beispielsweise Konzerngesellschaften. Darüber hinaus ist es möglich, im Rahmen der GmbH & CO KG die KG als Dienstnehmerin des Geschäftsführers zu benennen. In diesem Fall ist es darüber hinaus zulässig, das Rechtsverhältnis mit dem Geschäftsführer als Arbeitsverhältnis auszugestalten. Umstritten ist die Zuständigkeitsabgrenzung hinsichtlich der **mitbestimmten GmbH:** Die maßgebliche Zuweisungsnorm, § 31 MitbestG 1976, betrifft – entsprechend ihrem Wortlaut – lediglich die **körperschaftliche Bestellung.** Diese wird ausdrücklich dem (mitbestimmten) Aufsichtsrat zugewiesen.

Das OLG Hamburg (DB 1983, 330 ff.) hat hieraus gefolgert, auch im Geltungsbereich des Mitbestimmungsgesetzes unterfiele die dienstvertragliche Regelung bezüglich der GmbH-Geschäftsführer dem Regelungsbereich der Gesellschafterversammlung. Die Kompetenz des Aufsichtsrates beschränke sich auf den (vorgreiflichen) Bestellungsakt. Dem kann nicht gefolgt werden: Träfe die Ansicht des Hanseatischen OLG zu, so würde die Personalkompetenz des Aufsichtsrates und damit die Partizipation der Arbeitnehmer innerhalb des mitbestimmten Unternehmens entscheidend ausgehöhlt. Ohne entsprechende Anstellungsbedingungen wird sich kein Bewerber zur Wahrnehmung der zu besetzenden Organfunktionen bereit finden. Dem mitbestimmten Aufsichtsrat kommt insoweit eine Annexkompetenz bezüglich des Anstellungsvertrages zu (so ausdrücklich: BGHZ 89, S. 48 ff = ZIP 1984, S. 55 ff.).

Entsprechend der gesetzlichen Regelung läßt der Widerruf des Bestellungsaktes den Bestand des Anstellungsvertrages grundsätzlich unberührt (§ 38 Abs. 1 GmbHG vgl. jetzt aber BGH ZIP 1999, S. 1669 ff.). Dessen Schicksal richtet sich ausschließlich nach den einschlägigen, schuldvertraglichen Regelungen (§§ 620 f., 626 BGB – siehe im übrigen 1.3.1.3). Dabei gilt es – ebenso wie hinsichtlich der AG – die Kündigungserwägungsfrist des § 626 Abs.2 BGB zu beachten.

Haftung des Geschäftsführers

Literatur: Ebenroth/Lange, Sorgfaltspflichten und Haftung des Geschäftsführers einer GmbH nach § 43 GmbHG, GmbHR 1992, S. 69 ff.
Keßler in: Daumke/Keßler, Der GmbH-Geschäftsführer, 1999, S. 178 ff.
Timm, Wettbewerbsverbot und „Geschäftschancen"-Lehre im Recht der GmbH, GmbHR 1981, S. 177 ff.

Im Rahmen seiner Amtsführung haftet der Geschäftsführer gegenüber der Gesellschaft gemäß § 43 Abs. 2 GmbHG „für die Sorgfalt eines ordentlichen Geschäftsmannes". Dabei handelt es sich trotz des stringenten Haftungsmaßstabs um eine **Verschuldenshaftung** und nicht etwa um die Verlagerung des Verlustrisikos von der Gesellschaft auf die Organwalter. Voraussetzung seiner Einstandspflicht ist daher, daß der Geschäftsführer die für sein Amt geltenden Verhaltensregeln schuldhaft (§ 276 BGB) verletzt und hierdurch ursächlich einen Schaden der Gesellschaft herbeigeführt hat. Allerdings findet zu Lasten des Organwalters die **Beweislastregel** des § 93 Abs.2 S.2 AktG entsprechende Anwendung (BGH NJW 1986, S. 54 ff, 55). Er hat folglich darzulegen und zu beweisen, daß er die im Interesse der Gesellschaft gebotene Sorgfalt beachtet hat oder ihn an der Pflichtverletzung kein Verschulden trifft.

Die Sorgfaltspflicht des Geschäftsführers folgt unmittelbar aus seiner Organstellung: Sie beginnt unmittelbar mit der Übernahme des Amtes und endet mit dessen rechtsverbindlicher und tatsächlicher Niederlegung. Auf das Vorliegen eines wirksamen Anstellungsvertrags oder die Eintragung im Handelsregister kommt es demgegenüber nicht an (BGH NJW 1994, S. 2027 f). Stellvertretende Geschäftsführer stehen dem Geschäftsführer haftungsrechtlich gleich (§44 GmbHG). Mehrere Geschäftsführer haften der Gesellschaft als Gesamtschuldner (§ 43 Abs.2 GmbHG – „solidarisch") gem. § 421 ff BGB. Der Geschäftsführer haftet darüber hinaus selbst bei fehlerhafter Bestellung (BGHZ 41, S. 282 ff, 287). Nach § 43 Abs.2 GmbHG haftet auch derjenige, der als Gesellschafter die Geschäftsführung mit Wissen der übrigen Gesellschafter faktisch an sich zieht (sog. **faktischer Geschäftsführer** – BGH NJW 1988, S. 1789 f).

Darüber hinaus treffen den Geschäftsführer umfassende **Loyalitätspflichten (Treuepflichten)** im Verhältnis zur Gesellschaft: Hieraus folgt insbesondere ein umfassendes Wettbewerbsverbot im Tätigkeitsbereich der GmbH. Die rechtlichen Bindungen des § 88 AktG gelten insoweit entsprechend. Der Organwalter hat darüber hinaus in allen Angelegenheiten, die das Interesse der GmbH berühren, allein deren und nicht den eigenen Vorteil zu suchen. Auch wenn er privat Kenntnis von einer Geschäftschance erlangt, deren Ausnutzung es ihm erlauben würde, sich selbständig zu machen, hat er diese allein zum Vorteil der Gesellschaft zu verwerten (BGH NJW 1986, 585 ff.; vgl. hierzu: Schiessel, GmbHR 1988,53 ff.).

Nach zutreffender Auffassung enthält § 43 Abs.2 GmbHG als „lex specialis" eine abschließende Regelung hinsichtlich der Verletzung allgemeiner Organpflichten seitens des Geschäftsführers (BGH NJW-RR 1989, S. 1255 f, 1256). Dies umfaßt auch Ansprüche aus einer schuldhaften Verletzung des Anstellungsvertrags (pVV). Unabhängig hiervon besteht im Falle einer Verletzung des Wettbewerbsverbots in entsprechender Anwendung von § 88 Abs.2 S.2 AktG auch ohne Nachweis eines konkreten Schadens ein Anspruch der Gesellschaft (Eintrittsrecht) auf Herausgabe der durch die Wettbewerbsverletzung erzielten Vermögensvorteile. Darüber hinaus bleiben deliktsrechtliche Ansprüche von der Organhaftung unberührt. Hier besteht grundsätzlich Anspruchskonkurrenz. Deren praktische Bedeutung zeigt sich vor allem im Rahmen der unterschiedlichen Verjährungsregelung (§ 43 Abs.4 GmbHG, § 852 BGB).

Gesellschafterweisung
Handelt der Geschäftsführer in Ausführung einer Weisung der Gesellschafter, so kommt eine „Innenhaftung" regelmäßig nicht in Betracht. Allerdings gilt dies nur insoweit, wie der Organwalter den Gesellschaftern ihrerseits die für die Entscheidungsfindung erforderlichen Informationen zukommen läßt. Im übrigen bedarf es stets eines Beschlusses der Gesellschafterversammlung. Die Einzelweisung des (Mehrheits-) Gesellschafters genügt folglich nicht. Etwas anderes gilt nur hinsichtlich der Einmann-GmbH: Hier entspricht die Handlung des Gesellschafter-Geschäftsführers notwendig dem Willen des Alleingesellschafters (BGHZ 119, S. 257 ff, 261 f. = NJW 1993, S. 193 ff.).

Allerdings scheidet eine Haftungsentlastung durch Gesellschafterbeschluß dort aus, wo zwingende Bestimmungen zum Schutz öffentlicher Belange oder zum Schutze der Gesellschaftsgläubiger berührt werden. So versagt § 43 Abs.3 S.3 GmbHG dem Geschäftsführer dort die Befreiung, wo die Beschlußfassung die Rückzahlung des zur Erhaltung des Stammkapitals gebundenen Vermögens betrifft.

Gesellschaftsvertragliche Haftungsbeschränkungen
Literatur: Konzen, Geschäftsführung, Weisungsrecht und Verantwortlichkeit in der GmbH und der GmbH & Co KG, NJW 1989, S. 2977 ff.

Die Zulässigkeit vertraglicher Haftungsbeschränkungen zugunsten des GmbH-Geschäftsführers ist umstritten. Anders als bezüglich der Organwalter der AG stehen einer Modifizierung des Haftungsmaßstabs gesetzliche Bestimmungen jedoch nicht entgegen (vgl. §§ 23 Abs.5, 93 Abs.4 S.3 AktG). Eine Haftungsbegrenzung scheidet allerdings dort aus, wo dies die Pflichtenstellung des Organwalters bei der Aufbringung und Sicherung des Haftungsfonds (§§ 9a, 9b, 30, 31, 43 Abs.3, 57 Abs.4 GmbHG) im Interesse der Gesellschaftsgläubiger betrifft. Sieht man hiervon ab, so erweist sich eine vertragliche Haftungsbeschränkung jedenfalls zugunsten des abhängigen (Fremd-) Geschäftsführers als diskussionswürdig. Zwar finden die Regelungen hinsichtlich der Schadensverlagerung im Arbeitsrecht (BAG, SAE 1988, S. 547 ff.) auf den GmbH-Geschäftsführer keine unmittelbare Anwendung (BGH WM 1975, S. 467 ff., 469), doch bestehen keine Bedenken, eine entsprechende Haftungsmilderung auf vertraglichem Wege zu bewirken .Allerdings wird eine entsprechende Regelung im Anstellungsvertrag regelmäßig nicht genügen. Zum Schutze nachträglich eintretender Gesellschafter wird man zur Gewährleistung ausreichender Binnentransparenz zumindest eines entsprechende Ermächtigung in der Satzung als Wirksamkeitsvoraussetzung ansehen müssen.

Entlastung
Im Gegensatz zur Rechtslage bei der Aktiengesellschaft (§ 120 Abs. 2 S. 2 AktG – vergl. oben S. 107) beinhaltet der Entlastungsbeschluß seitens der Gesellschafter (§ 46 Nr. 5 GmbHG) einen **Verzicht auf Ersatzansprüche** der Gesellschaft gegenüber dem Geschäftsführer. Dabei gilt es jedoch zu beachten, daß die Entlastung nur solche Schäden umfaßt, die aus Sicht der Gesellschafter bei sorgfältiger Prüfung aller Unterlagen und der vom Geschäftsführer erstatteten Berichte **erkennbar** waren. Wird die Entlastung erteilt, so ist die Gesellschaft mit allen erkennbaren Ansprüchen – gleich aus welchem Rechtsgrund – ausgeschlossen (BGH NJW 1986,

S. 2250 ff., 2251) Dies erfaßt neben Schadensersatzansprüchen auch solche aus ungerechtfertigter Bereicherung (§§ 812 ff BGB). Im übrigen steht die Entlastung des Geschäftsführers **im Ermessen der Gesellschafterversammlung.** Ein einklagbarer Anspruch des Geschäftsführers besteht auch bei offenkundig ordnungsgemäßer Geschäftsführung **nicht** (BGHZ 94, 324 ff = NJW 1986, 129 ff.; siehe ausführlich: Ahrens ZGR 1987, 129 ff.). Berühmen sich die Gesellschafter entsprechender Schadensersatzansprüche gegenüber dem Geschäftsführer, so bleibt diesem lediglich die Möglichkeit einer Amtsniederlegung sowie einer negativen Feststellungsklage (BGH a.a.O.).

Außenhaftung

Literatur: Jestaedt, Neue und alte Aspekte zur Haftung des GmbH-Geschäftsführers für Sozialversicherungsbeiträge, GmbHR 1998, S. 672 ff.
Keßler, Die deliktische Eigenhaftung des GmbH-Geschäftsführers, GmbHR 1994, S. 429 ff.
Medicus, Die Außenhaftung des GmbH-Geschäftsführers, GmbHR 1993, S. 533 ff.
Neusel, Die persönliche Haftung des Geschäftsführers für Steuern der GmbH, GmbHR 1997, S. 1129 ff.

Die Regelung des § 43 GmbHG betrifft lediglich die Haftung des Geschäftsführers im Innenverhältnis zur Gesellschaft. Eine „Außenhaftung" des Geschäftsführers kommt nach der grundsätzlichen Wertentscheidung des § 13 Abs.2 GmbHG nach der Eintragung im Handelsregister (vgl. § 11 Abs.1 GmbHG) regelmäßig **nicht** in Betracht. Dennoch haben Rechtsprechung und Gesetzgeber im Einzelfall zugunsten der (Gesellschafts-) Gläubiger den (Haftungs-) Durchgriff auf das Privatvermögen der Organwalter eröffnet. Dabei gilt es jedoch zu beachten, daß eine Einstandspflicht des Organwalters nur ausnahmsweise in Betracht kommt und stets einer ausführlichen Begründung bedarf. Den Vertragspartnern ist der Umstand, daß sich die Haftung für Gesellschaftsverbindlichkeiten grundsätzlich auf das Vermögen der juristischen Person beschränkt, regelmäßig bewußt. Insofern wird ihren Interessen durch das Gebot der „realen Kapitalaufbringung" sowie die firmenrechtliche „Offenlegung" der Haftungsverhältnisse (§§ 4, 35a GmbHG) und der aus der Verletzung dieser Pflicht resultierenden Rechtsscheinshaftung ausreichend Rechnung getragen (vgl. oben 3.1). Es geht folglich nicht an, in „paternalistischer" Weise die Geschäftsführer der GmbH zu „Interessenwahrern" der Gesellschaftsgläubiger zu erheben. (Zur Haftung der Geschäftsführer und Gesellschafter vor der Eintragung siehe unten 3.4.2).

Die Haftung aus Verschulden bei Vertragsschluß (cic)

Dennoch hat die Rechtsprechung in eng umgrenzten Tatbeständen die Haftung des GmbH-Geschäftsführers unter dem Gesichtspunkt des „Verschuldens bei Vertragsschluß" (cic) bejaht. Dogmatischer Anknüpfungspunkt dieser Rechtsprechung ist der Umstand, daß sich im Einzelfall eine Eigenhaftung des Vertreters gegenüber dem Vertretenen ergeben kann, soweit in der Person des Vertreters ein besonderer Zurechnungsgrund besteht. Im Kern geht es dabei um die Frage, ob und in welchem Umfange den Geschäftsführer in der Krise der Gesellschaft eine **Aufklärungspflicht** gegenüber den (potentiellen) Vertragspartnern der Gesellschaft hinsichtlich der prekären Finanzlage trifft, für deren Verletzung er diesen gegenüber in quasivertraglicher Weise unter dem Gesichtspunkt der **culpa in contrahendo** (cic) einzustehen hat.

a) Ursprünglich hat die Rechtsprechung eine entsprechende Aufklärungspflicht regelmäßig bejaht, soweit der Geschäftsführer ein „**eigenes wirtschaftliches Interesse**" am Zustandekommen des Vertragsschlusses zwischen der GmbH und dem Dritten besitzt. Dies war regelmäßig der Fall, wenn es sich bei dem Organwalter um den **Mehrheits- oder gar Alleingesellschafter** der GmbH handelte (BGHZ 87, S. 27 ff., 33 f = NJW 1983, S. 1607 ff.). Die hier zutage tretende Sicht widerspricht in fundamentaler Weise dem Trennungsgrundsatz des § 13 Abs.2 GmbHG. Daß diesem auch bezüglich der Einmann-GmbH unbeschränkte Geltung zukommt, zeigt die Neufassung des § 1 GmbHG seitens der Novelle 1980, durch welche der Gesetzgeber die originäre Einmanngründung ausdrücklich anerkannt hat, ohne den Grundsatz der Haftungstrennung insoweit zu durchbrechen. Zudem bringt die Bejahung der Aufklärungspflicht den Geschäftsführer in einen **unauflöslichen Interessenkonflikt**: Zerstört er durch einen entsprechenden Hinweis die Geschäftschancen seiner Gesellschaft, so hat er dieser gegenüber für den entstandenen Schaden **gem. § 43 Abs.2 GmbHG** (vgl. oben) einzustehen. Der BGH hat seine systemwidrige Rechtsprechung daher zwischenzeitlich **ausdrücklich aufgegeben** (BGH ZIP 1986, S. 26 ff., 26; vgl. zuletzt ausdrücklich BGHZ 126, S. 181 ff, 184 ff. = NJW 1994, S. 2220 ff.).

b) Etwas anderes gilt dort, wo der Geschäftsführer im Rahmen von Vertragsverhandlungen über das normale Verhandlungsvertrauen hinaus gegenüber dem Partner einen „**persönlichen Vertrauensvorsprung**" in Anspruch nimmt, indem er beispielsweise Zweifel an der Solvenz der Gesellschaft unter Hinweis auf seine eigene finanzielle Leistungsfähigkeit zerstreut. Wer in dieser Weise zurechenbar die Trennung der Vermögenssphären durchbricht, muß sich von seinem Vertragspartner an dem geschaffenen **Rechtsschein** festhalten lassen (BGH ZIP 1991, S. 1140 ff.). Ihn trifft folglich die Haftung aus cic zu Recht.

Deliktsrechtliche Haftung

Eine persönliche Einstandspflicht des Geschäftsführers kann sich darüber hinaus unter deliktsrechtlichen Gesichtspunkten ergeben (§§ 823 ff BGB). Dies betrifft zunächst die schuldhafte (§ 276 BGB) **Verletzung von Schutzgesetzen** zugunsten der Gläubiger (§ 823 Abs.2 BGB). Der hierfür erforderliche **Individualschutzcharakter** ist seitens der Rechtsprechung insbesondere hinsichtlich der **Insolvenzantragspflicht** des § 64 Abs.1 GmbHG ausdrücklich anerkannt (BGHZ 126, S. 181 ff., 184 ff. = NJW 1994, S. 2220 ff. – vgl. ausführlich unten 3.5). Dies gilt darüber hinaus für die strafrechtlich abgesicherte Verpflichtung (§ 266a StGB) zur **Abführung der Sozialversicherungsbeiträge** der Beschäftigten der GmbH. Bei der Regelung des § 266a StGB handelt es sich insofern um ein Schutzgesetz zugunsten des Sozialversicherungsträgers (BGH NJW 1992, S. 177 ff., 178; BGHZ 133, S. 370 ff., 377 f.).

Eine Einstandspflicht des Geschäftsführers besteht auch dort, wo dieser in eigener Person in rechtswidriger und schuldhafter Weise ein gem. **§ 823 Abs.1 BGB** „absolut" geschütztes Rechtsgut verletzt. Verursacht der Geschäftsführer im Rahmen seiner Tätigkeit schuldhaft einen Verkehrsunfall, so hat er für den entstandenen Schaden folglich nach § 823, Abs.1 einzustehen. Neben ihm haftet die Gesellschaft gem. § 31 BGB als Gesamtschuldnerin (§§ 830, 840 BGB).

Heftig umstritten ist, ob eine Haftung nach § 823 Abs.1 auch dort Platz greift, wo die Verletzung des Rechtsguts auf dem **Verstoß gegen Organisationspflichten** beruht, welche den Organwalter in seiner Funktion als Geschäftsführer treffen. Hier geht es regelmäßig nicht an, der **Verletzung interner Pflichtenbindungen** gegenüber der Gesellschaft Außenwirkung zugunsten der Gläubiger zuzubilligen. Dies gilt umso mehr, als § 43 Abs.2 GmbHG selbst gerade kein Schutzgesetz zugunsten der Gläubiger darstellt. Dennoch hat der BGH in seiner „Baustoff-Entscheidung" (BGHZ 109, S. 297 ff., 303 f. = NJW 1990, S. 976 ff.) eine Haftung jedenfalls dort anerkannt, wo die Rechtsordnung dem Organwalter die Organisationspflicht auch und gerade im Interesse Dritter auferlegt (siehe auch BGH NJW-RR 1995, S. 1369 ff., 1370). Allerdings kommt eine Garantenstellung des Geschäftsführers nur hinsichtlich solcher Schutzpflichten in Betracht, die aufgrund ihrer Bedeutung und des ihnen innewohnenden Gefährdungspotentials einer zentralen Koordination gerade durch den Geschäftsführer bedürfen. Dies gilt insbesondere für organisatorische Vorkehrungen im Rahmen der Produktbeobachtungspflicht oder der Umweltverantwortlichkeit, insbesondere dort, wo sich aufgrund tatsächlicher Vorfälle in der Vergangenheit ein konkretes Gefährdungspotential abzeichnet (BGHSt 37, S. 106 ff. – „Lederspray" = NJW 1990, S. 1560 ff.). Mit dieser Einschränkung ist der Rechtsprechung des BGH zu folgen (ausführlich: Keßler, GmbHR 1994, S. 429 ff).

Steuerliche Haftung

Eine Sonderregelung hinsichtlich der steuerlichen Haftung des Geschäftsführers findet sich in den Regelungen der §§ 34, 35, 69 AO.

3.2.2 Der Aufsichtsrat

Fakultativer Aufsichtsrat

Hinsichtlich der **mitbestimmungsfreien GmbH** ist die Institutionalisierung und strukturelle Ausgestaltung des Aufsichtsrates den Regelungen der Gesellschaftssatzung unterworfen (§ 52 GmbHG – „fakultativer Aufsichtsrat"). Die gesetzliche Aufgabenzuweisung ist **lediglich subsidiärer Natur** (§ 52 Abs. 1 GmbHG). Soweit der Gesellschaftsvertrag keine abweichenden Vorgaben enthält, finden hinsichtlich der Zuständigkeit des Aufsichtsrats die Bestimmungen der §§ 90 Abs.3, 4, 5 S.1; 95 S.1; 100 Abs.1 und 2 Nr.2; 101 Abs.1; 103 Abs.1 S.1 und 2; 105; 110 bis 114 AktG entsprechende Anwendung. Dies gilt gem. §§ 116 in Verbindung mit 93 Abs.1 und 2 AktG auch hinsichtlich der haftungsrechtlichen Verantwortlichkeit der Aufsichtsratsmitglieder sowie hinsichtlich der Bestimmungen der §§ 170, 171 und 337 AktG über die Prüfung des Jahresabschlusses und des Konzernabschlusses (§ 52 Abs.1 AktG). Zwar kann die Satzung hiervon grundsätzlich abweichen, doch ist es angesichts der – unabdingbaren – Kontrollfunktion des Aufsichtsrats unzulässig, dessen Mitglieder der Weisungsbindung durch Gesellschafter oder Dritte zu unterwerfen.

So weisen die fakultativen Aufsichtsräte in der Praxis weitgehende Unterschiede auf. Vielfach wird völlig auf eine entsprechende Einrichtung verzichtet und stattdessen ein – von den Regelungen des Aktienrechts unabhängiger – **Beirat** gebildet. Tritt dieser anstelle eines Aufsichtsrates, so findet die (zwingende) Regelung des § 52 Abs. 2 GmbHG entsprechende Anwendung.

Unterfällt die GmbH einem Mitbestimmungsstatut – dies ist regelmäßig bei mehr als 500 Beschäftigten der Fall (siehe hierzu § 77 BetrVG 1952)- so richtet sich die Aufgabenzuweisung nach der einschlägigen gesetzlichen Regelung. Insofern sei auf die Ausführungen bezüglich der Aktiengesellschaft (1.3.3) sowie die vorstehende Darstellung (2.2.1) hinsichtlich der Anstellungskompetenz des Aufsichtsrates der mitbestimmten GmbH verwiesen.

Als problematisch erweist sich hierbei das Zusammenspiel von Zustimmungsvorbehalt (§§ 25 Abs. 1 Nr. 2 MitbestG, 111 Abs. 4 S. 2 AktG) des Aufsichtsrats und **Weisungsrecht** der Gesellschafterversammlung. Beide Instrumentarien konkurrieren in gewissem Umfange miteinander. Hier erweist sich – der Teleologie des Mitbestimmungsgesetzes entsprechend – § 111 Abs. 4 S. 2 AktG als die speziellere Norm: Unterfällt eine Maßnahme dem Zustimmungsvorbehalt des Aufsichtsrates, so sind die Geschäftsführer hieran gebunden, auch wenn sie eine Weisung der Gesellschafterversammlung ausführen. Diese kann ihrerseits den Widerspruch des Kontrollorgans mit Dreiviertelmehrheit zurückweisen (§ 111 Abs. 4 S. 3, 4 AktG).

3.2.3 Die Gesellschafterversammlung

Zuständigkeit

In der Gesellschafterversammlung üben die Anteilseigner die ihnen zustehenden Rechte aus (§ 48 Abs. 1 GmbHG). Dabei ist die Zuständigkeitsverteilung zwischen Gesellschafterversammlung und Geschäftsführer sowie einem möglichen (fakultativen) Aufsichtsrat in weitem Umfang der **privatautonomen Gestaltungsfreiheit** mittels Satzungsregelung unterworfen: Die normative Kompetenzzuweisung der §§ 46 ff. GmbHG ist insofern lediglich nachrangiger Natur (§ 45 Abs. 2 GmbHG).

Demgegenüber sind Minderheitsrechte (§§ 50, 66 Abs. 2 GmbHG) sowie Regelungen, die sich aus der Anwendung eines **Mitbestimmungsstatuts** ergeben, dem Dispositionsrecht freier Satzungsgestaltung entzogen. Strukturelle Grundlagenmaßnahmen (§§ 53 ff. GmbHG – siehe auch die Regelungen bezüglich Umwandlung und Verschmelzung) bleiben der Gesellschafterversammlung folglich **unentziehbar** zugewiesen. Im übrigen findet die **Satzungsautonomie** ihre rechtlichen Grenzen in den Ausprägungen der gesellschaftsrechtlichen **Treuepflicht**.

Geschäftsführungskompetenz

Die Einwirkungsmöglichkeiten der Gesellschafter auf die Unternehmensleitung beschränken sich – im Gegensatz zur aktienrechtlichen Regelungsstruktur (§ 76 Abs. 1 AktG) – nicht auf die mittelbare Steuerung der Personalpolitik durch Bestellung und Abberufung der Geschäftsführer (§ 46 Nr. 5 GmbHG). Mittels des ihr zukommenden **Weisungsrechts** (§ 37 Abs. 1 GmbHG) partizipiert die Gesellschafterversammlung vielmehr unmittelbar an der **Geschäftsführung** und wird selbst zum **Geschäftsführungsorgan.**

Einberufung

Die Gesellschafterversammlung wird durch die Geschäftsführer einberufen (§ 49 Abs. 1 GmbHG). Diese sind zur Einberufung verpflichtet, wenn dies in Gesetz oder Satzung ausdrücklich bestimmt ist oder es das Wohl der Gesellschaft erfordert (§ 49 Abs. 2 GmbHG).

Besondere Bedeutung kommt in diesem Zusammenhang § 49 Abs. 3 GmbHG zu: Ergibt sich aus der Jahresbilanz oder aus einer im Laufe des Geschäftsjahres aufgestellten Bilanz, daß die **Hälfte des Stammkapitals** verloren ist, so haben die Geschäftsführer unverzüglich (§ 121 Abs. 1 Satz 1 BGB) eine Gesellschafterversammlung einzuberufen. Die somit statuierte Verpflichtung erweist sich als Schutzgesetz zugunsten der Gesellschaft und der Gesellschafter im Sinne von § 823 Abs. 2 BGB und ist über die Strafsanktion des § 84 Abs. 1 Nr. 1 GmbHG zusätzlich abgesichert.

Im übrigen ist dem Verlangen einer Minderheit, deren Geschäftsanteile zusammen mindestens den zehnten Teil des Stammkapitals erreichen, die Gesellschafterversammlung einzuberufen, seitens der Geschäftsführer zu entsprechen (siehe im einzelnen: § 50 GmbHG). Kommen diese dem Verlangen nicht nach, so können die Minderheitsgesellschafter ihrerseits die Gesellschafterversammlung einberufen. Die Einberufungsfrist beträgt gem. § 51 Abs.1 GmbHG mindestens eine Woche. Diese Regelung ist zwingend. Mit der Einberufung ist regelmäßig die Tagesordnung bekannt zu geben (§ 51 Abs.2 GmbHG). Ist der Zweck der Versammlung nicht angegeben, so muß dieser spätestens drei Tage vor der Versammlung den Gesellschaftern angekündigt werden (§ 51 Abs.4 GmbHG). Dies soll den Anteilseignern die Möglichkeit eröffnen, sich angemessen auf die zur Beschlußfassung anstehenden Gegenstände vorzubereiten. Über Tagesordnungspunkte, die nicht ordnungsgemäß angekündigt wurden, darf folglich kein Beschluß gefaßt werden. Dennoch gefaßte Beschlüsse unterliegen der Anfechtung. Etwas anderes gilt nur im Falle einer „Vollversammlung", sofern alle Gesellschafter erschienen sind und sich mit der Abstimmung einverstanden erklären oder sich ohne Rüge des Verfahrens auf diese einlassen (BGHZ 100, S. 264 ff = NJW 1987, S. 2580 ff).

Schriftliche Stimmabgabe

Der Abhaltung einer Versammlung bedarf es nicht, wenn sich sämtliche Gesellschafter schriftlich mit der zu treffenden Bestimmung oder mit der schriftlichen Abgabe der Stimmen einverstanden erklären (§ 48 Abs. 2 GmbHG). Hierdurch wird es möglich, den mit einer Gesellschafterversammlung verbundenen erheblichen finanziellen und personellen Aufwand auf Einzelfälle zu reduzieren. Sofern unter den Gesellschaftern Einigkeit besteht oder der Gesellschaftsvertrag eine entsprechende Regelung vorsieht, kommt auch eine telefonische Beschlußfassung oder eine Abstimmung über Internet in Betracht. Bei der **Einmann-GmbH** tritt der schriftlich fixierte **Entschluß** des Alleingesellschafters an die Stelle des sonst notwendigen Kollektivaktes (Beschluß) – einer Gesellschafterversammlung bedarf es insofern nicht (§ 48 Abs. 3 GmbHG).

Durchführung

Die Durchführung der Gesellschafterversammlung weicht nicht entscheidend von der der aktienrechtlichen Hauptversammlung ab. Insofern kann auf die dort gemachten Ausführungen, insbesondere zur Ordnungsgewalt des Versammlungsleiters, verwiesen werden (1.3.4.2).

Gesellschafterbeschluß

Die Gesellschafterversammlung entscheidet durch **kollektiven Willensbildungsakt** in Form des **Beschlusses**. Dieser ist **rechtsgeschäftlicher Natur**. Die Regelungen der §§ 104 ff., 116 ff. BGB finden grundsätzlich Anwendung (siehe bereits 1.3.4.5). Soweit das Gesetz keine abweichende Regelung trifft, bedürfen Beschlüsse der Gesellschafterversammlung der einfachen Mehrheit der abgegebenen Stimmen (§47 Abs.1 GmbHG). Etwas anderes gilt für Satzungsänderungen (§ 53 Abs.2 GmbHG) oder die Auflösung der Gesellschaft (§ 60 Abs.1 Nr.2 GmbHG). Hier bedarf es einer qualifizierten Mehrheit von drei Viertel der abgegebenen Stimmen. Stimmenthaltungen (BGHZ 129, S. 136 ff, 153 = NJW 1995, S. 1739 für die AG) und ungültige Stimmen (RGZ 106, S. 258 ff, 263) bleiben bei der Berechnung der Mehrheit unberücksichtigt. Bei Stimmengleichheit ist der Antrag abgelehnt. Die Abstimmung erfolgt – soweit die Satzung keine abweichende Bestimmung enthält – nach Kapitalanteilen. Je 50 Euro eines Geschäftsanteils gewähren dabei eine Stimme (§47 Abs.2 GmbHG).

In-sich-Geschäft
Problematisch und umstritten ist die Anwendung des § 181 BGB auf Gesellschafterbeschlüsse juristischer Personen. Stehen sich im Grundtypus des bürgerlichen Rechtsgeschäfts unterschiedliche Interessen der Kontrahenten gegenüber, so dient der Kollektivakt Beschluß regelmäßig der Verfolgung des gemeinsamen (§ 705 BGB) Gesellschaftszwecks. Fehlt es folglich an einer (typisierten) Interessenkollision, so findet § 181 BGB – seiner immanenten Teleologie entsprechend – grundsätzlich keine Anwendung (BGHZ 52, 316 ff). Dies gilt andererseits nicht für **satzungsändernde Beschlüsse:** Ähnlich der Situation bei Abschluß des Gesellschaftsvertrages treten die Interessenunterschiede der Gesellschafter **hier** deutlicher zu Tage: § 181 BGB bleibt als Instrumentarium des Interessenausgleichs zur Gewährleistung materieller Gerechtigkeit anwendbar (so für das Recht der Personengesellschaft: BGHZ 65, 93 ff. = NJW 1976, 49 ff.).

Stimmrechtsausschluß
Eine Sonderregelung hinsichtlich möglicher Interessenkollisionen enthält § 47 Abs. 4 GmbHG. In den genannten Fällen: **Entlastung, Befreiung von einer Verbindlichkeit, Vornahme eines Rechtsgeschäfts** und der **Einleitung und Erledigung eines Rechtsstreits** bleibt dem jeweils betroffenen Gesellschafter das ihm zukommende **Stimmrecht versagt**.

Einschränkungen
Auf Rechtsgeschäfte, die den korporativen **Willensbildungsprozeß** der Gesellschaft betreffen, ist § 47 Abs. 4 GmbHG **nicht** anwendbar. Insbesondere bleibt kein Gesellschafter gehindert, an seiner Wahl zum Geschäftsführer (Bestellung) bzw. Aufsichtsratsmitglied der Gesellschaft mitzuwirken (BGHZ 51, 209 ff. = NJW 1969, S. 841 ff). Das berechtigte Interesse des Mitglieds hinsichtlich einer Partizipation am organschaftlichen Leitungsprozeß bleibt somit gewahrt. Wegen des bestehenden Sachzusammenhangs umfaßt diese Ausnahme auch die Mitwirkung an Abschluß bzw. Ausgestaltung des schuldrechtlichen **Anstellungsvertrags** (BGHZ 18, 206 ff. = NJW 55, S. 1716 ff – strittig). Demgegenüber besteht, wegen der Gefährdung des Gesellschaftsinteresses, für die **Abberufung aus wichtigem Grund** (§ 38 Abs. 2 GmbHG) kein Stimmrecht des betroffenen Gesellschafters (BGHZ 34, 367 ff). Dieser muß sich mittels **Anfechtungsklage** (hierzu unten) gegen den der Abberufung zugrunde liegenden Gesellschafterbeschluß zur Wehr setzen.

Einmann-GmbH

Entsprechend seiner Regelungsfunktion ist § 47 Abs. 4 GmbHG auf die Einmann-GmbH **nicht** anwendbar. Der Alleingesellschafter gestaltet notwendigerweise den Willensbildungsprozeß der juristischen Person.

Umgehungstatbestände

Entscheidet die Gesellschafterversammlung über die Vornahme eines Rechtsgeschäfts mit einer Körperschaft oder Personengesellschaft, an der einer ihrer Gesellschafter **maßgeblich** beteiligt ist, so bleibt § 47 Abs. 4 GmbHG grundsätzlich anwendbar. Eine **Minderheitsbeteiligung** zieht dem gegenüber keinen Stimmrechtsausschluß nach sich; entscheidend ist stets eine **einzelfallbezogene** Differenzierung (siehe hier im einzelnen: BGHZ 49, 183 ff = NJW 68, S. 743 ff; BGHZ 51, 209 ff = NJW 1969, S. 841 ff; BGHZ 56, 47 ff = NJW 1971, S. 1265 ff). Besteht der Interessenkonflikt demgegenüber bezüglich einer Person, mit der der betroffene Gesellschafter in verwandtschaftlichen Beziehungen steht, so bleibt sein Stimmrecht erhalten: Die Abgrenzung des erfaßten Personenkreises würde zu erheblicher Rechtsunsicherheit führen (BGH NJW 1981, 1513 ff.).

Fehlerhafte Gesellschafterbeschlüsse

Die Anteilseigner üben die ihnen zustehenden Rechte in der Gesellschaftsversammlung (§ 48 Abs. 1 GmbHG) im Wege der Beschlußfassung aus. Zwar enthält das GmbH-Recht keine Bestimmung über die Nichtigkeit bzw. Anfechtbarkeit fehlerhafter Gesellschaftsbeschlüsse, doch besteht Einigkeit, daß die **Bestimmungen des Aktienrechts** über fehlerhafte Hauptversammlungsbeschlüsse (§§ 241 ff AktG) insoweit **entsprechende Anwendung** finden. So sind Beschlüsse, die an einem besonders schwerwiegenden Fehler leiden, entsprechend § 241 AktG nichtig. Im übrigen sind fehlerhafte Beschlüsse mit ihrer Feststellung durch den Versammlungsleiter **vorläufig wirksam** und können nur durch **Gestaltungsklage (Anfechtungsklage) vernichtet** werden. Diese ist stets gegen die **Gesellschaft** zu richten. Zwar gilt hierbei nicht die strenge Anfechtungsfrist des § 246 AktG von einem Monat, doch kommt dieser eine gewisse Orientierungswirkung zu: Auch bei der GmbH kann durch Satzungsbestimmung **keine** Anfechtung des Gesellschafterbeschlusses in einer Frist von weniger als einem Monat vorgesehen werden (BGHZ 104, S. 66 ff., 73 = NJW 1988, S. 1841 ff). Fehlt eine entsprechende Satzungsklausel, so ist die Anfechtungsklage „mit aller dem anfechtungsberechtigten Gesellschafter zumutbaren Beschleunigung" zu erheben (BGHZ 101, S. 113 ff., 117 = BGH NJW 1987, S. 2514 ff.). Wird die Monatsfrist wesentlich überschritten, so kommt es darauf an, ob der Gesellschafter an einer früheren Klageerhebung durch zwingende Umstände gehindert war.

Allerdings ist nach zutreffender Auffassung eine Anfechtungsklage dort nicht erforderlich, wo seitens des Versammlungsleiters **keine förmliche Beschlußfeststellung** erfolgt ist (OLG Hamburg, DB 1991, S. 1871 f., 1872; BayObLG WM 1993, S. 1793 ff., 1795). Dies betrifft insbesondere die Vielzahl kleiner Gesellschaften, bei denen die Versammlungen häufig in einem eher informellen Rahmen stattfinden. In aller Regel fehlt es hier bereits an der Person des Versammlungsleiters, zumal diese – anders als bei der AG – gesetzlich nicht vorgeschrieben ist. Ist dies der Fall, so kann die Unwirksamkeit des Beschlusses jederzeit mit der (allgemeinen) Feststellungsklage gem. § 256 ZPO geltend gemacht werden.

Auskunftsrecht

Das als Individualrecht ausgestaltete Informationsrecht des GmbH-Gesellschafters gemäß § 51 a GmbHG geht weit über die vergleichbare Regelung des Aktienrechts (§ 131 AktG) hinaus. Insoweit trägt der Gesetzgeber dem „personalistischen Charakter" der GmbH Rechnung. Seine Ausübung ist nicht an die Durchführung einer Gesellschafterversammlung gebunden. Zudem kommt es nicht darauf an, ob die verlangte Auskunft zur sachgemäßen Beurteilung eines Punktes der Tagesordnung seitens des Gesellschafters erforderlich ist. Anders als im Aktienrecht erfaßt der Informationsanspruch auch die Einsicht in die Bücher und Schriften der Gesellschaft. Dabei betrifft § 51 a GmbHG im GmbH-Konzern auch solche Auskünfte, die sich auf die rechtlichen und wirtschaftlichen Beziehungen des Mutterunternehmens zu seiner **Tochtergesellschaft** erstrecken (OLG Köln, WM 1986, 36 ff.). Allerdings ist der Anspruch stets gegenüber der **Obergesellschaft** geltend zu machen, ein unmittelbarer Anspruch eines Gesellschafters des herrschenden Unternehmens gegenüber der Tochtergesellschaft besteht **nicht** (siehe hierzu: Kort, ZGR 1987 46 ff.). Im übrigen darf das Informationsrecht des GmbH-Gesellschafters durch Satzungsklauseln nicht funktionswidrig eingeschränkt werden (§ 55 a Abs. 3 GmbHG). So ist es insbesondere **unzulässig**, das Recht auf Auskunftserteilung von einem vorhergehenden Beschluß der Gesellschafterversammlung abhängig zu machen (OLG Köln, WM 1986, 761 ff.). Eine Auskunftsverweigerung kommt nur insoweit in Betracht, wie die konkrete Besorgnis besteht, daß der Gesellschafter die Auskunft zu gesellschaftsfremden Zwecken verwenden und hierdurch der Gesellschaft oder einem verbundenen Unternehmen einen nicht unerheblichen Nachteil zufügen wird. Sie setzt stets einen Beschluß der Gesellschafter voraus. Der auskunftssuchende Gesellschafter selbst bleibt insoweit gem. § 47 Abs.4 GmbHG vom Stimmrecht ausgeschlossen. (Zum Auskunftserzwingungsverfahren siehe § 51b GmbHG).

3.3 Die Rechtsstellung des GmbH-Gesellschafters

Erwerb der Gesellschafterstellung

Sieht man von der Mitwirkung im Rahmen der Gründung und der Gesamtrechtsnachfolge (§ 15 Abs.1 GmbHG, § 1922 BGB) ab, so wird die Gesellschafterstellung in der GmbH durch nachfolgenden Erwerb eines **Geschäftsanteils** der Gesellschaft begründet.

Vom Geschäftsanteil ist der gleichfalls vom Gesetz gebrauchte Begriff der **Stammeinlage** zu unterscheiden. Bezeichnet ersterer die **Mitgliedschaft des Gesellschafters** in ihrer komplexen Ausgestaltung, so spiegelt der zweite die ziffernmäßige Beteiligung am Gesellschaftsvermögen wider und erweist sich insofern als reine **Rechengröße**. Die Verbindung beider **Komplementärbegriffe** ergibt sich gemäß § 14 GmbHG: Der Geschäftsanteil jedes Gesellschafters bestimmt sich wertmäßig nach dem Betrag der von ihm übernommenen Stammeinlage.

Die Geschäftsanteile sind **veräußerlich** und unterliegen der **erbrechtlichen Universalsukzession** (§§ 15 Abs. 1 GmbHG, 1922 BGB). Die Übertragung erfolgt im Wege der Abtretung gem. §§ 398, 413 BGB. Als wesentlicher Unterschied zu den Anteilsrechten der Aktiengesellschaft erweist sich die **mangelnde Fungibilität:** Die Übertragung der Geschäftsanteile wird angesichts **des personalistischen Charakters** der Gesellschaft seitens des Gesetzes deutlich **erschwert**. Sowohl das **schuld-**

rechtliche Verpflichtungsgeschäft (§ 15 Abs. 4 S. 1 GmbHG) als auch der dingliche **Verfügungsakt** (§ 15 Abs. 3 GmbHG, §§ 398, 413 BGB) bedürfen der **notariellen Beurkundung.** Das formnichtige (§ 125 BGB) Kausalgeschäft wird jedoch durch den wirksamen Übertragungstatbestand geheilt (§ 15 Abs. 4 Satz 2 GmbHG).

Die Ursache dieser gesetzgeberischen Restriktion liegt in dem – gegenüber der AG – fehlenden **Anlegerschutz** und der ausgeprägt **personalistischen Struktur** der GmbH begründet: Angesichts der normativen Ausgestaltung gilt es, die Bildung eines freien **Beteiligungsmarktes** zu verhindern und die **individuelle Personalstruktur** der Gesellschaft zu stabilisieren.

Im Rahmen der **satzungsrechtlichen Gestaltungsfreiheit** kann die Abtretung der Geschäftsanteile über die gesetzliche Regelung hinaus erschwert werden. Insbesondere ist es zulässig, die Übertragung von der **Genehmigung der Gesellschaft** abhängig zu machen (§ 15 Abs. 5 GmbHG).

Die **hier** angesprochene **Vinkulierung** ist in der Praxis – insbesondere bei **Familiengesellschaften** – vielfach üblich: Die personelle Zusammensetzung der Körperschaft unterliegt somit der Kontrolle der Gesellschaft. Die ohne Zustimmung erfolgte Zession von Anteilsrechten ist (schwebend) unwirksam; ein gutgläubiger **Erwerb** von Geschäftsanteilen kommt nicht in Betracht.

Ebenso wie bei der Personengesellschaft sind auch bei der GmbH der **Gesellschaftsanteil** sowie der Anspruch auf das künftige **Abfindungsguthaben** getrennt abtretbar. Da es sich bei letzterem lediglich um ein Vermögensrecht handelt, bedarf die Abtretung nicht der Zustimmung der übrigen Gesellschafter. Besondere Probleme ergeben sich, wenn der Gläubiger eines Gesellschafters den Geschäftsanteil **pfändet,** nachdem der Gesellschafter den Anspruch auf das künftige Abfindungsguthaben bereits einem Dritten abgetreten hat. Läßt der Gläubiger die Geschäftsanteile auf gerichtliche Anordnung (§ 857 Abs. 5, 844 Abs. 1 ZPO) hin entweder versteigern oder freihändig verkaufen, so kann der Anspruch auf die Abfindung in der Person des (ehemaligen) Gesellschafters **nicht mehr wirksam** entstehen. Damit wird auch Vorausabtretung **wirkungslos;** der Abtretungsempfänger geht leer aus. Sieht der Gesellschaftsvertrag für den Fall der Pfändung eines Geschäftsanteils die Einziehung (§ 34 GmbHG) vor, so ändert sich an diesem Ergebnis nichts. Zwar entsteht hier die Abfindungsforderung aufgrund der Vorausabtretung in der Person des Zessionars (Abtretungsempfänger), doch ist diese **mit dem Pfändungspfandrecht** des Vollstreckungsgläubigers **belastet,** „das am Gesellschaftsanteil begründet worden ist und sich an der Forderung als dessen Surrogat fortsetzt" (BGH WM 1988, 1747 ff. = ZIP 1988, 1546 ff.).

Fehlerhafter Übertragungsakt

Bezüglich des dinglichen Übertragungsaktes erweisen sich die Regelungen des Abtretungsrechts (§§ 398 ff. BGB) im Falle der „stillen" Zession als unzureichend. Die hier auftretenden Mängel kompensiert § 16 GmbHG: Zwar ist die ohne Kenntnis der Gesellschaft erfolgte Abtretung **rechtswirksam,** doch können Rechte gegenüber der Gesellschaft erst nach **Anmeldung** des Übertragungsvorgangs geltend gemacht werden. Zuvor erfolgte Rechtshandlungen der Gesellschaft gegenüber dem Veräußerer muß der Erwerber gegen sich gelten lassen (§ 16 Abs. 2 GmbHG). Nach erfolgter Anmeldung gilt der Erwerber auch dann als **berechtigter Gesellschafter,** wenn der Übertragungsakt **Mängel aufweist** (BGHZ 84, S. 47 ff., 49 = NJW 1982, S. 2822 ff.; BGH NJW 1990, S. 1915 f.). Eines ergänzenden Bestandsschutzes entsprechend den Regeln hinsichtlich der **fehlerhaften Gesellschaft** (vgl. oben: II 2.8) bedarf es somit nicht.

Unternehmenskauf

Der (rechtsgeschäftlichen) Übertragung von Anteilsrechten liegt regelmäßig ein Kaufvertrag (§ 433 BGB) zugrunde. Die **Gewährleistungspflichten** des Veräußerers bestimmen sich dabei grundsätzlich nach den Regeln des **Rechtskaufs** (§ 437 Abs. 1 BGB): Der Verkäufer haftet für die **Verität** (den Bestand und die Übertragbarkeit) der Geschäftsanteile. Eine Einstandspflicht bezüglich der **Bonität** (der wirtschaftlichen Ertragskraft der Gesellschaft) sowie eine Gewährleistung bezüglich der mit dem Unternehmen verbundenen Wirtschaftsgüter bleibt demgegenüber regelmäßig ausgeschlossen. Eine **Sachmängelhaftung** kann sich allenfalls unter dem Aspekt des **Unternehmenskaufs** ergeben: Stellt sich bei **wirtschaftlicher Betrachtungsweise** die Abtretung der Anteilsrechte (share deal) als Übertragung des Unternehmens (asset deal) dar, so steht der „Rechtskauf" dem Kauf des Unternehmens gleich. Damit ist die Möglichkeit zur Anwendung der kaufrechtlichen Sachmängelgewährleistung (§§ 459 ff. BGB) eröffnet (BGHZ 65, S. 246 ff., 250 f. = NJW 1976, S. 236 ff.; BGH NJW 1980, S. 2408 ff., 2409). Der hier angesprochene Grundsatz findet – wegen der damit gegebenen Durchbrechung der gewählten Rechtsform (Anteilskauf) zugunsten teleologischer Erwägungen (Unternehmenskauf) – nur dann Anwendung, wenn der Erwerber mittels seiner Anteilsrechte zum (wirtschaftlichen) Eigentümer des Unternehmens wird. Dies setzt regelmäßig die Erlangung einer **beherrschenden Stellung** bezüglich der erworbenen Wirtschaftseinheit voraus; eine bloße **Minderheitsbeteiligung** genügt nicht.

Allerdings gilt es zu bedenken, daß die Anwendung des Sachmängelgewährleistungsrechts auf Seiten des Käufers nicht nur Vorteile mit sich bringt, sondern notwendig mit **erheblichen Nachteilen** verbunden ist. Dies betrifft insbesondere die **kurze Verjährung** gem. § 477 BGB sowie den Ausschluß sonstiger Rechtsbehelfe (§ 119 Abs.2 BGB, cic). Die Rechtsprechung legt folglich ein durchweg enges Verständnis des „Sachmangels" zugrunde und beschränkt die Gewährleistung diesbezüglich auf wesentliche Mängel der Unternehmenssubstanz (vgl. BGH JR 1979, S. 107 ff.). Demgegenüber sollen **unrichtige Umsatzangaben oder Bewertungsansätze in der Bilanz** weder einen Fehler des Unternehmens darstellen noch ohne ausdrückliche Vereinbarung Gegenstand einer Eigenschaftszusicherung (§ 459 Abs. 2 BGB) sein (BGH BB 1974, S. 152 f.; BGH NJW 1990, S. 1658 ff.). Dies eröffnet somit den durchweg „großzügigeren" Anwendungsbereich der Regelungen hinsichtlich des „**Verschuldens bei Vertragsschluß**" (cic – vgl. BGHZ 65, S. 246 ff, 250 f. = NJW 1976, S. 236 ff.).

Verlust der Gesellschafterstellung

Sieht man vom **Tod des Gesellschafters** sowie der (oben dargestellten) **rechtsgeschäftlichen Übertragung** des Gesellschaftsanteils ab, so endet die Mitgliedschaft in der GmbH durch **Einziehung** des Geschäftsanteils (hierzu gleich), **Kaduzierung** (siehe unter 3.5.1), **Abandon** (siehe unter 3.5.1) sowie mit der endgültigen **Auflösung der Gesellschaft** (siehe unter 3.8). Darüber hinaus haben Unternehmenspraxis und Rechtsprechung mit **Ausschluß** und **Austritt** weitere Beendigungsgründe von erheblicher praktischer Bedeutung entwickelt.

Einziehung

Sofern im **Gesellschaftsvertrag** vorgesehen, unterliegt der Anteil eines GmbH-Gesellschafters der **Einziehung** (Amortisation) gemäß § 34 GmbHG. Stimmt der betroffene Gesellschafter zu, so kann das entsprechende Gestaltungsrecht jederzeit ausgeübt werden.

Eine **Zwangseinziehung** ist demgegenüber nur zulässig, wenn die entsprechenden Voraussetzungen im **Gesellschaftsvertrag** dezidiert festgesetzt sind (§ 34 Abs. 2 GmbHG).

Diese Regelung dient dem Schutz des betroffenen Gesellschafters: Bereits bei Erwerb der Mitgliedschaftsstellung (§ 34 Abs. 2 GmbHG) soll eine entsprechende **Belastung des Gesellschaftsanteils** für ihn erkennbar sein. In seiner Funktion entspricht das Einziehungsrecht einem **normierten Ausschließungsgrund**, der entsprechender satzungsrechtlicher Ausgestaltung unterliegt.

Die Amortisation setzt grundsätzlich einen Gesellschafterbeschluß voraus (§ 46 Nr. 4 GmbHG), doch kann die Satzung die Einziehungskompetenz den Geschäftsführern übertragen. Das Stimmrecht des betroffenen Gesellschafters unterfällt hinsichtlich der Einziehung **nicht** dem Ausschlußtatbestand des § 47 Abs. 4 GmbHG, insofern handelt es sich um einen Akt **korporativer Willensbildung** (siehe hierzu oben: 2.2.3). Etwas anderes gilt nur bei der Einziehung aus wichtigem Grund (BGHZ 9, S. 157 ff., 178 = NJW 1953, S. 780 ff.). Hier bleibt der Gesellschafter notwendig vom Stimmrecht ausgeschlossen.

Rechtsfolgen
Mit der Wirksamkeit des Einziehungsbeschlusses geht der bezeichnete Geschäftsanteil unter, er wird **vernichtet** (amortisiert). Die Beteiligungsquote der verbleibenden Gesellschafter erhöht sich entsprechend. Dem ausscheidenden Anteilseigner steht ein korrespondierender **Abfindungsanspruch** zu. Mangels einer näheren Bestimmung seitens des Gesellschaftsvertrags richtet sich die Höhe des Abfindungsanspruchs nach dem Verkehrswert des Anteils (BGHZ 116, S. 359 ff., 370 = NJW 1992, S. 892 ff., 895; BGHZ 126, S. 226 ff. = NJW 1994, S. 2536).

Die Ausgleichspflicht seitens der Gesellschaft läßt die **normative Kapitalbindung** (§ 30 GmbHG) grundsätzlich unberührt (§ 34 Abs. 3 GmbHG). Die Abfindung darf das Stammkapital (den Haftungsfonds) folglich nicht schmälern. Entgegenstehende Zahlungen sind zu erstatten (§ 31 GmbHG). Ist die Einlage noch nicht voll eingezahlt, so bleibt die Amortisation gemäß § 19 Abs. 2 Satz 1 GmbHG, wegen des damit verbundenen **Untergangs der Beitragspflicht** ausgeschlossen.

Der Abfindungsanspruch kann im Gesellschaftsvertrag ganz oder teilweise **ausgeschlossen** werden. Erfolgt dies im Wege einer nachträglichen Satzungsänderung, so ist hierfür angesichts des damit verbundenen Eingriffs in die Vermögensstellung die Zustimmung aller betroffenen Gesellschafter erforderlich (BGHZ 116, S. 359 ff., 363 = NJW 1992, S. 892 ff.). Eine entsprechende Satzungsbestimmung wird in der Praxis regelmäßig für den Fall der **Pfändung des Geschäftsanteils** vorgesehen. Dies stößt insofern auf Bedenken, als den Gläubigern des betroffenen Gesellschafters damit das notwendige **Haftungssubstrat** entzogen wird. Ein partieller, nur auf den Fall der Anteilspfändung bezogener Abfindungsausschluß ist daher unzulässig (BGHZ 65, 22 ff. = NJW 1975, S. 1835 ff.).

Sieht man hiervon ab, so sind Abfindungsregelungen – insbesondere in Form von Abfindungsbeschränkungen auf den „Buchwert" – in GmbH-Verträgen in der Praxis weit verbreitet. Hierbei geht es zunächst um den **Bestandsschutz der Gesellschaft**: Der unmittelbare Abfluß des Abfindungsbetrags ist geeignet, die Liquidität der Gesellschaft erheblich zu beeinträchtigen. Darüber hinaus ist die Ermittlung des maßgeblichen Verkehrswerts meist mit erheblichen Unsicherheiten und Kosten verbunden. Andererseits gilt es zu bedenken, daß die Abfindung aus Sicht der Gesellschafter häufig eine maßgebliche Vermögensposition im Rahmen ihrer Altersvorsorge darstellt. Nach Auffassung der Rechtsprechung finden daher die **Grundsätze über Abfindungsbeschränkungen im Recht der Personengesellschaften** (vgl. oben: II 1.6, 2.5.2) auf die GmbH entsprechende Anwendung (BGHZ 116, S. 359 ff. = NJW 1992, S. 892 ff.). Eine Abfindungsbeschränkung ist folglich gem. § 138 BGB nichtig, wenn die damit verbundene Beschränkung der Vermögensposition des Gesellschafters bereits anfänglich nicht in einem angemessenen Verhältnis zu den Belangen – insbesondere dem Bestandsschutz – der Gesellschaft steht (BGH a.a.O.). Ein vollständiger Ausschluß des Abfindungsrechts kommt folglich nur ausnahmsweise – beispielsweise zu Lasten der Erben – in Betracht.

Im übrigen sind die verbreiteten „**Buchwertklauseln**" grundsätzlich wirksam. Dies gilt auch dort, wo sich infolge der „Entwicklung" der Gesellschaft nachträglich eine erhebliche Diskrepanz zwischen Verkehrswert und Buchwert einstellt. Allerdings kann hier im Einzelfall eine „Anpassung" der Abfindungsregelung nach den Grundsätzen der „**ergänzenden Vertragsauslegung**" geboten sein (BGH NJW 1993, S. 2101 ff). Maßgeblich sind insoweit die Umstände des Einzelfalls, insbesondere die Dauer der Gesellschaftszugehörigkeit, die seitens des Gesellschafters erbrachten Beiträge und der Grund des Ausscheidens. Allerdings führt die Anpassung in aller Regel **nicht** zu einer Abfindung nach dem Verkehrswert. Der Abfindungsbetrag ist vielmehr unter Berücksichtigung der jeweiligen Vermögenslage und der Ertragsstruktur der Gesellschaft festzusetzen (BGH ZIP 1993, S. 1160 ff, 1161). Dabei gilt es zu berücksichtigen, daß nach dem Willen der Gesellschafter eine Abfindung zum vollen Verkehrswert gerade nicht gewollt ist.

Ausschluß
Über die Regelung der Zwangseinziehung hinaus läßt die Rechtsprechung im Wege der Rechtsfortbildung den **Ausschluß eines Gesellschafters** auch dann zu, wenn eine entsprechende Satzungsregelung fehlt (BGHZ 9, S. 157 ff, 168 = NJW 1953, S. 780 ff; BGH NJW 1977, S. 2316 ff). Dies ist Ausdruck des in den §§ 626, 723 Abs. 1 Satz 2 BGB, §§ 133, 140 HGB zum Ausdruck kommenden **allgemeinen Rechtsgrundsatzes,** daß Dauerschuldverhältnisse der Kündigung aus **wichtigem Grund** unterliegen: Wegen der damit verbundenen Zerschlagung der Gesellschaft als Unternehmensträger gilt es, den gesetzlich vorgezeichneten Lösungsweg der Auflösungsklage (§ 61 GmbHG) nach Möglichkeit zu vermeiden. Der Auschluß tritt insoweit **an die Stelle** einer fehlenden Satzungsregelung hinsichtlich der Amortisation (vgl. oben).

Ultima Ratio
Dennoch erweist sich angesichts der normativen Vorgabe der Ausschluß eines Gesellschafters nur als **ultima ratio.** Die widerstreitenden Interessen der verbleibenden und des auszuschließenden Gesellschafters sind entsprechend § 626 Abs. 1 BGB gegeneinander abzuwägen. Der **wichtige Grund** muß somit stets in der Person des Auszuschließenden vorliegen, auf ein **Verschulden** kommt es insofern jedoch **nicht** an. Haben sämtliche Gesellschafter die gemeinsame Geschäftsgrundlage zerrüttet, so bleibt lediglich die **Auflösungsklage.**

Durchführung
Der Ausschluß erfolgt entsprechend § 140 HGB nach vorangegangener **Ausschluß- klage** mittels **richterlichen Gestaltungsurteils** (BGH ZIP 1999, S. 1843 ff.). Klageberechtigt ist die durch ihre Geschäftsführer vertretene GmbH, doch hat entspre-

Teil III: Kapitalgesellschaften 221

chend § 46 Nr. 4 GmbHG ein **Gesellschafterbeschluß** voranzugehen. Lediglich in der **Zweimann-GmbH** ist die Klagebefugnis einzelner Gesellschafter zu bejahen.

Entsprechend der Amortisation steht dem ausscheidenden Gesellschafter ein **Abfindungsanspruch** zu. Die Wirksamkeit des Ausschlusses ist dabei durch die Zahlung der Abfindung aufschiebend bedingt. (BGHZ 9, 157 ff = NJW 1953, S. 780 ff.). Hinsichtlich möglicher Abfindungsbeschränkungen gelten die Ausführungen zur Amortisation entsprechend.

Austrittsrecht

Korrespondierend dem dargestellten Ausschlußrecht der Gesellschaft steht dem einzelnen **Gesellschafter** ein unentziehbares Austrittsrecht zu: Liegt ein **wichtiger Grund** vor, so kann er sich seinerseits mittels **einseitigen Gestaltungsrechts** aus der gesellschaftlichen Pflichtenbindung lösen.

Auch hierbei gilt es, das **Ultima Ratio-Prinzip** zu beachten: sieht die Satzung eine fungible Ausgestaltung des Geschäftsanteils vor und ist es dem Gesellschafter somit möglich, sich im Wege des Anteilsverkaufs von seiner Beteiligung zu trennen, kommt ein Austrittsrecht nicht in Betracht. Der Austritt erfolgt mittels einseitiger, rechtsgestaltender Willenserklärung. Im Gegensatz zur Ausschlußbefugnis ist eine entsprechende Klage nicht erforderlich.

Rechte der Gesellschafter

Ebenso wie hinsichtlich der Aktiengesellschaft unterscheidet man bezüglich der Rechtsstellung des GmbH-Gesellschafters zwischen **Verwaltungs-** und **Vermögensrechten.** Regeln erstere die Mitwirkungsbefugnis im gesellschaftlichen Leitungsprozeß, so geben die zweiten die Vermögensbeziehungen zwischen Gesellschafter und Gesellschaft wieder.

Verwaltungsrechte

Als entscheidendes Gestaltungsmittel im gesellschaftsrechtlichen Binnengefüge steht jedem Gesellschafter ein entsprechendes **Stimmrecht** zu. Mangels entgegenstehender Bestimmung des Gesellschaftsvertrages wird es nach **Kapitalanteilen** ausgeübt (§ 47 Abs. 2 GmbHG, zum Stimmrechtsausschluß siehe oben: 3.2.3). Dem Stimmrecht korrespondiert ein vorbereitendes **Auskunftsrecht** gegenüber den Geschäftsführern. Wie hinsichtlich der AG so kommt auch den Gesellschaftern der GmbH das uneingeschränkte Teilnahme-, Rede- und Antragsrecht in der Gesellschafterversammlung zu.

Vermögensrechte

Jedem Gesellschafter kommt ein, seinem Geschäftsanteil entsprechender, Anspruch auf den **Reingewinn** zu, doch sind abweichende Vereinbarungen zulässig (§ 29 GmbHG – lesen!). Darüber hinaus ist der **Liquidationserlös** im Verhältnis der Beteiligungsquote an die Gesellschafter auszukehren (§ 72 GmbHG).

Pflichten der Gesellschafter

Aufgrund des überwiegend personalistischen Charakters der GmbH ist die Pflichtenbindung der Anteilseigner – im Gegensatz zur Aktiengesellschaft – weitaus deutlicher ausgeprägt:

a) Jeden Gesellschafter trifft die **Einlagepflicht** in Höhe der übernommenen **Stammeinlage**. Darüber hinaus ergibt sich eine zwingende **Ausfallhaftung** (§ 24 GmbHG) bezüglich der Verbindlichkeiten der Mitgesellschafter.
b) Entsprechend § 3 Abs. 2 GmbHG kann die Satzung die Pflicht zur Erbringung von **Nebenleistungen** vorsehen.
c) Als entscheidender Unterschied zur Aktiengesellschaft erweist sich die satzungsrechtliche Zulässigkeit einer **Nachschußpflicht** (§ 26 GmbHG). Hierbei ist zwischen **beschränkter** und **unbeschränkter Nachschußpflicht** zu unterscheiden: Im letzten Falle steht dem betroffenen Gesellschafter das Recht zum Abandon zu (§ 27 GmbHG).
d) Die GmbH ist als personalistische Kapitalgesellschaft – im Gegensatz zur AG – auf einen engen und überschaubaren Personenkreis zugeschnitten. Zwischen den Gesellschaftern und im Verhältnis zur Gesellschaft bestehen folglich ausgeprägte Treuepflichten (BGHZ 103, S. 184 ff, 193 f = NJW 1988, S. 1579 ff, 1581). Die hieraus fließenden Bindungen erfassen insbesondere – jedoch nicht ausschließlich – die Ausübung von Gesellschafterrechten seitens der Mehrheitsgesellschafter (BGHZ 65, S. 15 ff – „ITT" = NJW 1976, S. 191 ff). Ebenso wie im Personengesellschaftsrecht können die Gesellschafter daher in Ausnahmefällen gehalten sein, bei einer wesentlichen **Änderung** der gesetzlichen Rahmenbedingungen einer **Änderung** des **Gesellschaftsvertrags** zuzustimmen, sofern keine besonderen schützenswerten Interessen auf ihrer Seite entgegenstehen (BGH, WM 1986, 134 8 ff.; BGH NJW 1995, S. 1739 ff mit Anm. Altmeppen)
e) Wegen ihres personalistischen Charakters enthalten GmbH-Verträge häufig ein Wettbewerbsverbot – nicht nur bezüglich der Geschäftsführer – sondern auch hinsichtlich der beteiligten Gesellschafter. Hieraus folgt ein erhebliches Spannungsverhältnis zum **kartellrechtlichen Verbot wettbewerbsbeschränkender Absprachen** (§ 1 GWB). (Zu den hier auftretenden Abwägungsfragen siehe: Keßler WuW 1985, 933 ff.). Die dabei zu beachtenden Grundsätze hat der BGH zuletzt in seiner „Gabelstapler"-Entscheidung (BGHZ 70, 331 ff.) ausführlich dargelegt. Das Interesse der Gesellschaft an einem institutionell gewährleisteten Bestandsschutz ist dem Interesse der Allgemeinheit an einem freien Wettbewerb gegenüberzustellen. Es kommt somit entscheidend darauf an, ob das Wettbewerbsverbot für den **Bestand der Gesellschaft erforderlich** ist. Dabei wird die Funktionsfähigkeit der Gesellschaft insbesondere dort gefährdet, wo dem betroffenen Gesellschafter **maßgeblicher Einfluß** auf die Geschäftsführung zukommt. Dies betrifft vor allem den herrschenden (Mehrheits-) Gesellschafter. Folgerichtig hat die Rechtsprechung hier ein **immanentes Wettbewerbsverbot** als Ausfluß der gesellschaftsrechtlichen Treuepflicht auch ohne ausdrückliche Vereinbarung angenommen (BGHZ 89, S. 162 ff., 166 = NJW 1984, S. 1351 ff.; BGH NJW 1988, S. 2737 ff.).

3.4. Gründung und Kapitalaufbringung
3.4.1. Grundlagen
Entsprechend der Regelung des Aktienrechts folgt die Bildung der GmbH einem **mehrstufigen Gründungsprozeß**. Dabei unterscheidet man üblicherweise zwischen der **Errichtung** der Gesellschaft durch Abschluß des notariell beurkundeten Gesellschaftsvertrags (§ 2 GmbHG) und der **Entstehung** (vgl. § 11 Abs.1 GmbHG) der juristischen Person vermittels der konstitutiven Eintragung im Handelsregister.

a) Zunächst schließen die Gesellschafter den Gesellschaftsvertrag (die Satzung) in **notarieller Form** (§§ 2 Abs. 1 GmbHG, 128 BGB).

Minderjährige bedürfen der Genehmigung ihres gesetzlichen Vertreters (§ 108 Abs. 1 BGB) sowie **des Vormundschaftsgerichts** (§§ 1643 Abs. 1, 1822 Nr. 3, Nr. 10 BGB). Ist der gesetzliche Vertreter bzw. sein Ehegatte oder ein Verwandter in gerader Linie seinerseits **Gesellschafter der GmbH,** so bedarf es gemäß §§ 181, 1795 Abs. 2, 1629 Abs. 2 BGB der Bestellung eines **Ergänzungspflegers** (§ 1909 BGB).

Die Satzung hat den zwingenden Erfordernissen des § 3 GmbHG zu entsprechen und muß die Unterschrift sämtlicher Gesellschafter tragen (§ 2 Abs. 1 S.2 GmbHG).

Verpflichten sich die (künftigen) Gesellschafter in Form eines **Gründungsvorvertrages** zur Gründung einer GmbH, so bedarf auch diese Vereinbarung der **notariellen Beurkundung.** Fehlt es hieran, so ist die Vereinbarung unwirksam (§ 125 BGB). Jeder Vertragsbeteiligte kann die Erfüllung – und damit den Abschluß eines Gesellschaftsvertrages – verweigern.

Gesellschafter

Gesellschafter kann jede **natürliche** und **juristische Person** sowie jede mit Teilrechtsfähigkeit ausgestattete **Gesamthandsgemeinschaft** (§ 124 HGB) sein. Dies gilt auch für die GbR (BGHZ 78, S 311 ff = NJW 1981, S. 682 ff; BGH NJW 1992, S. 499 ff), doch scheidet insofern zur Sicherung der Kapitalaufbringung eine **Haftungsbegrenzung** der GbR auf das Gesellschaftsvermögen aus (BGHZ 118, S. 83 ff = NJW 1992, S. 2222 ff – vgl. auch § 18 Abs.2 GmbHG).

Errichtung der GmbH

b) Soweit nicht bereits in der Satzung vorgenommen, erfolgt im unmittelbaren Anschluß die Bestellung der Geschäftsführer durch **Gesellschafterbeschluß**; die Personengemeinschaft erlangt **Handlungsfähigkeit,** die Gesellschaft ist **errichtet,** die **Vorgesellschaft** (unten 3.4.2) entstanden.

Kapitalaufbringung

c) Der Errichtung schließt sich die notwendige Kapitalausstattung der Gesellschaft an. Hierbei gilt es – wie bei der Aktiengesellschaft -, zwischen **Bar-** und **Sachgründung** zu differenzieren: Im ersten Falle ist auf jede Stammeinlage zumindest der vierte Teil, die sogenannte **Pflichteinlage**, einzuzahlen (§ 7 Abs. 2 Satz 1 GmbHG). Insgesamt müssen die eingezahlten Geldleistungen – zuzüglich des Gesamtbetrags der Sacheinlagen – die Hälfte des Mindeststammkapitals, das sind 12.500 Euro, erreichen (§ 7 Abs. 2 Satz 2 GmbHG). Soweit der Gesellschaftsvertrag **Sacheinlagen** vorsieht, sind diese vor der Anmeldung zum Handelsregister vollständig zu bewirken (§ 7 Abs. 3 GmbHG).

Die „reale Eigenkapitalaufbringung"

Was die rechtliche Ausgestaltung des Gründungsverfahrens betrifft, so kommt der **Unterscheidung zwischen Bar- und Sachgründung** eine nicht zu unterschätzende Bedeutung zu. Während im Rahmen der Bargründung die seitens der Gesellschafter geschuldeten Einlagen in Geld (nicht notwendig Bargeld, eine Gutschrift auf dem Konto der Gesellschaft genügt – vgl. § 54 Abs.3 S.1 AktG) zu leisten sind, handelt es sich bei allen Einlagen, die nicht in Geld bestehen, begrifflich um Sacheinlagen. In jedem Falle sind die Einlagen so zu leisten, „daß sie endgültig zur freien Verfügung der Geschäftsführer stehen" (§ 7 Abs.3 GmbH). Dabei gilt der Grundsatz der „**rea-**

len Eigenkapitalaufbringung": Ein **Erlaß** oder eine **Aufrechnung** seitens des Gesellschafters mit einer ihm gegenüber der Gesellschaft zustehenden Forderung scheidet gem. § 19 Abs.2 GmbHG zwingend aus. Dies betrifft auch sonstige „Verrechnungsabreden". Etwas anderes gilt gem. §§ 5 Abs.4, 19 Abs.5 GmbHG nur im Rahmen einer im Gesellschaftsvertrag ausdrücklich vorgesehenen „**Sachübernahme**" (vgl. unten). Auch eine Aufrechnung seitens der Gesellschaft kommt nur in Betracht, soweit die Gegenforderung des Gesellschafters im Zeitpunkt der Aufrechnungserklärung (§ 388 BGB) in vollem Umfange werthaltig und durchsetzbar ist. Folglich scheidet eine Aufrechnung seitens der Gesellschaft regelmäßig aus, wenn diese zahlungsunfähig oder überschuldet ist (BGH NJW 1994, S. 1477 ff, 1479). Schecks oder Wechseln kommt erst dann Erfüllungswirkung zu, wenn diese endgültig und vorbehaltlos gutgeschrieben sind.

Sacheinlagen
Sieht man von dem Erfordernis einer **satzungsrechtlichen Ermächtigung** ab, so stehen im Lichte des Grundsatzes der „realen Eigenkapitalaufbringung" hinsichtlich einer Sacheinlage zunächst zwei Probleme im Vordergrund. Dies betrifft:

a) die generelle Einlagenfähigkeit eines Vermögensgegenstandes sowie
b) die konkrete Bewertung des eingebrachten Wirtschaftsguts.

Als Objekt einer Sacheinlage kommen alle Vermögensgegenstände in Betracht, denen aus Sicht der Gesellschaft ein bestimmbarer Vermögenswert zukommt. Dies betrifft zunächst bewegliche und unbewegliche Sachen (Maschinen, Fahrzeuge, Grundstücke etc.) sowie beschränkte dingliche Rechte (Grundschulden, Erbbaurechte etc.). Sieht man hiervon ab, so sind auch Sachgesamtheiten einlagefähig. § 5 Abs.4 GmbHG spricht ausdrücklich von der Einbringung eines Unternehmens. Allerdings ist hierbei dem sachenrechtlichen **Spezialitätsgrundsatz** Rechnung zu tragen. Bewegliche Sachen sind folglich gem. §§ 929 ff BGB zu übereignen; bei Grundstücken bedarf es der Auflassung und Eintragung im Grundbuch (§§ 873, 925 BGB); der Übergang von Forderungen ("Außenständen") oder Immaterialgüterrechten (Patente, Marken etc.) bedarf stets eines Abtretungsvertrags zwischen dem Gesellschafter und der GmbH (zur Einlage von schuldrechtlichen Nutzungsrechten siehe Keßler in, Daumke/Keßler a.a.O. S. 42 f). Daß eine Forderung bestritten ist, schließt ihre Einlagefähigkeit nicht aus, sondern beeinflußt lediglich den Wertansatz. Dabei ist grundsätzlich gleichgültig, gegen wen die Forderung gerichtet ist, doch kommen Ansprüche auf Dienstleistungen – z.B. die Geschäftsführung – entsprechend § 27 Abs.2 AktG nicht in Betracht. Nicht einlagefähig sind grundsätzlich Forderungen gegenüber dem einlagepflichtigen Gesellschafter selbst.

Ausschlaggebend für die Bewertung der eingebrachten Wirtschaftsgüter sind ausschließlich objektive Gesichtspunkte (vgl. §§ 8 Abs.1 Nr. 5, 9c GmbHG). Den Gesellschaftern kommt insofern kein Bewertungsspielraum zu; eine zulässige Überbewertung ist ausgeschlossen. Demgegenüber stehen einer Unterbewertung keine Hindernisse entgegen. Ergibt sich eine Überbewertung, so sind die betroffenen Gesellschafter verpflichtet, die Wertdifferenz im Wege der baren Zuzahlung auszugleichen (§ 9 Abs.1 GmbHG – „Differenzhaftung"). Dieser Anspruch verjährt in fünf Jahren nach Eintragung der Gesellschaft (§ 9 Abs.2 GmbHG).

Teil III: Kapitalgesellschaften 225

Das Verfahren der Sachgründung
Angesichts der mit Sacheinlagen verbundenen Gefährdung der Kapitalaufbringung grenzt das Gesetz sowohl hinsichtlich des Verfahrens als auch bezüglich der materiellen Wirksamkeitsvoraussetzungen die **Sachgründung** deutlich von der **Bargründung** ab. Diese Regelungen gelten auch im Rahmen der Kapitalerhöhung gegen Sacheinlagen (vgl. §§ 56, 56a GmbHG). Entsprechend § 5 Abs. 4 in Verbindung mit § 19 Abs. 5 GmbHG kommt der Leistung einer Sacheinlage seitens eines Gesellschafter nur dann befreiende Wirkung zu, wenn diese nach **Gegenstand** und **Betrag** im notariell beurkundeten **Gesellschaftsvertrag** festgesetzt ist. Fehlt es hieran, so bleibt der Gesellschafter selbst dann zur Bareinzahlung seiner Stammeinlage verpflichtet, wenn der (unwirksam) eingebrachte Vermögensgegenstand in vollem Umfange werthaltig ist. Die Frage der satzungsrechtlichen Ermächtigung ist somit streng von dem Aspekt der „Werthaltigkeit" zu trennen. Erstere soll vor allem die „**Publizität**" des Sachgründungsvorgangs gegenüber dem Registergericht und den Gläubigern gewährleisten: Der Gesellschaftsvertrag ist zum Handelsregister einzureichen. Die Einsicht ins Handelsregister ist jedermann gestattet (§ 9 Abs.1 HGB)!

Zwar sieht das GmbH-Gesetz im Gegensatz zum Aktienrecht keine Gründungsprüfung durch unabhängige Gründungsprüfer vor, doch haben die Gesellschafter „in einem **Sachgründungsbericht** die für die Angemessenheit der Leistung für Sacheinlagen wesentlichen Umstände darzulegen" (§ 5 Abs. 4 S. 2 GmbHG). Der Bericht ist bei der Anmeldung der Gesellschaft zum Handelsregister beizufügen (§ 8 Abs. 1 Nr. 4 GmbHG). Dabei sind die wesentlichen Umstände für die angemessene Bewertung darzulegen. Abzustellen ist auf den Teilwert, also den Wert, welcher dem eingebrachten Gegenstand innerhalb des Betriebsvermögens zukommt. (vergl. hierzu § 6 Abs. 1 Nr. 1 S. 3 EStG). Der Anmeldung sind darüber hinaus **Unterlagen beizufügen**, aus denen sich ergibt, „daß der Wert der Sacheinlage den Betrag der dafür übernommenen Stammeinlage erreicht" (§ 8 Abs. 1 Nr. 5 GmbHG). Hierzu kann auf den Sachgründungsbericht Bezug genommen werden. Die Art der beizufügenden Unterlagen bestimmt sich nach dem jeweiligen Gegenstand der Sachlage. So genügt bei neuerworbenen Vermögensgegenständen regelmäßig eine Rechnung bzw. der Kaufvertrag. Werden Unternehmen, Gebäude, Immaterialgüterrechte oder gebrauchte Sachen eingebracht, wird meist ein Sachverständigengutachten erforderlich sein.

Die zwingenden Bestimmungen des Sachgründungsrechts erfassen neben der Sacheinlage auch die sog. „**Sachübernahme**": Während im ersten Falle die Einlagepflicht des Gesellschafters unmittelbar auf die Übertragung einer Sache in das Gesellschaftsvermögen gerichtet ist, geht es bei der Sachübernahme darum, die Bareinlagenpflicht des Gesellschafters im Ergebnis mit dem Erwerbspreis der von seiten des Gesellschafters erworbenen Gegenstände zu verrechnen.

Verdeckte Sacheinlagen
Häufiger als die Frage ausdrücklicher „Sachübernahmen" beschäftigt die Praxis das Problem „**verdeckter (verschleierter) Sacheinlagen**. Dabei handelt es sich im Ergebnis um eine unzulässige „Umgehung" der zwingenden Sachgründungsvorschriften durch den Verzicht auf die seitens des Gesetzgebers geforderte satzungsmäßige „Publizität" (§§ 5 Abs.4 GmbHG) des Sachgründungsvorgangs. Eine solche Umgehung liegt grundsätzlich vor, wenn die Gesellschaft im **unmittelbaren zeitlichen Zusammenhang** mit der (Bar-) Gründung betriebsnotwendige Gegenstände des Anlagevermögens von ihren Gesellschaftern entgeltlich erwirbt. Wirtschaftlich führt

dies im Ergebnis zu einer (Teil-) Rückgewähr der Bareinlage und deren „Substitution" durch die seitens des Gesellschafters erbrachte Gegenleistung, also eine „unbare" Sachleistung. Sieht man von dem entgeltlichen Erwerb von Wirtschaftsgütern des Anlagevermögens ab, so erfaßt der Tatbestand der „verdeckten Sacheinlage" entsprechend § 19 Abs.5 GmbHG auch sonstige Verrechnungsabreden oder Gestaltungsformen, die sich letztlich als „Hin- und Herzahlung" zwischen Gesellschaft und Gesellschafter erweisen. Auf die Reihenfolge der Zahlungsvorgänge und die konkrete Vertragsgestaltung kommt es dabei ebensowenig wie auf das Vorliegen einer subjektiven „Umgehungsabsicht" an.

Kapitalerhöhung im „Schütt-aus-hol-zurück-Verfahren"

Als besonders problematisch erweist sich insofern, daß der BGH auch **Kapitalerhöhungen** im Wege des **„Schütt-aus-hol-zurück-Verfahrens"** durch die Verrechnung von Gewinn und Einlageansprüchen als „Sachgründung" ansieht (BGHZ 110, S. 47 ff = NJW 1990, S. 982 ff; BGHZ 113, S. 335 ff = NJW 1991, S. 1754 ff). Auch hier ist die Einlage folglich nicht mit befreiender Wirkung geleistet, sofern nicht – ausnahmsweise – die Vorschriften hinsichtlich des Sachgründungsverfahrens (§§ 5 Abs.4, 19 Abs.5 GmbHG) eingehalten sind. Dies kann dazu führen, daß sich der Gesellschafter nach vielen Jahren – beispielsweise im Rahmen des Insolvenzverfahrens – erneut der Forderung auf Leistung seiner Bareinlage gegenüber sieht. Zwar kommt ihm hinsichtlich der unwirksam erbrachten Sachleistung ein Bereicherungsanspruch (§ 812 Abs.2 S.1 1. Alt. BGB) zu, doch ist dieser als (Insolvenz-)Forderung meist wertlos. Der Gesellschafter muß im Ergebnis folglich zweimal leisten. Allerdings läßt die Rechtsprechung unter bestimmten Voraussetzungen die nachträgliche „Heilung" verschleierter Sachgründungen im Wege der Satzungsänderung zu (BGH NJW 1996, S. 1473 ff, 1475 f). Dabei muß allen Erfordernissen einer Sachgründung entsprochen werden. Eingebracht wird hierbei entweder der ursprüngliche Gegenstand der Sacheinlage (soweit noch vorhanden) oder der Bereicherungsanspruch des Gesellschafters, vorausgesetzt dieser ist im Zeitpunkt des „Heilungsversuchs" noch werthaltig. Zum Nachweis der Werthaltigkeit bedarf es somit stets einer zeitnahen, durch einen Wirtschaftsprüfer testierten Bilanz (BGH a.a.O.).

Entstehung der GmbH

d) Die **Entstehung** der GmbH **als juristische Person** setzt notwendig die **konstitutive Eintragung** im Handelsregister voraus (§ 11 Abs. 1 GmbHG). Die erforderliche Anmeldung (zu Inhalt und Form siehe: §§ 7, 8 GmbHG) kann erst nach Leistung der Pflichteinlage (§ 7 Abs. 2 GmbHG – hierzu oben) erfolgen. Hinsichtlich der Einhaltung der jeweils geltenden **Normativbedingungen** (vgl. III: Vorbemerkungen) steht dem Registergericht ein eigenständiges **Prüfungsrecht** zu (§ 9c GmbHG).

Prüfungsrecht

Dieses Prüfungsrecht ist umfassender Natur: Es erstreckt sich sowohl auf die **formellen** als auch auf die **materiellen** Eintragungsvoraussetzungen (vgl. § 12FGG), doch wird man hinsichtlich letzterer eine **Prüfungspflicht** der Eintragungsbehörde nur bei Vorliegen **konkreter Anhaltspunkte** bejahen müssen.

Gründerhaftung

Sieht man von der **Differenzhaftung** (§ 9 Abs. 1 GmbHG) im Falle überbewerteter Sacheinlagen ab, so konstituiert § 9a GmbHG eine umfassende Gründerhaftung von

Gesellschaftern und Geschäftsführer hinsichtlich solcher Angaben, die sie im Rahmen des Gründungsverfahrens gegenüber dem Registergericht machen. Die Regelung ist zudem strafbewehrt (vgl. § 82 GmbHG). Darüber hinaus haften alle Personen, für deren Rechnung die Gesellschafter (als **Strohmänner**) Stammeinlagen übernommen haben (§ 9a Abs. 4 GmbHG). Ein Verzicht der Gesellschaft auf Ersatzansprüche ist unwirksam, soweit der Ersatz zur Befriedigung der Gläubiger der Gesellschaft erforderlich ist (siehe im einzelnen: § 9b GmbHG).

Einmann-Gründung

Besonderheiten weist die Gründung der Einmann-GmbH auf: An die Stelle des **Gesellschaftsvertrages** tritt die einseitige **Erklärung** des Alleingesellschafters. Die Anmeldung darf erst erfolgen, wenn die Pflichteinlage geleistet ist **und** der Gesellschafter für den übrigen Teil der Geldeinlage eine Sicherheit (§ 232 BGB) gestellt hat (§ 7 Abs. 2 Satz 3 GmbHG). Diese Regelung findet auch dann Anwendung, wenn sich innerhalb von drei Jahren nach Eintragung der Gesellschaft in das Handelsregister alle Geschäftsanteile in der Hand eines Gesellschafters oder daneben in der Hand der Gesellschaft vereinigen und der Gesellschafter nicht einen Teil der Geschäftsanteile an einen Dritten überträgt (§ 19 Abs. 4 GmbHG). Eine Umgehung der Sicherungspflicht durch **Strohmanngründung** wird somit deutlich erschwert.

Gründungsmängel

Sieht man von den Bestimmungen der **Gründerhaftung** und der Strafsanktion des § 82 GmbHG ab, so können Mängel im Gründungsprozeß der GmbH nur im Rahmen der **Nichtigkeitsklage** (§ 75 GmbHG) geltend gemacht werden: Enthält der Gesellschaftsvertrag keine Bestimmung über die **Höhe des Stammkapitals** oder über den Gegenstand des Unternehmens, so kann die Gesellschaft im Wege der **Gestaltungsklage** für nichtig erklärt werden (zu den Einzelheiten siehe: §§ 75 ff. GmbHG). Eine weitergehende Durchbrechung des gesellschaftlichen **Bestandsschutzes** ist ausgeschlossen.

Mantelgründung

Umstritten war lange Zeit die Zulässigkeit der **Vorrats- oder Mantelgründung** einer GmbH ohne wirtschaftlichen Geschäftsbetrieb sowie insbesondere die Verwertung des so geschaffenen Rechtsträgers im Wege des Mantelkaufs. Ein Mantelkauf liegt vor, wenn eine GmbH ohne eigenen wirtschaftlichen Geschäftsbetrieb durch Kauf der Gesellschaftsanteile erworben wird, um die Gesellschaft nach einer Satzungsänderung einer neuen, nunmehr werbenden Tätigkeit zuzuführen. Auf diese Weise ist es möglich, das zeitaufwendige und mit Risiken befrachtete Verfahren (vgl. unten) der Neugründung zu umgehen. An der **Zulässigkeit der Mantelgründung** bestehen heute keine Zweifel mehr, sofern der Umstand durch eine entsprechende Angabe des Unternehmensgegenstands (z.B.: „die Verwaltung eigenen Vermögens") in der Satzung offengelegt wird (BGHZ 117, S. 323 ff = NJW 1992, S. 1824 ff). Allerdings ist sicherzustellen, daß den Bestimmungen der Kapitalaufbringung auch seitens des Erwerbers Rechnung getragen wird. Dieser hat folglich dafür Sorge zu tragen, daß bei Aufnahme der werbenden Tätigkeit das Gesellschaftsvermögen den normativen Vorgaben des satzungsmäßigen Stammkapitals entspricht. Insoweit trifft ihn eine unabdingbare Differenzhaftung.

3.4.2 Die Vorgesellschaft
Regelungsproblem

Als problematisch erweist sich die rechtliche Bewertung der **werdenden GmbH** im Zeitraum zwischen **Errichtung** und **Entstehung** als juristischer Person (§ 11 Abs.1 GmbHG). Die Beantwortung der Frage nach Rechtsnatur und Rechtsverhältnis der sogenannten **Vorgesellschaft (Vor-GmbH)** zur entstehenden GmbH ist von erheblicher praktischer Bedeutung: Insbesondere im (praktisch bedeutsamen) Falle einer **Sachgründung,** wenn ein **werbendes Unternehmen** in die GmbH eingebracht wird, tritt regelmäßig bereits die **Vor-GmbH** als **Unternehmensträger** in Erscheinung. Hierbei ergeben sich im wesentlichen zwei Regelungsprobleme:

a) Angesichts des (noch) fehlenden **Haftungsfonds** der Gesellschaft bedarf es im Interesse eines risikobegrenzenden Gläubigerschutzes der institutionellen Ausbildung einer funktionsgerechten **Haftungsordnung.**

b) Berücksichtigt man die **Durchgangsfunktion** der Vorgesellschaft – ihr Zweck endet mit Entstehung der juristischen Person –, so bedarf es der Klärung, inwiefern die in ihr begründeten Rechte und Pflichten auf die entstehende GmbH übergehen.

Die Bedeutung des Regelungsbereichs weist weit über das Recht der GmbH hinaus. Die Problematik der **werdenden juristischen Person** stellt sich rechtsformübergreifend auch für AG, eingetragene Genossenschaft und den rechtsfähigen Verein. Daß die Erörterung im Zusammenhang der GmbH erfolgt, ist das Ergebnis von Praktikabilitätserwägungen. Angesichts der erheblichen Zahl von Gesellschaften ist hier das „Fallmaterial" besonders aussagekräftig.

Normative Ausgestaltung

Das GmbH-Recht hat die angesprochenen Problemkreise keiner geschlossenen Regelung unterworfen. Eine normative Ausgestaltung des Konfliktpotentials Vorgesellschaft findet sich nur im Ansatz: Wird vor der Eintragung im Namen der Gesellschaft gehandelt, so haftet der Handelnde persönlich, mehrere Handelnde haften als Gesamtschuldner (§ 11 Abs. 2 GmbHG).

Handelndenhaftung

Die Funktion der hier angesprochenen **Handelndenhaftung** entspricht im wesentlichen der Regelung hinsichtlich des falsus procurator (Vertreters ohne Vertretungsmacht – vgl. § 179 BGB). Geht es dort um die Einstandspflicht des Vertreters gegenüber dem Dritten wegen fehlender Vertretungsmacht, so folgt im Falle des § 11 Abs.2 GmbHG die Haftung des Organwalters im Verhältnis zum rechtsgeschäftlichen Gläubiger der Gesellschaft aus dem Umstand, daß es sich bei dem Vertretenen noch nicht um eine „perfekte" juristische Person handelt. Mit anderen Worten: noch fehlt es bezüglich der werdenden GmbH an einer registergerichtlichen Überprüfung (§ 9c GmbHG), ob und inwieweit die Pflichteinlagen (§ 7 Abs. 2 GmbHG) und die Sacheinlagen (§7 Abs.3 GmbHG) erbracht sind und somit zur freien Verfügung der Geschäftsführer stehen. Folgerichtig **endet die Haftung** gemäß § 11 Abs. 2 GmbHG – **rückwirkend** – mit der **Eintragung** der Gesellschaft in das Handelsregister (BGH NJW 1981, 1452 ff); der Handelnde wird frei. Dem Vertragspartner steht als Schuldner nunmehr nur die juristische Person zur Verfügung (§ 13 Abs.2 GmbHG).

Entsprechend der hier zutage tretenden „**Sicherungsfunktion**" des § 11 Abs.2 GmbHG findet die Regelung nicht nur beim Handeln im Namen der (künftigen) juristischen Person Anwendung; sie greift vielmehr auch dort Platz, wo der Geschäftsführer erkennbar im Namen der Vor-GmbH handelt (BGHZ 91, S. 148 ff = NJW 1984, S. 2164 ff – noch anders die Vorauflage). Dies folgt notwendig aus der insofern bestehenden Identität von Vorgesellschaft und „perfekter" GmbH. Die Gegenauffassung erscheint schon deswegen wenig praktikabel, weil der allgemeine Verkehr kaum randscharf zwischen einem Handel im Namen der (künftigen) GmbH und einem solchen im Namen der Vorgesellschaft trennt. Zwar erfaßt die Handelndenhaftung entsprechend ihrer Funktion **nur rechtsgeschäftliche Ansprüche** (BFH ZIP 1998, S. 1149 ff, 1150), doch gilt die hieraus folgende Einstandspflicht des Geschäftsführers auch für Bereicherungsansprüche (Leistungskondiktion) aus fehlgeschlagenen Rechtsgeschäften (OLG Karlsruhe ZIP 1998, S. 958 f).

Im übrigen umfaßt die Handelndenhaftung nur Fälle **organschaftlicher Vertretung:** Der Vertreter muß folglich als **Geschäftsführer (oder „faktischer" Geschäftsführer)** der juristischen Person in Erscheinung treten. Über § 11 Abs. 2 GmbHG ist eine Haftung der **Gründungsgesellschafter** auch dann nicht herzuleiten, wenn diese die Geschäftstätigkeit des Handelnden zurechenbar veranlaßt haben (BGHZ 65, 378 ff = NJW 1976, S. 419 ff.). Ob der Geschäftsführer sich seinerseits einer Hilfsperson – beispielsweise eines Angestellten der GmbH – bedient, bleibt allerdings unerheblich (BGH NJW 1980, 287 f.). Was den Umfang der Haftung betrifft, so stehen dem Vertragspartner gegenüber dem Geschäftsführer die gleichen Ansprüche zu wie gegenüber der Vorgesellschaft. Der Gläubiger hat folglich ein **Wahlrecht** zwischen Erfüllung und Schadensersatz. Im übrigen ist die Haftung des Organwalters **nicht subsidiär**; sie tritt insoweit neben die Verpflichtung der Vorgesellschaft. Soweit der Geschäftsführer seitens der Gläubiger in Anspruch genommen wird, ist er seinerseits berechtigt, bei der (Vor-) Gesellschaft **Regreß** zu nehmen. Dies folgt notwendig aus §§ 675, 670 BGB: Voraussetzung ist hierbei, daß er seine Vertretungsmacht nicht überschreitet. Demgegenüber besteht im Regelfall kein Regreßanspruch gegenüber den Gründungsgesellschaftern. Etwas anderes gilt nur dort, wo die Gesellschafter dem Geschäftsführer konkrete Weisungen hinsichtlich der Vornahme einzelner Rechtsgeschäfte erteilen.

Haftungsordnung der Vorgesellschaft

Von der oben beschriebenen Handelndenhaftung ist die Haftungsordnung der **Vorgesellschaft** deutlich zu unterscheiden: Berührt erstere die Einstandspflicht **des Geschäftsführers** bezüglich von ihm zu verantwortender Vertretungsakte, so betrifft die zweite die haftungsrechtliche Verantwortung **der Gründungsgesellschafter** hinsichtlich (rechtsgeschäftlicher) Verbindlichkeiten der **werdenden GmbH**.

Rechtsnatur der Vorgesellschaft

Das Haftungsmodell der Vorgesellschaft, insbesondere die Pflichtenstellung ihrer Gründungsgesellschafter, läßt sich nur unter Berücksichtigung teleologischer Erwägungen adäquat erfassen. Auszugehen ist hierbei von der Regelung des § 11 Abs. 1 GmbHG: Mangelt es dem Personenzusammenschluß vor dem Zeitpunkt der (konstitutiven) **Eintragung** an der Eigenschaft einer „juristischen Person", so scheidet eine Haftungsbegrenzung auf das Gesellschaftsvermögen grundsätzlich aus. Zwar findet bezüglich der gesellschaftlichen **Binnenstruktur (dem Innenverhältnis)** das Recht der (künftigen) GmbH auch **vor der** Eintragung auf die insofern bestehende Vorgesellschaft Anwendung – dies folgt bereits aus der privatautonomen Gestaltungsfreiheit der Gründergesellschafter -, doch gilt dies, angesichts des notwendigen **Gläubigerschutzes**, nicht hinsichtlich der **haftungsrechtlichen Außenordnung**. Insofern fehlt es an einer registergerichtlichen Überprüfung (§ 9c GmbHG) im Lichte der geltenden **Normativbedingungen**. Dies gilt insbesondere hinsichtlich der Aufbringung des gesetzlichen Haftungsfonds, des Stammkapitals (§ 5 GmbHG). Die hieraus resultierende **Gläubigergefährdung** bedarf notwendig ihres risikobegrenzenden Korrelats in Form einer **persönlichen Haftung der Gründergesellschafter**.

Umfang der Gesellschafterhaftung
Erweist sich die Vor-GmbH somit als **personengesellschaftlicher Zusammenschluß** sui generis, für dessen Verbindlichkeiten die einzelnen Gesellschafter **neben der Vorgesellschaft** grundsätzlich persönlich einzustehen haben, so stellt sich die Frage nach dem **Umfang** der Gesellschafterhaftung. Entspricht der Unternehmensgegenstand der Vorgesellschaft dem Definitionsbereich des § 1 Abs. 2 HGB, betreibt diese folglich ein kaufmännisches Handelsgewerbe, so erscheint es angesichts der normativen Auffangfunktion des § 105 HGB vorzugswürdig – auf den Willen der Gesellschafter kommt es insofern **nicht** an – die unbeschränkte persönliche Außenhaftung gemäß § 128 HGB auch im Verhältnis der Gründungsgesellschafter zur Vorgesellschaft Platz greifen zu lassen. Fehlt es an einem Handelsgewerbe, so bietet sich durchweg die Haftungsordnung der GbR als Lösungsmodell an (vgl. §§ 709, 714, 427 BGB). Demgegenüber vertrat der BGH lange Zeit das Konzept einer auf die Höhe der noch ausstehenden Stammeinlagen beschränkten Außenhaftung (BGHZ 62, S. 378 ff.; 72, S. 45 ff. = NJW 1978, S. 1978 ff.). der Gesellschafter. Die entsprach im Ergebnis weitgehend dem Haftungsmodell der KG (vgl. § 171 HGB). Nunmehr hat der BGH unter dem Eindruck der erheblichen Kritik seitens der Literatur und der Instanzgerichte sein Haftungsmodell grundlegend modifiziert (BGHZ 134, S. 333 ff. = NJW 1997, S. 1507 ff.):

Verlustdeckungspflicht
Die Regelung des § 13 Abs.2 GmbHG finde vor der Eintragung der Gesellschaft **keine** Anwendung. Es bestünde ein **erheblicher Wertungswiderspruch**, wenn einerseits der Geschäftsführer – gem. § 11 Abs.2 GmbHG – im Wege der „Handelndenhaftung" unbeschränkt für die Gesellschaftsverbindlichkeiten im Gründungsstadium einzustehen habe, andererseits die Gesellschafter – als maßgebliche „Herren" der GmbH – jedoch nur eine beschränkte Außenhaftung treffe. Zudem ergebe sich ein **haftungsrechtliches Ungleichgewicht** im Verhältnis zur zwingenden und unbeschränkten „**Unterbilanzhaftung**" nach der Eintragung (vgl. alsbald unten). Folgerichtig hätten die Gesellschafter **unbeschränkt und unbeschränkbar** für alle vor der Eintragung der Gesellschaft begründeten Verbindlichkeiten einzustehen.

Allerdings hat der BGH diese Haftung – insofern „spiegelbildlich" zur **Unterbilanzhaftung** – durchweg als „**Innenhaftung**" gegenüber der Gesellschaft ausgestaltet: Mit dem Scheitern der Eintragung – sei es in Folge der Insolvenz oder der „stillen" Liquidation der Vor – GmbH – seien die Gesellschafter **pro rata** – also nach Maßgabe ihrer Beteiligung – verpflichtet, **alle Verluste der Gesellschaft dieser gegenüber auszugleichen (Verlustdeckungspflicht)**. Im Interesse einer „Gleichbehandlung" aller Gläubiger sei der Verlustdeckungsanspruch der Gesellschaft durch den **Insolvenzverwalter** im Rahmen des Insolvenzverfahrens geltend zu machen. Soweit ein Gesellschafter seiner Verpflichtung zum anteiligen Verlustausgleich nicht nachkomme, treffe die übrigen Anteilseigner – entsprechend § 24 GmbHG – eine zwingende Ausfallhaftung. Demgegenüber komme eine unmittelbare „Außenhaftung" der Gesellschafter gegenüber den Gläubigern der Vor – GmbH nur ausnahmsweise in Betracht. Diese gelte beispielsweise im Falle der **vermögenslosen Vor – GmbH** (so jetzt ausdrücklich BAG NJW 1997, S. 3331 ff.), wenn es nicht zur Eröffnung des Insolvenzverfahrens komme, oder wenn die Gesellschaft **keinen Geschäftsführer mehr habe**, aber auch bei der **Einmann – Vor – GmbH** sowie dort, wo nur **ein Gläubiger** vorhanden sei (BGH a.a.O., S. 1212). Hier komme eine unmittelbare – anteilige – Haftung der Gesellschafter in Betracht.

Die Entscheidung hat im Schrifttum zu Recht **erhebliche Kritik** hervorgerufen, da sie im Ergebnis die „Abwicklungslast" insolventer Vor – Gesellschaften einseitig den Gläubigern zuordnet. Diese müssen – außerhalb des Insolvenzverfahrens – sich zunächst an die GmbH halten und können folglich erst nach einer eventuellen Pfändung der Ansprüche aus der Innenhaftung (§§ 829, 835 ZPO) – anteilsmäßig – auf die Gesellschafter zugreifen. Dies erscheint um so schwerer, als mangels Registereintragung das Innenverhältnis für die außenstehenden Gläubiger kaum zugänglich ist. Zur Eröffnung eines Insolvenzverfahrens bezüglich einer Vor – GmbH – als Prämisse des Haftungsmodells des BGH – wird es jedoch in der Regel nur höchst selten kommen. Dies gilt umso mehr, als hinsichtlich der Vor-Gesellschaft – anders als bezüglich der GmbH (§ 64 GmbHG) – **keine Insolvenzantragspflicht** des Geschäftsführers besteht.

Die Verlustdeckungspflicht endet notwendig **mit der Eintragung** der GmbH (§ 13 Abs.2 GmbHG). Diese bedeutet jedoch nicht, daß die Gesellschafter ihrer Verpflichtung, eine Minderung des Stammkapitals im Gründungsstadium auszugleichen, durch eine rasche Eintragung entgehen können. **Vielmehr setzt sich die Verlustdeckungspflicht vor der Eintragung – spiegelbildlich – in der Unterbilanzhaftung der Gründungsgesellschafter nach der Eintragung fort** (vgl. alsbald unten).

Die seitens des BGH entwickelten Haftungsregeln finden im übrigen keine Anwendung auf die „**unechte Vorgesellschaft**". Eine solche liegt vor, wenn die Gesellschafter ihre **Eintragungsabsicht endgültig aufgegeben haben** und den Geschäftsbetrieb dennoch unter der Firma der Vorgesellschaft oder der – angeblichen – GmbH fortsetzen. Betreibt die Gesellschaft ein kaufmännisches Handelsgewerbe (§ 1 HGB), so bestimmt sich die Haftung der Gesellschafter nach den Bestimmungen hinsichtlich der oHG (§ 128 HGB – BFH ZIP 1998, S. 1149 ff., 1151 f.). Fehlt es hieran, so gelten die Regelungen bezüglich der GbR (vgl. §§ 709, 4714, 427 BGB). Dies führt grundsätzlich zu einer unbeschränkten, gesamtschuldnerischen Haftung aller Gesellschafter für die Verbindlichkeiten der Vorgesellschaft (BAG ZIP 1997, S. 2199 ff., BGH ZIP 1999, S. 1755 ff.).

Die Rechts- und Parteifähigkeit

Im übrigen gilt es, die Frage der „**Entstehung**" der juristischen Person streng von der Problematik der „**Rechtsfähigkeit** der Vor-Gesellschaft zu trennen. Wie die Regelungen der § 124 HGB, § 7 Abs.2 PartGG zeigen, kommt im Lichte der positiven Rechtsordnung nicht nur juristischen Personen Rechtssubjektivität zu. Zudem wird zunehmend die Rechtsfähigkeit auch der unternehmenstragenden GbR anerkannt (vgl. oben II 1.1). Wenn hier gelegentlich von „Teilrechtsfähigkeit" gesprochen wird, erscheint dies wenig einsichtig, solange nicht dargetan wird, an welchem „Teil" der Rechtssubjektivität es bezüglich der Vorgesellschaft mangelt!

Nach der – zutreffenden – Rechtsprechung des BGH ist die Vorgesellschaft folglich unbeschränkt rechtsfähig (BGHZ 80, S. 129 ff. = NJW 1981, S. 1373 ff.). Sie kann unter ihrer Firma als Eigentümerin im Grundbuch eingetragen werden (BGHZ 45, S. S. 338 ff. = NJW 1966, S. 1311 ff.), ein Konto unterhalten (BGH a.a.O.) und Scheck- oder Wechselverbindlichkeiten eingehen (BGH ZIP 1998, S. 109 ff., 110) sowie die Funktion eines persönlich haftenden Gesellschafters (Komplementärs) in einer KG übernehmen (BGHZ 80, S. 129 ff. = NJW 198, S. 1373 ff.). Darüber hinaus kommt ihr in prozessualer Sicht (vgl. § 50 Abs.1 ZPO) sowohl die aktive (BGH ZIP 1998, S. 109 ff.) als auch die passive Parteifähigkeit (BAG GmbHR 1963, S. 109 ff., 110) sowie die Insolvenzfähigkeit zu.

Die Entstehung der juristischen Person

Mit der Eintragung in das Handelsregister erstarkt die Vor – GmbH kraft Gesetzes zur „juristischen Person", genauer: zur „perfekten" GmbH: Es handelt sich insofern um einen Fall des „identitätswahrenden Formwechsels" außerhalb des UmwG (vgl. § 202 Abs.1 Nr. 1 UmwG). Der Rechtsträger wechselt lediglich seine Form unter Beibehaltung aller Aktiva und Passiva; ein Vermögensübergang ist damit nicht verbunden. Zugunsten der Gesellschafter gilt nunmehr die Haftungsbeschränkung auf das Gesellschaftsvermögen (§ 13 Abs.2 GmbHG).

Die Weiterführung der im Vorstadium begründeten Verbindlichkeiten durch die GmbH führt zwangsläufig zu einer erheblichen Gefährdung des **normativen Haftungsfonds:** Soweit den Verbindlichkeiten kein entsprechender Zuwachs an Aktivvermögen entgegensteht, mindert sich das Haftungskapital der GmbH bereits vor deren Entstehung unter den gesetzlichen Mindestbetrag.

Vorbelastungsverbot

Die Rechtsprechung versuchte ursprünglich mit Hilfe des **Vorbelastungsverbotes** die Aufbringung des Haftungskapitals zu sichern: Nur **notwendige Verbindlichkeiten** (Gründungskosten, Verbindlichkeiten eines als Sacheinlage erbrachten Unternehmens) gingen **per se** auf die entstandene GmbH als „Rechtsnachfolgerin" der Vorgesellschaft über – im übrigen sei eine automatische Sukzession von Gesetzes wegen ausgeschlossen (BGHZ 53, 210 ff = NJW 1970, S. 806 ff.). Nach diesem Ansatz waren Vorgesellschaft und GmbH nicht identisch, sondern personenverschieden. Dies führte zu dem – nicht nur dogmatisch – kuriosen Ergebnis, daß die Vorgesellschaft auch nach Eintragung der GmbH als selbständiges Rechtssubjekt fortbestand. Die praktische Untauglichkeit des Lösungsansatzes lag vor allem darin begründet, daß die GmbH nicht gehindert war, die entstandenen Verbindlichkeiten **im Wege der (nachträglichen) Genehmigung** zu übernehmen. Zudem warf die Unterscheidung zwischen **notwendigen** und **anderen Verbindlichkeiten** erhebliche Probleme auf. Der BGH hat seine Rechtsprechung daher in BGHZ 80, 129 ff = NJW 81, S. 1373 ff zugunsten der „Identitätslehre", vgl. oben, ausdrücklich aufgegeben und durch das Modell der Unterbilanzhaftung nach Eintragung ersetzt.

Unterbilanzhaftung

In entsprechender Anwendung der Regelung des § 9 Abs. 1 GmbHG tritt anstelle des unpraktikablen Vorbelastungsverbotes die **Unterbilanzhaftung** (zum Teil auch: Differenzhaftung) der Gründer (BGH a.a.O.). Mindert sich das Stammkapital der Gesellschaft bereits vor Eintragung unter den satzungsgemäß festgelegten Betrag,

Teil III: Kapitalgesellschaften

besteht folglich im Zeitpunkt der Eintragung eine „Unterbilanz", so haften die Gesellschafter der Gesellschaft pro rata (anteilsmäßig) für den aufgetretenen Fehlbetrag. Die sich insofern ergebende Nachschußpflicht wird durch die **Ausfallhaftung** der Mitgesellschafter (§ 24 GmbHG) zusätzlich abgesichert. Dabei ist die Einstandspflicht der Gesellschafter in der Höhe nicht durch den Betrag der Stammeinlagen beschränkt. Eine bestehende Unterbilanz ist somit auch insoweit auszugleichen, wie eine Überschuldung der Gesellschaft besteht, der Verlust folglich das Stammkapital übersteigt. Das Risiko der Gesellschafter kann somit im Einzelfall den Betrag der übernommenen Einlageverpflichtung um ein Mehrfaches übersteigen.

Haftungsordnung der Vorgesellschaft

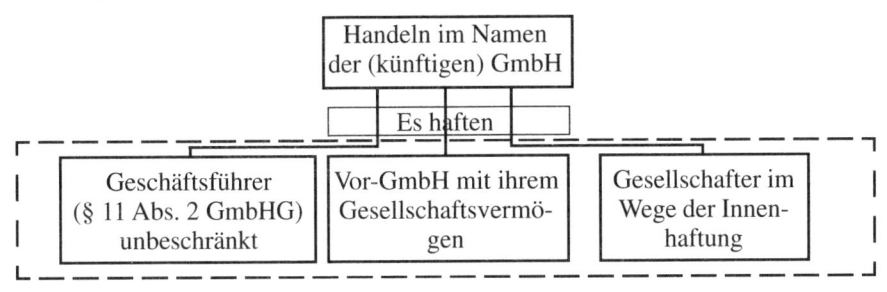

```
            Handeln im Namen
            der (künftigen) GmbH
                  |
               Es haften
     ┌────────────┼────────────┐
Geschäftsführer  Vor-GmbH mit   Gesellschafter im
(§ 11 Abs. 2    ihrem Gesell-   Wege der Innen-
GmbHG)          schaftsvermö-   haftung
unbeschränkt    gen
```

Die Haftung endet mit Eintragung der GmbH
GmbH und Vor – GmbH sind identisch, daher Beibehaltung aller Aktiva und Passiva
Die Gesellschafter haben Minderung des des gesetzlichen Haftungsfonds auszugleichen.

Vorgründungsgesellschaft

Hinsichtlich der Haftung im Gründungsstadium der Gesellschaft ist deutlich zwischen der **Vorgesellschaft** und der sog. **Vorgründungsgesellschaft** zu unterscheiden. Betrifft erstere das Stadium zwischen Abschluß des notariell beurkundeten Gesellschaftsvertrages (Errichtung) und Eintragung der GmbH in das Handelsregister (Entstehung), so besteht der **gemeinsame Zweck** (§ 705 BGB) der zwischen den Gesellschaftern bestehenden Vorgründungsgesellschaft gerade in der Vorbereitung, Ausarbeitung und dem Abschluß des künftigen GmbH-Vertrages. Es handelt sich folglich in der Regel um eine reine **Innengesellschaft**. Sie endet folglich, wenn mit Abschluß des notariell beurkundeten GmbH-Vertrags der gemeinsame Zweck erreicht wird (§ 726 BGB). Der notariellen Form bedarf die Vereinbarung nur, wenn sich die Gesellschafter bereits **verbindlich** zur Gründung einer GmbH verpflichten (vergl. oben). Im Gegensatz zur Vorgesellschaft finden auf die Vorgründungsgesellschaft die Bestimmungen des GmbH-Rechts auch keine entsprechende Anwendung. Solange der Gesellschaftsvertrag nicht notariell beurkundet ist, scheidet eine **Handelndenhaftung** gemäß § 11 Abs. 2 GmbHG des zukünftigen (organschaftlichen) Vertreters auch dann aus, wenn die Vorgründungsgesellschaft bereits – ausnahmsweise – ein Unternehmen betreibt (BGH NJW 1983, S. 2822 ff.; BGHZ 91, S. 148 ff.).

= NJW 1984, S. 2164 ff). Demgegenüber haften die **Gesellschafter** – sofern die Gesellschaft in diesem Entwicklungsstadium bereits nach außen handelnd in Erscheinung tritt – persönlich und gesamtschuldnerisch für die aus dem Vorgründungsstadium resultierenden Verbindlichkeiten (BGH NJW 1992, S. 2698 ff). Dies folgt – sofern die Gesellschafter gemeinsam ein kaufmännisches Handelsgewerbe betreiben (§§ 1, 105 HGB) – bereits aus § 128 HGB. Im übrigen ergibt sich die persönliche Haftung der Gesellschafter, wenn dem Zusammenschluß der Charakter einer GbR zukommt – aus den Bestimmungen der §§ 714, 709, 427 BGB. Da die zwischen den Gesellschaftern bestehende Vorgründungsgesellschaft weder mit der Vor-GmbH noch mit der juristischen Person identisch ist, findet mit Abschluß des notariell beurkundeten Gesellschaftsvertrages kein automatischer **Übergang** der hier entstandenen Verbindlichkeiten auf die Vorgesellschaft statt. Die persönliche Haftung der Gesellschafter aus dem Vorgründungsstadium bleibt somit bestehen.

3.5 Die Finanzstruktur der werbenden GmbH

3.5.1 Die Sicherung des Haftungsfonds
Kapitalaufbringung

Angesichts der Bedeutung des **Haftungsfonds** für das Funktionieren des gesellschaftsrechtlichen Regelungsmodells GmbH und den normativen Gläubigerschutz. wird bereits dessen **Aufbringung** mittels normativer Regelungen **umfassend abgesichert** (vgl. ausführlich oben).

Aufrechnungsverbot

Von ihrer **Einlagepflicht** können die Gesellschafter nicht befreit werden, die **Aufrechnung** mit einer der Gesellschaft gegenüber bestehenden Gegenforderung ist unzulässig (vgl. zur Problematik BGHZ 125, 141 – siehe bereits oben). An dem Gegenstand einer Sacheinlage kann wegen Forderungen, welche sich nicht auf den Gegenstand beziehen, kein **Zurückbehaltungsrecht** geltend gemacht werden (§ 19 Abs. 2 GmbHG). Eine Sachleistung findet nur dann Anrechnung auf die Stammeinlage, wenn sie gemäß § 5 Abs. 4 GmbHG im Gesellschaftsvertrag vorgesehen ist (§ 19 Abs. 5 GmbHG).

Verzögert sich die Einzahlung, so ist der betroffene Gesellschafter zur Entrichtung von **Verzugszinsen** verpflichtet (§ 20 GmbHG).

Die Höhe der Verzugszinsen richtet sich nach § 288 BGB. Die Regelung des § 353 HGB ist auch dann nicht anwendbar, wenn die Beteiligung auf Seiten des Gesellschafters ein **Handelsgeschäft** war. Im übrigen wird die Einlagepflicht in der Praxis regelmäßig durch **Vertragsstrafenversprechen** (§§ 336 ff. BGB) umfassend abgesichert.

Kaduzierung

Darüber hinaus steht der Gesellschaft – nach erfolgter **Nachfristsetzung** und hiermit verbundener Ausschlußandrohung – das Recht zu, den Geschäftsanteil des säumigen Gesellschafters zu kaduzieren (§ 21 GmbHG). Durch die **Ausschlußerklärung** (§ 21 Abs. 2 GmbHG) endet die korporative Rechtsstellung des betroffenen Anteilseigners. Die bereits erbrachten Leistungen sind für den Gesellschafter verloren. Demgegenüber bleibt der (nunmehr inhaberlose) Geschäftsanteil erhalten und ist seitens der Gesellschaft gemäß § 23 GmbHG zu verwerten. Für den verbleibenden Ausfall bleiben der ausgeschlossene Gesellschafter (§ 21 Abs. 3 GmbHG) und dessen Rechtsvorgänger (§ 22 GmbHG) weiterhin verhaftet.

Abandon

Entsprechend der Regelung des § 28 GmbHG findet die **Kaduzierung** auch im Falle der – satzungsgemäß vereinbarten – **beschränkten Nachschußpflicht** Anwendung. Sieht der Gesellschaftsvertrag eine **unbeschränkte Nachschußpflicht** vor, so steht dem zahlungsunwilligen Gesellschafter das Recht zum **Abandon (der Preisgabe)** zu (§ 27 GmbHG). Stellt der Gesellschafter seinen Geschäftsanteil der GmbH zur Verfügung, so findet innerhalb eines Monats die öffentliche Versteigerung statt. Verbleibt nach Deckung der Verkaufskosten und des rückständigen Nachschusses ein Überschuß, so gebührt dieser dem Gesellschafter. Macht der Anteilseigner von seinem Preisgaberecht keinen Gebrauch, so kann die Gesellschaft ihrerseits die entsprechenden Rechtsfolgen herbeiführen (§ 27 Abs. 1 Satz 2 GmbHG).

Ausfallhaftung

Eine erhebliche Bedeutung kommt der, die Kapitalaufbringung sichernde, Ausfallhaftung der GmbH-Gesellschafter zu (§ 24 GmbHG): Im Interesse eines funktionsgerechten **Gläubigerschutzes** bleibt die Beitragspflicht nicht auf die übernommene Stammeinlage beschränkt, sondern umfaßt eine (unabdingbare) Einstandspflicht hinsichtlich der Einlageleistung der Mitgesellschafter.

Kapitalerhaltung

Zur Sicherung der berechtigten Belange der Gläubiger und des Marktes unterliegt das Vermögen der GmbH einer **stringenten Kapitalbindung**, die jedoch hinter den Bestimmungen des Aktienrechts (vgl. § 57 Abs.3 AktG) deutlich zurückbleibt. Üblicherweise spricht man insofern von der „Erhaltung des Stammkapitals", doch ist diese Bezeichnung irreführend oder zumindest ungenau; handelt es sich bezüglich des Stammkapitals doch lediglich um eine in der Satzung (§ 3 Abs.1 Nr.3 GmbHG) und im Handelsregister (§10 Abs.1 Nr.1 GmbHG) ausgewiesene und feststehende **Rechnungsziffer** beziehungsweise eine gleichbleibende Bilanzposition (gezeichnetes Kapital, vgl. § 272 Abs.1 HGB) und nicht um die Widerspiegelung realer Vermögenswerte der Gesellschaft. So bestimmt denn auch § 30 GmbHG zutreffend, „das zur Erhaltung des Stammkapitals erforderliche Vermögen" dürfe nicht „an die Gesellschafter ausgezahlt werden".

Das satzungsmäßige Stammkapital steht somit – wie der Wortlaut zeigt – allenfalls in einem mittelbaren Zusammenhang mit dem tatsächlich vorhandenen Gesellschaftsvermögen; es dient vielmehr – seiner Funktion entsprechend – ausschließlich als **rechnerische Vergleichsgröße** im Rahmen des gesetzlichen Systems der Kapitalsicherung. Sofern das tatsächlich vorhandene Gesellschaftsvermögen den Betrag des Stammkapitals unterschreitet, also eine „Unterbilanz" besteht, unterliegt es einer strengen Vermögensbindung. Lediglich der das satzungsgemäße Stammkapital überschreitende Anteil des Gesellschaftsvermögens bleibt von der **normativen Kapitalbindung** ausgenommen und unterliegt insofern der Disposition seitens der Gesellschafter. Das in der Satzung festgeschriebene und in der Bilanz passivierte Stammkapital wirkt damit als „**Ausschüttungssperre**": Solange das Gesellschaftsvermögen nicht den Betrag des satzungsgemäßen Stammkapitals erreicht, darf es weder unmittelbar noch mittelbar an die Gesellschafter ausgezahlt werden. Aus dem zur Deckung des Stammkapitals erforderlichen Vermögen können folglich **keine Gewinnausschüttungen** vorgenommen werden. Dennoch geleistete Zahlungen sind der Gesellschaft von den Gesellschaftern gem. § 31 GmbHG zu erstatten. Dies gilt auch, wenn sie die Leistungen „in gutem Glauben" empfangen haben, soweit die unter Verstoß gegen die Kapitalbindung erhaltenen Rückzahlungen zur Befriedigung der Gesellschaftsgläubiger erforderlich sind (§31 Abs.2 GmbHG). Der Rückzahlungsanspruch ist durch die anteilige **Ausfallhaftung** der Mitgesellschafter ergänzend abgesichert (§31 Abs.3 GmbHG). Diese können ihrerseits den für die Auszahlung verantwortlichen Geschäftsführer (§ 43 Abs.3 GmbHG) in Regreß nehmen, sofern diesen – was zu vermuten ist (vgl. § 93 Abs.2 S.2 AktG) – ein Verschulden trifft. Rückzahlungs- (§ 31 Abs.5 S.1 GmbHG) und Regreßanspruch (§ 43 Abs. 4 GmbHG) verjähren in fünf Jahren. Allerdings beschränkt sich die „Einstandspflicht" der (Mit-) Gesellschafter nach der Regelungsfunktion der §§ 30, 31 GmbHG (Erhaltung des Stammkapitals! – vgl. § 30 Abs. 1 GmbHG) auf die Höhe der Stammeinlage des unberechtigten Zahlungsempfängers (BGHZ 60, S. 324 ff. = NJW 1973, S. 1039 ff.). Etwas anderes gilt nur, sofern die Mitgesellschafter ein **Verschulden** trifft (§ 276 BGB). Erkennen diese bei ihrer Beschlußfassung, „daß haftendes Kapital entnommen oder aus einem überschuldeten Gesellschaftsvermögen gezahlt wird", so sind sie der Gesellschaft im Lichte einer **positiven Verletzung des Gesellschaftsvertrags** (pVV) in voller Höhe zum Ersatz der erlittenen Einbuße verpflichtet (BGHZ 93, S. 146 ff. = NJW 1985, S. 194 ff.; jetzt aber einschränkend BGH ZIP 1999, S. 1352 ff.).

Bilanzielle Betrachtungsweise

Die konkrete Reichweite der Kapitalbindung ergibt sich im Einzelfall durch eine **bilanzielle Gegenüberstellung** des Gesellschaftsvermögens und des satzungsmäßigen Stammkapitals. Dabei finden durchgängig die allgemeinen Bilanzierungsgrundsätze Anwendung. Die vorhandenen Aktiva und Passiva sind folglich mit den fortgeschriebenen Buchwerten des letzten Jahresabschlusses in Ansatz zu bringen. Eine Auflösung stiller Reserven zur Erhöhung des Ausschüttungspotentials kommt nicht in Betracht. Die Gesellschaft bleibt folglich an ihre einmal ausgeübten Bilanzierungswahlrechte gebunden.

Sachleistungen

Eine verbotene Eigenkapitalrückgewähr liegt nicht nur in Geldzuwendungen an einen Gesellschafter, sie kann vielmehr auch dadurch erfolgen, daß die Gesellschaft gegenüber ihrem Mitglied Sachleistungen erbringt, denen **keine gleichwertige Gegenleistung** gegenübersteht (vgl. BGH, NJW 1987, 1194 ff.). Erfolgt die Leistung an einen Dritten, der dem Gesellschafter nahesteht (Kinder, Ehegatte, verbundene Unternehmen), so ist **auch der Nichtgesellschafter** zur Rückzahlung verpflichtet. Allerdings ist der Kreis der Betroffenen im Interesse der Rechtssicherheit eng zu ziehen. Etwas anderes gilt nur gemäß § 826 BGB, wenn Gesellschafter und Dritter zum Schaden der Gesellschaft arglistig zusammenwirken.

Konkurrenzen

Bei Rückzahlung des Stammkapitals konkurriert der Erstattungsanspruch gemäß § 31 GmbHG im Einzelfall mit dem dinglichen Herausgabeanspruch des § 985 BGB sowie entsprechenden Bereicherungs- und Schadensersatzansprüchen. Hierbei gilt es jedoch zu beachten, daß infolge des **Abstraktionsprinzips** nach überwiegender

Auffassung ein Verstoß gegen das gesetzliche Rückzahlungsverbot regelmäßig nur die Nichtigkeit des **schuldrechtlichen Kausalgeschäfts** nach sich zieht (BGHZ 69, S. 274 ff., 280 = NJW 1978, S. 160 ff; BGHZ 95, S. 188 ff., 191 f. = NJW 1985, S. 2947 ff.). Anders verhält es sich lediglich bei vorsätzlichen Zuwiderhandlungen (jetzt ausdrücklich anders BGHZ 136, S. 125 ff.).

Erwerb eigener Geschäftsanteile
Ebenso wie hinsichtlich der Aktiengesellschaft (§ 71 ff. AktG) zeigt der Erwerb **eigener Geschäftsanteile** seitens der GmbH besondere Probleme auf: So ergibt sich die potentielle Gefahr, daß – entgegen den Wertungen des § 30 GmbHG – der Vermögensbindung unterliegendes Eigenkapital an die Gesellschafter zurückfließt. Das Gesetz sieht daher in § 33 GmbHG kapitalsichernde Restriktionen vor: Soweit die Stammeinlagen nicht vollständig erbracht sind, bleibt der Anteilserwerb seitens der Gesellschaft ausgeschlossen. Hiervon abgesehen bleibt die Ausgestaltung des Regelungskonflikts entscheidend hinter den Begrenzungen des Aktienrechts (§ 71 AktG), die ein **weitgehendes Verbot** des Erwerbs eigener Anteile vorsehen, zurück: Wird der **normative Haftungsfonds** hiervon nicht berührt, so ist der Erwerb eigener Anteile, deren Stammeinlage vollständig erbracht ist, seitens der GmbH grundsätzlich zulässig (§ 33 Abs. 2 Satz 1 GmbHG). Hinsichtlich der Inpfandnahme gilt dies jedoch nur eingeschränkt (§ 33 Abs. 2 Satz 2 GmbHG).

Ein Verstoß gegen § 33 GmbHG führt unter den Voraussetzungen des ersten Absatzes zur Nichtigkeit des Verpflichtungs- und des dinglichen Verfügungsgeschäftes. Wird den Begrenzungen des zweiten Absatzes zuwider gehandelt, so bleibt, von der Unwirksamkeit des **schuldrechtlichen Kausalgeschäfts** abgesehen, der **dingliche Übertragungsakt** rechtswirksam (§ 33 Abs. 2 Satz 3 GmbHG). Die Rückabwicklung richtet sich folglich nach den §§ 812 ff. BGB.

Die Insolvenzantragspflicht
Die normative Gewährleistung der **Kapitalaufbringung** und Kapitalerhaltung schützt das Gesellschaftsvermögen und damit den Haftungsfonds nicht vor Verlusten im wirtschaftlichen Austauschprozeß. Dabei liegt es zunächst in der Hand der Gesellschafter, die Gesellschaft durch einen ergänzenden Kapitaltransfers zu sanieren. Ergibt eine Bilanz, daß das „Stammkapital" zur Hälfte „verloren" ist, so haben die Geschäftsführer zu diesem Zweck unverzüglich eine Gesellschafterversammlung einzuberufen (§49 Abs.3 GmbHG). Allerdings sind die Gesellschafter nicht verpflichtet, der GmbH neue Mittel zuzuführen. Eine Nachschußpflicht der Anteilseigner besteht gerade nicht, soweit der Gesellschaftsvertrag nicht – ausnahmsweise – eine entsprechende Verpflichtung vorsieht (§§ 27, 28 GmbHG). Machen die Gesellschafter von der Möglichkeit einer „Sanierung" keinen Gebrauch und wird der Haftungsfonds durch die Verbindlichkeiten der Gesellschaft aufgezehrt, so gilt es, im Interesse der Gesellschaftsgläubiger an der Gewährleistung einer **ausreichenden Insolvenzmasse** sowie zum Schutz **künftiger Vertragspartner,** die Gesellschaft frühzeitig „vom Markt zu nehmen" und die Eröffnung eines Insolvenzverfahrens herbeizuführen. Das Gesetz statuiert daher, über den allgemeinen Insolvenzgrund der **Zahlungsunfähigkeit** hinaus, auch im Falle der **Überschuldung** die zwingende **Insolvenzantragspflicht der Geschäftsführer** (§ 64 Abs. 1 GmbHG): Diese haben ohne schuldhaftes Zögern, spätestens aber 3 Wochen nach Eintritt des Insolvenzgrundes die Eröffnung des Insolvenzverfahrens zu beantragen.

Zahlungsunfähigkeit

Die GmbH ist **zahlungsunfähig**, wenn sie **voraussichtlich auf Dauer** nicht in der Lage ist, ihre **fälligen** Verbindlichkeiten zu erfüllen (§ 17 Abs.2 S.1 InsO). Vorübergehende **Zahlungsstockungen** begründen demgegenüber keine Insolvenzantragspflicht. Allerdings ist bei der Abgrenzung ein strenger Maßstab zugrunde zu legen. Eine über mehrere Wochen oder gar Monate anhaltende Illiquidität rechtfertigt grundsätzlich die Annahme einer dauernden Zahlungsunfähigkeit.

Überschuldung

Eine **Überschuldung** der Gesellschaft ist gegeben, „wenn das Vermögen die bestehenden Verbindlichkeiten nicht mehr deckt" (§ 19 Abs.2 S.1 InsO). Ausgangspunkt der Überschuldungsprüfung ist hierbei eine „bilanzielle Betrachtungsweise". In einem „**Vermögensstatus**" (einer „Überschuldungsbilanz") sind Vermögen und Schulden der Gesellschaft einander gegenüber zu stellen. Hinsichtlich der Bewertung einzelner Vermögensgegenstände sind dabei im Lichte der Funktion der Vermögensübersicht jedoch nicht die fortgeschriebenen Wertansätze des Jahresabschlusses zugrunde zu legen. Vielmehr kommt es darauf an, den „wahren" Wert des seitens der GmbH betriebenen Unternehmens zu ermitteln. Stille Reserven sind folglich offenzulegen, der Ansatz des „gezeichneten Kapitals" (Stammkapitals) bleibt außer Betracht. Nach dem seitens des BGH vertretenen **„zweistufigen Überschuldungsbegriffs"** (BGHZ 119, S. 201 ff, 213 ff = NJW 1992, S. 2891 ff; BGHZ 126, S. 181 ff, 199 f = NJW 1994, S. 2220 ff) waren hierbei die Wirtschaftsgüter des Anlagevermögens grundsätzlich zu Liquidationswerten in Ansatz zu bringen. Ergab sich hieraus eine „**rechnerische**" **Überschuldung**, so genügte dies alleine noch nicht zur Annahme des Überschuldungstatbestands. Eine „**rechtliche**" **Überschuldung** lag vielmehr nur vor, soweit im Lichte der Finanzkraft oder sonstiger objektiver Anhaltspunkte (Gesellschafterdarlehen, Liefer- und Abnehmerbeziehungen etc.) keine überwiegende Wahrscheinlichkeit dafür bestand, daß die Fortführung der Gesellschaft wenigstens mittelfristig gewährleistet ist („**positive Fortbestehensprognose**").

Neuer Überschuldungsbegriff

Dem ist der Gesetzgeber mit der Einführung der InsO zum 1.1.1999 nicht gefolgt. Gem. § 19 Abs.2 S.2 InsO ist lediglich bei der Bewertung des Schuldnervermögens im Überschuldungsstatus „die Fortführung des Unternehmens zugrunde zu legen, wenn dies nach den Umständen überwiegend wahrscheinlich ist". Der **Fortbestehensprognose** kommt somit nur noch im Rahmen des bilanziellen Wertansatzes eine (unselbständige) Bedeutung zu. Ergibt eine Überschuldungsbilanz zu Fortführungswerten eine rechnerische Überschuldung, so ist die Insolvenzreife auf jeden Fall gegeben. Auch eine noch so günstige Zukunftsprognose vermag hieran nichts zu ändern.

Schutzgesetz

Die Geschäftsführer haften der Gesellschaft für Zahlungen, die nach Eintritt eines Insolvenzgrundes geleistet wurden (§ 64 Abs. 2 GmbHG), soweit diese nicht mit der „Sorgfalt eines ordentlichen Geschäftsmannes" zu vereinbaren sind. Die Haftung erstreckt sich hierbei auf die durch die unzulässige Zahlung erfolgte Schmälerung der Insolvenzmasse. Darüber hinaus erweist sich die (strafbewehrte! – vgl. § 84 Abs.1 Nr.2 GmbHG) **Insolvenzantragspflicht** des Geschäftsführers gem. § 64 Abs.1 GmbHG als **Schutzgesetz** im Sinne von **§ 823 Abs. 2 BGB** gegenüber solchen Personen, die vor oder nach Eintritt des Insolvenzgrundes Gläubiger der Gesellschaft wurden. Dabei gilt es zu differenzieren:

a) Handelt es sich um sog. „**Altgläubiger**" deren Forderung bereits **vor der Insolvenzreife** der Gesellschaft begründet wurde, so haben diese lediglich Anspruch auf Ersatz des sog. „**Quotenschadens**" in Höhe der ursächlichen Minderung der Insolvenzquote durch die verspätete Antragstellung. Dieser Anspruch wird als „**Gesamtschaden**" durch den Insolvenzverwalter geltend gemacht (vgl. § 92 InsO). Der Nachweis eines entsprechenden Ursachenzusammenhangs stellt die (potentiellen) Anspruchsinhaber in der Regel vor erhebliche Beweisprobleme, so daß die praktische Bedeutung des „Quotenschadens" eher gering zu veranschlagen ist.

b) Handelt es sich um „**Neugläubiger**" deren Forderung gegenüber der Gesellschaft erst **nach Eintritt der Insolvenzreife** begründet wurde, so steht diesen ein Schadensersatzanspruch gegen den Geschäftsführer in Höhe ihres **gesamten Forderungsausfalls** gegenüber der insolventen Gesellschaft zu. (BGHZ 126, S. 181 ff., 193 ff. = NJW 1994, S. 2220 ff.). Dies folgt notwendig aus dem Umstand, daß bei rechtzeitiger Publizität des Insolvenztatbestandes der Abschluß eines Rechtsgeschäfts mit der (notleidenden) Gesellschaft unter Zugrundelegung vernünftiger kaufmännischer Erwägungen insgesamt unterblieben wäre. Dabei handelt es sich – anders als bei der „Quotenhaftung" – um einen „**Individualschaden**". Die geschädigten Gläubiger sind somit nicht gehindert, ihre Ersatzansprüche außerhalb des Insolvenzverfahrens geltend zu machen. Eine ergänzende Befugnis des Insolvenzverwalters besteht insofern nicht (BGHZ 138, S. 211 ff., S. 214 f.). Zwar setzt die Haftung ein Verschulden des Geschäftsführers voraus, doch trifft diesen insofern die Beweislast (vgl. § 93 Abs.2 S.2 AktG). Im übrigen gilt auch im Rahmen der Insolvenzhaftung der strenge Verschuldensmaßstab des § 43 Abs.1 GmbHG.

3.5.2 Eigenkapitalersetzende Gesellschafterdarlehen

Literatur: Goette, Die höchstrichterliche Rechtsprechung zur Behandlung eigenkapitalersetzender Leistungen im GmbH-Recht, DStR 1997, S. 2027 ff.

ders., Einige Aspekte zum Eigenkapitalersatz aus richterlicher Sicht; ZHR 162 (1998), S. 223 ff.

Habersack, Eigenkapitalersatz im Gesellschaftsrecht, ZHR 162 (1998), S. 201 ff.

Keßler, Zivilrechtliche Haftungsrisiken der Betriebsaufspaltung, GmbHR 1993, S. 541 ff.

Angesichts der stringenten Bindung des unternehmerischen **Eigenkapitals** (§ 30 GmbHG – vgl. oben) und der schwierigen, mit Risiken verbundenen Beschaffung von **Fremdmitteln** (die Geschäftsbanken verlangen regelmäßig **Personalsicherheiten** in Form von selbstschuldnerischen Bürgschaften der Gesellschafter und/oder Geschäftsführer), liegt es seitens der Gesellschafter nahe, die Stammeinlagen auf das gesetzliche Mindestmaß zu beschränken (§ 5 Abs.1 GmbHG) und das darüber hinaus benötigte Betriebskapital der Gesellschaft durch **Darlehen der Anteilseigner** bereitzustellen (formelle Unterkapitalisierung – vgl. auch unten 3.6). Diese sind als „Fremdmittel" – den Vertragsbedingungen entsprechend – gegebenenfalls **rückzahlbar** und führen in der Insolvenz der Gesellschaft zu einer entsprechenden **Insol-**

venzforderung der Darlehensgeber. Sieht man von der allgemeinen Problematik **unterkapitalisierter Gesellschaften** ab (hierzu unten: 3.6), so ergeben sich aus Sicht des Marktes spezifische Risiken der Darlehensfinanzierung kapitalschwacher Gesellschaften: Wird durch die in der Darlehensgewährung liegende Liquiditätszufuhr der erforderliche Insolvenzantrag verzögert, so führt dies, wenn die Sanierung scheitert, zu einer erheblichen **Schmälerung der Insolvenzmasse** und einer **Täuschung der (zwischenzeitlichen) Vertragspartner** hinsichtlich der Finanzkraft der Gesellschaft. Mit anderen Worten: Die Gesellschaft erscheint aufgrund der gewährten Gesellschafterkredite aus Sicht der (potentiellen) Vertragspartner leistungsfähiger, als es ihrer tatsächlichen Kapitalausstattung und der „realistischen" Bewertung ihrer Liquiditätslage durch den Markt entspricht. Zwar sind die Gesellschafter grundsätzlich nicht gehindert, den über die Deckung des Stammkapitals hinausgehenden Kapitalbedarf ihrer Gesellschaft in Form von Krediten oder sonstigen Fremdmitteln zu decken, doch setzen sie sich zu ihrem eigenen Verhalten in Widerspruch (§ 242 BGB), wenn sie eine Finanzierungslücke zunächst durch Darlehen überbrücken, dann jedoch – vor der endgültigen Überwindung der Krise – die gewährten Mittel unter Berufung auf den Darlehensvertrag oder dessen Kündigung wieder zurückfordern.

Die „Finanzierungsverantwortung" (BGHZ 105, S. 168 ff., 175 f. = NJW 1988, S. 3143 ff.; BGH NJW 1996, S. 3203 ff.) der Anteilseigner gebietet es diesen daher, der Gesellschaft die Kredite solange zu belassen, bis die Sanierung gelungen ist. Die Gesellschafter müssen sich daher entscheiden, ob sie die Gesellschaft in der Krise liquidieren oder fehlendes bzw. verlorengegangenes Eigenkapital durch solche Mittel ersetzen, die dem Gesellschaftszweck **auf Dauer** gewidmet sind. Führen sie der Gesellschaft unter Mißachtung dieser Verpflichtung Kreditmittel zu, so können sie sich auf den **„formellen" Fremdkapitalcharakter** dieser Leistung solange nicht berufen, wie nicht der Liquiditätsengpaß überwunden ist. Die überlassenen „Fremdmittel" werden im Lichte ihrer **„eigenkapitalersetzenden Funktion"** haftungsrechtlich **„verstrickt"** und somit als „materielles" Eigenkapital dem gläubigersichernden Haftungsfonds zugeordnet. Das GmbH-Recht behandelt folglich – entsprechend der gefestigten Rechtsprechung des Bundesgerichtshofs (siehe grundlegend: BGHZ 31, 258 ff. – „Luft-Taxi" = NJW 1960, S. 285 ff.) – **eigenkapitalersetzende Gesellschafterdarlehen in der Insolvenz** der Gesellschaft als **haftendes Eigenkapital**.

Eigenkapitalersetzende Funktion
Die eigentliche Problematik der gesetzlichen Regelung liegt in der Bestimmung der **eigenkapitalersetzenden Funktion** der Darlehenshingabe begründet: Der gesetzliche Referenzmaßstab der „ordentlichen Kaufleute" (§ 32a Abs.1 S.1 GmbHG) erweist sich zur praktikablen Abgrenzung „eigenkapitalersetzender" Gesellschafterdarlehen und „unverstrickter" und damit frei rückzahlbarer Gesellschafterkredite als nur begrenzt tauglich. So sind nämlich keineswegs alle seitens der Gesellschafter zur Verfügung gestellten Fremdmittel gebunden; es kommt vielmehr entscheidend auf den **Finanzstatus** der Gesellschaft im Zeitpunkt der Kreditvergabe an. Entscheidend ist folglich die Frage, ob die Gesellschaft zum Zeitpunkt der Kreditgewährung **von seiten „professioneller" Kreditgeber (Banken, Sparkassen etc.) ein Darlehen zu marktüblichen Konditionen erhalten hätte** (BGHZ 81, S. 365 ff, 367; BGHZ 105, S. 168 ff, 175 = NJW 1988, S. 3143 ff). Fehlt es hieran und war die Gesellschaft folglich **„kreditunwürdig"**, so kommt den überlassenen Mitteln eine eigenkapitalersetzende Funktion zu. Gleiches gilt dort, wo die Gesellschaft bei der

Gewährung des Darlehens zunächst noch kreditwürdig war; die Gesellschafter jedoch in der nachfolgenden Krise die an sich mögliche Rückführung der Mittel nicht geltend machen. Sei es, daß sie das fällige Darlehen zugunsten der Gesellschaft „stehenlassen", sei es, daß sie von einer bestehenden Kündigungsmöglichkeit keinen Gebrauch machen, um so den alsbaldigen Zusammenbruch der Gesellschaft zu verhindern (BGH NJW 1981, S. 1666 ff., 1667; BGH NJW 1986, S. 1928 ff., 1929).

Sieht man hiervon ab, so kommt unabhängig vom Tatbestand der „Kreditunwürdigkeit" eine „Verstrickung" der Gesellschafterleistung in Betracht, wenn die Finanzierung der Gesellschaft von Anfang an planmäßig und langfristig auf Gesellschafterkredite ausgerichtet ist (sog. „Finanzplankredite" vgl. BGH NJW 1988, S. 1841 ff., 1842 f.).

Ausdehnung des Anwendungsbereichs

Der Normbereich des § 32a GmbHG umfaßt – angesichts der seitens des Gesetzgebers geforderten teleologischen Anwendung (vgl. § 32a Abs. 3 S.1 GmbHG) – auch „sonstige Rechtshandlungen eines Gesellschafters oder eines Dritten, die der Darlehensgewährung....wirtschaftlich entsprechen". Dies gilt zunächst gem. § 32a Abs. 2 GmbHG, soweit ein Dritter der Gesellschaft im Stadium der Kreditunwürdigkeit ein Darlehen gewährt, für dessen Rückzahlung sich ein Gesellschafter verbürgt oder in sonstiger Weise Sicherheit geleistet hat. Der Dritte kann hier von der Gesellschaft nur insoweit Befriedigung verlangen, wie er bei der Inanspruchnahme der Sicherheit einen Ausfall erleidet.

Sieht man hiervon ab, so werden einem Gesellschafter die für ihn handelnden **Strohmänner** und **Treuhänder** gleichgestellt. Ebenso unterfällt die Beteiligung als **stiller Gesellschafter** (§§ 230 ff. HGB) dem Schutzzweck der Norm; das Insolvenzvorrecht des Stillen (§ 236 HGB) wird insofern verdrängt (BG NJW 1981, 2251 f.). Darüber hinaus unterfällt die Gewährung von Sachleistungen (Vermietung und Verpachtung) seitens der Gesellschafter – insbesondere die Zurverfügungstellung von Anlagevermögen durch die Besitzgesellschaft im Falle der **Betriebsaufspaltung** – dem von § 32a GmbHG umfaßten Regelungsbereich (§ 32a Abs. 3 GmbHG). Der BGH hat dies für die Fälle der „**eigenkapitalersetzenden Nutzungsüberlassung**" ausdrücklich bestätigt (BGHZ 109, S. 55 ff., 57 ff. = NJW 1990, S. 516 ff.; BGHZ 121, S. 31 ff. = NJW 1993, S. 392 ff.; BGHZ 127 S. 1 ff. = NJW 1994, S. 2349; BGHZ 127, S. 17 ff. = NJW 1994, S. 2760 ff.; BGH ZIP 1997, S. 1375 ff., 1376 f. – „Lagergrundstück I-V"). In der entsprechenden Parallelwertung zur Kreditvergabe kommt es – was die „Verstrickung" der Vermögensgegenstände betrifft – auf die „**Überlassungswürdigkeit**" der Gesellschaft im Zeitpunkt der Nutzungsüberlassung an. Entscheidend ist somit, ob gesellschaftsfremde Dritte der Gesellschaft in Kenntnis ihrer Finanzlage das von ihr genutzte Wirtschaftsgut zu „marktüblichen Konditionen" überlassen hätten.

Allerdings führt die Annahme einer eigenkapitalersetzenden Nutzungsüberlassung nicht etwa dazu, der Gesellschaft unter Mißachtung der dinglichen Rechtslage, d.h. des Eigentums des Gesellschafters, die Sachsubstanz zuzuweisen und beispielsweise dem Verwalter im Rahmen eines Insolvenzverfahrens die Zwangsversteigerung eines Gesellschaftergrundstücks zu gestatten. Gegenstand der „verstrickten" Gesellschafterleistung **ist lediglich die – zeitlich befristete – Nutzung**. Nur bezüglich dieser kommt dem Insolvenzverwalter ein Verwertungsrecht zu. Er ist folglich nach Eröffnung des Insolvenzverfahrens berechtigt, den überlassenen Vermögensgegenstand im Rahmen der verbleibenden Restlaufzeit des Überlassungsvertrags kostenlos weiter für die Gesellschaft zu nutzen. Darüber hinaus kann er im vorgegebenen zeitlichen Rahmen auch einem Dritten die Nutzung gestatten und den dabei erzielten Erlös zur Insolvenzmasse ziehen. Erfolgte – wie im Regelfall – die eigenkapitalersetzende Nutzungsüberlassung entgeltlich, so unterliegt das in der Vergangenheit seitens der Gesellschaft entrichtete Überlassungsentgelt zudem der Rückforderung seitens des Insolvenzverwalters gem. § 31 GmbHG, § 135 InsO; §§ 30, 31 GmbHG (vgl. sogleich unten).

Umfang der Verstrickung
Was die Rechtsfolgen der Verstrickung betrifft, so spiegelt die gesetzliche Regelung, wie sie durch die „kleine" GmbH Novelle des Jahres 1980 geschaffen und im Rahmen der Insolvenzrechtreform zum 1.1.1999 geändert wurde, die Rechtslage nur sehr unvollkommen wieder. Gem. § 32a GmbHG kann der kreditgebende Gesellschafter seinen Rückzahlungsanspruch hinsichtlich der „eigenkapitalersetzenden" Gesellschafterleistung im Insolvenzverfahren über die Gesellschaft nur **nachrangig** geltend machen. Soweit die Rückzahlung der Fremdmittel innerhalb des letzten Jahres vor Eröffnung des Insolvenzverfahrens erfolgt ist, kommt dem Insolvenzverwalter gem. § 135 Nr. 2 InsO ein **Anfechtungsrecht** gegenüber dem Gesellschafter zu. Nach erfolgter Anfechtung ist dieser zur **Rückgewähr** der empfangenen Leistungen zur Insolvenzmasse verpflichtet (§ 143 InsO). Im Rahmen der Einzelzwangsvollstreckung ergibt sich die vergleichbare Rechtsfolge aus § 6 AnfG.

Rechtsprechungsregeln
Soweit die Darlehensvaluta dem **Ersatz verlorengegangenen Stammkapitals** dienen, unterliegen sie nach der Rechtsprechung (sog. **Rechtsprechungsregeln**) zusätzlich der zwingenden Ausschüttungssperre des § 30 GmbHG (BGHZ 90, S. 370 ff. = NJW 1984, S. 1891 ff.; BGHZ 95, S.188 ff. = NJW 1985, S. 2947 ff.). Werden folglich einer – kreditunwürdigen – Gesellschaft seitens der Gesellschafter (eigenkapitalersetzende) Kredite gewährt, so unterfallen die überlassenen Mittel insoweit der zwingenden Kapitalbindung des § 30 GmbHG (vgl. oben), wie diese zum **Ausgleich einer bestehenden Unterbilanz** benötigt werden. Beide Regelungstatbestände – die gesetzlichen Vorgaben gem. § 32a GmbHG, § 135 InsO sowie die Rechtsprechungsregeln – stehen in **Anspruchskonkurrenz**. Sie gelangen folglich „nebeneinander" zur Anwendung. Dabei reichen die gesetzlichen Vorgaben insofern weiter, als diese grundsätzlich die seitens der Gesellschafter ausgereichten Fremdmittel **in ihrer Gesamtheit** erfassen, auch soweit diese nicht zur Abdeckung des satzungsmäßigen Stammkapitals benötigt werden. Die Kapitalbindung gem. § 30 erweist sich aus Sicht der Gläubiger und insbesondere des Insolvenzverwalters ihrerseits insofern als günstiger, als gem. § 31 Abs.5 S.1 GmbHG alle gegen § 30 GmbHG verstoßenden Rückzahlungen **innerhalb der letzten fünf Jahre** der Rückforderung unterliegen. Demgegenüber erfaßt die Rückwirkung der Insolvenzanfechtung (§ 135 Nr. 2 InsO) **nur das letzte Jahr** vor Verfahrenseröffnung!

Beispiel
Beträgt das Stammkapital der Gesellschaft 25.000 Euro und der Wert des Gesellschaftsvermögens abzüglich der Verbindlichkeiten lediglich 10.000 Euro; so besteht in Höhe von 15.000 Euro eine **Unterbilanz**. Gewährt ein Gesellschafter nunmehr ein Darlehen in Höhe von 20.000 Euro, so kommt diesem angesichts der geringen Eigenkapitalbasis der Gesellschaft in der Regel ein „eigenkapitalersetzender Charakter" zu. In **Höhe von 15.000 Euro** unterliegt der Kredit der **Aus-**

schüttungssperre gem. **§ 30 GmbHG**. Das Darlehen darf – solange die Unterbilanz besteht – nicht zurückgeführt werden. Für dennoch erfolgte Rückzahlungen haften neben dem Empfänger (§ 31 GmbHG), dessen Mitgesellschafter (§ 31 Abs.3 GmbHG) und der Geschäftsführer (§ 43 Abs. 3 GmbHG). Der Haftungszeitraum beträgt dabei fünf Jahre (§ 31 Abs. 5 GmbHG). Zwar unterliegt der gesamte Kredit der Verstrickung gem. § 32a GmbHG, doch hindert dies nicht die Rückführung des das Stammkapital übersteigenden Betrags von 5.000 DM. Nur im Falle der Eröffnung eines Insolvenzverfahrens binnen Jahresfrist kommt dem Insolvenzverwalter auch in Höhe dieses Betrags ein Anfechtungsrecht zu (§ 135 Nr.2 InsO).

Minderheitsgesellschafter und Sanierungsprivileg
Eine weitreichende und wenig sinnvolle Beschränkung der Kapitalersatzregeln bringt nunmehr das KapAEG vom 20.4.1998 (BGBl. I S. 707) bezüglich solcher (Minderheits-) Gesellschafter, deren Beteiligung an der Gesellschaft **zehn Prozent des Stammkapitals** nicht übersteigt. Diese werden sowohl von den Bindungen der §§ 32a ff. GmbHG als auch von den Vorgaben der Rechtsprechungregeln (§§ 30, 31 GmbHG analog – vgl. oben) befreit, soweit sie nicht gleichzeitig in der Geschäftsführung tätig sind (§ 32a Abs. 3 S.2 GmbHG). Dies dürfte künftig einer **geschickten Umgehung** der im übrigen zwingenden Kapitalersatzregeln Tür und Tor öffnen; zumal sich ein entsprechender Einfluß im gesellschaftsrechtlichen Binnengefüge durch ergänzende schuldrechtliche Absprachen auch bei geringer kapitalmäßiger Beteiligung sicherstellen läßt. Eine entsprechende Sonderregelung hat das KonTraG vom 27.4.1998 (BGBl. I S. 786) als „Sanierungsprivileg" – vor allem zugunsten von Kreditinstituten – eingeführt (§ 32a Abs. 3, S. 3 GmbHG).

Bilanzierung
Entgegen ihrer insolvenzrechtlichen Behandlung als Eigenkapital der Gesellschaft sind Gesellschafterdarlehen bilanzmäßig als Verbindlichkeiten auszuweisen, diese erhöhen somit **nicht** das bilanzielle Eigenkapital. Dies gilt auch im Rahmen der **Überschuldungsbilanz**. Demgemäß führt die Kreditgewährung nicht zu einer Verzögerung des für die Insolvenzantragspflicht gemäß § 64 GmbHG maßgeblichen Zeitpunktes; vielmehr ist der bestehende Rückzahlungsanspruch des Gläubigers zu passivieren und trägt folglich zur „Vorverlagerung" der Überschuldung bei (vgl. BGH NJW 1994, S. 724 f., 725). Die Gegenauffassung (OLG München NJW 1994, S. 3112 ff., 3114; LG Waldshut-Tiengen, DB 1995, S. 2157) verkennt die gläubigerschützende Funktion des Überschuldungstatbestands und ist durch **§ 39 Abs. 1 Nr. 5 InsO** überholt. Zudem haben es die Gesellschafter in der Hand, durch die Vereinbarung einer „**Rangrücktrittserklärung**" die Überschuldungswirkung der Gesellschafterdarlehen zu vermeiden (BGH a.a.O.). Die InsO steht dem – im Gegensatz zu einer gelegentlich geäußerten Auffassung – nicht entgegen.

3.5.3 Kapitalerhöhung und Kapitalherabsetzung
Kapitalerhöhung
Ähnlich der normativen Ausgestaltung der Aktiengesellschaft (hierzu: 1.5.3.2) ist hinsichtlich der GmbH zwischen einer **Kapitalerhöhung durch Einlagen** (effektive Kapitalerhöhung) sowie einer **Kapitalerhöhung aus Gesellschaftsmitteln** (nominelle Kapitalerhöhung) zu unterscheiden. Führt erstere zu einer **effektiven** Zu-

fuhr neuer Ressourcen, so werden im zweiten Falle umwandlungsfähige Rücklagen (§ 57c GmbHG) in, der **Ausschüttungssperre** unterliegendes, Stammkapital umgewandelt.

Satzungsänderung

Angesichts der zwingenden gesellschaftsvertraglichen Fixierung des Stammkapitals (§ 3 Abs. 1 Nr. 3 GmbHG) bedarf jede Veränderung hinsichtlich des normativen Haftungsfonds eines **satzungsändernden Gesellschafterbeschlusses:** Dieser setzt eine Mehrheit von 3/4 der abgegebenen Stimmen voraus und ist notariell zu beurkunden (§ 53 Abs. 2 Satz 1 GmbHG). Zwar kann der Gesellschaftsvertrag weitere Erfordernisse vorsehen, doch sind Abmilderungen nicht möglich (§ 53 Abs. 2 Satz 2 GmbHG).

Effektive Kapitalerhöhung

Die Kapitalerhöhung durch Einlagen (§§ 55 ff. GmbHG) führt zur Bildung neuer Stammeinlagen, hinsichtlich derer den bisherigen Gesellschaftern ein grundsätzliches **Bezugsrecht** zusteht. Ein Bezugsrechtsausschluß ist nur ensprechend den erschwerten Bedingen des Aktienrechts zulässig (1.5.3.2) und bedarf stets eines **sachlichen Grundes** (strittig). Hierbei gilt es insbesondere die Wertungen des gesellschaftsrechtlichen **Gleichbehandlungsgrundsatzes** zu beachten, die Privilegierung einzelner Anteilseigner erweist sich als unzulässig.

Demgegenüber scheitert eine Verpflichtung der Gesellschafter zur Übernahme neuer Stammeinlagen regelmäßig an § 53 Abs. 3 GmbHG, sie bedarf der Zustimmung **aller** Beteiligten. Die gesellschaftsrechtliche **Treuepflicht** kann hierbei zu keiner anderen Wertung führen.

Übernahme der Stammeinlagen

Die Übernahme der neu gebildeten Stammeinlagen setzt einen mitgliedschaftlichen Vertrag zwischen den Übernehmern und der Gesellschaft voraus. Die dahingehende Willenserklärung des Übernehmers bedarf der notariellen Beurkundung (§ 55 Abs. 1 GmbHG). Der Mindestbetrag der Stammeinlage sowie die Rechtsfolgen einer verzögerten Einzahlung richten sich nach den Vorschriften bezüglich des **Gründungsvorganges.** Insofern haftet der neu eintretende Gesellschafter – entsprechend § 24 GmbHG – für eventuell eintretende Ausfälle bezüglich der **ursprünglichen Einlage** der Gründungsgesellschafter (RGZ 132, 393 ff.). Hinsichtlich des weiteren Verfahrens, insbesondere bezüglich der Kapitalerhöhung durch Sacheinlagen, siehe § 56 ff. GmbHG und die Ausführungen zum Gründungsvorgang (2.4.1).

Nominelle Kapitalerhöhung

Die Kapitalerhöhung aus Gesellschaftsmitteln richtet sich nach den §§ 57c ff. GmbHG. Werden hierbei neue Stammeinlagen gebildet, so stehen diese **zwingend** den Altgesellschaftern im Verhältnis ihrer bisherigen Beteiligung zu (§ 57 Abs. 1 GmbHG). Die der Erhöhung zugrunde liegende Bilanz bedarf der Prüfung durch Wirtschaftsprüfer oder – bei kleinen Gesellschaften – durch vereidigte Buchprüfer (§ 57e GmbHG). Hinsichtlich der Einzelheiten muß auf die Bestimmungen der §§ 57c-o GmbHG verwiesen werden.

Kapitalherabsetzung

Die Herabsetzung des unternehmerischen Stammkapitals folgt der Regelung des § 58 GmbHG. Diese enthält – wegen der damit verbundenen Minderung des den

Gläubigern zur Verfügung stehenden Haftungssubstrats – insbesondere Vorschriften, die der Sicherung der Gesellschaftsgläubiger dienen (§ 58 Abs. 1 Nr. 2, Nr. 3, Nr. 4 GmbHG). Die im Falle der **effektiven Kapitalherabsetzung** drohende Gefährdung durch (teilweise) Auskehrung des Haftungsfonds an die Gesellschafter wird somit vermieden.

3.6 Durchgriffshaftung

Problemstellung

Die GmbH ist als juristische Person **eigenständiges** Zuordnungssubjekt von Rechten und Pflichten, sie haftet somit **unbeschränkt** für die seitens ihrer Organe eingegangenen Verbindlichkeiten. Demgegenüber findet eine Haftung der **Gesellschafter** für Schulden der **Gesellschaft** regelmäßig nicht statt (§ 13 Abs. 2 GmbHG). Das Vermögen der Anteilseigner unterliegt somit nicht dem Vollstreckungszugriff der **Gesellschaftsgläubiger**. Allerdings ist es den Gesellschaftsgläubigern möglich, im Wege der Forderungspfändung (§§ 829, 835 ZPO) die Zwangsvollstreckung in die – noch nicht befriedigten – Einlageforderungen oder sonstigen Ansprüche der Gesellschaft gegenüber ihren Gesellschaftern zu betreiben.

Trotz des **institutionalisierten Haftungsprivilegs** stellt sich die Frage, ob – angesichts der geringen Eigenkapitalquote und der daraus folgenden Insolvenzanfälligkeit der GmbH – in bestimmten Konstellationen der **Haftungsdurchgriff** auf die Gesellschafter der GmbH zulässig bleibt. Hierbei gilt es, die grundsätzliche Wertentscheidung des Gesetzgebers hinsichtlich der Haftungsbeschränkung zu beachten: „Keinesfalls darf über die Rechtsfigur einer juristischen Person leichtfertig und schrankenlos hinweggegangen werden" (BGHZ 61, 380 ff = NJW 1974, S. 134 ff).

Vertragliche Ansprüche

Als unproblematisch erweisen sich insofern vertragliche Ansprüche. Liegt ein rechtsgeschäftlicher Verpflichtungstatbestand seitens der Gesellschafter vor (Bürgschaft, Garantie, Schuldbeitritt), so ergibt sich eine Einstandspflicht bereits aus Grundsätzen des allgemeinen Zivilrechts. Darüber hinaus bleibt eine Haftung nach den Grundsätzen des Verschuldens bei Vertragsschluß (cic) insbesondere zu Lasten des Gesellschafter- Geschäftsführers sowie eine deliktsrechtliche Einstandspflicht in Ausnahmefällen möglich (vgl. oben 3.2.1).

Rechtsmißbrauch

Sieht man von vertraglich begründeten **Personalsicherheiten** ab – eine entsprechende Sicherung ist regelmäßig nur seitens der Banken und Großlieferanten durchsetzbar -, so stellt sich die Frage nach einer weitergehenden Haftung hinsichtlich **unterkapitalisierter Gesellschaften.**

Von der hier angesprochenen **materiellen Unterkapitalisierung** ist die **formelle (nominelle) Unterkapitalisierung** zu unterscheiden. Eine lediglich formelle Unterkapitalisierung liegt vor, wenn die Gesellschafter der Gesellschaft die benötigte Kapitalausstattung im Wege von Gesellschafterdarlehen oder sonstigen Fremdmitteln zur Verfügung stellen. Dies betrifft somit insbesondere den Anwendungsbereich der §§ 32a f GmbHG oder der ergänzenden Rechtsprechungsregelungen (vgl. oben 3.5.2). Demgegenüber geht es hinsichtlich der „materiellen" Unterkapitalisierung um die weiterreichende Frage, ob und inwiefern die Gesellschafter über die gesetzlichen Mindestvorgaben hinaus (§ 5 Abs.1 GmbHG) verpflichtet sind, die Gesellschaft mit einem am Unternehmenszweck orientierten „angemessenen" und „risikoadäquaten Eigenkapital auszustatten.

Auch hier folgt eine Einstandspflicht **der Gesellschafter** zunächst aus der allgemeinen Haftungsordnung des Deliktsrechts: Insbesondere im Lichte von **§ 826 BGB** kann der Durchgriff auf die Gesellschafter deliktsrechtlich geboten sein BGH NJW 1979, S. 2104 ff = WM 1979, 229 ff).

Beispiel
Im Beispielsfall hatte sich eine GmbH & Co. KG gegenüber ihren Gesellschaftern verpflichtet, auf eigene Rechnung Eigentumswohnungen zu erstellen und diese im eigenen Namen zu veräußern. Hinsichtlich der anfallenden Kosten wurde zwischen der Gesellschaft und ihren Auftraggebern ein **Festpreis** vereinbart. Jeder darüber hinausgehende Verkaufserlös war an die Auftraggeber abzuführen. Bereits zum Zeitpunkt des Vertragsschlusses war abzusehen, daß der vereinbarte Festpreis voraussichtlich nicht die Selbstkosten decken werde. Der Bundesgerichtshof hat einem Architekten, der mit seiner Honorarforderung gegenüber der Gesellschaft ausgefallen war, den Haftungsdurchgriff auf die GmbH-Gesellschafter gestattet:

Sei die vertragliche Ausgestaltung so angelegt, daß – angesichts der Haftungsbeschränkung – Nachteile notwendig die Gesellschaftsgläubiger treffen müssten, so ergebe sich gemäß § 826 BGB eine – **deliktsrechtliche – Einstandspflicht** der Gesellschafter. Es gehe nicht an, die Interessen der Anteilseigner einseitig zum Nachteil der Gesellschaftsgläubiger zu verfolgen. Hinsichtlich der subjektiven Erfordernisse des § 826 BGB genüge es, wenn die Handelnden die Schädigung der Kontrahenten billigend in Kauf genommen hätten (dolus eventualis).

Unterkapitalisierung
Wird die Anwendbarkeit deliktsrechtlicher Grundsätze weitgehend bejaht, so ist andererseits heftig umstritten, inwiefern der – objektive – Tatbestand der **Unterkapitalisierung** als solcher den **Haftungsdurchgriff** zu legitimieren vermag. Auszugehen ist von der normativen Regelung des Gesetzgebers: Gemäß § 5 Abs. 1 GmbHG bleibt das **Mindeststammkapital der Gesellschaft** auf 25.000 Euro beschränkt. Eine darüber hinausweisende, **angemessene Eigenkapitalausstattung** wird seitens des Gesetzes **nicht** verlangt.

Vor allem fehlt es an gesicherten Kriterien zur Bestimmung des jeweils erforderlichen Betriebskapitals. Ist dieses nicht eindeutig verifizierbar, so führt die Verpflichtung zu einer – über das Mindestmaß hinausgehenden – Kapitalaufstockung notwendig zu beträchtlicher **Rechtsunsicherheit.**

Die Rechtsprechung des BGH hat daher – entgegen den Vorschlägen der Literatur –, vom Tatbestand des § 826 BGB abgesehen, der Forderung nach einer lediglich auf objektiver Unterkapitalisierung beruhenden Durchgriffshaftung der GmbH-Gesellschafter bisher im Ergebnis nicht stattgegeben.

Lediglich in einem Falle wurde hinsichtlich eines (unterkapitalisierten) eingetragenen Vereins der „Schleier der juristischen Person" durchbrochen und somit der unmittelbare Haftungsdurchgriff auf die – hinter der **juristischen Person** stehenden – **natürlichen Personen** zugelassen (BGHZ 54, 222 ff. = NJW 1970, S. 2015 ff.).

Teil III: Kapitalgesellschaften

Beispiel
Ein Siedlungsverein von Kleingärtnern hatte im Auftrag seiner Mitglieder ein Grundstück gepachtet und diesen entsprechende Unterpachtverhältnisse eingeräumt. Aus den mittels der Unterpacht erzielten Einnahmen bestritt der Verein seine Verpflichtungen aus dem Pachtvertrag. Als der Verein rechtskräftig zur Entrichtung einer höheren Pachtsumme verurteilt wurde, weigerten sich die Mitglieder ihrerseits, einen erhöhten Unterpachtzins zu zahlen und beantragten die Eröffnung des Konkursverfahrens (jetzt: Insolvenzverfahren). Der Antrag wurde mangels einer den Kosten des Verfahrens entsprechenden Masse zurückgewiesen. Der BGH hat einer Zahlungsklage des Verpächters gegen einzelne Vereinsmitglieder (Unterpächter) stattgegeben: Nach **Treu und Glauben** (§ 242 BGB) seien die beklagten Vereinsmitglieder verpflichtet gewesen, dafür Sorge zu tragen, daß der Verein auch dann seinen Verpflichtungen nachkommen könne, wenn er seinerseits einen höheren Pachtzins zu entrichten habe, als im ursprünglichen Vertrag vorgesehen. Es widerspreche den angeführten Grundsätzen, wenn die Beklagten als Vereinsmitglieder die Vorteile aus der juristischen Konstruktion – der Zwischenschaltung des Vereins – in Anspruch nähmen, ohne dafür zu sorgen, daß dem Verein im Falle der Pachtzinserhöhung die nötigen Mittel zur Erfüllung seiner Verbindlichkeit zur Verfügung stehen.

Angesichts des im Vereinsrecht **fehlenden normativen Haftungsfonds,** läßt sich die vom BGH gewählte Haftungskonstruktion nicht ohne weiteres auf Kapitalgesellschaften übertragen. Zudem hätte sich, im Lichte der gewählten Vertragskonstruktion, eine Haftung der Vereinsmitglieder auch über den deliktischen Haftungsmaßstab des § 826 BGB herbeiführen lassen: Dessen **subjektiver Tatbestand** tritt – wie das erste Beispiel zeigt – hinsichtlich des erforderlichen Vorsatzes immer stärker zugunsten einer – ohnehin nicht klar abgrenzbaren – Einstandspflicht bezüglich **grob leichtfertigen** Verhaltens zurück. Eine Haftung der Gesellschafter unter dem alleinigen Gesichtspunkt der **objektiven Unterkapitalisierung** ist demgegenüber – mangels ausreichender Wertungskriterien – abzulehnen (sehr strittig! im Ansatz weitergreifend: BSG NJW 84, 2117 ff.). Zudem hat der BGH im Rahmen seiner auf § 823 Abs.2 BGB, § 64 GmbH gestützten Rechtsprechung zur – erweiterten – Ausfallhaftung des Geschäftsführers in der Insolvenz (BGHZ 126, S. 181 ff, 201 = NJW 1994, S. 1103 – vgl. oben 3.5.1) sowie im Rahmen des Haftungsmodells des „qualifizierten faktischen GmbH-Konzerns" zwischenzeitlich eigenständige dogmatische Lösungsansätze zur Bewältigung der Durchgriffsproblematik entwickelt (so ausdrücklich: BGHZ 95, S. 330 ff. – „Autokran" = NJW 1986, S. 188 ff. – vgl. unten 3.7).

Vermögensvermischung
Ein Durchgriff und damit eine unbeschränkte persönliche Haftung eines GmbH-Gesellschafters kommt demgegenüber im Falle einer **„ununterscheidbaren Vermögensvermischung"** in Betracht. Diese liegt vor, wenn aufgrund einer unvollständigen oder **undurchsichtigen Buchführung** nicht zu erkennen ist, welche Vermögensgegenstände zum Gesellschafts- und welche zum Privatvermögen des Gesellschafters gehören. Ist die Vermögenszugehörigkeit nicht feststellbar, so ist den Belangen des Gläubigerschutzes durch eine unbeschränkte Haftung der verantwortlichen Gesellschafter Rechnung zu tragen (BGHZ 95, S. 330 ff. = NJW 1986, S. 188 ff.; BGH Z 125, S. 366 = NJW 1994, S. 1801 ff.).

Zurechnungsdurchgriff

Von dem oben dargestellten Haftungsdurchgriff ist die Konstruktion des **Zurechnungsdurchgriffs** deutlich zu unterscheiden: Geht es im ersten Falle um eine Erweiterung des für Gesellschaftsschulden haftenden Vermögensbestands, so geht es im zweiten Falle um die Zurechnung normativer Tatbestandsmerkmale im Verhältnis Gesellschaft/Gesellschafter.

So scheidet ein **gutgläubiger Erwerb** (§§ 932 ff., 892 f. BGB) zwischen **Alleingesellschafter** und GmbH – mangels Vorliegen eines **Verkehrsgeschäfts** – grundsätzlich aus. Entgegen einer verbreiteten Ansicht gilt dies auch für Rechtsgeschäfte zwischen **herrschendem** Gesellschafter und Gesellschaft in der **Mehrpersonen-GmbH**. Ist ein **Makler** an einer GmbH maßgeblich beteiligt, so besteht für Rechtsgeschäfte zwischen der GmbH und einem Dritten kein Anspruch auf Maklerprovision (BGH NJW 1975,1215).

Umgekehrter Durchgriff

Im übrigen hat es die Rechtsprechung zugelassen, wenn ein Gesellschafter-Geschäftsführer einen **Vermögensschaden** aus einer erlittenen Verletzung und der daraus resultierenden Arbeitsunfähigkeit im eigenen Namen liquidiert, der nicht in seiner Person, sondern bei der – von ihm kontrollierten – GmbH anfällt (BGHZ 61, 380 ff.; BGH NJW 1977,1283): Die GmbH stelle haftungsrechtlich nur einen – selbständig organisierten – Teil des **Gesellschaftsvermögens** dar.

Diese Rechtsprechung ist auf berechtigte Kritik gestoßen (vgl. Hüffer, Jus 76, 83 ff.): Da – nach dem Grundsatz der Haftungstrennung (§ 13 Abs.2 GmbHG) auch der Alleingesellschafter gegenüber den Gesellschaftsgläubigern grundsätzlich nicht haftet, werden diese durch die hier zugelassene Schadensabwicklung entscheidend benachteiligt: Der Ersatzanspruch steht folglich im Sinne einer angemessenen **Nachteilskompensation** zwingend **der Gesellschaft** zu. Fehlt es der Gesellschaft an einer eigenen Anspruchsgrundlage und liegen die Voraussetzungen einer **Drittschadensliquidation** oder des **Vertrags mit Schutzwirkung für Dritte** nicht vor, so hat der Gesellschafter die aus der Ausgliederung seines Betriebsvermögens in eine Einmann-GmbH resultierenden Nachteile grundsätzlich selbst zu tragen.

3.7 Die GmbH im Unternehmensverbund

Literatur: Banerjea, Haftungsfragen in Fällen materieller Unterkapitalisierung und im qualifizierten faktischen Konzern, ZIP 1999, S. 1153 ff.
Emmerich/Sonnenschein, Konzernrecht, 6.A. 1997, S. 381 ff.
Theisen, Der Konzern, 1991.

Keine normative Ausgestaltung

Der GmbH kommt als „Baustein" der Konzernorganisation eine erhebliche Bedeutung zu. Dies betrifft sowohl die Ausgliederung einzelner „Betriebsabteilungen" in Form rechtlich selbständiger Tochtergesellschaften als auch die Verwendung als Gemeinschaftsuntenehmen (joint venture) im Rahmen der Unternehmenskooperation. Darüber hinaus findet sie nicht selten als „Konzernspitze", als „Holding-Gesellschaft", Verwendung. Dabei beschränkt sich das „Phänomen" der Unternehmensverbindung (Konzernierung) keineswegs auf Großunternehmen. Vielmehr ist es auch

Teil III: Kapitalgesellschaften 249

im Bereich der **mittelständischen Wirtschaft** weitgehend üblich, einzelne „Risikobereiche" in der Rechtsform der GmbH zu verselbständigen.

Dabei ist die GmbH einer „Fremdbestimmung" angesichts der stringenten **Weisungsbindung des Geschäftsführers** (vgl. § 37 Abs.1 GmbHG) durchweg **leichter zugänglich** als die – durch die Leitungsautonomie des Vorstands (§ 76 Abs.1 AktG) – weitgehend einflußresistente AG. Zudem ermöglicht es die hohe Anpassungsflexibilität der GmbH und das Fehlen eines zwingenden Organgefüges (vgl. § 45 Abs.2 GmbHG) jederzeit, die Verfassung der Gesellschaft den Erfordernissen der Konzernorganisation anzupassen. Dies wird zudem durch die gegenüber der AG weniger strenge Kapitalbindung erleichtert (vgl. § 57 Abs.3 AktG einerseits, § 30 GmbHG andererseits).

Dennoch fehlt es bisher an der normativen Ausgestaltung eines eigenständigen **GmbH-Konzernrechts.** Zwar finden die „Definitionsnormen" des „formellen" Konzernrechts (§§ 15 ff AktG) unabhängig von der Rechtsform des abhängigen Unternehmens Anwendung (siehe bereits oben 1.7.2); bezüglich der Regelungen des materiellen (Aktien-) Konzernrechts scheidet eine **unmittelbare Anwendung** jedoch aus: Nur die **abhängige Aktiengesellschaft** unterfällt dem Regelungsbereich der §§ 291 ff AktG (hierzu: 1.7.2).

Der Vertragskonzern
Angesichts der fehlenden gesetzlichen Regelung tendiert ein Teil der Lehre dazu, die Normen des Aktienrechts **entsprechend** anzuwenden: Dies ist jedenfalls hinsichtlich des **Vertragskonzerns** unproblematisch, setzt doch der Gewinn- und Verlustausgleich im Rahmen der (körperschafts-)steuerlichen Organschaft (hierzu: 1.7.3.1) auch im GmbH-Konzern den Abschluß eines **Gewinnabführungs- und Beherrschungsvertrages** voraus (§ 17 KStG). Die Weisungsbindung der GmbH-Geschäftsführer im Rahmen eines **Beherrschungsvertrages** erscheint dabei unproblematisch: gemäß § 37 Abs. 1 GmbHG, fehlt es ohnedies an einem eigenständigen Bereich **gesicherter Leitungsautonomie.**

Allerdings folgt aus dem Beherrschungsvertrag insofern ein Eingriff in den „Kernbestand" der Unternehmensverfassung, als dieser dem „herrschenden Unternehmen" ein **„unmittelbares" Weisungsrecht** gegenüber dem Geschäftsführer der abhängigen GmbH eröffnet, ohne daß es für die Einflußnahme künftig des „Umwegs" über die Gesellschafterversammlung bedarf (§ 308 AktG). Der BGH wendet daher die gesetzlichen **Regelungen für Satzungsänderungen** (§§ 53, 54 GmbHG) auf den Abschluß von Unternehmensverträgen entsprechend an (BGHZ 105, S. 324 ff – „Supermarkt" = NJW 1989, S. 295 ff; BGH NJW 1992, S. 1452 ff – „Siemens"). Der Abschluß des Beherrschungsvertrags als „Organisationsvertrag" (vgl. bereits 1.7.3.1) liegt somit **nicht** mehr innerhalb der Vertretungsmacht des Geschäftsführers. Es bedarf vielmehr stets eines – **notariell beurkundeten** (§ 53 Abs.2 S.1 GmbHG) – **Beschlusses der Gesellschafterversammlung.** Abschluß und Art des Unternehmensvertrags sowie der Name des Vertragspartners sind im **Handelsregister** der abhängigen Gesellschaft **einzutragen.** Die Eintragung ist **konstitutiver Natur.** Solange sie noch nicht erfolgt ist, können aus dem Beherrschungsvertrag keine Befugnisse hergeleitet werden (§ 54 Abs.3 GmbHG).

Umstritten ist, ob für den Abschluß eines Unternehmensvertrags – wie bei Satzungsänderungen – eine „qualifizierte" **Dreiviertelmehrheit** in der Gesellschafterversammlung genügt. Der BGH (BGHZ 105, S. 324 ff – „Supermarkt" = NJW 1989,

S. 295; NJW 1992, S. 1452 ff – „Siemens") hat die Frage ausdrücklich offen gelassen, da beide Entscheidungen Einmanngesellschaften betrafen. Allerdings gilt es zu bedenken, daß mit dem Abschluß des Beherrschungsvertrags notwendig eine „**Zweckänderung**" der Gesellschaft verbunden ist. An die Stelle der bisherigen Ausrichtung am autonomen Interesse der GmbH tritt nun die „heterogene" Fremdsteuerung im Rahmen des Unternehmensverbunds (vgl. § 308 Abs.2 S.2 AktG). Der Gesellschafterbeschluß bedarf folglich entsprechend § 33 Abs.1 S.2 BGB der **Zustimmung sämtlicher Gesellschafter**. Dabei ist das herrschende Unternehmen – wie bei sonstigen Akten korporativer Willensbildung – nicht vom Stimmrecht ausgeschlossen. § 47 Abs.4 GmbHG findet folglich keine Anwendung. Folgt man – wie hier – dem Einstimmigkeitsprinzip, so ist die Frage allerdings ohne praktische Bedeutung. Im übrigen bedarf es – neben dem Einstimmigkeitsgrundsatz – keiner ergänzenden Regelungen des Minderheitenschutzes: Das Zustimmungserfordernis bezüglich jedes einzelnen Gesellschafters eröffnet seitens der Minderheit die unabdingbare Möglichkeit, ausreichende Kompensationsmaßnahmen des herrschenden Gesellschafters **zur Bedingung ihrer Zustimmung** zu erheben.

Was die Rechtsfolgen betrifft, so finden die **Regelungen des Aktienkonzernrechts** zum Schutze der Gesellschaftsgläubiger **entsprechende Anwendung** (BGHZ 95, S. 330 ff, 345 f = NJW 1986, S. 188 ff; BGHZ 116, S. 37 ff, 39 = NJW 1992, S. 505 ff). Das herrschende Unternehmen trifft folglich während des Bestehens des Vertragsverhältnisses die Verpflichtung, die **Verluste** der abhängigen Gesellschaft **auszugleichen** (§ 302 AktG). Endet das Organschaftsverhältnis, so besteht auf Seiten der Gläubiger entsprechend § 303 AktG gegenüber dem herrschenden Unternehmen Anspruch auf **Sicherheitsleistung** (vgl. oben 1.7.3.1).

Der faktische Konzern

Als weitaus problematischer erweist sich die rechtliche Erfassung **faktischer Konzerne im Recht der** GmbH. Was dabei zunächst die dogmatische Erfassung des Minderheitenschutzes im Organisationsgefüge des (einfachen) faktischen Konzerns betrifft, so hat sich der BGH für einen eigenständigen Lösungsweg im Rahmen der zwischen den Gesellschaftern bestehenden **Treuepflicht** entschieden:

ITT-Entscheidung

Im (zur Vereinfachung stark abgewandelten) Beispielsfall – (BGHZ 65, 15 ff – „ITT" = NJW 1976, S. 191 ff.) hatte der Mehrheitsgesellschafter einer GmbH – die US-amerikanische „ITT" – das beherrschte Unternehmen zur Zahlung einer **Konzernumlage** an eine andere – ebenfalls von ihr beherrschte – Tochtergesellschaft veranlaßt. Dieser Umlage standen keine gleichwertigen Gegenleistungen der begünstigten Tochtergesellschaft gegenüber. Der noch verbliebene **Minderheitsgesellschafter** der GmbH klagte daher gegen das herrschende Unternehmen auf Rückerstattung der abgeführten Beträge an die Gesellschaft. Der BGH hat der Klage stattgegeben: Der **Mehrheitsgesellschafter** habe bei seiner Einflußnahme auf die Geschäftsführung die gesellschaftsbezogenen Interessen seiner Mitgesellschafter zu berücksichtigen. Aufgrund der weitgehend personalistischen Organisation bestünden innerhalb der GmbH ausgeprägte **Treuepflichten** nicht nur zwischen **Gesellschaftern und GmbH**, sondern auch hinsichtlich der **Gesellschafter untereinander**. Mißbrauche das herrschende Unternehmen in schuldhafter Weise die ihm zukommende Mehrheitsherrschaft, so verletze es damit seine Treuebindung aus dem Gesellschaftsvertrag (pVV). Es habe folglich die entstandenen Schäden auszuglei-

Teil III: Kapitalgesellschaften 251

chen. Zwar kam der entsprechende Ersatzanspruch hier ausschließlich der Gesellschaft zu, doch war es dem Minderheitgesellschafter gestattet, den Anspruch im Wege der **actio pro socio** (vgl. oben II 1.3) geltend zu machen.

Der „qualifizierte" faktische GmbH-Konzern

Anläßlich der GmbH-Novelle 1980 hatte der Gesetzgeber ausdrücklich auf die Schaffung eines normierten GmbH-Konzernrechts verzichtet. Unter Hinweis auf die „ITT-Entscheidung" des Bundesgerichtshofs (siehe oben) sollte die weitere Klärung der hier auftretenden schwierigen dogmatischen Fragen „Rechtsprechung und Wissenschaft vorbehalten bleiben". Dabei stellt sich die Forderung nach einem funktionsfähigen Konzernrecht der GmbH mit gleicher Deutlichkeit wie im Recht der Aktiengesellschaft. Hier wie dort gilt es wirksam zu verhindern, daß dem abhängigen Unternehmen im Wege der Gewinn- und Substanzverlagerung zugunsten des herrschenden Gesellschafters sein **haftendes Vermögen** entzogen wird. Zudem kommt die GmbH angesichts ihrer „offenen Eingriffsstruktur", insbesondere der Weisungsbindung des Geschäftsführers und der vergleichsweise „zurückhaltend" ausgeprägten Kapitalbindung (vgl. oben), der Möglichkeit einer „qualifizierten faktischen Konzernierung" deutlich entgegen (vgl. zum Begriff des „qualifizierten faktischen Konzerns" oben 1.7.3.2). So nimmt es kaum wunder, daß zunehmend Unternehmen dazu übergehen, einzelne Geschäftsbereiche im Rahmen ihres „**Risikomanagements**" in Form der GmbH (haftungs-) rechtlich zu verselbständigen; ohne daß die rechtliche Selbständigkeit des Tochterunternehmens bei der Ausübung der Leitungsbefugnis stets angemessene Berücksichtigung findet. Stand im Mittelpunkt der ITT-Entscheidung noch der konzernrechtliche **Schutz des Minderheitsgesellschafters**, so entwickelt der Bundesgerichtshof in seiner „Autokran"-Entscheidung (BGHZ 95, 330 ff = NJW 1986, 188 ff) erstmals das geschlossene Modell einer **konzernrechtlichen Außenhaftung.**

Dabei stand die Rechtsprechung, was die analoge Anwendung von gesetzlichen Bestimmungen des Aktienkonzernrechts auf die GmbH betrifft, vor einer prekären Situation: Die empirischen Annahmen, welche der Gesetzgeber dem Modell des faktischen Aktienkonzerns zugrunde gelegt hatte (§§ 311 ff. AktG), waren von der Wirklichkeit moderner Konzernorganisation weitgehend überholt. So liegt der Ausgleichspflicht des herrschenden Unternehmens im Rahmen der §§ 311, 317 AktG die – unausgesprochene – Vermutung zugrunde, daß sich **einzelne nachteilige Weisungen** des herrschenden Unternehmens gegenüber der abhängigen Gesellschaft innerhalb des Beziehungsgeflechts beider Unternehmen **isolieren** und hinsichtlich der daraus folgenden Vermögensbeeinträchtigung **betragsmäßig quantifizieren** lassen. Diese Annahme erweist sich bereits im Falle der „einfachen faktischen Konzernierung" als mitunter fragwürdig. So bestehen erhebliche Zweifel, ob der „Abhängigkeitsbericht" (vgl. §§ 312 ff. AktG) die in ihn gesetzten Erwartungen hinsichtlich der konzernrechtlichen „Binnentransparenz" zu erfüllen vermag.

Handelt es sich um einen „**qualifizierten faktischen Konzern**", innerhalb dessen die abhängige Gesellschaft umfassend in das unternehmerische (Gesamt-) Konzept des Konzernverbundes eingebunden ist, so lassen sich einzelne nachteilige Weisungen jedenfalls kaum aus dem Gesamtverbund der Konzernbeziehungen ausgrenzen. Die normative Ausgestaltung der §§ 311 ff. AktG wird der komplexen Erscheinungsform dieses Beziehungsgeflechts kaum gerecht. Dies nimmt kaum wunder, stellt der Gesetzgeber zur umfassenden Beherrschung abhängiger Unternehmen doch **ausschließlich** das Modell des **Vertragskonzerns** zur Verfügung. Folgerichtig trifft das herrschende Unternehmen im Vertragskonzern – als Korrelat der weitreichenden Leitungsmacht (§ 308 AktG) – im Unterschied zum Einzelausgleich eine **umfassende Verlustausgleichspflicht** gegenüber der abhängigen Tochtergesellschaft (§ 302 AktG). Wird der Beherrschungsvertrag beendet, so hat die Muttergesellschaft den Gläubigern Sicherheit zu leisten (§ 303 AktG).

Zutreffend wendet der Bundesgerichtshof die Bestimmung des aktienrechtlichen Vertragskonzerns auch auf den „qualifizierten" faktischen GmbH-Konzern an: Nach dem gesetzlichen Leitbild der §§ 291 ff sei eine „qualifizierte" faktische Konzernierung **rechtswidrig**. Die hierin liegende Begründung „umfassender" Leitungsmacht des herrschenden Unternehmens gegenüber der abhängigen Gesellschaft dürfe – wegen des Fehlens eines angemessenen Sicherungs- und Ausgleichssytems, insbesondere zugunsten der Gesellschaftsgläubiger – **nur im Rahmen eines Vertragskonzerns** ausgeübt werden. Setze sich der herrschende Gesellschafter über diese Schranke in rechtswidriger Weise hinweg, so dürfe er bezüglich der abhängigen Gesellschaft und ihren Gläubigern nicht besser stehen, als er bei rechtskonformer Vorgehensweise (d.h.: Abschluß eines Beherrschungsvertrags sic!) stünde. Er bleibe folglich im Rahmen des „qualifizierten" Abhängigkeitsverhältnisses entsprechend § 302 AktG zur **Verlustübernahme** hinsichtlich der abhängigen Gesellschaft verpflichtet. Werde das Beherrschungsverhältnis beendet, so sei das herrschende Unternehmen in entsprechender Anwendung von § 303 AktG zur **Sicherheitsleistung** gegenüber den Gläubigern der abhängigen Gesellschaft verpflichtet.

Endet das Beherrschungsverhältnis – wie im Regelfall – im Wege der „stillen" Liquidation oder der – masselosen – Insolvenz der abhängigen Gesellschaft, so ist eine „Sicherheitsleistung" angesichts des Fehlens eines (zahlungsfähigen) Hauptschuldners allerdings sinnlos. An ihre Stelle tritt eine unmittelbare **Ausfallhaftung** des herrschenden Konzernunternehmens gegenüber den Gläubigern der abhängigen Gesellschaft in entsprechender Anwendung der §§ 303 BGH (a.a.O).

Konzernhaftung als Verhaltenshaftung

Voraussetzung des hier zutage tretenden „**Haftungsdurchgriffs**" ist – zwingend und unabdingbar – das Bestehen eines „qualifizierten" Abhängigkeitsverhältnisses. Die „einfache" Konzernierung rechtfertigt in keinem Fall die Durchbrechung des gesellschaftsrechtlichen „Trennungsprinzips" (§ 13 Abs.2 GmbHG). Erforderlich ist somit stets, daß das herrschende Unternehmen die abhängige Gesellschaft in einer Art und Weise leitet, welche die gebotene Rücksicht auf die Belange der abhängigen Gesellschaft und ihrer Gläubiger vermissen läßt. Dies betrifft insbesondere das Kapitalerhaltungsinteresse der Beteiligungsgesellschaft, einschließlich einer angemessenen Risikovorsorge vermittels einer ausreichenden „Thesaurierungspolitik". Insofern trifft das herrschende Unternehmen eine **konzernspezifische Verhaltenshaftung** (BGHZ 95, S. 330 ff. – „Autokran" = NJW 1986, S. 188 ff.; BGHZ 107, S. 7 ff. – „Tiefbau" = NJW 1989, S. 1800 ff.).

Keine „Strukturhaftung"

Die hier angesprochene und im Kern durchaus begründete „**verhaltensorientierte Insolvenzausfallhaftung**" hat der BGH in seiner „Video" – Entscheidung (BGHZ 115, S. 187 ff. = NJW 1991, S. 3142 ff.) nach zutreffender Auffassung überdehnt. Hier hatte der II. Zivilsenat ohne eingehende Prüfung des Verhaltens des herrschenden Gesellschafters (einer natürlichen Person), den Tatbestand des qualifizierten faktischen GmbH – Konzerns alleine aus dem Umstand hergeleitet, daß der Mehrheitsgesellschafter in den abhängigen Gesellschaften **gleichzeitig die Funktion des (Allein-) Geschäftsführers ausübte**. Dieser Umstand alleine vermag jedoch – nach zutreffender Auffassung – keine Konzernhaftung zu begründen, zumal die Gesellschafter auch ohne Innehabung der Geschäftsführerstellung die Geschicke der Gesellschaft bestimmen (§ 37 Abs.1 GmbHG). Die Konzernhaftung ist grade **keine „Strukturhaftung"** für die Schaffung umfassender Koordinations- und Leitungsmechanismen im Konzernverbund sondern **eine verhaltensorientierte Einstandspflicht** für die Verletzung berechtigter Interessen der abhängigen Gesellschaft sowie der Gesellschaftsgläubiger. Eine Ausfallhaftung des herrschenden Gesellschafters scheidet somit jedenfalls dort aus, wo eine Verletzung konzerngebundener Leitungspflichten nicht ersichtlich ist, oder die Insolvenz der abhängigen Gesellschaft auch bei pflichtgemäßem Verhalten der herrschenden Gesellschafters eingetreten wäre (so nunmehr in Abkehr von der „Video"- Entscheidung: BGHZ 122, S. 123 ff. – „TBB" = NJW 1993, S. 1200 ff.). Die **Beweislast** liegt diesbezüglich grundsätzlich auf Seiten des Gläubigers, der sich auf den Tatbestand der Konzernhaftung beruft. Macht dieser jedoch Umstände geltend, die eine Verletzung konzernspezifischer Leitungspflichten nahelegen, so ist es Sache des herrschenden Gesellschafters, die hierdurch begründete Vermutung zu widerlegen (BGH a.a.O).

3.8 Die Beendigung der GmbH

Auflösung

Hinsichtlich der Auflösungsgründe und des bei der Abwicklung zu beachtenden Verfahrens kann im wesentlichen auf die Ausführungen zur Aktiengesellschaft (1.8.1) verwiesen werden. Wie dort erfolgt die Auflösung in mehreren Schritten. Es gilt folglich zwischen der „Zweckänderung" durch den Auflösungsbeschluß und der „Vollbeendigung" nach Verteilung des Gesellschaftsvermögens zu unterscheiden. Zwar sieht § 60 Abs. 1 GmbHG einen normativen Katalog von Auflösungsgründen vor, doch ist es gemäß § 60 Abs. 2 GmbHG möglich, weitergehende Beendigungsgründe im **Gesellschaftsvertrag** festzulegen. Zudem gibt § 61 Abs. 1 GmbHG der Gesellschafterminderheit (§ 61 Abs. 2 GmbHG) das Recht, bei Vorliegen eines in den Verhältnissen der Gesellschaft liegenden wichtigen Grundes die Auflösung der GmbH im Klageweg zu erzwingen. Der hier statuierten Möglichkeit kommt allerdings angesichts des seitens der Rechtsprechung bejahten **Austritts-** und **Ausschlußrechts** in der Praxis keine besondere Bedeutung zu.

Teil IV: Die Genossenschaft

1. Kapitel: Bedeutung und Funktion der Genossenschaft

Literatur: Glenk, Die eingetragene Genossenschaft, 1996
 Lang/Weidmüller/Metz/ Schaffland, Genossenschaftsgesetz, 33A., 1997.

Die Genossenschaften stellen – ebenso wie die Kapitalgesellschaften – eine „Sonderform" des wirtschaftlichen Vereins dar. Ihre „Besonderheit" liegt nach den Vorgaben des GenG im genossenschaftlichen „**Förderprinzip**" begründet. Danach besteht der gemeinsame Zweck des Zusammenschlusses in der „**Förderung des Erwerbs oder der Wirtschaft ihrer Mitglieder mittels gemeinschaftlichen Geschäftsbetriebes**" (§ 1 Abs.1 GenG). Aus diesem Grunde weist die Genossenschaft – im Unterschied zu den Kapitalgesellschaften – einen ausgeprägten „**personalistischen" Charakter** auf: Abstimmungen erfolgen grundsätzlich nach Köpfen; für die Organmitglieder gilt der Grundsatz der Selbstorganschaft (vgl. unten 3). Was ihre „geistesgeschichtlichen" Grundlagen betrifft, so ist die „moderne" Genossenschaft im wesentlichen auf die landwirtschaftlichen und handwerklichen Selbsthilfevereine des 19. Jahrhunderts sowie die „Konsumvereine" der Arbeitnehmer zurückzuführen. Allerdings lassen sich „kooperative" Zielsetzungen von Verbänden auch außerhalb des Genossenschaftsrechts, beispielsweise in der Rechtsform der AG oder der GmbH, verfolgen. Insofern gilt es deutlich zwischen „**formellen" Genossenschaften** im Rechtssinne und „**materiellen" Genossenschaften** im wirtschaftliche Sinne zu unterscheiden. Nur die Genossenschaften im Rechtssinne sind Gegenstand des GenG von 1889 in der Fassung der Bekanntmachung vom 19.August 1994. Sieht man von der Genossenschaftsnovelle 1973 ab (BGBl. I S. 1451), die insbesondere die Stellung des Vorstands zulasten der Generalversammlung und des Aufsichtsrats deutlich gestärkt hat, so gilt die Ausgangsregelung noch weitgehend unverändert. Das KonTraG vom 27.4.1998 (BGBl. I S. 786) hat zuletzt die Haftung der Prüfungsverbände entsprechend den Vorgaben hinsichtlich der handelsrechtlichen Abschlußprüfung erweitert (vgl. § 62 Abs.2 GenG n.F.). Zudem wurde durch das EuroEG vom 9.6.1998 (BGBl. I S. 1242) die Umstellung der Geschäftsanteile auf Euro vorbereitet (vgl. § 164 GenG).

Zur Zeit bestehen in Deutschland **ca. 9.000 Genossenschaften mit 16 Millionen Mitgliedern**. Die Zahl hat sich in den vergangenen Jahren nicht zuletzt durch Umwandlungen ehemaliger „Landwirtschaftlicher Produktionsgenossenschaften" (LPG) und „Produktionsgenossenschaften des Handwerks" (PGH) der DDR erhöht. Dabei kommt im Rahmen des – nicht abschließenden – Beispielkatalogs des § 1 Abs. 1 Nr. 1 bis 7 GenG insbesondere den „Kreditvereinen" (Volks- und Raiffeisenbanken), den landwirtschaftlichen Bezugs- und Absatzgenossenschaften (Molkerei- und Winzergenossenschaften etc.), den Rohstoffvereinen (Einkaufsgenossenschaften des Handwerks und Einzelhandels, vgl. insbesondere die EDEKA- und REWE Gruppe) sowie den Wohnungsgenossenschaften eine erhebliche Bedeutung zu. Demgegenüber sind die Konsumgenossenschaften des Einzelhandels im Rahmen der Entwicklung großflächiger Vertriebsstrukturen fast völlig vom Markt verschwunden. Langfristig dürfte die Zahl der Genossenschaften – insbesondere durch die im Rahmen des europäischen Binnenmarktes zu erwartende Konzentration im Bankenbereich – eher abnehmen. Andererseits findet die Genossenschaft in „alternativen" Wirtschaftssektoren – insbesondere der ökologischen Landwirtschaft und des Vertriebs ökologischer Erzeugnisse – zunehmend Beachtung.

2. Kapitel: Die Rechtsnatur der e.G.

Als Sonderform des wirtschaftlichen Vereins ist die e.G. **juristische Person** und damit eigenständiges Zurechnungssubjekt von Rechten und Pflichten (§ 17 Abs.1 GenG). Sie ist folglich **rechts- und parteifähig**. Für ihre Verbindlichkeiten haftet **ausschließlich das Genossenschaftsvermögen** (§ 2 GenG). Sie ist zudem (Form-) **Kaufmann** im Sinne des HGB (§ 17 Abs.2 GenG, § 6 HGB). Als solcher handelt sie unter ihrer **Firma**. Diese muß – im Interesse der Transparenz der Haftungsverhältnisse – in allen Fällen die Bezeichnung „eingetragene Genossenschaft" oder die Abkürzung „e.G." enthalten (§ 3 Abs.1 S.1 GenG – siehe auch zu den Angaben auf Geschäftsbriefen § 25a GenG). Fehlt es hieran, so trifft die Vorstandsmitglieder oder Angestellten, die für den fehlenden Rechtsformhinweis verantwortlich zeichnen, eine persönliche Einstandspflicht (vgl. zur GmbH oben III 3.1). Als Körperschaft ist die Genossenschaft in ihrem Bestand unabhängig vom Wechsel ihrer Mitglieder.

Wie alle gesellschaftsrechtlichen Zusammenschlüsse, so beruht auch die Genossenschaft auf **vertraglicher Grundlage**, dem „Statut" (der Satzung). Dieses bedarf – anders als bezüglich der Kapitalgesellschaften – nicht der notariellen Beurkundung. Es genügt vielmehr die Schriftform (§ 5 GenG, § 126 BGB). An der Gründung müssen sich mindestens sieben Genossen beteiligen (§ 4 GenG). Dabei folgt die Gründung wie bei AG und GmbH einem **„mehrstufigen" Prozeß**. Mit der schriftlichen Feststellung des Statuts (dem Abschluß des Gesellschaftsvertrags) ist die Genossenschaft errichtet. Auf die Haftungsverhältnisse der „Vorgenossenschaft" (BGHZ 20, S. 281 ff = NJW 1956, S. 946 ff) finden die seitens der Rechtsprechung aufgestellten Vorgaben zur Haftung in der Vor-GmbH (oben III 3.4.2) entsprechende Anwendung. Die entgegenstehende Auffassung des BGH (a.a.O.) ist insofern überholt. Soweit die Vorstandsmitglieder vor Eintragung der Genossenschaft in deren Namen rechtsgeschäftliche Verbindlichkeiten begründen, haften diese entsprechend § 41 Abs.1 S.2 AktG neben der Vorgenossenschaft persönlich als Gesamtschuldner (Handelndenhaftung).

Mit der **Eintragung in das Genossenschaftsregister** „erstarkt" die Vor-Genossenschaft zur eG und damit zur juristische Person (vgl. § 13 GenG). In dieser setzen sich alle Aktiva und Passiva fort. Von nun an gilt der Grundsatz der Haftungsbeschränkung (§ 2 GenG). Eine aus dem Gründungsstadium folgende „Handelndenhaftung" der Organwalter entfällt mit rückwirkender Kraft.

3. Kapitel: Die Organe der eG

Literatur: Beuthien, Die Leitungsmachtgrenzen des Genossenschaftsvorstandes, Zgen. 25 (1975), S. 180 ff.
Keßler, Die Kompetenzabgrenzung zwischen Vorstand, Generalversammlung und Aufsichtsrat eingetragener Genossenschaften, in: Steding (Hrsg.), Genossenschaftsrecht im Spannungsfeld von Bewahrung und Veränderung, 1994.

Selbstorganschaft

Wie die Aktiengesellschaft so verfügt die Genossenschaft über **drei** zwingend vorgeschriebene Organe: den **Vorstand**, den **Aufsichtsrat** und **die General- oder Vertreterversammlung.** Dabei ist die Innenstruktur der e.G. zwingend vorgegeben und läßt kaum Gestaltungsspielräume zu. Vergleichbar der AG so gilt auch hier der Grundsatz der „**formellen Satzungsstrenge**". Das Statut darf von den Vorgaben des Gesetzes nur abweichen, soweit dies ausdrücklich gestattet ist (§ 18 S.2 GenG). Dabei unterliegen Vorstand und Aufsichtsrat unabdingbar dem Grundsatz der „**Selbstorganschaft**". Die jeweiligen Organmitglieder **müssen folglich Genossen sein**. Ihre „ideologische" Grundlage findet die Selbstorganschaft im „Fördergrundsatz" des Genossenschaftsrechts und damit der „dienenden" Funktion der e.G. gegenüber dem „Erwerb oder der Wirtschaft" ihrer Mitglieder. Durch die gleichzeitige Mitgliedschaft der Organwalter in der e.G. soll so ein Mindestmaß an Interessengleichklang bewirkt werden. Ob dies den realen Gegebenheiten moderner Großgenossenschaften noch entspricht, erscheint fraglich. Letztlich erschwert die Regelung den Wettbewerb der e.G. mit anderen Rechtsformen – insbesondere der AG – um qualifizierte Manager. Die Praxis hilft sich zumeist durch entsprechende Satzungsregelungen, welche die Aufnahme der Organwalter als „**fördernde Mitglieder**" ermöglichen.

Vorstand

Der Vorstand ist das zentrale **Geschäftsführungs-** (§ 27 Abs.1 GenG) und **Vertretungsorgan** (§ 27 Abs.1 GenG) der Genossenschaft. Lediglich Vorstandsmitgliedern gegenüber – beispielsweise bei Abschluß des Anstellungsvertrags – vertritt der Aufsichtsrat die Genossenschaft (§ 39 Abs.1 GenG). Dies gilt auch bezüglich ausgeschiedener Vorstandsmitglieder (BGHZ 130, S. 108 ff = NJW 1995, S. 2559 ff).

Der Vorstand besteht aus mindestens zwei Mitgliedern (§ 24 Abs.2 S.1 GenG), die durch die Generalversammlung gewählt werden. Allerdings kann das Statut eine andere Form der Bestellung vorsehen (§ 24 Abs.2 S.2 GenG). So wird nicht selten die Bestellung des Vorstands – wie in der AG – dem Aufsichtsrat übertragen. Die Bestellung zum Vorstand ist **jederzeit widerruflich** (§ 24 Abs.3 S.2 GenG), ungeachtet bestehender Ansprüche aus dem Anstellungsvertrag (zur Trennung von Bestellung und Anstellung vgl. oben zur AG III 1.3.1.3). Dabei ist die (vorzeitige) Abberufung der Organwalter zwingend und unentziehbar der Generalversammlung zugewiesen. Dies gilt auch dort, wo nach dem Statut der Aufsichtsrat die Vorstandsmitglieder bestellt. Dieser ist lediglich befugt, die Mitglieder des Vorstands „einstweilig" ihres Amtes zu entheben (§ 40 GenG) und dann ohne Verzug, die Generalversammlung einzuberufen.

Leitungsbefugnis

Der Vorstand leitet die Genossenschaft **unter eigener Verantwortung**. Er ist dabei an Weisungen des Aufsichtsrats und der Generalversammlung **nicht** gebunden (§ 27 Abs.1 S.1 GenG). Diese Regelung ist neuerer Natur und geht auf die Genossenschaftsnovelle 1973 zurück. Bis zu diesem Zeitpunkt bestand eine weitgehende Bindung des Vorstands an Beschlüsse der Generalversammlung. Dies hatte dazu geführt, daß sich zahlreiche „Großgenossenschaften" in Aktiengesellschaften umwandelten, um so – aufgrund der Leitungsautonomie des Vortands – flexibler auf geänderte Marktverhältnisse reagieren zu können. Der Gesetzgeber hat daher die Stellung der Vorstandsmitglieder bewußt derjenigen innerhalb der AG angenähert. Nur **durch das „Statut" selbst** (27 Abs.1 S.2 GenG) kann die Kompetenz des Vorstands zugunsten anderer Organe beschränkt werden. Allerdings darf hierdurch die grundsätzlich unbeschränkte Leitungsautonomie des Genossenschaftsvorstandes nicht in ihr Gegenteil verkehrt werden. Möglich bleibt beispielsweise die Einführung eines Zustimmungsvorbehalts (vgl. § 111 Abs.4 S.2 AktG) zugunsten des Aufsichtsrats oder der Generalversammlung, soweit das Statut die zustimmungspflichtigen Bereiche **abschließend** regelt. Anders als bei der AG kann der Aufsichtsrat keinen Katalog zustimmungspflichtiger Geschäfte beschließen. Der autonomen Leitungsbefugnis entspricht die strenge Haftung der Vorstandsmitglieder gem. § 34 GenG. Insofern gelten die Ausführungen zu § 93 AktG und § 43 GmbHG entsprechend (vgl. oben III 1.3.1.1 und 3.2.1).

Aufsichtsrat

Der Aufsichtsrat ist **demgegenüber umfassendes Kontrollorgan (§ 38 GenG)**. Er besteht aus mindestens drei Mitgliedern (§ 36 Abs.1 S. 1 GenG) und wird von der Generalversammlung gewählt, soweit sich nicht aus mitbestimmungsrechtlichen Gründen etwas anderes ergibt. Soweit das Statut eine entsprechende Regelung vorsieht, bestellt der Aufsichtsrat die Mitglieder des Vorstands. Für die Erfüllung ihrer Aufgaben haften die Aufsichtsratsmitglieder in gleichem Umfange wie die Mitglieder des Vorstands (§§ 41, 34 GenG). Allerdings gilt es dabei zu berücksichtigen, daß die Mitglieder des Aufsichtsrats keine hauptamtliche Tätigkeit ausüben.

Generalversammlung

Die Funktion des Grundlagenorgans – vergleichbar der Hauptversammlung der AG – fällt der **Generalversammlung** zu. In ihr üben die Mitglieder ihre Rechte aus. Dabei erfolgt die **Abstimmung** – angesichts des **„personalistischen" Charakters** der e.G. grundsätzlich **nach Köpfen** (§ 43 Abs.3 S.1 GenG). Allerdings kann die Satzung unter Beachtung des genossenschaftlichen Gleichbehandlungsgrundsatzes Mitgliedern, welche den Geschäftsbetrieb „besonders fördern" bis zu drei Stimmen gewähren (§ 43 Abs.3 S. 3). Eine Ausnahme vom Grundsatz der „Abstimmung nach Köpfen" gilt nur für sog. „Zentralgenossenschaften", deren Mitglieder überwiegend selbst Genossenschaften sind (§ 43 Abs.3 S.7 GenG). Die Generalversammlung entscheidet insbesondere über **Satzungsänderungen (§ 16 GenG), die Wahl der Aufsichtsratsmitglieder** (§ 36 Abs.1 GenG), soweit diesbezüglich keine Mitbestimmungsregelung Anwendung findet (vgl. oben III 1.3.3.1), über die **Abberufung und Entlastung der Mitglieder von Vorstand und Aufsichtsrat** sowie über die **Feststellung des Jahresabschlusses** und **die Verwendung des Bilanzgewinns** (§§ 24 Abs.3 S.2, 36 Abs.3 S.1, 48 Abs.1 S. 2 GenG). Die Generalversammlung entscheidet grundsätzlich mit der **einfachen Mehrheit** der abgegebenen Stimmen (§ 43

Abs.2 GenG). Dabei gelten hinsichtlich der Berechnung der Mehrheit die Ausführungen zur AG entsprechend (vgl. oben III 1.3.4.5). Satzungsänderungen bedürfen demgegenüber einer qualifizierten Dreiviertelmehrheit (§ 16 Abs.2 GenG). Zur Vorbereitung ihrer Willensbildung kommt den Genossen in der Generalversammlung entsprechend § 131 AktG ein unabdingbares **Auskunftsrecht** gegenüber der Genossenschaft zu. (Zur Anfechtung von Beschlüssen der Generalversammlung siehe § 51 GenG).

Vertreterversammlung

Hat die Genossenschaft mehr als 1.500 Mitglieder, so kann das Statut aus Praktikabilitätsgründen an Stelle der Generalversammlung eine **Vertreterversammlung** vorsehen (§ 43a Abs.1 GenG). Diese tritt insoweit an die Stelle der Generalversammlung. Die Vertreter werden von den Mitgliedern in „allgemeiner, unmittelbarer, gleicher und geheimer Wahl gewählt (§ 43a Abs.4 S.1 GenG). Sie müssen stets natürliche Personen sein und dürfen nicht dem Vorstand oder Aufsichtsrat angehören (§ 43a Abs.2 GenG).

4. Kapitel: Die Mitgliedschaft

Literatur: Schwarzer, Gleichbehandlung und Mitgliederförderung in der Genossenschaft, 1993.

Erwerb und Verlust der Mitgliedschaft

Sieht man von der Beteiligung an der Gründung ab, so wird die Mitgliedschaft in der Genossenschaft durch Beitritt erworben (§ 15 f. GenG). Die Genossen sind nach Zulassung des Beitritts in die durch den Vorstand geführte (§ 30 GenG) Mitgliederliste einzutragen (§ 15 Abs. 2 GenG). Allerdings ist die Eintragung von lediglich deklaratorischer Natur. Unter den Voraussetzungen der §§ 65 ff. GenG kommt auch der Austritt bzw. der Ausschluß aus der Genossenschaft in Betracht.

Geschäftsanteile und Geschäftsguthaben

Mit dem Beitritt sind die Genossen verpflichtet, nach Maßgabe der Satzung einen oder mehrere **Geschäftsanteile** (§ 7 Nr. 1 GenG) zu übernehmen (**Pflichtanteile** – § 7a GenG). Hierbei ist die Genossenschaft zwingend an den unabdingbaren „**Gleichbehandlungsgrundsatz**" gebunden (§ 7a Abs. 2 S. 2 GenG). Differenzierungen nach Anzahl der zu erwerbenden Pflichtanteile bedürfen somit der **sachlichen Rechtfertigung**. Zulässig ist beispielsweise eine Unterscheidung nach dem Umfang der Inanspruchnahme der Förderleistung. Auf den Geschäftsanteil ist die jeweils im Statut festgesetzte **Einlage** zu entrichten. Die geleisteten Einlagen zuzüglich der zugeschriebenen Gewinne bilden das **Geschäftsguthaben** der Genossen.

Nachschußpflicht

Zwar haftet für die Verbindlichkeiten der Genossenschaft gegenüber den Gläubigern nur das Vermögen der juristischen Person (§ 2 GenG), doch kann das Statut im Innenverhältnis eine **beschränkte oder unbeschränkte Nachschußpflicht** vorsehen (§§ 105 ff. GenG), soweit die Gläubiger im Insolvenzverfahren gegenüber der Genossenschaft ausfallen (§ 6 Nr. 3 GenG). Dabei findet die Eröffnung des **Insolvenzverfahrens**, von der Zahlungsunfähigkeit der e.G. abgesehen (§ 99 Abs. 1

GenG), wegen Überschuldung nur statt, soweit die Genossen keine Nachschüsse zu leisten haben (§98 Nr.2 GenG), die Genossenschaft aufgelöst ist (§ 98 Nr.3 GenG) oder die Genossen Nachschüsse bis zu einer (bestimmten) Haftsumme zu leisten haben und die Überschuldung ein Viertel des Gesamtbetrags der Haftsummen aller Genossen übersteigt. Insofern bleiben die **Mitglieder des Vorstands** zur Stellung des Insolvenzantrags verpflichtet (§ 99 GenG). (Zur Haftung bei unterbliebener oder verspäteter Stellung des Insolvenzantrags vgl. oben III 3.5.1 zur GmbH).

Die Förderbeziehung

Angesichts des Fördercharakters der Genossenschaft kommt den Genossen ein unmittelbarer **mitgliedschaftlicher Anspruch auf Teilhabe an der Förderleistung** zu. Auch insofern besteht ein Anspruch auf (relative) **Gleichbehandlung.** Dies betrifft beispielsweise die Abnahme der erzeugten Wirtschaftsgüter bei Vermarktungsgenossenschaften (Winzergenossenschaften etc.), den Bezug von Waren (bei Einkaufsgenossenschaften) und die Versorgung mit Wohnraum (bei Wohnungsgenossenschaften). Die – rechtsgeschäftliche – Durchführung der Förderbeziehung bestimmt sich demgegenüber nach Maßgabe des allgemeinen Vertragsrechts, also beispielsweise in Form eines Kaufvertrags (§ 433 BGB) zwischen der Genossenschaft und ihrem Mitglied.

Genossenschaft und Kartellverbot

Die Bindung des Mitglieds an die Genossenschaft wirft im Einzelfall wettbewerbsrechtliche Probleme, insbesondere im Verhältnis zum Kartellverbot (§ 1 GWB) auf. Dies betrifft vor allem die Frage, ob und inwiefern das Statut die Mitgliedschaft in anderen (Einkaufs-) Vereinigungen oder die Mitwirkung zugunsten konkurrierender Anbieter untersagen darf. Der BGH (BGHZ 120, S. 161 ff – „Taxigenosssenschaft II") stellt entscheidend darauf ab, inwieweit das Wettbewerbsverbot zur Sicherung des Bestands und der Funktionsfähigkeit der Genossenschaft erforderlich ist, also im Verhältnis zum statuarischen Zweck eine „dienende" Funktion erfüllt.

Der genossenschaftliche Prüfungsverband

„Zwecks Prüfung der wirtschaftlichen Verhältnisse und der Ordnungsmäßigkeit der Geschäftsführung" (§ 53 GenG) muß die Genossenschaft einem Prüfungsverband angehören (§ 54 GenG). Die Genossenschaft kann somit – anders als die Kapitalgesellschaften – ihren Abschlußprüfer nicht „frei" wählen. Andererseits reicht der Umfang der Prüfung insofern weiter als bezüglich AG und GmbH, als er auch die **„Ordnungsmäßigkeit der Geschäftsführung"** erfaßt. Als Ausdruck des genossenschaftlichen „Selbsthilfegedankens" verstößt die Pflichtmitgliedschaft im Prüfungsverband nicht gegen den Grundsatz der „negativen" Vereinigungsfreiheit im Sinne von Art. 9 Abs.1 GG. Allerdings ist im Rahmen der Beitragsgestaltung des Verbandes sicherzustellen, daß die Genossenschaft über ihre Pflichtmitgliedschaft hinaus nicht gegen ihren Willen zur Finanzierung der weiterreichenden (politischen und wirtschaftlichen) Verbandstätigkeit herangezogen wird. Insofern unterliegt § 54 GenG einer verfassungskonformen Auslegung (BGHZ 130, S. 243 ff. = NJW 1995, S. 2981 ff.).

Teil V: Besondere Gesellschaftsformen

1. Kapitel: Die Kapitalgesellschaft & CO KG

Entstehung und Zulässigkeit der Kapitalgesellschaft & CO KG
Die innerhalb der Rechtsformen des Personengesellschaftsrechts eröffnete **Gestaltungsfreiheit** hat bereits frühzeitig die Frage aufkommen lassen, ob und unter welchen Voraussetzungen eine „**Grundtypenvermischung**" zwischen Personen- und Kapitalgesellschaften durch Kombination beider Regelungsmodelle in Betracht kommt. Im Vordergrund stand hierbei der Aspekt, inwieweit es möglich ist, im Wege der Vertragsgestaltung, einer juristischen Person die Funktion des **persönlich haftenden Gesellschafters** innerhalb einer Personengesellschaft – insbesondere einer KG – zuzuweisen. Das Bedürfnis nach einer solchen Vertragsgestaltung war – wie so viele Entwicklungen im Gesellschaftsrecht – zuvörderst **steuerlich motiviert**. Vor allem die Einführung der Körperschaftsteuer und damit die Anerkennung der juristischen Person als gegenüber den Gesellschaftern eigenständiges Steuerrechtssubjekt beförderte wegen der hieraus folgenden Doppelbelastung der Gesellschaft und ihrer Anteilseigner mit Körperschafts- und Einkommenssteuer die Suche nach einer „Steuervermeidungsstrategie". Hier bot sich die Kombination zwischen Elementen der Personen- und der Kapitalgesellschaft notwendig an, um die Vorteile beider Rechtsformen in einem durch die Kautelarjurisprudenz geschaffenen „Homunculus" zu vereinen: Die steuerliche „Privilegierung" der Personengesellschaft und das Privileg der Haftungsbeschränkung im Rahmen der Kapitalgesellschaft.

Zwar regte sich zunächst Widerstand hinsichtlich der allzu freien Verbindung beider Gesellschaftsformen, doch wich dies einer pragmatischen Betrachtung nachdem zunächst das BayObLG (DJZ 1913, S. 647 = SeufA 67 (1912) Nr. 363) und in der Folge auch das Reichsgericht durch seine vielzitierte Entscheidung vom 4.7.1922 (RGZ 105, S. 101 ff) der Kapitalgesellschaft & CO KG ihre Anerkennung zu Teil werden ließen. Dem schloß sich der Reichsfinanzhof mit seiner Entscheidung vom 13.3.1929 (RStBl. 1929, S. 329) aus steuerrechtlicher Sicht an. Mittlerweile hat der Gesetzgeber der „normativen Kraft des Faktischen" durch die Aufnahme der Grundtypenvermischungen in das gesellschaftsrechtliche Regelungsprogramm Rechnung getragen (vgl. §§ 19 Abs.2, 125a Abs.1 S.2 und 3, 129a, 130a, 130b, 160 Abs. 3 S. 2, 172 Abs.6, 172a, 177a HGB; 4 Abs.1 MitbestG 1976). Die hierin liegende Betonung privatautonomer Gestaltungsfreiheit im Gesellschaftsrecht hat nunmehr auch in der höchstrichterlichen Anerkennung der **Kapitalgesellschaft und CO KG aA** ihren Niederschlag gefunden (BGH Z 134, S. 392 ff. = NJW 1997, S. 1923 ff. vgl. oben III 2. Kapitel).

Die Rechtsform des Komplementärs
Literatur: Ebenroth/Eyles, Die Beteiligung ausländischer Gesellschaften an einer inländischen Kommanditgesellschaft, DB Beilage 2/ 1988
Höfener/Byok, Die Stiftung & CO KG.

Üblicherweise handelt es sich hinsichtlich des Komplementärs um eine GmbH. So kommt denn auch der **GmbH & Co KG** im Wirtschaftsleben eine erhebliche Be-

Teil V: Besondere Gesellschaftsformen 261

deutung zu. Gegenwärtig dürften ca. 80.000 Gesellschaften dieser Rechtsform die deutsche Unternehmenslandschaft entscheidend prägen. Das gesetzliche Leitbild der §§ 161 ff HGB mit einer natürlichen Person in der Funktion des persönlich haftenden Gesellschafters stellt zwischenzeitlich eher die Ausnahme denn die Regel dar. Allerdings reicht die Variationsbreite der Vertragspraxis weit über die GmbH hinaus. Dies betrifft neben der AG & CO KG und der „doppelstöckigen" GmbH & CO KG, deren Komplementär wiederum eine GmbH & CO KG ist, auch die Stiftung & CO KG. Gelegentlich wird auch die Genossenschaft als geeignete Komplementärin angepriesen. Insofern ist die Rolle des persönlich haftenden Gesellschafters **keineswegs auf Kapitalgesellschaften beschränkt**, und schließt – cum grano salis – auch ausländische Gesellschaften ein (BayObLG NJW 1986, S. 61 f). Wie auch immer, der Phantasie der Vertragsgestalter sind angesichts der liberalen Haltung der Rechtsprechung kaum Grenzen gesetzt. Angesichts ihrer wirtschaftlichen Bedeutung steht nachfolgend die GmbH & CO KG im Mittelpunkt der Betrachtung.

Gestaltungsformen der GmbH & CO KG

Literatur: Hunscha, Die GmbH & CO KG als Alleingesellschafterin ihrer Komplementärin, 1974.

Im Regelfall – jedoch keineswegs zwingend – verfügt die GmbH & CO KG **lediglich über einen Komplementär**, dessen Funktion sich im wesentlichen darauf beschränkt, die Rolle des geschäftsführenden und persönlich haftenden Gesellschafters innerhalb der KG zu übernehmen.

Dabei überwiegt im Bereich mittelständischer Familiengesellschaften die Rechtsform der **personengleichen GmbH & CO KG**, in welcher die Gesellschafter der KG zugleich eine Beteiligung an der GmbH innehaben. Hier stellen sich mitunter erhebliche Gestaltungsprobleme bei der gesellschaftsrechtlichen „Verzahnung" von KG- und GmbH-Vertrag. Zulässig ist insofern auch die **„Einmann"-GmbH & CO KG,** bei der der einzige Kommanditist auch Alleingesellschafter (und meist Alleingeschäftsführer) der GmbH ist. Demgegenüber liegen bei Publikumsgesellschaften – insbesondere im Rahmen von Immobilienfonds – die Gesellschaftsanteile der GmbH (und damit der entscheidende Einfluß auf die Geschäftsführung) durchgängig in der Hand der Initiatoren und Projektträger (**personenverschiedene GmbH & CO KG**).

Eine Besonderheit der Vertragspraxis stellt die „**Einheitsgesellschaft**" (wechselseitig beteiligte GmbH & CO KG) dar, innerhalb derer die Anteile an der Komplementär-GmbH in die KG eingebracht werden Als schwierig erweist sich hier vor allem die rechtliche Ausgestaltung des **innergesellschaftlichen Willensbildungsprozesses bezüglich der Komplementär-GmbH**: Als „Alleingesellschafterin" ist die KG für die den Gesellschaftern zugeordneten Beschlußgegenstände im Innenverhältnis der GmbH zuständig (vgl. §§ 46, 53 GmbHG). Dabei wird sie ihrerseits von der GmbH (§§ 161 Abs. 2, 125, 170 HGB) und diese wiederum durch ihren Geschäftsführer vertreten (§ 35 GmbHG). Dies führt zu einem unauflöslichen Interessenkonflikt und erweist sich letztlich dort als „circulus vitiosus" wo der Geschäftsführer – wie beispielsweise im Rahmen seiner Entlastung – vom Stimmrecht ausgeschlossen ist (§ 47 Abs. 4 GmbHG). Üblicherweise erfolgt die Auflösung des Konflikts im Wege der Kompetenzverlagerung auf die Versammlung der Kommanditisten (vgl. Hunscha a.a.O., S. 30 ff.). Zudem gilt es zu beachten, daß gem. § 172 Abs. 6 HGB ein Kommanditist im Verhältnis zu den Gläubigern der KG seine Einlage in soweit nicht mit befreiender Wirkung erbringen kann, wie diese in Anteilen an dem persönlich haftenden Gesellschafter, d.h. in der Regel: der Komplementär-GmbH, besteht. Es ist somit im wirtschaftlichen Ergebnis nicht möglich, mit der Leistung der Einlage an die GmbH zugleich mit haftungsbefreiender Wirkung die Einlage gegenüber der KG zu erbringen. Etwas anderes gilt nur dort, wo es sich bezüglich des Komplementärs um eine oHG und KG handelt, zu deren persönlich haftenden Gesellschaftern zumindest eine natürliche Person gehört (§ 172 Abs. 6 S. 2 HGB).

Gestaltungsvorzüge der GmbH & CO KG

Auch wenn in Folge der Körperschaftssteuerreform zum 1.1.1977 mit der Einführung des Anrechnungsverfahrens und durch die Abschaffung der Vermögenssteuer die steuerlichen Vorzüge weitgehend eingeebnet wurden, weist die GmbH & CO KG aus Sicht der Vertragspraxis noch immer entscheidende Vorzüge auf.

a) Dies betrifft gegenüber der „normalen" KG zunächst den Vorzug der **(mittelbaren) Haftungsbeschränkung**. Zwar hat der persönlich haftende Gesellschafter gem. §§ 161 Abs. 2, 128 HGB unbeschränkt für die Gesellschaftsverbindlichkeiten der KG einzustehen, doch gilt dies gerade nicht für die Anteilseigner der Komplementär-GmbH (§ 13 Abs.2 GmbHG). Zudem ermöglicht es die Übernahme der Geschäftsführung seitens der GmbH, die Vorteile der „**Fremdorganschaft**" bei der Besetzung des Managements auch im Rahmen der KG zu realisieren: Die GmbH führt als Komplementärin die Geschäfte der KG (§ 164 HGB) und vertritt diese im rechtsgeschäftlichen Verkehr gegenüber Dritten (§ 170 HGB). Dabei bedient sie sich zur Erfüllung dieser Verpflichtungen notwendig ihres Geschäftsführers. Dieser kann, muß jedoch nicht der Gesellschaft als Mitglied angehören (§ 6 Abs. 3 S.1 GmbHG). Es ist somit jederzeit möglich, qualifizierte Führungskräfte in die Leitung des Unternehmens zu berufen, ohne diesen zugleich die – für beide Seiten risikobefrachtete – Funktion eines persönlich haftenden Gesellschafters anzutragen. Ändert die Gesellschaftermehrheit ihre Auffassung, so ist die **Abberufung eines GmbH-Geschäftsführers** ungleich leichter ins Werk zu setzen (§ 38 Abs. 1 GmbHG) als die Entziehung der Geschäftsführungs- und Vertretungsbefugnis (§§ 161 Abs. 2, 117, 127 HG) oder gar der Ausschluß (§§ 161 Abs. 2, 140 HGB) eines Gesellschafters. Ist der Komplementär eine juristische Person, so lassen sich letztlich die **(Kontinuitäts-) Probleme** vermeiden, die mit dem Tod des einzigen persönlich haftenden Gesellschafters verbunden sind, sofern kein Erbe oder Kommanditist bereit ist, die Funktion des Komplementärs zu übernehmen (vgl. § 139 HGB).

b) Im Verhältnis zur GmbH weist die Personengesellschaft ein insgesamt **höheres Maß an Gestaltungsfreiheit** auf. Allerdings dürfen diese Vorteile im Hinblick auf die „liberale" Binnenordnung der GmbH (vgl. § 45 Abs.2 GmbH) nicht überschätzt werden. Als entscheidend erweisen sich vielmehr die **Vorzüge im Rahmen der Kapitalbeschaffung**: Im Gegensatz zur fehlenden Fungibilität der GmbH-Anteile (vgl. § 15 Abs.3 und 4 GmbHG) läßt sich im Rahmen der KG der Ein- und Austritt der Gesellschafter im Wege der – formlosen – Abtretung (§§ 398, 413 BGB) der Kommanditanteile verhältnismäßig einfach abwickeln. Dies ermöglicht es nicht zuletzt, die GmbH & CO KG als – der AG angenäherte – Publikumsgesellschaft auszugestalten (vgl. oben II 3.8).

Dogmatische Aspekte der GmbH & CO KG

Die dogmatische Diskussion hinsichtlich der GmbH & CO KG wurde in der Vergangenheit vor allem durch ihre „**Doppelnatur**" beeinflußt: Zwar handelt es sich bei

„formaler" Betrachtungsweise um eine Personengesellschaft in der Rechtsform KG; diese – nicht etwa die GmbH – ist **Trägerin des Unternehmens**. Andererseits erweist es sich im Lichte der Haftungsstruktur als geboten, die GmbH & CO KG hinsichtlich der maßgeblichen Grundsätze der **Kapitalaufbringung** und **–erhaltung** sowie bezüglich der **Insolvenzantragspflicht** den materiellen Regelungen für Kapitalgesellschaften – insbesondere hinsichtlich der GmbH – zu unterwerfen (vgl. §§ 129a, 130a, 130b, 172a, 177aHGB). Dies gilt auch hinsichtlich der Gewährleistung von **Haftungstransparenz im Außenverhältnis** (§§ 19 Abs.2, 125a, 177a HGB) durch die – zwingende – Aufnahme eines **Rechtsformzusatzes** in die Firma sowie entsprechende Angaben auf Geschäftsbriefen. Fehlt es hieran, so trifft die für den unterbliebenen Hinweis verantwortlichen Geschäftsführer und Angestellten eine zwingende Einstandspflicht nach Rechtsscheinsgrundsätzen (vgl. oben III 3.1). Die Gleichstellung mit den Kapitalgesellschaften erfaßt aus funktionalen Erwägungen auch die Regelungen zur Unternehmensmitbestimmung (§ 4 Abs.1 MitbestG). Insofern erweist es sich als „dogmatischer Sündenfall", daß der Gesetzgeber die GmbH & CO KG nicht von Anfang an in den Geltungsbereich des Bilanzrichtliniengesetzes einbezogen und somit den Regelungen der §§ 264 ff. HGB unterworfen hat (vgl. jetzt zum Kapitalgesellschaften und Co.- Richtlinien-Gesetz (KapCoRiLiG), Ernst DStR 1999, S. 903; Heni, DStR 1999, S. 912).

Die Sicherung des Eigenkapitals
Literatur: Hunscha, Die Anwendung der §§ 30 Abs. 1, 31 GmbHG auf zahlungn der GmbH & Co KG an ihre Kommanditisten, GmbHR 1973, S. 257 ff.
Schnelle, Haftung der Nur-Kammanditisten nach §§ 30, 31 GmbHG, GmbHR 1995, S. 853 ff.

Entsprechend § 172a HGB (vgl. auch § 129a HGB) finden die Bestimmungen hinsichtlich **eigenkapitalersetzender Gesellschafterdarlehen**, d.h. die §§ 32a und b GmbHG, auf die GmbH & CO KG entsprechende Anwendung. Dies gilt auch, soweit es sich um Kredite eines Gesellschafters handelt, der **lediglich an der KG** beteiligt ist, ohne gleichzeitig Anteile an der GmbH zu halten (personenverschiedene GmbH & CO KG – vgl. oben).

Aber auch darüber hinaus entfalten die Kapitalsicherungsregeln der §§ 30, 31 GmbHG gegenüber der GmbH & CO KG Wirkung. Die rechtliche Situation ist insofern komplizierter Natur, als die Vermögensbindung hinsichtlich der KG und der GmbH in **unterschiedlicher Intensität** ausgebildet ist. Zwar führen Auszahlungen aus dem Vermögen der KG notwendig zum Wiederaufleben der Kommanditistenhaftung im Außenverhältnis zu den Gläubigern (§ 172 Abs. 4 HGB), doch besteht weder eine Ausgleichspflicht gegenüber der KG noch ein Auszahlungsverbot. Zudem beschränkt sich die Einstandspflicht des Kommanditisten im Außenverhältnis auf die Höhe der im Handelsregister eingetragenen Kommanditeinlage (§ 172 Abs. 1 HGB). Demgegenüber besteht im Rahmen der Kapitalschutzregeln der GmbH (vgl. oben III 3.5.1) ein – unabdingbares – Ausschüttungsverbot, soweit hierdurch auf Seiten der GmbH eine Unterbilanz begründet wird. Unter Verstoß gegen § 30 GmbHG erfolgte Zahlungen sind folglich gem. § 31 GmbHG auszugleichen. Dabei beschränkt sich die Ausgleichspflicht der Höhe nach **nicht** auf den Betrag der Stammeinlagen: War die Auszahlung so weitreichend, daß hierdurch nicht nur eine Unterbilanz sondern darüber hinaus eine Überschuldung der GmbH begründet wurde, so ist stets der **volle Auszahlungsbetrag** zu erstatten (BGHZ 60,

S. 324, 331 ff = NJW 1973, S. 1036 ff). Im Rahmen der GmbH & CO KG gilt es dabei zu bedenken, daß Auszahlungen aus dem Vermögen der KG stets vermögensrechtliche Rückwirkungen hinsichtlich der GmbH nach sich ziehen. Sei es, daß die GmbH Abschreibungen hinsichtlich ihrer Beteiligung an der KG vornehmen muß, sei es, daß sich mit der Beeinträchtigung des Vermögens der KG die Wahrscheinlichkeit der Inanspruchnahme des Komplementärs (§§ 161 Abs. 2, 128 HGB) erhöht, ohne daß diesem ein werthaltiger Ausgleichsanspruch gegenüber der KG (§ 110 HGB) zukommt. Nach den „Grundsätzen ordnungsmäßiger Buchführung" wäre die GmbH insofern zur Bildung einer Rückstellung (§ 249 HGB) verpflichtet. Der BGH (BGHZ 110, S. 342 ff = NJW 1990, S. 1725 ff) betont daher zutreffend, daß der Zahlungsempfänger auch dann zur Rückzahlung – gegenüber der KG! – verpflichtet ist, wenn er im Rahmen einer personenverschiedenen GmbH & CO KG nur an dieser und nicht an der Komplemetär-GmbH beteiligt ist ("Nur-Komplementär").

2. Kapitel: GmbH und Still

Zur Vertiefung:
Bormann, Die Steuern einer GmbH und Still (atypisch) und ihrer Beteiligten, Die Information 1984, 25; ders. Die Zurechnung „verdeckter Gewinnausschüttungen" im Rahmen einer GmbH und Still (atypisch), DStZ 1983, 403; Fichtelmann, GmbH und Still im Steuerrecht, 4. Aufl. 1995; Neubert/Weinläder, GmbH und atypisch stille Gesellschaft in der Steuerpraxis, DB 1983, 630; Paulick, Die Einmann-GmbH Stille Gesellschaft (StG) im Steuerrecht, GmbH-Rdsch. 1982, 237; Post/Hoffmann, Die stille Beteiligung am Unternehmen der Kapitalgesellschaft, 2. Aufl. 1984; Schulze zur Wiesche, Die GmbH und Still, 3. Aufkl. 1997; Schoor, Die GmbH und Still im Steuerrecht, 2. Aufl. 1995; Stutzmann, Die Betriebsprüfung bei der atypischen stillen Gesellschaft (insbesondere bei der sog. GmbH und Still), StBp 1993, S. 31; Zacharias/Hebig/Rinnewitz, Die atypische stille Gesellschaft, 1996.

Grundstruktur
Die „GmbH und Still" ist die Kurzbezeichnung für eine stille Beteiligung an einer GmbH. Sie ist folglich eine „Innengesellschaft" nach Maßgabe der §§ 230 ff HGB (vgl. oben II 4. Kapitel). Die GmbH und Still kommt durch Abschluß eines Gesellschaftsvertrages zwischen der GmbH, vertreten durch ihren Geschäftsführer, und dem stillen Gesellschafter zustande. Dieser bedarf grundsätzlich keiner bestimmten Form, sofern sich nicht ausnahmsweise im Lichte allgemeiner Bestimmungen des Vertragsrechts eine Formbedürftigkeit ergibt (vgl. § 313 BGB). Gemeinsamer Zweck der stillen Gesellschaft ist die Erzielung von Gewinnen durch das von der GmbH betriebene Unternehmen.

Einmann-GmbH und Still
Als Stille kommen nicht nur Gesellschaftsfremde, sondern auch die GmbH-Gesellschafter selbst in Betracht. Darüber hinaus wird es als zulässig betrachtet, wenn sich der einzige Gesellschafter einer GmbH als stiller Gesellschafter an dieser beteiligt. Insofern spricht man von einer **Einmann-GmbH und Still**. Die Errichtung einer solchen Gesellschaft bietet gegenüber einer „großen" GmbH spezifische Vorteile:

Teil V: Besondere Gesellschaftsformen 265

Vergleich Einmann-GmbH und Still zur „großen" GmbH
- Die Beteiligung kann geheimgehalten werden, denn das Registergericht muß nicht eingeschaltet werden,
- es entstehen keine zusätzlichen Notargebühren,
- die Gründung einer stillen Gesellschaft kann eine sonst erforderliche Kapitalerhöhung (§§ 55 GmbHG) ersetzen,
- zwar ist die Einlage des Stillen grundsätzlich leichter rückzahlbar als der Anteil am Stammkapital (es bedarf folglich keiner förmlichen Kapitalherabsetzung gem. § 58 GmbHG), doch gilt die nur, soweit sich nicht aus §§ 30, 31 GmbH im Lichte einer „eigenkapitalersetzenden Funktion" der stillen Einlage etwas anderes ergibt (vgl. bereits oben III 3.5.2, S. 239 ff.),
- der Stille kann im Rahmen des Insolvenzverfahrens über das Vermögen der GmbH Ansprüche geltend machen (BGH NJW 1983, 1855, § 235 Abs. 1 HGB). Dies gilt allerdings nur insofern, wie der Beteiligung des Stillen nicht – wie häufig – eine im Verhältnis zur GmbH „eigenkapitalersetzende" Funktion zukommt (§§ 30, 31, 32 a und b GmbHG – oben III 3.5.2, S. 239 ff.).

Ist bei der „Einmann-GmbH und Still" der Alleingesellschafter der GmbH gleichzeitig deren Geschäftsführer, was i.d.R. der Fall sein wird, so ist zu beachten:

- Der Gesellschafter-Geschäftsführer muß vom Verbot des Selbstkontrahierens (§ 181 BGB) befreit sein (ansonsten Unwirksamkeit nach § 35 Abs. 4 GmbHG),
- steuerrechtlich ist der Stille Mitunternehmer gem. § 15 Abs. 1 Satz 1 Nr. 2 EStG (s.a. FG München, Urteil vom 30.04.1999, EFG 1999, 933; BFH BStBl. II 1994, S. 702),
- unangemessen hohe Gewinnanteile des Stillen können als verdeckte Gewinnausschüttung angesehen werden.

3. Kapitel: Die Betriebsaufspaltung

Literatur: Brandmüller, Die Betriebsaufspaltung nach Handels- und Steuerrecht, 7. Aufl. 1997
Fichtelmann, Betriebsaufspaltung im Steuerrecht, 10. Aufl. 1999
Schiffers, Die Betriebsaufspaltung: Erscheinungsforen und steuerliche Einsatzbereiche, GmbH-StB 1999, S. 40
Söffling, Die Betriebsaufspaltung, Herne/Berlin 1999.
Vasel, Grundzüge der Betriebsaufspaltung, SteuerStud 1999, S. 205

3.1 Allgemeines

Die Betriebsaufspaltung ist gesetzlich nicht geregelt und eine **Schöpfung der Steuerrechtsprechung**. Man versteht unter einer Betriebsaufspaltung die **Aufspaltung eines einheitlichen Unternehmens** in zwei Unternehmen (**Besitz- und Betriebsgesellschaft**). Häufig wurde sie schon totgesagt (siehe Oppenländer, DStR 1995, S. 498; Raiser, NJW 1995, S. 1804), aber lebt weiterhin, obwohl ihr gerade in den letzten Jahren Gefahren von der Zivilrechtsprechung drohten (als Stichworte seien genannt: Haftung aus qualifiziert faktischem Konzern, materielle Unterkapitalisierung, eigenkapitalersetzende Nutzungsüberlassung von Grundstücken). **Motive** für die Gründung einer Betriebsaufspaltung können **steuerlicher** bzw. **zivilrechtlicher Art** sein.

Die Betriebsaufspaltung bietet u.a. folgende steuerlich Vorteile:
- Abzugsfähigkeit der Gesellschafter-, Geschäftsführergehälter bei der Betriebsgesellschaft,
- Miet-, bzw. Pachtzinsen für die überlassenen Wirtschaftsgüter sind Betriebsausgaben der Betriebsgesellschaft.

Zivilrechtlich dient die Betriebsaufspaltung der Haftungsbegrenzung. Die mit 50.000 DM gegründete Betriebs-GmbH trägt die gesamte Haftung. Die Zivilrechtsprechung hat diesen radikalen Haftungsschnitt durch seine Grundsätze zur eigenkapitalersetzenden Gebrauchsüberlassung entschärft bzw. die Haftung der Besitzgesellschaft verschärft. Die Praxis empfiehlt dem Unternehmer, seine Betriebs-GmbH mit angemessenen Eigenkapital auszustatten und die Haftungsvolumenbegrenzung auf das Wesentliche zu beschränken, um damit wenig Angriffspunkte für eigenkapitalersetzende Nutzungsüberlassung und Finanzplankredite zu bieten. Empfohlen wird daher, statt das gesamte Anlagevermögen zu verpachten, lediglich den Grundbesitz zu vermieten und das bewegliche Anlagevermögen auf die Betriebs-GmbH zu übertragen.

3.2 Begriff und Folgen der Betriebsaufspaltung

Im BFH-Urteil vom 12.11.1985 (BStBl. II 1986, S. 296) wurde die Rechtsfigur der Betriebsaufspaltung erstmals umfassend begründet. Eine Betriebsaufspaltung liegt danach vor, wenn ein Unternehmen (**Besitzunternehmen**) eine wesentliche Betriebsgrundlage an eine gewerblich tätige Personen- und Kapitalgesellschaft (**Betriebsunternehmen**) zur Nutzung überläßt (**sachliche Verflechtung**) und eine Person oder mehrere Personen zusammen (Personengruppe) das Besitzunternehmen als auch das Betriebsunternehmen in dem Sinne beherrschen, dass sie in der Lage sind, in beiden Unternehmen einen einheitlichen geschäftlichen Betätigungswillen durchzusetzen (**personelle Verflechtung**). Liegen die Voraussetzugen einer personellen und sachlichen Verflechtung vor, ist die Vermietung oder Verpachtung keine Vermögensverwaltung mehr, sondern eine gewerbliche Vermietung oder Verpachtung. Es findet eine Umqualifizierung der Einkünfte statt (von VuV-Einkünften zu gewerblichen Einkünften beim Besitzunternehmen). Das Besitzunternehmen ist darüber hinaus auch gewerbesteuerpflichtig (verfassungsgemäß nach BVerfG, BStBl. II 1985, S. 475). Trotz sachlicher und personeller Verflechtung sind Besitz- und Betriebsunternehmen rechtlich selbständige Unternehmen, die ihren Gewinn selbständig ermitteln (BFH BStBl. II 1992, S. 246). Eine **sachliche Verflechtung** wird angenommen, wenn die der Betriebsgesellschaft zur Nutzung überlassenen Wirtschaftsgüter eine wesentliche Grundlage des Betriebs dieses Unternehmens darstellen. Grundstücke sind dann als **wesentliche Betriebsgrundlage** anzusehen, wenn die Betriebsgesellschaft in seiner Betriebsführung auf das ihm zur Nutzung überlassene Grundstück angewiesen ist (z.B. weil das Grundstück auf die Bedürfnisse des Betriebs zugeschnitten ist; s.a. BFH BStBl. II 1993, S. 876; 1997, S. 656; zur umfangreichen Kasuistik siehe BFH BStBl. II 1995, S. 890). Keine wesentliche Betriebsgrundlage sind reine Büro- bzw. Verwaltungsgebäude, die nicht für die Bedürfnisse der Betriebsgesellschaft besonders gestaltet sind (OFD-Vfg. München vom 21.12.1994, DB 1995, S. 118).

Eine **personelle Verflechtung** ist gegeben, wenn die hinter der Besitz- und Betriebsgesellschaft stehenden Personen einen einheitlichen geschäftlichen Betätigungswillen haben. Dabei ist eine Beteiligungsidentität nicht erforderlich (BFH BStBl. II 1994, S. 466). Es reicht aus, dass die das Besitzunternehmen beherrschenden Gesellschafter in der Lage sind, ihren Willen auch in der Betriebsgesellschaft durchzusetzen (sog. **Beherrschungsidentität**, s.a. BFH BStBl. II 1986, S. 296; 1987, S. 117; 1997; S. 437)

3.3 Arten der Betriebsaufspaltung

Echte Betriebsaufspaltung

Bei der echten Betriebsaufspaltung entsteht aus einem schon vorhandenen Unternehmen ein weiteres durch Ausgründung.

Beachte:
Die steuerneutrale Begründung einer Betriebsaufspaltung mit einer Betriebs-Kapitalgesellschaft ist durch § 6 Abs. 6 EStG i.d.F. des StEntlG 1999/2000/2002 (BGBl. I 1999, S. 402) nicht mehr gegeben, die bisher zulässige Buchwertverknüpfung (BMF-Schreiben vom 25.03.1998, BStBl. I 1998, S. 268) für die auf die GmbH übergehenden Wirtschaftsgüter durch diese gesetzliche Neuregelung ist überholt.

Unechte Betriebsaufspaltung

Eine **unechte Betriebsaufspaltung** ist gegeben, wenn die Unternehmen gleichzeitig selbständig gegründet oder das Besitzunternehmen erst später als Betriebsunternehmen entstanden ist (also keine Ausgründung aus einem schon bestehenden Unternehmen, z.B. beherrschender Gesellschafter der Betriebsgesellschaft verpachtet dieser ein neu erworbenes Grundstück)

Umgekehrte Betriebsaufspaltung

Von einer **umgekehrten Betriebsaufspaltung** spricht man, wenn an einer Kapitalgesellschaft die Personengesellschaft ausgegründet wird und die Kapitalgesellschaft der Personengesellschaft das Anlagevermögen verpachtet.

Mitunternehmerische Betriebsaufspaltung

Die **mitunternehmerische Betriebsaufspaltung** ist gegeben, wenn Besitz- und Betriebsunternehmen in Form einer Personengesellschaft geführt wird.

Nach der bisherigen Rechtsprechung (BFH BStBl. II 1985, S. 622) hatten die Grundsätze des § 15 Abs. 1 Satz 1 Nr. 2 EStG Vorrang vor den Grundsätzen der mitunternehmerischen Betriebsaufspaltung. Diese Rechtsprechung hat der Bundesfinanzhof in seinem Urteil vom 23.04.1996 (BStBl. II 1998, S. 325) aufgegeben. Danach hat das Rechtsinstitut der Betriebsaufspaltung Vorrang vor den Rechtsfolgen aus § 15 Abs. 1 Satz 1 Nr. 2 EStG. Die Verwaltung hat sich dieser Rechtsprechung angeschlossen (BMF-Schreiben vom 28.04.1998, BStBl. I 1998, S. 583; s.a. Poll, DStR 1999, S. 477).

Beachte:
Durch § 6 Abs. 5 EStG i.d.F. des StEntlG 1999/2000/2002 wird die erfolgsneutrale Begründung ein mitunternehmerischen Betriebsaufspaltung verhindert.

Kapitalistische Betriebsaufspaltung
Die Aufspaltung erfolgt zwischen Kapitalgesellschaften, die von denselben Gesellschaftern beherrscht werden.

Einheitsbetriebsaufspaltung
Das Besitzunternehmen ist alleinige Gesellschafterin der Betriebsgesellschaft. Diese Gestaltungsvariante hat in letzter Zeit an Bedeutung gewonnen, weil der einheitliche Betätigungswille in beiden Gesellschaften gesichert und die Gefahr ungewollter Beendigung der Betriebsaufspaltung gebannt ist.

Merke
Kein Fall der Betriebsaufspaltung ist das sog. **Wiesbadener Modell** (BFH BStBl. II 1986, S. 359; 1987, S. 29). Bei dieser Gestaltung ist kein Gesellschafter des Besitzunternehmens zugleich an der Betriebsgesellschaft beteiligt, so dass keine persönliche Verflechtung zwischen Verpächter und Pächter besteht (Beispiel: Ehefrau als alleinige Gesellschafterin des Besitzunternehmens verpachtet Grundstück an Betriebsgesellschaft, die allein dem Ehemann gehört).

3.4 Eigenkapitalersetzende Nutzungsüberlassung

Die Nutzungsüberlassung eines Grundstückes seitens der Besitzgesellschaft an die Betriebsgesellschaft kann den Eigenkapitalersatzregeln unterliegen (s.a. BGH DB 1993, S. 318, 1662; 1994, S. 1715). Die miet- bzw. pachtweise Überlassung des Grundstücks wird spätestens mit Beginn der Überschuldung der Betriebs-GmbH Kapitalersatz. Rechtsfolge ist die zeitlich begrenzte Verpflichtung, das Grundstück unentgeltlich der Betriebsgesellschaft zu überlassen. Gezahlte Miet- bzw. Pachtzinsen können vom Insolvenzverwalter zurückgefordert werden (§ 32a GmbH, §§ 129 ff. InsO). Siehe dazu auch Teil III, Kapitel 3 (3.5.2 Eigenkapitalersetzende Gesellshaftsdarlehen, S. 239 ff., 241).

3.5 Ausblick

Da die Betriebsaufspaltung nicht gesetzlich geregelt ist, liegt es in der Natur der Sache, dass sie durch die Rechtsprechung im Zivil- und Steuerrecht besonders empfindlich getroffen werden kann. Trotzdem kann die Frage nach der Existenzberechtigung ausdrücklich bejaht werden. Trotz der Eigenkapitalersatzrechtsprechung des BGH ergeben sich immer noch Haftungsvorteile im Bereich der Umwelt- und Produkthaftung sowie bei Sozialverbindlichkeiten. Letztlich wird nicht die Substanz, sondern „nur" zeitlich begrenzte Nutzungen dem Gläubigerzugriff ausgesetzt. Weiterhin können in dem Betriebsunternehmen gesellschaftsfremde Manager arbeiten und die Gesellschafter, die nicht mehr aktiv arbeiten wollen, entlasten. Auch für Regelungen im Rahmen der Unternehmensnachfolge eignet sich die Betriebsaufspaltung, insbesondere wenn das Besitzunternehmen als GmbH und Co. KG ausgestaltet wird. Mit der Betriebsaufspaltung läßt sich auch das Mitbestimmungsgesetz umgehen, indem die Teilung (z.B. Produktions- und Vertriebs-GmbH) so durchgeführt wird, dass jedes Unternehmen weniger als 2000 Arbeitnehmer beschäftigt.

Teil VI: Besteuerung der Gesellschaften

Literatur: Luttermann, Mitunternehmerschaft, Unternehmensteuerreform und internationale Aspekte, NZG 1999, S. 635
Scheffler, Besteuerung von Unternehmen, 3. Aufl. 1998
Tipke/Lang, Steuerrecht, 16. Aufl. 1998
Zimmermann/Hoffmann/Hübner, Die Personengesellschaft im Steuerrecht, Achim 1998
Zurek, Einführung in die Unternehmensbesteuerung, München 1995.

Einfluss des Steuerrechts auf die Gesellschaftsform
Das Steuerrecht hat bei der Überlegung, welche Rechtsform gewählt wird, einen erheblichen Einfluss, da der Unternehmer bestrebt ist, seine wirtschaftlichen Ziele mit einer möglichst geringen Steuerlast zu erreichen. In der betriebswirtschaftlichen Steuerlehre werden umfangreiche Steuerbelastungsvergleiche zwischen den einzelnen Rechtsformen angestellt, um die geringste Gesamtsteuerlast zu ermitteln. Allerdings darf der Bedeutung des Steuerrechts kein Übergewicht beigemessen werden. Es wird deshalb auch davon abgeraten, das Steuerrecht als alleinige Entscheidungskomponente für die Rechtsformwahl anzusehen, sondern für das jeweilige Unternehmen ein zweckmäßiges und praktisches „Rechtskleid zu schneidern", welches auch andere Faktoren (z.b. Geschäftsführung, Nachfolgeregelung, Haftung, Kreditwürdigkeit etc.) berücksichtigt.

Allerdings darf nicht verkannt werden, dass in der Rechtswirklichkeit einige Gesellschaftsformen ihre Existenz erst dem Steuerrecht verdanken, wie z.b. die Abschreibungsgesellschaften, die Bauherrengemeinschaften, die Betriebsaufspaltung und GmbH und Still.

Rechtsformabhängigkeit der Besteuerung
Die Besteuerung der Gesellschaft richtet sich nach deren Rechtform. Die (Einkommen-) Besteuerung der Kapitalgesellschaften erfolgt nach dem Körperschaftssteuergesetz, die der Personengesellschaften nach dem Einkommensteuergesetz. Der Steuergesetzgeber hat zwar durch das Körperschaftssteuergesetz 1977 mehr Rechtsformneutralität durch das Anrechnungsverfahren gem. §§ 27 ff. (KStG geschaffen, jedoch gilt im Grundsatz weiterhin die Abhängigkeit von der Rechtsform.

Einkommenbesteuerung der Personengesellschaft
Die Personengesellschaften sind im Einkommensteuerrecht keine selbständigen Steuersubjekte, dies sind nur natürlich Personen (siehe § 1 Abs. 1 EStG). Die Gesellschafter, soweit sie natürliche Personen sind, beziehen Einkünfte aus Gewerbebetrieb gem. § 15 Abs. 1 Satz 1 Nr. 2 EStG. Nach § 15 Abs. 1 Satz 1 Nr. 2 EStG sind Einkünfte aus Gewerbebetrieb

– „die Gewinnanteile der Gesellschafter einer offenen Handelsgesellschaft, einer Kommanditgesellschaft und einer anderen Gesellschaft, bei der der Gesellschafter als Unternehmer (Mitunternehmer) anzusehen ist"

und

– „die Vergütungen, die der Gesellschafter von der Gesellschaft für seine Tätigkeit im Dienste der Gesellschaft oder für die Hingabe von Darlehen oder die Überlassung von Wirtschaftsgütern bezogen hat".

Mitunternehmer

Im Gesetzestext sind ausdrücklich die oHG und KG genannt. Die „anderen" Gesellschaften sind im Wesentlichen die GbR, die atypische stille Gesellschaft und die atypische Unterbeteiligung. Das Gesetz spricht nicht vom Personengesellschafter, sondern vom Mitunternehmer. Der Mitunternehmer muß eine gewerbliche Tätigkeit ausüben (Merkmale gem. § 15 Ab. 1 Satz 1 EStG: Selbständigkeit, Nachhaltigkeit, Gewinnerzielungsabsicht, Beteiligung am allgemeinen wirtschaftlichen Verkehr, keine Land- und Forstwirtschaft, kein freier Beruf). Eine Gewinnerzielungsabsicht ist bei einer Personengesellschaft dann nicht gegeben, wenn diese lediglich in der Absicht tätig ist, ihren Gesellschaftern Verlustzuweisungen zukommen zu lassen. (GrS BFH BStBl. II 1984, S. 751). Der Begriff des Mitunternehmers ist ein eigenständiger steuerrechtlicher Begriff. Mitunternehmer ist, wer **Unternehmerinitiative** entfalten kann und ein **Unternehmerrisiko** trägt.

Typologie

Merkmale der **Unternehmerinitiative** sind i.d.R.:
– Stimm- und Kontrollrechte,
– Recht zur Übertragung des Gesellschaftsanteils,
– Geschäftsführungsbefugnis.

Die Anforderungen des Bundesfinanzhofs an die Unternehmerinitiative sind nicht weitgehend. Nach dem BFH-Urteil vom 30.07.1975 (BStBl. II 1975, S. 818) reicht es z.B. für die Mitunternehmerinitiative eines Kommanditisten aus, dass er seine Rechte als Gesellschafter in der Gesellschafterversammlung und durch Kontrollrechte, wie sie etwa § 166 HGB dem Kommanditisten einräumt, allein oder im Zusammenwirken mit anderen Kommanditisten zur Geltung bringen kann.

Nach der ständigen Rechtsprechung des Bundesfinanzhofs (z.B. BFH BStBl. II 1984, S. 751, 769; BFH/NV 1990, S. 92) wird der Kommanditist dann als Unternehmer angesehen, wenn er wenigstens annähernd die Rechte hat, die einem Kommanditisten nach dem Handelsgesetzbuch zustehen.

Merkmale des **Unternehmerrisikos** sind i.d.R.:
– Beteiligung am Gewinn oder Verlust, insbesondere an den stillen Reserven und am Geschäftswert,
– beschränkte bzw. unbeschränkte Haftung,
– Vermögensbeteiligung bzw. Kapitaleinlage,
– Position in der Geschäftsleitung.

Die Merkmale müssen nicht gleichzeitig gegeben sein, um eine Mitunternehmergemeinschaft zu bejahen. Einige können sogar gänzlich fehlen.

Der Begriff des Mitunternehmers ist ein **Typus-Begriff** (einzelne Tatbestandsmerkmale werden dem Begriff Mitunternehmerschaft „zugeordnet", nicht subsumiert, wie beim abstrakteren Rechtsbegriff). Es kommt auf das Gesamtbild der Verhältnisse an.

Die Besteuerung der Personengesellschaften ist daher im Einkommensteuerrecht eine Besteuerung der Mitunternehmerschaften. In der Regel wird der Gesellschafter einer Personengesellschaft als Mitunternehmer anzusehen sein. Jedoch kann es auch vorkommen, das ein Personengesellschafter nicht als Unternehmer anzusehen ist (BFH BStBl. II 1978, S. 15) bzw. Mitunternehmer auch sein kann, wer zivilrechtlich nicht Gesellschafter ist (BFH BStBl. II 1976, S. 332).

Bilanzbündeltheorie
Die Rechtsprechung des Bundesfinanzhofs zu § 15 Abs. 1 Satz 1 Nr. 2 EStG war jahrzehntelang durch die Bilanzbündeltheorie geprägt. Nach dieser Theorie wurde die Beteiligung an einer Personengesellschaft als Gewerbebetrieb des einzelnen Gesellschafters angesehen. Demgemäß führte jeder Gesellschafter und nicht die Gesellschaft den Gewerbebetrieb. Der Gewerbebetrieb der Gesellschaft war daher das zusammengefasste „Bündel" der einzelnen Gewerbebetriebe der Gesellschafter. Die einheitliche Bilanz (Gesellschaftsbilanz) ist demgemäß steuerlich nur eine Zusammenfassung der an sich für jeden Gesellschafter aufzustellenden Einzelbilanzen.

Der Bundesfinanzhof hat sich aufgrund der von der Literatur hervorgebrachten Kritik seit Anfang der siebziger Jahre (Ausgangspunkt BFH BStBl. II 1972, S. 929) von dieser Theorie getrennt und die „Einheit der Gesellschaft" (Einheitsgedanke) stärker berücksichtigt. Nach neuerem Verständnis bilden die Gewinnanteile (=Anteile der Gesellschafter am Gewinn der Gesellschaft) und die Sondervergütungen zusammen den Gesamtgewinn der Mitunternehmerschaft. Der Bundesfinanzhof unterscheidet in seiner neuen Rechtsprechung (z.B. BFH BStBl. II 1981, S. 422) die Begriffe Handelsbilanz der Gesellschaft, Steuerbilanz der Gesellschaft und Gesamtbilanz der Mitunternehmerschaft.

Mit dieser Rechtsprechung trägt die Steuerrechtsprechung der zivilistischen Betrachtungsweise der Personengesellschaften als teilrechtsfähige Subjekte (Lehre von der Teilrechtsfähigkeit) Rechnung.

Gewinnermittlung
Die Gewinnermittlung bei der Mitunternehmerschaft erfolgt zweistufig. Auf der **ersten Stufe** ermittelt die Personengesellschaft ihren Gewinn nach den bilanzsteuerrechtlichen Gewinnermittlungsvorschriften (§§ 4 ff. EStG). Die schuldrechtlichen Beziehungen zwischen der Gesellschaft und ihren Gesellschaftern werden dabei gewinnmindernd berücksichtigt, d.h. wie gegenüber fremden Dritten bzw. wie bei einer Kapitalgesellschaft (= strikte Trennung zwischen Gesellschaft und Gesellschafter) behandelt. Der so ermittelte Gewinn wird dann gemäß der gesellschaftsrechtlichen Gewinnverteilungsabrede auf die einzelnen Gesellschafter verteilt.

Auf der **zweiten Stufe** erfolgt dann die Hinzurechnung der Vergütungen, die den Gesellschaftern für die Überlassung von Wirtschaftsgütern, von Kapital bzw. ihrer Arbeitsleistung (z.B. Gesellschaftsführergehälter) gezahlt wurden und die den steuerlichen Gewinn bei der Gewinnermittlung in der ersten Stufe gemindert haben (sog. additive Gewinnermittlung). Weiterhin werden auf der zweiten Stufe diejenigen Erträge und Aufwendungen als Sonderbetriebseinnahmen und -ausgaben erfasst, die im Zusammenhang mit Wirtschaftsgütern des Sonderbetriebsvermögens sowie der Stellung als Mitunternehmer angefallen sind und das Ergebnis der Personengesellschaft (in der ersten Stufe der Gewinnermittlung) nicht berührt haben.

Es ergibt sich folgendes Berechnungsschema:

Anteil des Gesellschafters am Gewinn der Personengesellschaft
+ Sondervergütungen des Gesellschafters
± Ergebnis aus dem Sonderbetriebsvermögen
(Sonderbetriebseinnahmen bzw. -ausgaben des Gesellschafters)

= Anteil des Gesellschafters am Gewinn (bzw. Verlust) der Mitunternehmerschaft gemäß § 15 Abs. 1 Satz 1 Nr. 2 Satz 1 EStG

Verfahrensrechtlich erfolgt die Gewinnermittlung und -verteilung im Wege der sog. **einheitlichen und gesonderten Gewinnfeststellung** gemäß §§ 179, 180 AO. In diesem Verfahren wird der Gewinn der Gesellschaft festgestellt und unter Berücksichtigung der Sonderbetriebseinahmen und -ausgaben der Beteiligten auf die Gesellschafter verteilt.

Beispiel

An der A-KG sind A als Komplementär mit 50 % und B und C als Kommanditisten mit 25 % beteiligt. A erhält ein Geschäftsführergehalt von 60.000.- DM. B hat der Gesellschaft ein Darlehen in Höhe von 50.000.- DM gegeben, für das er 5.000.- DM Zinsen pro Jahr erhält. C hat der Gesellschaft ein Grundstück für 36.000.- DM pro Jahr vermietet. Er selbst hat Grundstücksaufwendungen von 12.000.- DM.

Der Handelsbilanzgewinn der KG beträgt 300.000.- DM. Es ergibt sich folgende Gewinnverteilung:

Gewinn	A	B	C	Gesamt
Handelsbilanz	150.000	75.000	75.000	300.000
+ Sonderbetriebseinnahmen	60.000	5.000	36.000	101.000
./. Sonderbetriebsausgaben			12.000	12.000
steuerlicher Gewinn	210.000	80.000	99.000	389.000

Das für die A-KG zuständige Finanzamt (=Betriebsfinanzamt) erläßt einen Feststellungsbescheid gegenüber der Gesellschaft und benachrichtigt die Wohnsitzfinanzämter der einzelnen Gesellschafter mit sog. ESt 4B-Mitteilungen. Der Feststellungsbescheid ist Grundlagenbescheid und die darin festgestellten Werte sind für die Einkommensteuerveranlagungen der einzelnen Gesellschafter bindend (§ 175 Abs. 1 Satz 1 Nr. 1 AO).

Einkommensbesteuerung der Kapitalgesellschaften

Die Ertragsbesteuerung der Kapitalgesellschaften erfolgt nach dem Körperschaftsteuergesetz. Das Körperschaftsteuergesetz 1977 hat eine wesentliche Änderung der Besteuerung gebracht. Kernstück der Reform ist das sog. Anrechnungsverfahren gem. § 27 ff. KStG. Vor den Veranlagungszeiträumen 1977 erfolgte eine Doppelbesteuerungen des Einkommens. Der Gewinn der Kapitalgesellschaft war körperschaftsteuerpflichtig. Beim einzelnen Gesellschafter (natürliche Person) wurde der ausgeschüttete Gewinn nochmals versteuert. Diese Doppelbesteuerung ist durch das Anrechnungsverfahren beseitigt worden. Beim Anrechnungsverfahren kann der Anteilseigner die abgezogene Körperschaftssteuer bei seiner Einkommensteuerschuld voll anrechnen. Einbehaltene Gewinne werden mit 40 % und ausgeschüttete Gewinne mit 30 % versteuert.

Teil VI: Besteuerung der Gesellschaften 273

Das Anrechnungsverfahren soll allerdings im Rahmen der geplanten Unternehmensteuerreform (voraussichtlich ab dem Jahr 2001) abgeschafft werden.

Beispiel für das Anrechnungsverfahren (nach Zenthöfer, Steuerwarte 1999, S. 105, 106)

Kapitalgesellschaft

Gewinn vor KSt	100.000
Ausschüttungsbelastung	30.000
Bardividende	70.000
./. Kapitalertragsteuer (25 v.H.)	17.500
./. SolZ (5,5 v.H.)	1.375
Nettodividende	51.125

Anteilseigner

Nettodividende	51.125
Kapitalertragsteuer	17.500
SolZ	1.375
§ 20 Abs. 1 Nr. 1 EStG	70.000
anrechenbare KSt (3/7)	30.000
zu versteuern	**100.000**

1. **Exkurs: Bilanzrichtlinien-Gesetz** (BiRiLiG)/Kapitalgesellschaften und Co-Richtlinien-Gesetz (KapCoRiLiG)

Literatur: Großfeld, Bilanzrecht für Juristen – Das Bilanzrichtliniengesetz vom 19.12.1985, NJW 1986, S. 955

Maulbetsch, Gesellschaftsrechtlich bedeutsame Vorschriften des Bilanzrichtlinien-Gesetzes und ihre Auswirkungen auf Gesellschaftsverträge bzw. Satzungen, DB 1986, S. 953

Schulze-Osterloh, Die Rechnungslegung der Einzelkaufleute und Personenhandelsgesellschaften nach dem Bilanzrichtlinien-Gesetz, ZHR 150 (1986, S. 403)

ders., Jahresabschluss, Abschlussprüfung und Publizität der Kapitalgesellschaften nach dem Bilanzrichtlinien-Gesetz, ZHR 150 (1986, S. 532)

Woltmann, Bilanzrichtlinien-Gesetz und Gesellschaftsrecht – Statutenänderungen und Unternehmensumgestaltungen, DB 1986, S. 1861

Wiedmann, Kommentar zum Bilanzrecht, München 1999

Das **Bilanzrichtlinien-Gesetz (BiRiLiG)** vom 19.12.1985 (BGBl. I 1985, S. 2355) ist am 01.01.1986 in Kraft getreten. Der deutsche Gesetzgeber hat mit dem BiRiLiG die

– 4. EG-Richtlinie (sog. Bilanzrichtlinie)
– 7. EG-Richtlinie (sog. Konzernrichtlinie)
– 8. EG-Richtlinie (sog. Prüferrichtlinie)

in deutsches Recht umgesetzt. Das BiRiLiG ist ein Artikelgesetz, dessen Hauptänderung das Handelsgesetzbuch betrifft.

Waren die handelsrechtlichen Rechnungslegungsvorschriften bisher höchst rudimentär in einzelnen Gesetzen (z.B. §§ 38-47b a.F. HGB, §§ 148-178 AktG, §§ 41-42a GmbHG) geregelt, ist nunmehr im (neuen) Dritten Buch des HGB (§§ 238-339 HGB) das Bilanzrecht umfassend geregelt. Das Handelsgesetzbuch hat damit durch das BiRiLiG eine enorme Aufwertung erfahren, wird doch damit deutlich, das Bilanzrecht Handelsrecht ist.

Das **Dritte Buch** des **HGB** ist wie folgt **gegliedert**: Der **Erste Abschnitt** (§§ 238-263 HGB) gilt für alle Kaufleute. Für Einzelkaufleute und Personenhandelsgesellschaften unterhalb der Größenordnung des Publizitätsgesetzes regelt er die bezeichneten Bereiche anschließend. Der **Zweite Abschnitt** (§§ 264-335 HGB) gilt für Kapitalgesellschaften unterhalb der Publizitätsgesetzes. Der **Dritte Abschnitt** (§§ 336-339 HGB) enthält ergänzende Vorschriften für Genossenschaften. Für Kapitalgesellschaften und für Genossenschaften hat der Erste Abschnitt den Charakter des allgemeinen Teiles und der Zweite Abschnitt jeweils de Charakter eines besonderen Teils, der für sie speziell gilt („vom Allgemeinen zum Besonderen").

Als „**Kernstück**" des BiRiLiG ist die Einführung von **Offenlegungs- und Prüfungspflichten für Kapitalgesellschaften** anzusehen. Das BiRiLiG verlangt, dass alle Kapitalgesellschaften ihren Jahresabschluss offenlegen und sich mit Ausnahme der kleinen Kapitalgesellschaften auch prüfen lassen müssen. Der Gesetzgeber hat dabei die Kapitalgesellschaften in **drei Größenklassen** eingeteilt, wobei der kleinen Kapitalgesellschaft die geringsten, der großen Kapitalgesellschaft die umfassendsten Pflichten auferlegt werden. Die Zuordnung zu den einzelnen Größenklassen ergibt sich aus § 267 HGB. Die folgende Übersicht zeigt die Einteilung der Kapitalgesellschaften in Größenklassen und die daraus resultierenden Verpflichtungen.

Skizze:

	Größenklassenmerkmale bei Kapitalgesellschaften		
	kleine Gesellschaften	mittelgroße Gesellschaften	große Gesellschaften
Bilanzsumme	< 6,72 Mio. (5,31)	< 26,89 Mio. (21,24)	> 26,89 Mio. (21,24)
Umsatzerlöse	< 13,44 Mio. (10,62)	< 53,78 Mio. (42,48)	> 53,78 Mio. (42,48)
Arbeitnehmer	< 50 (50)	< 250 (250)	> 250 (250)

Anmerkung: Die erstgenannten Zahlen geben die Werte des aufgrund des KapCoRiLiG novellierten § 267 HGB wider, die Zahlen in Klammern die bisher gültigen Werte.

Sind mindestens zwei der vorstehenden Merkmale erfüllt, so ergeben sich für die Gesellschaft u.a. folgende Pflichten:

Teil VI: Besteuerung der Gesellschaften

Frist für			
– **Aufstellung** des Jahresabschlusses	6 Monate	3 Monate	3 Monate
– **Feststellung** des Jahresabschlusses bei GmbH	10 Monate	8 Monate	8 Monate
– **Einreichung** zum Handelsregister nach Ablauf des Geschäftsjahres	12 Monate	9 Monate	9 Monate
Umfang der zum Handelsregister einzureichende Unterlagen	Bilanz und Anhang (verkürzt)	Bilanz, GuV, Anhang, Lagebericht (es bestehen Erleichterungen	Bilanz, GuV, Anhang, Lagebericht
Prüfungspflicht durch Abschlussprüfer	nein	ja	ja

Die mittelgroße und große Kapitalgesellschaft unterliegen der Prüfungspflicht durch den Abschlussprüfer. Abschlussprüfer bei der mittelgroßen Gesellschaft können neben Wirtshaftsprüfern und Wirtschaftsprüfungsgesellschaften auch vereidigte Buchprüfer und Buchprüfungsgesellschaften sein. Die kleine Kapitalgesellschaft unterliegt nicht der Prüfungspflicht. Durch die Offenlegungspflicht hat nunmehr jedermann (z.b. Kunde, Arbeitnehmer, Konkurrent) die Möglichkeit, durch Einsicht in das Handelsregister sich einen Überblick über die wirtschaftlichen Verhältnisse der GmbH zu verschaffen. Die Vermeidung der Offenlegungspflicht kann durch Umwandlung der Gesellschaftsform erfolgen. Die GmbH und Co. KG fiel bisher nicht unter die Offenlegungs- und Prüfungspflicht.

Durch den Gesetzentwurf (vorgelegt vom BMJ am 30.03.1999) zum **Kapitalgesellschaften- und Co-Richtlinien-Gesetz (KapCoRiLiG)** wird sich dies jedoch ändern (s.a. Ernst, DStR 1999, S. 903; Heni, DStR 1999, S. 912; Strobel, GmbHR 1999, S. 583).

Auf folgende **bedeutsame Änderungen** ist hinzuweisen:
– Umsetzung der Richtlinie 90/605/EGW – **sog. GmbH und Co-Richtlinie** Kapitalgesellschaften und C haben ihren Jahresabschluss künftig wie eine Kapitalgesellschaft aufzustellen, prüfen zu lassen und offenzulegen. Bei Verletzung der Offenlegungspflicht ist ein Zwangsgeldverfahren auf Antrag von jedermann in Kombination mit einem Ordnungsgeld (min. 500 bzw. 5.000 Euro, höchstens 25.000 Euro) vorgesehen.
– **Anhebung** der **Schwellenwerte** in § 267 HGB für Bilanzsumme und Umsatzerlöse um ca. 25 %.
– Erweiterung der Verpflichtung zum Aufstellen eines Konzernabschlusses durch **Absenken der in § 293 Abs. 1 HGB** vorgesehenen **Schwellenwerte**.

Nach Auffassung des Bundesjustizministeriums leistet der Gesetzentwurf zum KapCoRiLiG dreierlei: Er setzt eine Richtlinie um, schafft größere Transparenz bei großen Kapitalgesellschaften und entlastet zugleich die mittelständischen Unternehmen.

2. Exkurs: Reformvorhaben bei der Unternehmensbesteuerung

Literatur: Luttermann, Mitunternehmerschaft, Unternehmenssteuerreform und internationale Aspekte, NZG 1999, S. 635

van Lishaut, Der kleine Aktionär in der großen Unternehmenssteuerreform, FR 1999, S. 938

Die Bundesregierung strebt ein umfassende Unternehmenssteuerreformen und hat damit eine Kommission beauftragt, die am 30.04.1999, die sog. **„Brühler Empfehlungen zur Reform der Unternehmensbesteuerung „** (BB 1999, S. 1188) vorgelegt haben. Die Kommission sollte Konzepte für eine rechtsformneutrale Unternehmenssteuer unter Aufrechterhaltung der Gewerbesteuer und dabei der Situation der öffentlichen Haushalte Rechnung tragen. Als Kernpunkte der „Brühler Empfehlungen" können genannt werden:

– **Abschaffung** der **körperschaftssteuerlichen Anrechnungsverfahren** durch Ersetzung eines klassischen Systems mit einem einheitlichen Devinitivsteuersatz von 28 % bzw. 25 %.
– Teilhabe der Personengesellschaften an der niedrigen Unternehmensbesteuerung. Dabei werden drei Modelle vorgeschlagen, deren Effizienz und Praktikabilität noch näher zu prüfen sind. Modell 1 räumt den Personengesellschaften eine Option zur Körperschaftsteuer ein. Modell 2 sieht eine Sondertarifierung nicht entnommener Gewinne in Höhe des Körperschaftsteuersatzes vor. Modell 3 führt zu einer Minderung der Einkommensteuer durch Anrechnung der Gewerbeertragsteuer in pauschalierter Form auf die Einkommensteuer unter Beibehaltung der Abzugsfähigkeit der Gewerbesteuer als Betriebsausgabe.

Wie die Reform der Unternehmensbesteuerung letztlich aussehen wird, ist noch nicht vorsehbar und vor dem Jahr 2001 ist damit nicht zu rechnen. Nur eines scheint festzustehen. Es wird reformiert mit dem Ziel niedrigerer Steuersätze und der Reduzierung von Steuervorteilen einzelner Bevölkerungs- bzw. Interessengruppen. Die Abschaffung des körperschaftsteuerlichen Anrechnungsverfahrens scheint dabei festzustehen.

Sachregister

Abandon 235
Abfindung
– GbR 41 f.
– oHG 71 f.
Abfindungsklauseln
– GbR 41 f.
– oHG 71 f.
– GmbH 219 f.
Abhängigkeit 183 ff.
Actio pro socio
– GbR 24, 25
– AG 144 f.
– GmbH 251
Aktie 123 f., 173
Aktiengesellschaft 119 ff.
– Beendigung 197
– Entstehung 166 ff.
– Erscheinungsformen 120 f.
– Erwerb eigener Aktien 171 f.
– Finanzverfassung 166 ff.
– Firma 124
– formelle Satzungsstrenge 121 f.
– Gleichbehandlungsgrundsatz 163
– Gründung 166 ff.
– Geschäftsführung 126 ff.
– Handelsgesellschaft 123
– Kapitalerhaltung 170 ff.
– Kapitalerhöhung 175 ff.
– Kapitalherabsetzung 178
– Konzernrecht 178 ff.
– Minderheitenschutz 127 f., 161 ff.
– Treuepflichten 163 ff.
– Vertretung 124 f.
– Vorstand 124 ff.
– Zustimmungsvorbehalt 125
Aktionär 160 ff.
– Rechtsstellung 160
– Auskunftsrecht 151 f., 161
Aktionärsklage 165
Akzessorietätstheorie 35, 64 f.
Amortisation (Einziehung) 218 ff.
Anfechtungsklage
– Bei AG 158 f.
– Bei GmbH 215
Aufsichtsrat
  Bei der AG 134 ff.

– Ausschüsse 138
– Beschlußfähigkeit 143
– Funktion 134
– Gleichbehandlungsgrundsatz 144
– Mitbestimmung 138 ff.
– Organklage 144 f.
Bei der Genossenschaft 257
Bei der GmbH 211 f.
Auskunftsrecht des Aktionärs 151 f., 161
Auskunftsrecht des GmbH-Gesellschafters 216
Auskunftsrecht der Genossen 258

Board-System 122
Besteuerung der Gesellschaften 269 ff.
– Bilanzbündeltheorie 271
– Gewinnermittlung 271 ff.
Bestimmtheitsgrundsatz
– GbR 30
– oHG 59
– bei Publikums-KG 95
Betriebsaufspaltung 265 ff.
– Erscheinungsformen 267 f.
– Nutzungsüberlassung 241, 268
Bezugsrecht 175 f.
Bedingte Kapitalerhöhung 176 f.
Beherrschungsvertrag 187
Bilanzrichtlinien-Gesetz 273 ff.
Buchwertklausel 41 f., 71 f., 219 f.

Depotstimmrecht 152 ff.
Doppelverpflichtungslehre 35 f.
Durchgriffshaftung 245 f.

Eigenkapitalersetzende Gesellschafterleistungen
– bei der AG 173
– bei der GmbH 239 ff.
Europäische Wirtschaftliche Interessenvereinigung 101 ff.

Faktischer Konzern 191 ff., 250 ff.
Fehlerhafte Gesellschaft
– GbR 21
– oHG 79 ff.

Fortsetzungsklausel 73, 75
Fremdorganschaft 118 f., 204
Fusionskontrolle 180

GmbH & Still 264 f.
GmbH & CO KG 260 ff.
– Gestaltungsformen 261 f.
– Sicherung des Eigenkapitals 263 f.
Genehmigtes Kapital 177
Generalversammlung 257 f.
Genossenschaft 254 ff.
– Mitgliedschaft 258 ft.
– Rechtnatur 255
– Organe 256 ff.
Genußrechte 174 f.
Geschäftsführung
– AG 126 ff.
– e.G. 256 f.
– GbR 28 ff.
– GmbH 202 ff.
– KG 86
– oHG 57 ff.
Gesellschaft
– Begriff 9
– familienrechtliche Gemeinschaften 9
– Innen- und Außengesellschaft 12, 15
– Rechtsfähigkeit (allgemein) 13
– schlichte Rechtsgemeinschaft 9
Gesellschaft bürgerlichen Rechts (GbR) 14 ff.
– actio pro socio 24
– Abfindung 41 f.
– als Auffanggesellschaft 16 f.
– Auflösung 43 f.
– Austritt und Ausschluß 40 f.
– Bedeutung 14 f.
– Beitragspflicht 22
– Bestimmheitsgrundsatz 30
– Definition 14
– eheähnliche Lebensgemeinschaft 18
– Erwerb und Verlust der Mitgliedschaft 39 f.
– fehlerhafter Gesellschaftsvertrag 21
– Form des Gesellschaftsvertrags 19
– Gesamthänderklage 24 f., 33
– Gesellschaftsvertrag 18 ff.
– Gesellschaftszweck 20
– Geschäftsführung 28 ff.
– Haftung 34 ff.

– Kernbereichslehre 30
– Liquidation 43 f.
– Minderheitenschutz 29
– Nachhaftung 39
– Nachschußpflicht 22 f.
– im Prozeß 44 ff.
– Rechtsfähigkeit 15 ff.
– Selbstorganschaft 31
– Sozialansprüche 26
– Sozialverpflichtung 26
– Treuepflicht 23
– Vertretung 32 f.
– in der Zwansvollstreckung 47
Gesellschaft mit beschränkter Haftung (GmbH) 198 ff.
– Aufsichtsrat 211 f.
– Ausschluß von Gesellschaftern 220 f.
– Bedeutung 201 f.
– Beendigung 253
– Anstellung des Geschäftsführers 205 f.
– Bestellung des Geschäftsführers 204 f.
– Euro-Umstellung 200
– Finanzstruktur 234 ff.
– Firma 200
– Funktion 198 f.
– Gründung 222 ff.
– Geschäftsführer 202 ff.
– Gesellschafterversammlung 212 ff.
– Haftung 207 ff.
– Kapitalerhaltung 235 ff.
– Kapitalerhöhung 243 f.
– Kapitalherabsetzung 244 f.
– Konzern 248 ff.
– Nachschußpflicht 222
– Rechtsstellung des Gesellschafters 216 ff.
– Sacheinlagen 223 ff.
– Selbstkontrahieren 203 f.
– Trennungsgrundsatz 199 f.
– Vertretung 203
– Wettbewerbsverbot 207, 222
Gesellschaftsvertrag
– der AG 166 ff.
– Allgemein 10
– Doppelnatur 11 f.
– der EWIV 103
– Form 10 f.

– der GbR 18 ff.
– der Genossenschaft 255
– der GmbH 222 f.
– der KG 85, 95
– der oHG 50 f.
– der PartG 98
– der stillen Gesellschaft 108
Gewinnabführungsvertrag 187 f.

Haftung
– GbR 34 ff.
– GmbH Geschäftsführer 207 ff.
– oHG 63 ff.
– des Kommanditisten 89 ff.
– PartG 98 f.
– Vorstand der AG 126 ff.
– Vorstand der e.G. 257
– Aufsichtsrat der AG 135
– Aufsichtsrat der e.G. 257
Handelndenhaftung
– bei AG 167
– bei GmbH 228 ff., 233 f.
Hauptversammlung 146 ff.
– Durchführung 149 f.
– Leitung der 150
– Zuständigkeit 146 ff.
Hauptversammlungsbeschluß 154 ff.
– Anfechtung 156 ff.
– Nichtigkeit 156 ff.

Inhaberschuldverschreibungen 173 f.
Insolvenzantragspflicht bei der
   GmbH 237 ff.

Juristische Person 116 f.

Kapitalgesellschaft & CO KG 260 ff.
Kaduzierung 234 f.
Kernbereichslehre
– GbR 30
– oHG 59
Kommanditgesellschaft (KG) 84 ff.
– Entstehung 85
– Firma 88
– Geschäftsführung 86
– Gewinn und Verlust 86 f.
– Hafteinlage 89 f.
– Haftung des Kommanditisten 89 ff.
– Kontrollrecht des Kommanditisten 86

– Negatives Kapitalkonto 87 f.
– Vertretung 88 f.
– Wettbewerbsverbot 86
Kommanditgesellschaft auf
   Aktien 197 f.
Konzernhaftung 194 ff.
Konzernrecht der AG
– Abhängigkeit 183
– Aktienkonzern 178 ff.
– faktischer Konzern 191 ff.
– Gebietskörperschaften 182 f.
– Gläubigerschutz 189
– Haftung 194 ff.
– Konzernbegriff 185 f.
– Minderheitenschutz 190
– Unternehmensbegriff 181 ff.
– Vertragskonzern 187 ff.
– qualifizierter faktischer
   Konzern 193 f.
Konzernrecht der GmbH 248 ff.
– faktischer Konzern 250 ff.
– Vertragskonzern 249 ff.
– qualifizierter faktischer
   Konzern 251 ff.
Körperschaft 116

Mantelgründung 227
Mitbestimmung 138 ff., 195

Nachfolgeklausel 74 ff.
Normativbestimmungen 117
Nutzungsüberlassung 241 f

offene Handelsgesellschaft
   (oHG) 48 ff.
– Auflösung 68 ff.
– Ausschließungsklage 70 f.
– Bedeutung 49
– Beitragspflicht 53
– Geschäftsführung 57 ff.
– Entstehung 50 ff.
– Firma 61 f.
– Gewinn und Verlust 55 f.
– Haftung 63 ff.
– Handelsgesellschaft 49
– Liquidation 68 ff.
– Nachhaftung 67 f.
– im Prozeß 77 f.
– Rechtsfähigkeit 48 f.

– Tod eines Gesellschafters 73 ff.
– Treuepflicht 53
– Vertretung 62 f.
– Wettbewerbsverbot 53 ff.
– Zwangsvollstreckung 78 f.

Organhaftung 124 f.
Organschaft 179, 188

Partnerschaftsgesellschaft 97 ff.
– Haftung 98 f.
– Rechtsfähigkeit 98
Prüfungsverband 259
Publikums-KG 84 f.

Qualifizierter faktischer Konzern 193 ff., 251 ff.
Quotenschaden 239

Shareholder Value 126 f., 132, 177
Scheingesellschaft 82 f.
Schütt-aus-hol-zurück-Verfahren 226
Selbstorganschaft
– GbR 31
– Genossenschaft 256
– oHG 57, 62
– PartG 98
Stille Gesellschaft 105 ff.
– Abgrenzung zum partiarischen Darlehen 107
– atypische 110 f.
– Auflösung 109 f.
– Erscheinungsformen 110
– Rechtsnatur 106
– typische 110 f.
Stock Options 171, 177

Treuepflicht
– AG 163 ff.
– GbR 23
– im Kapitalgesellschaftsrecht 118
– oHG 53

Unterbeteiligungsgesellschaft 112 ff.
Unterbilanzhaftung 232 f.
Unterkapitalisierung
– materielle 245 ff.
– nominelle 239 ff.
Unternehmensbegriff im Konzernrecht 181 ff.
Unternehmenskauf 218
Unternehmensmitbestimmung 138 ff.
Unternehmenssteuerreform 275 f.

Verbundene Unternehmen 178 ff., 181
Verlustdeckungspflicht bei Vor-GmbH 230 f.
Verdeckte Sacheinlagen
– bei AG 168 f.
– bei GmbH 225 f.
Vertretung
– AG 124 ff., 136
– GbR 32 f.
– GmbH 203
– oHG 62 f.
– KG 88 f.
Vermögensvermischung 247
Vorbelastungsverbot 232
Vorgesellschaft
– bei AG 167
– bei GmbH 228 ff.
Vorgründungsgesellschaft 233 f
Vorstand der AG 124 ff.
– Abberufung 133
– Anstellung 132
– Bestellung 131
– Entlastung 148
– Haftung 126 ff.
– Kündigung 133

Wettbewerbsverbot
– GbR 23
– GmbH Geschäftsführer 207
– GmbH Gesellschafter 222
– KG 86
– oHG 53 ff.
Wirtschaftsordnung und Gesellschaftsrecht 7 f.